U0645882

主体与存在

SUBJECT AND EXISTENCE

潘志恒 著

国家一级出版社
全国百佳图书出版单位

序

这是一部由律师写就的哲学著作。人们也许很难将一部批判“权力意志”、责难“此在”、评析“虚无”、论证“理性”的哲学著作与一名终日忙碌于排解人际日常纠纷的律师联系起来。确实,发现和阐明终极追问的学术,与一个维护和建设世俗秩序的职业,虽然都需要逻辑和理性的头脑,但一个务虚一个务实,两者之间的距离是远了一点。难怪对于作者研究哲学的兴趣和热情,他的同僚们总是投来疑惑不解的目光。然而,熟识作者潘志恒的人都知道,其实他的哲学情结,缘起于“文革”时代的禁书环境。在那个万马齐喑的年代,除了马列主义著作和少数歌功颂德之作,几乎所有书籍都是被禁锢和封锁的。无奈,酷爱读书的他只好去啃他原本并不感兴趣的马列著作:马克思的《哲学的贫困》,恩格斯的《反杜林论》,列宁的《国家与革命》……最后,很难说清楚其中的缘由,他竟然迷上了《资本论》。两卷本的《资本论》他几乎一字一句地读了两遍,光读书笔记就记了厚厚的一大摞。以至于当年在他迈进大学校门之前,系里就传开了:新生中有一位研究马列主义的高手!

然而读大学时作者并没有选择哲学专业,而是读了英语专业。他解释说:干什么都需要一门外语作为工具。大学毕业后,他准备报考哲学专业研究生。一位恩师建议他:报考专业要发挥自己的优势。你的优势是外语和政治,而“国际法”专业既需要懂外语,又需要懂政治,应该选择这个专业。听从了恩师的话,他又一次与哲学专业失之交臂,最终成了“法律人”。但是他对哲学的热情却从未消减,对哲学的研究也未曾中断过。他的摆满了八个大书柜的藏书,竟然有百分之八十都是哲学著作。起初,研究哲学只是潘志恒的业余之好,但随着经年累月的阅读与思考,他产生了著书立说的想法。最近这几年,他盘桓在书房的时间越来越多,渐渐地,做律师成了他的副业,读书和写作却成了他的主业。可以说,在一个追求口腹之欲、享乐主义至上的年头,退守书房,与灯红酒绿绝缘，与鸡零狗碎隔离，而与哲学神交共游，这不但是一件匪夷所思的事，也是一件自讨苦吃的事。而本书的作者潘志恒正是这样一个抗拒庸常、自讨苦吃的人。

也许是不满于国内哲学界弥漫了几十年不散的注释之风，抑或肇因于其长期的哲学积累，甚或与他自身1974年和1989年两次人生际遇相关，总之，不知何时开始，作者生出了为“主体哲学”补漏、构建自己的主体哲学理论的大志。我理解他的“大志”之由来：在当今中国的哲学界，不论是研究马克思主义的，还是研究西方自由主义的，抑或是研究中国古典哲学的，所出的成果几乎都是各种学说的注释——不是这个学说的详解，就是那个著作的句读。似乎没有人想过要创造完全属于自己的理论体系与学说。在读完本书之后，我以为作者已经完成了他的主体哲学理论之构建，而这个主体理论体系能否被学界首肯和推崇，则仍然有待验证。

“自由”是本书所阐发的主体哲学理论的核心词。但作者心目中的自由，既不是尼采、海德格尔等生存主义者所鼓吹的“生存自由”，也不是存在主义者萨特所宣称的“意识自由”，更不是自由主义者伯林所分类的所谓“消极自由和积极自由”，甚至与道德哲学大师康德所主张的“理性自由”或“道德自由”也完全不同。作者所论证的自由，既包括人这种不完全主体的所欠缺者——完全主体的绝对自由之境界，也包括相对于完全主体的绝对自由之境界的人的相对自由，或不自由之境界。虽然相对于完全主体的绝对自由，人只能是不自由的存在；但作为不完全主体，人又是命定要永远追求成为完全主体，命定要永远走向自由之存在。“人命定要永远走向自由”既是本书的结论，也是作者对人类的坚定信念。英国十九世纪唯美主义艺术流派创始人奥斯卡·王尔德有句名言：“我们都在阴沟里，但仍有人仰望星空。”在我看来，作者不但是这样一个“仰望星空”的人，而且还是一个为星空的灿烂所迷醉，以至于竟无视，乃至忘却了阴沟的恶浊的人。我不妨称他为坚强的理想主义者。确实，理想主义不但贯穿于作者的人生旅途中，也洋溢在他构建的主体哲学理论中。在作者眼里，不管人类历史上有过多少龌龊、险恶、杀伐、残暴，不管人曾经犯下多少罄竹难书的罪行，焕发着神性光辉的人，依然是永远向着自由迈进的高尚的存在，人类的前景依然是光明一片：在他的笔下，人虽然不是神圣的存在，但却是追求神圣性的存在，而正是在人类无止境不停歇地向着自由迈进中，人的神性之光才焕发出来——作者所描绘的人类奔向自由之境的情景，着实令人热血涌动、心潮澎湃。

如果说本书是对人类在走向自由进程中所焕发出的神性之美的由衷赞叹，那么，作者计划写作的下一本著作则将是对人类走向自由的进程中必须解决的主体间之冲突的思考——本书只是作者系列著作的第一部，下一本书他将探讨和论证多元主体共存的人类如何能够和谐共存、合作共进地走向自由。就像作者正在热切盼望读者对本书的回应一样，我们也热切期待着作者的下一部著作早日面世。

朱潇

2015 年 4 月于广州

目　录

前言/Preface …… 1

第一章　神与自由 …… 1
第一节　主体与神性 …… 1
一、主体的定义 …… 1
二、神性的定义 …… 5
三、神性的来源 …… 9
四、神性与主体 …… 11
五、神性与自由 …… 13
第二节　神与自由 …… 16
一、神与存在 …… 16
二、神与欠缺 …… 17
三、神的观念之演化——巫术、神话与宗教 …… 20
四、神与自由 …… 28

第二章　人与自由 …… 36
第一节　自由、不自由以及无自由 …… 36
一、存在本质与存在境界 …… 36
二、存在状态与存在境界 …… 40
三、自由、不自由与无自由 …… 41
第二节　矛盾的存在和存在的矛盾 …… 46
一、矛盾的存在——“此在”与“自为” …… 46
二、存在的矛盾——自由与生存 …… 61
第三节　欠缺的主体和主体的欠缺 …… 76
一、完全主体与不完全主体 …… 76
二、欠缺的主体与欠缺的存在 …… 79

三、主体的欠缺——“可能”与“自由”…… 89
第四节　主体间的冲突与冲突中的主体 …… 97
一、主体间关系产生的根源——生存的完整性与主体的整体性…… 98
二、主体间的冲突——主宰与整体性 …… 106
三、冲突中的主体——斗争、竞争与合作…… 113

第三章　权力意志与生命自由
——尼采的主体和自由理论评析…… 167
第一节　权力意志与主体…… 168
一、“权力意志”乃“求权力的意志” …… 168
二、人既不仅仅是“求权力的意志”，也不仅仅是
“估价者”——尼采的主体理论之评析 …… 174
第二节　求权力的意志与自由…… 184
一、自由就是对求权力的意志的肯定 …… 184
二、对求权力的意志的肯定并不是自由
——尼采的自由理论之评析 …… 198

第四章　虚无与意识自由
——萨特的主体和自由理论评析…… 202
第一节　虚无与虚无化——自为的定义…… 203
一、“面对……的在场”——空间上的脱离与否定 …… 204
二、“不是其所是，是其所不是”——超越与谋划的虚无化…… 208
第二节　谋划成为自因的理想存在——自由的定义…… 215
一、自由的障碍、定义与原因…… 215
二、意识决定本质——谋划成为自身的基础之努力 …… 221
三、将世界“化归己有”——谋划成为世界的基础之努力 …… 230
第三节　存在即自由——萨特的主体和自由理论之评析…… 238
一、存在与境界——自由的定义 …… 239
二、存在与主体——人的定义 …… 242

第五章　理性与道德自由
——康德的主体和自由理论评析…… 247
第一节　理性与道德主体…… 247
一、理性使道德主体诞生…… 247
二、道德主体与不完全主体——康德的主体理论之评析…… 264
第二节　理性与自由…… 286
一、理性使自由涌现…… 286
二、主体自由与主体间的自由——康德的自由理论之评析…… 293

第六章　人的命运是"永远走向自由"…… 306
第一节　走向自由与终极目的…… 307
一、命运与信仰——人的终极目的…… 307
二、异化与终极目的——人的完全肯定…… 309
第二节　终极目的与走向自由…… 318
一、终极目的与目的之实现…… 318
二、神性与神——人成为神的可能…… 321
三、人与世界——人主宰世界的可能…… 328
四、向着自由,日进无疆——走向自由之真谛…… 332

后记…… 339

前 言

“主体”一词无论是在政治领域，还是在社会领域，抑或是在哲学领域，都可能是使用频率最高的一个词语。然而，这个几乎被人们用滥了的词语，同时也可能是定义最模糊、概念最混乱，甚至是至今还未被认真探讨过的词语。以哲学领域为例，我们知道在哲学界存在着一个以笛卡儿、康德、以及萨特为代表的所谓“主体哲学”传统。然而，令人不解的是，这些高举着“主体哲学”大旗的大师们竟没有一人认真地解析过“主体”一词的含义。似乎“什么是主体”或“主体是什么”的问题是一个不言而喻、无须解答的问题。他们不约而同地跳过这个主体哲学的根本问题，直接把论证的主题集中于“人是什么样的主体”之问题上：笛卡儿从“我思故我在”的论证中得出的结论是：“人是‘思’的主体”。康德从对纯粹思辨理性和纯粹实践理性的批判中得出的结论是：“人是认识的主体和道德的主体。”而萨特则从对“虚无”和“自在自为的存在”之分析中得出了“人是其自身存在的主体”之结论。然而，显而易见的是：在没有弄清“主体是什么”或“什么是主体”的问题之前，任何对“人是什么样的主体”之解答都只能是无根基的空中楼阁。因为，不论把人定义为什么样的主体，都必须有一个前提，即：确证人是主体！而要确证人是主体，又必须首先弄清楚“什么是主体”的问题。只有在厘清“主体是什么”或“什么是主体”的问题的前提下，才有可能对照着主体的定义来确证人究竟是不是主体。而只有在对照着主体的定义确证了人是主体的前提下，也才有可能论证清楚人是什么样的主体之问题。因此，弄清“主体是什么”或“什么是主体”的问题是解答“人是什么样的主体”之问题的前提和基础。我们甚至可以毫不夸张地说：“主体是什么”的问题是主体哲学的最根本的问题。就像澄清存在的真义对存在论具有决定性的意义一样，澄清“主体”的真义对主体哲学也具有最根本的重要性。海德格尔在论述澄清存在的意义对存在论的重要性时说：“任何存在论，如果它不曾首先充分澄清存在的意义并把澄清存在的意义理解为自己的基本任务，那么，无论它具有多么丰富多么紧凑的范畴体系，归根结底它仍然是盲目的，并背离了它最本己的意图。”①把这段话稍加改动，同样适用于主体哲学：“任何主体哲学，如果它不曾首先充分澄清主体的意义并把澄清主体的意义理解为自己的基本任务，那么，无论它具有多么丰富多么紧凑的范畴体系，归根结底它仍然是盲目的，并背离了它最本己的意图。”这其实不难理解，因为，在未弄清楚主体是什么的情况下，断言人是主体，或宣称人不是主体，都是没有根据的，起码是根据不足的。只有在解答了“主体是什么”的问题的基础上，才能进一步地去论证人究竟是不是主体？如果是，又是什么样的主体之问题。一个没有弄清“什么是主体”的问题之“主体哲学”，无异于一幢建筑在沙滩上的大厦。这座大厦虽然现在已经矗立在人们面前，但要使这个大厦屹立不倒，就必须补建基础。这个补建基础的工作就是：必须全面、深刻、完满地解答“什么是主体”的问题。正是因为意识到这个补建基础工作的必要性，并且希望能够对这个补建基础的工作贡献一份绵薄之力，才有了本书之写作。

如上所述，存在主义大师海德格尔一开始就意识到澄清“存在”的真义对存在主义所具有的决定性意义。为全面、深刻地阐释“存在”的真义，海德格尔竟写就了一部厚厚的巨著《存在与时间》。而另一部存在主义的巨著，萨特的《存在与虚无》，也是围绕着“存在”的真义而展开的。有了这两部前无古人、后无来者的存在主义巨著，“存在”的问题似乎已经完全解决了。然而，就像两位大师不约而同地都承认的那样，“存在”的首要问题是存在者的存在之问题。这一方面是因为，存在一定是存在者的存在，没有存在者，就没有存在。另一方面则是因为一切存在都是相对于人这种特殊的存在者而言的存在。没有人这种特殊的存在者，就不可能产生存在的问题，也就根本不会有存在。于是，存在者的问题最后便又要归之于人这种特殊的存在者之存在的特殊性问题。然而，恰恰是在这个问题上，存在主义露出了它的阿喀琉斯之踵（Achilles' heel）：假如人的存在之特殊性只是存在的一种特殊性，那他就只不过是一种特殊的存在。而作为特殊的存在，无论他怎样特殊，都仍然是一个与其他存在者在本质上并无区别的存在者。但人的存在与其他存在在任何意义上都有着本质的区别。这个最本质的区别恰恰在于人在某种意义上说已经不再仅仅是

① 海德格尔著，陈嘉映、王庆节译：《存在与时间》，三联书店 2006 年版，第 13 页。

“存在者”。因此，必须跳出存在主义的框框，才有可能发现人的存在之最根本、最本质的特殊性。这个最根本、最本质的特殊性就是：人是超出了其他一切存在者，面对其他一切存在者，并且意欲主宰其他一切存在者的某种“主体”！海德格尔虽然深刻地认识到人的存在之特殊性，但却完全拒绝以“主体”来定义人，执意要在存在论的框框内，以“生存”来定义人的特殊性，因而根本无法阐明人的存在，从而也就失去了真正解决“存在”的问题之可能。由于拒绝使用“主体”一词，海德格尔发明了“此在”这一专属于人的存在之名词。按照海德格尔的观点，“此在”这种特殊的存在者之存在的特殊性就在于“此在”并不是既定的存在，而只是存在的可能(即所谓“此在的本质是‘去存在’”)。此在之所以能“去存在”是因为其具有领会自身和世界，并能“操心”和操劳的存在特性。于是，此在的存在的特殊性最后就归之为此在所独有的，仅仅为了“去存在”所必须的“领会”、“操心”以及“现身”、“沉沦”、“话语”等等特质。或者反过来说，此在所具有的“领会”、“操心”以及“现身”、“话语”等等存在的特殊性就都仅仅是为了“去存在”。果真如此，则人与其他一切存在者的区别就仅仅是存在状况的区别，而不是存在本质的区别。人也就不可挽回地淹没在世界之中。

萨特虽然不像海德格尔那样完全拒绝以主体定义人，而是承认人是某种意义上的主体，但萨特的主体仍然是局限于存在论的框框之中的为了存在，并作为存在的主体。在萨特那里，取代“此在”的名词是相对于“自在”的存在之“自为”的存在。自为的存在之所以被定义为主体是因为自为是面对自我和世界在场的存在，因而是独立于世界其他一切存在并使“虚无”涌现的存在。这种能独立于世界而存在的所谓的“主体”其实并不是真正的主体。因为他既缺少主体的本质——主宰，也欠缺主体的存在境界——自由。作为存在的主体，自为所欠缺的仅仅是存在的基础；自为所需要的也仅仅是存在的基本谋划(或称“存在的原初选择”)。但作为主体的存在，人所欠缺的则是完全主体和绝对自由。这就是说，解决存在的问题之关键并不是“存在”的定义，而是将人定义为“主体”。只有将人定义为“主体”，才有可能真正解决“存在”的问题。有鉴于此，为了真正解决“存在”的问题，存在主义欠缺一个从“存在”到“主体”的飞跃。本书就是为了完成这一飞跃的一种尝试。

既然主体的存在境界是“自由”，本书就无法回避对“自由”的讨论。关于自由，学术界有着各种各样的定义。然而，只要稍加分析，就不难发现：所有关于“什么是自由”或“自由是什么”的问题之解答，全都脱不出“人的自由”之范畴。即:所有对"什么是自由"的问题之解答,所论述的"自由"全都是以人为背景、以人为对象的"自由",或者说全都是"人的自由"——伯林的"积极自由"和"消极自由"是人的自由;康德的"认识自由"和"意志自由"也是人的自由;即使是萨特的飘荡在虚无中的自为的自由也仍然是人的自由;而所谓"政治自由"、"经济自由"、"社会自由"等等则更是人的自由。难怪在关于自由的说教中会有这样一个著名的观点:"世界上只有相对的自由,没有绝对的自由"。如果所论述的"自由"仅仅是人的自由,这个观点无疑是正确的。因为,人作为多元主体共存的不完全主体,他的自由只能是相对的自由——相对于不自由的境况而言的自由。然而,从逻辑上说,相对是绝对的反义词,没有绝对,如何能有相对?只有在定义了绝对之后,才能对照着绝对而界定相对。因此,假如没有弄清"绝对自由"是什么,则所谓的"相对自由"就会因为缺乏比照物而显得语焉不详。但令人吃惊的是,在汗牛充栋的对自由的论著中,竟难以找到对"绝对自由"的认真解析和全面论证。对"绝对自由"的解释往往止于"为所欲为"四个字。并且,这四个字在大多数情况下是作为贬义词来用的,即:被说成是"为所欲为"的绝对自由,并不是作为相对自由的对照物,或所欠缺者而存在,而是作为相对自由的否定者,作为被否定的"自由"而存在的。这也难怪,因为,人作为多元主体共存的存在,"为所欲为"是绝对要被否定的。舍此,多元主体将无法共存。但是,假如绝对自由是一个被否定的概念,而不是一个被绝对肯定的概念,那任何对自由的论述都将成为无源之水、无本之木。因为,一个超出了人的范畴之普遍的绝对自由之概念应该是一切对自由的论证之基础:必须首先厘清什么是绝对肯定的绝对自由之境界,然后才有可能对照着这个绝对自由之境界而论证人的存在境界究竟是自由的,还是不自由的;才有可能厘清人的"相对自由"与绝对自由的关系;才有可能预言人实现绝对自由的可能与途径。正是因为意识到这一点,作者才将力图厘清绝对自由之境界作为本书的主要任务之一。

本书第一章试图解答"什么是主体",以及"主体与自由的关系"之问题。为了解答"什么是主体"的问题,作者别无选择地引入了两个也许比"主体"一词更难说清楚的概念——"神"和"神性"的概念。之所以别无选择,是因为没有"神"的概念,就根本不可能说清楚"主体"概念的真正含义;而没有"神性"的概念,则又无法解释"神"的概念又是如何产生、发展和完善的。于是,为了说明"主体是什么",就不得不阐明"神"是什么。而为了阐明"神"是什么,又不得不说明"神性"是什么。简而言之,神性使存在于世界之中的人能够神奇地面对世界而存在,并油然产生出主宰世界之意欲。而主宰世界之意欲与主宰能力不足之矛盾,又使人产生出世界的主宰——神——的观念。随着“神”的观念的发展和完善,一个完全、绝对的主体概念便产生了。随着完全、绝对的主体概念之产生,作为完全主体的存在境界之“绝对自由”的概念也就最终形成了。按照笔者的观点,“主体”与“自由”其实是一个命题的两个方面:自由是主体的自由!主体是自由的主体!作为主体的存在境界,自由的实现与欠缺是与主体的性质相关的——有什么样的主体,就有什么样的存在境界,因而也就有什么样的自由:完全主体的存在境界就是绝对自由。而不完全主体的存在境界则是不自由,或者说是在不自由中争自由的相对自由。因此,要厘清主体与自由的关系,关键是要厘清各种主体的不同点。有关这方面的论述将贯穿于本书的第一、二、六章中。

本书的第二章试图解答“人是什么样的主体”,以及“人与自由的关系”之问题。有了“完全主体”的概念做对照,定义人、解说人就有了依据。概而言之,相对于完全主体,人既是主体,又不是主体。说他是主体,是因为他既占有了主体的位置——相对于世界而存在;又具有了主体的本质——主宰的意欲和实现主宰意欲之可能。而说他不是主体,则是因为他虽然占据了主体的位置,但却根本不能像神一样完全独立于世界而存在。他必须依赖于世界,在世界中存在。另一方面,他虽然具有了主体的本质,但在他的主宰欲与主宰欲之实现之间却有着巨大的间隔。他不可能像神一样心想事成,而只能通过长期不懈的努力而逐渐实现其主宰欲。也即他只是作为可能的主宰而存在。因此,他并不是真正意义上的主体。有鉴于此,关于人的定义,我们就有了“矛盾的存在和存在的矛盾”、“欠缺的主体和主体的欠缺”以及“冲突中的主体和主体间的冲突”等论题。作者的结论是:人是不完全主体。而人的存在境界是不自由!

至于第三、四、五章,则是通过对人类最主要的三种自由学说的代表人物——康德、尼采和萨特的自由理论之评析来论证本书所阐发的“主体自由”之理论。尼采无疑是生存自由(生命自由)学说的代表;而萨特则是意识自由学说的领军人物;康德则将自己的自由理论局限于人与人的关系领域,他的理性自由学说迄今仍是当今多个哲学学派的理论基础。作者之所以选择对这三大自由学说做出详细的评析,是为了说明无论是生命(生存)的自由,还是意识(虚无)的自由,抑或是理性(道德)的自由,其实都不是真正意义上的自由,而只不过是人在不自由的存在境界中对不自由的努力克服。它并不是真正的自由，充其量也仅仅是人类追求自由、走向自由的一个方面。

最后，第六章则是本书所阐发的主体自由理论对人的命运之看法——人的命运是永远走在走向自由之路上。关于人的命运，包括两个方面：其一，人命定要走向自由。人除了走向自由，没有任何别的终极目的。其二，人命定永远在路上。人除了命定永远在走向自由之路上，不可能有别的命运。人既不可能停止其走向自由之步伐，也不可能最终达致绝对自由之目的。人是永远在路上的存在！是永远不可能成为完全主体的主体！

2014 年 9 月 26 日

Preface[①]

"Subject" may be the most frequently used word in the fields of philosophy, politics and social studies. However, its definition also seems to be the most ambiguous one, and its concept the most chaotic one. The reason behind this situation is simple: abused as this term is, few people would seriously ponder on its real meaning. This attitude left the question "what is subject?" unanswered even up to now. Nothing better exemplifies this odd situation than the school of "subject philosophy" which was named after René Descartes, and for which Immanuel Kant and Jean-paul Sartre were the other two famous representatives. One would naturally assume that these three philosophers would have carefully clarified the real meaning of the word "subject" before answering the question "what is subject?". But none of them did so. It seemed to them that the word "subject" was a self-evident concept which did not need any clarification. They skipped from this question to that of "what kind of subjects are human beings?". According to his famous proposition of "cogito ergo sum", Descartes concluded that human beings were the subjects of thinking. From his "critique of pure reason" and "critique of practical reason", Kant reached the conclusion that human beings were the subjects of cognition and morality. As for Sartre, in arguing for "nothingness" and "being for itself" made him realize that human beings were the subjects of their existence. However, none of these

① Special appreciation to Kate Johnson who helped editing the English version of this article.

resolves the question "what is subject?", and they thus left us unable even to decide whether human beings are subjects. If we cannot decide whether human beings are subjects, how can we conclude what kind of subjects human beings are? Thus, an analysis on what kind of subjects human beings are necessitates a confirmation of human beings as subjects. And the confirmation that human beings are subjects necessitates a clear definition of "subject". These make the answer to "what is subject" be fundamental to the conclusion of what subject human beings are, as well as be fundamental to "subject philosophy". The master existentialist Martin Heidegger once demonstrated the fundamental importance to ontology of clarifying the meaning of "being": "all ontology, no matter how rich and tightly knit a system of categories it has at its disposal, remains fundamentally blind and perverts its innermost intent if it has not previously clarified the meaning of being sufficiently and grasped this clarification as its fundamental task."① The fundamental importance of clarifying the meaning of "subject" to subject philosophy can also be demonstrated by the same quote with a few modifications: all subject philosophy, no matter how rich and tightly knit a system of categories it has at its disposal, remains fundamentally blind and perverts its innermost intent if it has not previously clarified the meaning of subject sufficiently and grasped this clarification as its fundamental task. Therefore, if the answer to "what is subject" is the fundamental to answering what kind of subjects human beings are, we may thus call "subject philosophy" an edifice built on sand because it lacks the fundamental basis of clarifying the meaning of subject. In case to make it stand firm, we must reinforce its basis by clarifying the meaning of "subject". The recognition of the above, and the willingness to do something for the aforementioned reinforcement, prompted the author to write this book.

---

① *Being and Time* by Martin Heidegger, translated by John Macquarie & Edward Robinson. Copyright @1962, by Harper & Row, Publisher, Incorporated. See p31.

As mentioned above, Martin Heidegger understood the necessity of clarifying the true meaning of "being". His monumental work *Being and Time* was written exactly for this purpose. Another magnum opus of existentialism was Sartre's *Being and Nothingness*, which also focused on the analysis of the true meaning of "being". With these two magnum opuses, the problem of "being" or "existence" seemed to have been completely solved. However, as the problem of existence is first the problem of existents' existence (or "beings' being"), no one can solve it before solving the problem of human beings' being. This is because existence emerged only after the special existents, human beings, had come forth. If there were no human beings, there would be no existence in the world. Thus, the first problem of existence would be that of the particularity of human beings' existence. Here, with this problem, existentialism revealed its "Achilles' heel": existentialism could not define human beings' particularity beyond beings. However, if human beings' particularity were only beings' particularity, the difference between human beings and other beings (for example animals with high intelligence) would not be essential but hierarchical. To explore the essential difference between human beings and other beings, one must clarify human beings beyond beings. That means human beings are not only "beings" but also some kind of "subjects". Therefore, their particularity is not only the particularity of beings but the particularity of some kind of subjects which made human beings be able to go beyond all other beings, and gave human beings the will to dominate them. Heidegger completely refused to define human beings as "subjects" which prevented him from solving the problem of existence with precision. Because of his aversion to the idea of "subject", Heidegger used a special word, "Dasein", to stand for the existence of human beings. The particularity of "Dasein" refers not to substantial existence but to possibilities to exist (the so-called "Zu-sein"). Its possibilities to exist come from its nature of existence: the original understanding of being, the preoccupation with the present or making present, the care, the fallen-ness, and the discourse etc.

Thus, the particularity of "Dasein" is ultimately attributed to all these natures of its existence. In other words, all the natures of Dasein's existence are only possibilities to exist. If this were true, the difference between Dasein and everything else in the universe will not be a difference of essence but a difference in the condition of existence, because it differs and precedes everything else in the world only by its capability of interpreting itself as well as what it encounters while facing the possibility of existence. That is why "Dasein" can only be "being-in-the world" and "fallen in the world".
Sartre differed from Heidegger in recognizing that human beings are some kind of subject. However, Sartre's subject is only subject of existence and for existence as well. Instead of "Dasein", Sartre employed a different phrase, "being-for-itself", to describe human beings which essentially differs from "being-in-itself", another kind of Sartre's beings. "Being-for-itself" becomes a kind of subject simply because it can appear in front of the world as well as in front of itself. Therefore, it can detach itself from the rest of the world and thereby cause "Nothingness" to emerge. We cannot call this kind of "subject" real subject for it has nothing to do with subject's dominating nature and freedom status. As "subject for existence", it lacks only the foundation of existence and needs only "a fundamental project" or "an original choice" of existence, while as "subject's existence", it lacks complete domination and absolute freedom. Anyway, the key to solving the problem of human beings' existence is not to define the meaning of "being", but to clarify human beings as some kind of subjects. Without clarifying human beings as some kind of subjects, one can not solve the problem of being or existence. That means one must make a big leap from "subject for existence" to "subject's existence" to solve the problem of existence truly. This book represents an effort to complete that big leap.
As "freedom" is the existent nature of perfect subject, it must be one of the themes of this book. Compared to the word "subject", the word "freedom" seems to be better treated as there are many answers to the question "what is 'freedom'?". However, one would notice that the answers to this question tend to focus on humanity's freedom. In other words, almost all

answers to it do not answer the question of "what is 'freedom'?", but rather the question of "what is the humanity's freedom?". All the definitions of freedom, be they Berlin's negative and positive freedom or Kant's freedom of will, or Sartre's freedom of "being for itself", as well as "political freedom", "economic freedom", or "social freedom" etc, are distinctly ones of humanity's freedoms. It has been said that "there is no absolute freedom in the world; one can only find relative freedom". That is undoubtedly correct if the freedom we are discussing is only humanity's freedom among human beings. As co-existent defective subjects, human beings are unfree by nature, and therefore their freedom cannot be anything but relative freedom. However, if one does not have a clear idea of absolute freedom, how can one conclude a definition of relative freedom? Also, without a clear idea of relative freedom, how can one be certain that humanity's freedom is relative freedom? Logically speaking, relative freedom is the antithesis of absolute freedom. There would be no relative freedom without the contrast of absolute freedom. To define the meaning of relative freedom, one must contrast it with absolute freedom.

"Absolute freedom" is often viewed negatively as "doing whatever one wants". In fact, this definition is not for "absolute freedom" but for a kind of negative freedom for it still pertains to humanity's freedom and therefore cannot serve our purpose in providing a contrast to the relative freedom. It is negative because one would not be allowed to do whatever he wants if human beings, as co-existent subjects, want to harmoniously co-exist. At the same time, absolute freedom must be positive. If absolute freedom is not considered as an absolutely positive concept but a negative concept, all the studies and analyses about freedom would be like trees without roots. Therefore, a clear positive concept of universal absolute freedom is the fundamental basis of all studies and theories of freedom. Only basing on that, one may argue whether human beings are free or not, and then demonstrate what kind of freedom human beings have, or explain why humanity's freedom can only be the relative freedom. Nevertheless, there is surprisingly little discussion of the meaning of real "absolute freedom", despite the abundance of literature about "freedom". With these in mind, the author takes it as one of the main tasks of this book to clarify the idea of positive absolute freedom.

Chapter 1 includes all the efforts to give a complete answer to the questions of "what is subject?" and "what is the relationship between subject and freedom?". To answer the question of "what is subject?", the author had to bring in two more abstruse concepts: God and Divinity, which are even harder to explain than "subject". But without the concept of "God", one can not define perfect subject clearly; and without the concept of "divinity", one can not demonstrate how the concept of "God" came into being. Thus, to define perfect subject, one has to define what God is; and to explain what God is, one needs to explain what divinity is.

Following are the main points about these:

First, the divinity in human beings made them able to appear in front of the world while existing within the world. Once human beings were able to appear in front of the world, divinity gave them the will to dominate the world then (These two peculiarities made human beings somewhat subject like). However, the inability to fulfill their wills to dominate led human beings to imagine an absolute dominator of the whole world: God. With the development of the idea of God, human beings approach the concept of perfect subject: an omnipotent, omniscient and omnipresent dominator. Along with this concept of perfect subject comes the concept of perfect freedom: the status of immediate achieving whatever the perfect subject wills. Subject and freedom represent two aspects of one proposition: on one hand, freedom is the nature of subjects' existence; on the other hand, subject is an embodiment of freedom. Since freedom is the nature of subjects' existence, different subjects may achieve different freedom. If there is a perfect subject, there must be an absolute freedom. However, if the subject is not perfect but only imperfect, the nature of its existence would be unfree compared to absolute freedom, or relatively free compared to the status of unfree. Therefore, clarifying the relationship between subject and freedom necessitates clarifying the distinctions between the two subjects. Discussions about these points can be found in Chapter 1, 2, and 6.

Chapter 2 is an attempt to answer the questions of "what kind of subjects are human beings?" and "what is the relationship between human beings and freedom?". Based on a clear concept of perfect subject, it seems easier to define what kind of subjects human beings are. In short, compared to perfect subject, human beings can be simultaneously defined either as subjects or as non-subjects. One can define human beings as a kind of subject because they gain the subject's position of facing the world and possess the subject's essential attribute of having the will to dominate as well as the ability to fulfill that will. At the same time, one can also deny human beings as subjects because human beings can only subsist on the material world. They can never be independent of the world as God, although they share God's position of confronting the world. Furthermore, although they possess the subject's essential attribute of having the will to dominate, they can never fulfill any will at once as God can. There may be a huge gap between man's will and the fulfillment of his will. The filling of the gap requires human beings' continual efforts. That means man's will of domination cannot be fulfilled at once, but only possibly in future. Because of these two characteristics, human beings can not be defined as real subjects.

Thus, human beings' nature must be considered in light of the following:

A. The contradictory nature of human beings and the existent contradictions of human beings.

B. The defective subject and the deficiencies of the defective subject.

C. The conflicted subjects and the conflicts among multiple subjects.

Aftera rigorous study of these concepts, one can reach the conclusion that human beings are defective subjects whose nature of existence is unfree.

Chapter 3, 4, and 5 put forward analyses with regard to the three most important freedom theories of humanity proposed by Immanuel Kant, Friedrich Wilhelm Nietzsche and Jean-paul Sartre. Nietzsche's theory concerned the existent's freedom (or beings' freedom) while Sartre's theory concerned consciousness freedom. As for Kant, he based his freedom theory on the field of human relationship called rational freedom theory which has formed the basis of many schools of philosophy. Analyses of these three freedom theories lead to a conclusion that all so-called "freedoms", be they freedom of existent, freedom of consciousness, or rational freedom, are actually not real freedoms but efforts to overcome the unfree nature of humanity's existence. Each represents only one aspect of these efforts. Even after human beings achieving all these so-called "freedoms", they are still unfree, and forever destined by fate to march on the road toward absolute freedom.

This human fate has two aspects. One is the fate of pursuing absolute freedom, which is the ultimate goal of human beings. Another is the fate of marching on the road toward absolute freedom forever, which is determined by the nature of defective subject. These are the main focuses in Chapter 6, which concludes that human beings will never stop pursuing the ultimate goal to absolute freedom, though they can not hope to reach it because they can by no means become perfect subjects. Therefore, human beings' fate can only be marching on the road toward absolute freedom forever!

The End

第一章　神与自由

第一节　主体与神性

一、主体的定义

“主体”是当今哲学界非议最多的概念之一。不论是分析哲学还是结构哲学，不论是语言哲学还是交往哲学，都无一例外地将“主体”作为评析、批判乃至否定的对象。福柯的一句“主体死了”不知引起了多少哲学家的共鸣。然而，人们到处使用“主体”一词，却似乎并未在意“主体”一词的确切含义。不但主体哲学的批判者们从未下功夫去弄清楚“主体”的含义，就连开创和发展主体哲学的众哲学家也从未对“什么是主体”做过认真、深入的研究。事实上，人们所使用的“主体”一词从来就没有与“人”的概念相分离——无论是主体哲学的批判者，还是主体哲学的弘扬者，都无一例外地是在人的范畴之内使用“主体”一词的。迄今为止似乎还没有一个哲学家是在超出人的范畴之外对主体下定义的。我们可以将目前流行的对“主体”一词的各种各样的定义罗列如下，看看是否有哪一种定义可以与人的定义相分离，而单属于“主体”自身的：

1. 主体是认识活动和实践活动的承担者，而客体则是认识和实践的对象。
2. 主体是自我确认、自我认识、自我决定、自我实现的存在。
3. 主体是赋予一切存在以存在，并且是一切存在的尺度和准绳的存在者。
4. 主体是与其他主体共在的交互主体。

不难看出，上述四项定义中每一项都是以人为背景的，或者说都是对人的定义的一种说明。没有一项是属于“主体”自身的定义：认识活动和实践活动的承担者无疑是人；自我认识和自我实现的存在无疑也是人之自我；自认为是一切存在的尺度和准绳的还是人；而与其他主体共在的所谓“交互主体”则更是只属于人。正因为人们总是从人的角度来定义主体，而不是用主体的定义来衡量人，才导致了由笛卡儿开启，由康德集大成的主体哲学之式微，也才导致了当今对主体哲学的各种批判都总有隔靴搔痒、未中要害之感觉。

以人来定义主体，使得主体哲学自始便埋下了无法自圆其说的根本矛盾。这个根本矛盾不可避免地导致主体哲学最终因走入歧路而式微。按照哲学界通行的观点，主体哲学是由笛卡儿开创的。但笛卡儿并不是通过论证主体是什么来确立主体的存在的，而是通过发现那个可以怀疑一切但本身却不容怀疑的“我”来确立主体的存在的。按照笛卡儿的逻辑，既然“我”是不容怀疑的，而不容怀疑的我却可以怀疑一切，则我当然就是主体——怀疑一切的主体；而被我怀疑的一切无疑也就成为我的客体——被我所怀疑的客体。但是，这个通过不容怀疑而确立的主体自始便处于问题之中：假如“我”是主体，我就不可能被思想、被确认。一旦“我”被思想，被确定为不可怀疑之存在，“我”就已经不再是主体，而是被主体所思想、所确定的客体了！那谁又是确定我是不可怀疑的存在之主体呢？概而言之，主体不能“被”确定。被确定者非主体。这便是笛卡儿的矛盾——被确定为不可怀疑的主体不能是被确定者。为解决这个矛盾，后来的主体哲学家们采取了两条完全不同的途径：康德采取的是区分现象与本体的二分法来解决这个矛盾；而费希特、谢林等则是采取将“自我”绝对化的方法来解决此矛盾。康德不但将客观世界区分为本体世界和现象世界，宣称人只能认识现象世界，而不可能认识本体世界；而且将自我也区分为先验的“本我”与现象的自我。本我是不可作为对象而认知的。人们只能认知本我的表象。按此逻辑，笛卡儿的那个不可怀疑的“我”并不是被现象的“我”确定为不可怀疑的，而是作为先验的本我先验地就是不可怀疑的。康德的方法虽然在表面上解决了笛卡儿的矛盾，但是，将主体哲学的基石——“主体”——宣布为不可知的，这无疑为主体哲学的式微埋下了伏笔：不可知的主体如何能够成为哲学的主题？既然主体不可知，那主体哲学又能有什么作为？

费希特以所谓的“绝对自我”来取代笛卡儿的“我思”之“我”。“绝对自我”的绝对性在于：他是绝对不能被思、被对象化的主体。这个主体是世界的发源处，他不但设定自身，而且界定他物。他实际上被夸大为既创造自身，也创造世界的力量。这样，在费希特那里，原来只是可以怀疑一切而不可被怀疑的“我”竟然摇身一变，变为了能够创造世界的“我”。

谢林比费希特谦虚一些，他的“世界精神”虽然不能创造世界，但仍然是世界进化的顶峰，同时又是引导世界从无机界进化到有机界再进化到普遍界的绝对性力量。而这个“世界精神”不是别的，正是人的自我意识之巅峰。

费希特和谢林通过将笛卡儿的不可怀疑的“我”夸大为决定世界的存在和发展的绝对的“我”，似乎解决了笛卡儿的矛盾，却与人的本质和世界的事实格格不入：“自我”只要是属人的，就不会是“绝对”的，世界只要是属物的，其存在的原因就与人无关，其发展的动力就不取决于人的意识，哪怕是最巅峰的意识。更有甚者，20 世纪以唯我论和人类中心主义为理论基础的几个荒唐的人类实验，给人类带来了一个又一个可怕的灾难，也使得走上唯我论歧途的主体哲学变成了几乎人人喊打的末路哲学。

所有这一切无疑都根源于主体哲学只是在人的背景下，在人的范畴内论证主体的存在和本质的错误路径。作为研究和论证主体的哲学流派，主体哲学却忽视了对“什么是主体”这个最根本的问题之研究。而没有对超出人的范畴的纯粹主体之研究，主体哲学要想避免式微的命运应该说是根本不可能的。

如果说在人的范畴内研究主体是主体哲学走向式微的主要原因，那么，对主体哲学的批判仍然脱不开人的范畴则是批判永远都是隔靴搔痒的根本原因。例如，宣称主体死了的福柯对主体哲学的批判就没有跳出人的范畴。福柯要为主体配置的“真相”仍然是人的真相，即人的理性与非理性必须和谐共处、相辅相成，而绝不能相互否定，或非此即彼。概而言之，福柯所否定的主体，是强调人的理性而泯灭人的非理性之先验主体，其目的是为人的非理性张目！但是，在没有弄清楚“什么是主体”的问题之前，如何能够否定先验主体？如何能够阐明理性和非理性与主体的关系？又有什么底气宣称“主体死了”呢？

因此，无论是要弘扬主体哲学还是要否定或批判主体哲学，都必须首先厘清“什么是主体”的问题。这本应是主体哲学的第一位的问题：人之是否是主体，首先取决于主体是什么，其次才取决于人是什么。只有在这两个问题都解答之后才有可能回答人是否是主体、是什么样的主体之问题。也即：必须首先弄清楚主体是什么的问题，然后才有可能回答人是否是主体，或是什么样的主体之问题。因此，我们说“主体是什么”的问题是主体哲学的根本问题。

那么，什么是主体呢？或者主体究竟是什么呢？这其实是一个十分复杂的问题。在展开进一步的讨论之前，此处只能先提纲挈领地做一个简要的解答，以便能开始我们的讨论。而对此的比较全面的解答只能在本章的最后，在论述神与自由的关系时才能做出。

笔者以为，所谓主体起码要具备以下三个最基本的要素：

第一，主体必须是独立的存在。所谓“独立的存在”包括两个含义：其一，它不依赖于任何其他的存在而独在；其二，它必须相对于其他存在而存在。即它必须独立于客体，并相对于客体而存在。这里必须特别指出的是第一层含义，该含义揭示的是主体可以没有客体而“孤独”地存在。这一层含义如果不超出人的范畴是绝对得不到的。因为除了人所想象出的上帝，没有任何存在可以独立地并孤独地存在。假如世界真的如基督教所说的那样是上帝创造的，则创世前的上帝就是一个没有客体的“孤独”的主体。但人却既绝无可能是独立的存在，也绝无可能成为孤独的存在——人是在一个不是其创造的世界中存在的存在；或者说人是面对一个不是其创造的世界而存在的存在。因此，人如果是主体，就只能是与客体世界同在的主体，而绝不可能是可以独立存在的“孤独的主体”，也即：人只能相对于客体世界而在，而绝无“孤独地”存在之可能。

第二，主体必须具有主宰之意识。这种主宰意识既与尼采的“权力意志”根本不同，也与海德格尔的“去存在”之“去”完全相异。倒是基督教的《圣经·创世记》对上帝创世的描述更类似于主体的主宰意识：上帝说：“要有大地”，于是就有了大地。这里的“要有大地”之“要”，既是创造的意欲，也是主宰的意欲。概而言之，所谓主宰意识，即创造和主宰之意欲。没有创造和主宰之意欲，就绝不是主体。

第三，主体必须具有主宰之能力。这种能力既与萨特的在意识中将世界化归己有的能力不同，也与康德的为自然、自由和艺术立法的能力相异，而是如上帝一般的“要有即有”的能力。更通俗地说，即实现其创造欲和主宰欲之能力。只有实现了其创造欲和主宰欲，成为实际的主宰，才为真正的主体。

不难看出，以上三点中的任何一点都超出了人的范畴。作为“在世界中”的存在，人绝对不可能独立于世界而存在；作为生命的存在，人的生存欲望绝不可能完全被主宰欲所取代；而作为宇宙中十分渺小、十分有限的存在，能完全实现其生存欲望就已经十分困难，更遑论主宰欲之完全实现了。但是，超出了人的范畴之主体概念却并不是与人毫无关系。假如人与主体真的毫无关系，那主体概念也就绝不会在人类之中产生。既然主体概念是人所产生的观念，它就必然与人有着千丝万缕的关系。概括地说，人与主体的关系主要表现在如下几个方面。

就人与主体的存在之关系而言，人虽然不能独立于世界而存在，却可以相对于世界而存在。用萨特的话来说就是“面对……的在场”。萨特的这句话十分传神地勾勒出人的位置:“在场”所表达的是人在世界中之位置;而“面对”所表达的则是人相对于世界而在的位置。按照萨特的逻辑,唯其在场,才能面对;而唯其面对,方证明在场。但是,是什么使得存在于世界之中的人又能够面对世界而存在呢?萨特说是意识的虚无,而笔者以为是人的“神性”。人正因为有神性,才能在存在于世界之中的同时超越出世界,将世界作为客体来认识、来把玩。

就人与主体意识的关系而言,人虽然总是脱不开生存的烦恼和纠缠,但即使在生存之忧还远未消除之时,在人的心中就已经有了蠢蠢欲动的主宰欲。远古时期人对野马的驯服虽然更多的是由生存的欲望所驱动,但谁又能说这不是人的主宰欲之初显呢?更有甚者,古时候的许多神话故事,如“嫦娥奔月”、“女娲补天”等等,均与人的生存欲望并无多大关系,所彰显的几乎纯粹是人的主宰意欲。是什么使得人这种生命的存在能超越生存的需要与欲望,而凭空生出主宰世界之欲望呢?笔者以为这仍然是人的神性。

就人与主宰能力的关系而言,人高不过八尺,力不过千斤,何以能有主宰世界之能力?然而,人通过使用工具,利用能源,发展科技等等方法,使得人所能主宰的事物越来越多,人的主宰能力越来越大。更重要的是,人的主宰能力之提高的速度越来越快,使得越来越多的原本根本不可能的事情成为现实或变为可能。人何以能如此?笔者以为这仍然有赖于人的神性。是人的神性使得人的主宰能力越来越大,使得人成为越来越多的事物之主宰。

于是,人因为神性而与主体发生了关系。或者说,人因为神性而成为与主体相似的存在。

总而言之,主体概念是一个不限于人的范畴,但又不能不与人发生关系的概念。它必然要与人发生关系是因为人在某种意义上说已经是主体的存在;而它之所以不限于人的范畴,是因为人并不是完全意义上的“主体”。人离真正的完全主体还有着巨大的距离。

二、神性的定义

如上所述,使人成为某种意义上的主体存在的是“神性”。那么,什么是“神性”呢?它又是从哪儿来的呢?

要说明神性是什么,比较明智的切入点应该是首先说明神性不是什么。

首先,神性不是意识。“意识”也许是哲学家和科学家们永远也说不清道不明的课题。正因为它本身就是神秘的,因而它本身必然就带有某种“神性”。

然而,意识的神性与主体哲学所说的神性有着本质的区别。前者更多的是指意识的各种神奇的能力,而后者则仅仅是指:使人具有了某种主体的特征,并成为某种特殊的主体之特殊的能力。

其次,神性也不是理性。理性有多种定义,其中以康德对理性的论证最为经典。康德将理性分为理论理性、实践理性和判断力三种。理论理性为自然立法(实际上是为知识立法);实践理性为自由立法(实际上是为行为立法);而判断力则是为艺术立法。也就是说,理性是人认识世界、正确行为和鉴赏与创造艺术的能力。而神性所赋予人的能力则远远超出了理性的能力。它不仅仅是认识世界、正确行为的能力,而且还有驾驭世界、主宰世界乃至创造世界的能力。此外,康德的理性能力是先验的能力,因而并没有后天发展的余地。而神性所赋予人的能力,则是有着无限发展可能的主宰能力。

最后,神性也不是科学上所说的"智能"。"智能"通常是指人所独有的一切智力和能力的总和,包括但不限于感觉、认知、理解、记忆、思维、分析判断、语言表达、数学计算、知识的运用、行为的选择和控制等等的能力。从存在者的角度来说,所有这些能力无疑都是神奇的。但神奇的能力与主体哲学上的神性所赋予的能力毕竟不是同一回事。神性所赋予人的能力仅指或特指使人获得主体的地位、拥有主体的意欲并使主宰世界成为可能的能力。

当然,仅仅指出神性不是什么并不能说明神性是什么。事实上,"神性是什么"也许是比"意识是什么"更难回答的问题。就像人们只能从意识的表象来解释意识一样,我们也只能从神性的表现来说明神性。所谓神性的表现,包括两个方面:一是在人身上的表现,二是在世界上的表现。神性在人身上的表现已如上述,即:

第一,神性使存在于世界之中的人类能够神奇般地相对于世界而存在,从而取得了主体所必须占有的与客体相对立之位置。

第二,神性使本来以生存为第一要务的人类神奇般地拥有了主宰世界之意欲,从而具有了主体的本质特征。

第三,神性使本来只有生存能力的人类神奇般地发展出主宰事物之能力,并赋予人类不断发展和提高其主宰能力之无限的可能。

而神性在世界上的表现则为:

第一,神性使世界存在。

按照宇宙膨胀说,宇宙至今已经约有 132 亿年的历史了。但从哲学的角度上说,在神性降临于人类之前,这个有 132 亿年历史的宇宙即使"在"也并不

"存在"。因为哲学意义上的"存在"并不仅仅是"在"，而是相对于感知者，被感知者所感知的"在"。在没有感知者之前，或者在"在"被感知之前，一切"在"都只是"自在"，而不是"存在"。"自在"所表达的是"有一个世界"，它既不需要被发现，也不需要被感知。它就**在**那里。它"自在"地"**在**"。而"存在"所表达的却不仅仅是"有一个世界"之"在"，更重要的是这个世界的"在"已经被发现，被感知，并且被赋予意义。而这个世界的"在"如要被发现，被感知，被赋予意义，就必须要有发现者、感知者和赋予意义者。因此，"存在"与"自在"的根本不同就在于"自在"只是一个事实，而"存在"却首先是一种关系：它是发现者与被发现者、感知者与被感知者，以及赋予意义者与被赋予意义者之间的一种认识关系。这种关系包括三个方面：第一，被感知者；第二，感知者；第三，感知者与被感知者之间的感知与被感知关系。这三个方面必须同时具备，"存在"才有可能发生。仅有被感知者，而没有相对于被感知者之感知者，则被感知者虽"在"却并不存在。同样，虽有感知者，而没有被感知者，也仍然没有"存在"。即使感知者和被感知者同时具备，但在两者之间未发生感知与被感知的认识关系，则世界上仍不可能有"存在"。因此，使"存在"产生的关键，或使自在成为存在的关键，在于感知者与被感知者的特殊关系。这种特殊关系的特殊性在于：首先，相对于自在之物，有一个独立于其的感知者；其次，相对于感知者，有一个不是其所创造的被感知者；再次，感知者对被感知者有感知的欲望和能力；最后，感知者与被感知者之间发生了感知与被感知的关系，并由感知者赋予被感知者以意义。只有当包含着上述四项特殊性的特殊关系产生时，"自在"才变为"存在"，"存在"才诞生于世。

不难看出，这种特殊关系的关键在于要有一个有着感知欲望和能力的感知者。必须先有这样的感知者，而后才可能有特殊的感知关系。假如没有一个能独立于被感知者，并相对于被感知者而"在"的感知者，感知关系就无从说起。而使这样的感知者诞生的恰恰是神性。是神性在使人相对于世界而存在的同时使世界存在。或者说从客观世界的角度上说，是神性使世界向人显现，并使世界从自在的世界变为被感知的世界。世界自此存在。

第二，神性使世界分裂。

在神性降临之前，茅塞未开的人类与世界是一个整体，即世界是一个统一的世界，既没有感知者，也没有被感知者；既没有主体，也没有客体。神性的降临使世界一分为二——一方面是发现和感知世界的感知者，另一方面则是等着被发现和被感知的客观世界。更有甚者，神性还赋予人以主宰世界的主宰欲，使得世界被进一步分为意欲主宰世界的准主体和将被或可能被这个准主体主宰的客体世界。也就是说，神性不但改变了人的性质，使人从自在的存在一跃而成为类似于主体的准主体存在，而且也改变了世界的性质，使得自在的世界从此不再自在，而成为将被或可能被主体主宰的客体世界。

第三，神性使世界的变化可逆。

在神性降临之前，世界不但是自在地“在”，而且是自在地“变”。膨胀的宇宙自在地膨胀着；沧海桑田之巨变自在地变化着。没有任何意志加诸世界的“在”与“变”上。神性的降临使世界的变迁不再仅仅是自在的变迁，而是产生了含有主体的意欲与意志之变迁。例如，通常要以千万年计的沧海桑田之自然变迁如今竟可以被以年计，甚至以月计的移山填海所取代。而本来只是自在地向低处流的水，如今可以按照人的意志而上高山。简而言之，自神性降临后，原先不可逆的自然变化因主体意欲与意志的介入而变为可逆的，即变为将按照主体的意欲和意志变化的世界。随着人的主宰能力不断地发展和提高，世界将越来越多地按照人的意志变化，越来越多地呈现出人造世界的面貌。

现在我们可以回答“什么是‘神性’”这个问题了。概括起来，人的神性包括如下三个主要方面：

第一是神性意识。人的意识之神性，首先表现在它使人取得了超出世界之外、独立于世界、相对于世界而在的**位置**，并把世界作为被感知物来感知，来认识。人本来是存在于世界之内的渺小生命存在。假如没有人的神性，人就绝无可能成为超出世界之外，相对于世界，把世界作为被感知物来感知的感知者。

第二是神性意欲。欲望是生命存在的特有现象。凡生命的存在均有生存的欲望。但这种欲望毫无神性可言。人的意欲之所以是神性的，是因为这种意欲超出了一切生存和自保的生物本能。是在生存需要和幸福需要之外的欲望，即出于主体的主宰本质之主宰欲。人的意识之神性仅仅使一个世界中的存在一跃而取得了相对于世界的感知者的位置。而人的意欲之神性却使一个原本是受生存欲望驱使的存在，一跃而成为被主体的本质所驱动的主体。所谓被主体的本质所驱动，即是被主体的主宰欲所驱动。而人的意欲恰恰是出自主体的主宰本质，追求成为主宰之欲望。

第三是神性能力。假如仅有成为主宰之欲望，而无实现主宰欲之能力，则成为主宰就只能是空想或幻想。当成为主宰仅仅是空想或幻想时，所谓的“主体”就不可能成立。这样的主体，充其量只能是“幻想主体”。要使主体真正成立，就不但要有成为主宰之意欲，而且还必须要有实现主宰意欲之能力或潜能。这种实现主宰意欲之能力或潜能，就是这里所说的“神性能力”。虽然人的神性能力相对于人的主宰欲而言，永远都属于有欠缺的能力（这种欠缺决定了人只能是特殊的主体），但是人的神性能力本身同时就具有不断提高和完善其能力，不断弥补其欠缺的能力。这种弥补其欠缺的能力决定了人既有可能实现其主宰欲而成为真正的主体，也有可能达致自由的存在境界。

神性意识、神性意欲和神性能力这三者的结合就是笔者所说的“神性”。总而言之，所谓“神性”，就是使得一个存在不但具有了相对于世界而存在的位置，而且产生了主宰世界之主宰欲，并且同时还拥有了实现其主宰欲之能力或潜能的东西；也就是使一个存在一跃而成为特殊主体，并使整个世界都成为客体或潜在的客体的东西。

三、神性的来源

然而，人的神性又是从何而来的呢？对这个问题，流行的答案主要有四种：其一，神学家的神创论。神学家既然是神学家，当然会把一切产生的原因归于神，包括神性产生的原因。按照《旧约》创世记中的说法，人是上帝用尘土捏成，再向鼻子里吹了一口仙气而造成的。这口仙气是否包括了神性，创世记中没有明说。但根据上帝是按照自己的样子造人的说法，这口仙气应该是包括了人的神性的①。后来的神学家们更是把人的神性表述为直接就是神的神性在人身上的反映。例如，俄罗斯神学家尼古拉·别尔嘉耶夫把人脱出客体世界的独立性称为“个体人格”，这种“个体人格”就是“神性—人性”，而所谓的“神性—人性”其实就是“上帝的意象在世界中的实现”。他说：“人的个体人格作为脱出客体世界的自由和独立性，其实就是神性—人性。……人的个体人格即神的生存。……人具有两重本性，人是两个世界的交叉点，人自身携有人的意象和上帝的意象。人的意象即是上帝的意象在世界中的实现。”②但是，全知全能的上帝为什么非要通过人的意象才能在世界中实现其意象？又为什么在长达132亿年的时间里没想要在其创造的世界中“实现”其意象，而非要

① 当然，这口仙气要发挥作用，还要等到夏娃和亚当偷吃了智慧果之后。但没有这口仙气，夏娃和亚当就是吃再多的智慧果也不可能“知善恶”。

② 参阅［俄］尼古拉·别尔嘉耶夫著，徐黎明译：《人的奴役与自由》，贵州人民出版社1994年版，第28页。

在孤寂了132亿年之后才突然想到要赋予人以神的意象，或通过人在世界中实现其意象呢？对此，神学家们除了以所谓“神的自由意愿”来辩解外，再也不可能有其他的解释。

其二，社会学的进化论，即：人的神性是自然界中的物种长期物竞天择的结果。进化论的谬误在今天已是显而易见的了。首先，物竞天择，适者生存的进化路径需以外部条件的变化速率与物种的所谓进化（变异）之速率相一致为前提。而这个前提在自然界是根本不可能存在的。火山、地震、彗星撞地球等等，自然界的任何一个小小的骚动都将打断乃至从根本上毁灭物种的所谓“进化路径”。其次，同种物种间的物竞天择可以导致强存弱灭、物种优化的结果。但不同种物种间的物竞天择却只会导致优胜劣汰的结果，即适者存，不适者灭。而且，无论何种物竞天择都绝对不可能导致一种物种向不同种的另一种物种“进化”。马无疑绝不可能“进化”为骆驼，就是类人猿也绝无进化为人之可能。最后，在进化论的进化链条上有两个根本不可能逾越的鸿沟：一是从有机物向生命的“进化”，这种“进化”既与“物竞天择”无关，也与“适者生存”无涉，因此根本不能用进化论来解释。二是从无意识的生命向有意识的生命，特别是有神性的生命之“进化”。这种从自在之物向独立于自在之物的感知者之跃升，无论如何都不可以以“进化”来解释。

其三，宇宙学的“人择原理”。人择原理分为“弱人择原理”和“强人择原理”。弱人择原理认为，有意识的生命存在于宇宙中由无数巧合而造成的特定时期和特定位置，而这些巧合必须成立。因为只有在这些巧合成立时的特定时刻和特定位置，才会有智慧生命。而强人择原理则认为，有意识生命必然存在于宇宙中，即使不存在于这个时间－空间，也会存在于另一个时间－空间。无论是强还是弱，人择原理都认为意识的存在是不可避免的。或者说，这个宇宙就是为观察者的产生而准备的。这其实是将观察者产生的必然性建立在无数的偶然性，无数的“巧合”之上。至于这些巧合为什么是必然的，又是如何发生的，这将是人择原理永远不可能解开之谜。

其四，哲学的存在主义。存在主义的大师萨特将意识定义为“面对……的在场”之虚无，但对意识的起源问题却简单地以“绝对的偶然事件”来解答。在他看来，意识的起源问题就跟上帝的起源问题一样，都是一个绝对的偶然事件。既然“有一个上帝”是无须解释的，则“有一个意识”也就同样是无须解释的——它源于一个绝对的偶然事件。它就是世界上一个绝对存在的事实。

显而易见，上述四种答案没有一种能够解答神性的起源问题。或许人类意识之神性还不足以解答自身的起源问题，就像上帝之神性仍不足以解答上帝的起源问题一样。从这个意义上说，萨特的答案也许更为可取。既然上帝存在可以是一个绝对的偶然事件，则神性的降临当然也就可以是一个绝对的偶然事件。无论如何，人有神性这样一个事实是确定无疑的。不论这个绝对的偶然事件是宇宙在经历了 132 亿年之后才发生的，还是更早或更迟发生的；也不论这个绝对的偶然事件究竟是如何发生的，总之，这个宇宙终于有了神性。随着这个绝对的偶然事件之发生，宇宙终于有了准主体，世界也终于有了"存在"。

四、神性与主体

人的神性不但使感知者产生，使世界"存在"，而且还使世界有了"主体"和"客体"之分——在感知与被感知的关系中，感知者无疑是感知的主体，而被感知者则无疑是感知的客体。但是，这种感知的主体从严格的意义上说还不是真正意义上的"主体"。"主体"一词有广义和狭义之分。广义上的"主体"泛指一切主动起作用者。按此定义，则人类便不是已知世界的唯一主体。凡能发生作用者皆为主体：狮子是捕猎的主体；树叶是光合作用的主体；政府是国家行政管理的主体；就连无生命的石头，也可以成为滚落下山的"主体"。类似这样的主体，当然不是此处将要论述的"准主体"。此处所论述的准主体，仅指世界上已知的唯一实存的"主体"——人。人是已知世界的唯一可称为"主体"的存在。除人之外，世界上的一切存在皆为客体。只有人才是相对于世界而存在之"主体"。

人要成为世界上的唯一主体，必须要有一种其他一切存在均没有，唯有人才具有的，属于主体本质的特质。这个特质不能是"意识"。因为意识并不是人类所特有的。动物学家们已经证实许多动物都有意识，因而都是某种意义上的，或某个层次上的世界的感知者。这个特质也不能是"欲望"。因为欲望也不是人所特有的。不但生存欲望是所有生命存在所共有的，就是超出了生存需要的寻欢作乐之欲望，也不是人所特有的，相当数量的动物种类都有嬉戏打闹之欲望和行为。最后，这个特质也不能是满足欲望的行为能力，因为，没有满足生存欲望之能力的动物根本不可能存留。那么，其他一切存在都没有，唯有人才具有的特质究竟是什么呢？笔者以为是人的**主宰之欲**。主宰欲虽然也是一种欲望，但它与其他一切欲望都有着本质的不同。其他一切欲望都源于需要。根据需要的不同，我们可以将欲望划分为"生存之欲"和"幸福之欲"

两大类。一切源于生存需要之欲望皆属于生存之欲，而一切超出了生存之需要，源于寻欢作乐之需要的欲望则属于“幸福之欲”。这两种欲望可以统称为“生命之欲”——它是生命存在普遍具有的欲望或冲动。与此不同，主宰之欲却与任何生命的需要无关。它既不是源于生存之需要，也不是源于幸福之需要，而是直接源于主体之为主体的本质特性——主宰。它是主宰客体和主宰自身之欲望。或者说，它是成为自身和客体世界的主宰之欲望。除人之外的一切存在都绝不可能有这种欲望。只有人，凭借着神性的降临，不但跃然于世界之外，成为相对于世界的**观察者**，而且跃然生出主宰客体世界的主宰欲，成为意欲主宰世界的**主体**。笔者以为，主体之为主体，既不在于笛卡儿的“我思故我在”之“思”，也不在于康德的为自然立法之“纯粹理性”，而是在于主体的主宰之欲，即源于主体主宰本性的主宰一切之欲望。因为，所谓主体乃主宰者之谓也。而笛卡儿之“思”只能证明其自身之“在”。它甚至不能证明其“在”之外的其他存在是否真的存在，更遑论成为其他“在”之主宰了。至于康德之“纯粹理性”充其量也仅仅证明了人作为世界的观察者之地位。它与“主宰”世界毫无关系。要成为主体，就必须成为客体的主宰，而不是仅仅证明自身存在，或者仅仅证明自身是世界的观察者。如果世界是主体所创造，则主体的创造欲与主宰欲便是合二为一的。但如果世界不是该主体所创造，当它面对一个并不是其创造的世界时，主体的创造欲与主宰欲便是分离的。这时候的主宰欲就是成为这个不是其创造的世界之主宰的欲望。这样表述也许还不够准确。因为，如果世界不是其创造的，他也就不能称其为“主体”，他至多是一个使自在成为存在的观察者。这种观察者既不缺少笛卡儿的“思”，也不缺少康德的“纯粹理性”，但他仍然仅仅是“观察者”，而不可能是“主体”。所谓“主体”是在“观察者”已然产生了主宰之欲后才诞生的。也就是说，要成为主体，就必须首先产生主宰之意欲。只有在产生了主宰之意欲之后，“观察者”才能变成“主体”，主体才最终诞生于世。因此，人之所以成为主体，并不在于其能跃然于世界之外，相对于世界而在，并把世界的一切都作为客体来观察，来揣摩；而是在于他能超脱出一切生存需要之外，径直产生出主宰世界之欲望。这无疑是人的神性的又一个奇迹——人的神性并不满足于在世界中创造出相对于世界而立的感知者、观察者，它还要在世界中创造出意欲主宰世界的“主体”。于是，它将源于主体本性之主宰欲赋予人类，使得人类这种渺小有限的生灵突然产生了主宰世界的雄心壮志。从此，宇宙中自生自灭的万物不但有了观测者，而且有了搅动者。从此，世界被一分为二：一方面是面对世界而立，并意欲成为世界的主宰之主体；另一方面则是相对于主体而在，并等待着被主体所主宰的客体世界。

五、神性与自由

相对于不是其创造的世界却突生出主宰之意欲，这仅仅意味着主体的诞生，但它并不代表着主体的成立。要使主体成立，不仅仅要有主宰欲，而且要有实现主宰欲之能力，并且还要有主宰欲之实现，即真正成为主宰之事实。这三者的统一，才是主体真正成立的标志。假如仅有主宰欲，而无实现主宰欲之能力，则主体虽然“诞生”，但并未成立。这个诞生的“主体”充其量只能是“意欲主体”——意欲成为主体之“主体”。它虽有成为主体之意欲，却无成为主体之事实。只有在相对于世界的观察者不但突生出主宰世界之意欲，而且还具备了实现其主宰欲之能力，并且最终实现了其主宰欲，所谓的“主体”才真正成立。举例来说，在上古时期，野马和其他动物一样，或许只是人类为满足生存之需要而猎杀的对象。这时候的人类相对于野马最多还只是观察者：他可能发现野马奔跑速度快之特长，他也可能发现野马性情温顺之优点。但在他驯服、驾驭野马的欲望产生之前，他还只是一个观察者。只有当先人第一次产生驯服、驾驭野马之欲望时，作为马的主宰之主体才正式诞生——野马第一次有了意欲成为其主宰的对立面。但是，假如人类的先祖虽然产生了驾驭野马之欲望，却没有实现驾驭野马欲望的能力，则诞生的所谓“主体”就只能是意欲主体。庆幸的是，人的神性不但赋予人以主宰欲，而且同时还赋予人以实现其主宰欲之能力，使得人类所产生的任何一个主宰欲，都同时具有实现的可能。因此，当人类的祖先第一次产生驾驭野马的意欲时，他同时就有了实现其驾驭意欲之可能——他因为神性所赋予他的实现主宰欲之能力而成为野马的可能的主宰。但这时他仍然还不是野马的主宰，而只是有了成为野马的主宰之可能。只有当他成功地驯服了野马，驾驭着它自由驰骋时，也就是说，只有当他最终实现了驾驭野马的主宰欲时，他才成为马的主宰，驾驭马的主体才真正成立。因此，对主体的成立而言，主宰能力即使不是比主宰欲更重要，也是与主宰欲同等重要的条件。感谢神性，它不仅赋予人以主宰世界之欲望，而且还同时赋予人以实现其主宰欲之能力。这种能力使人类不但成为意欲之主体，而且成为可能之主体——有可能成为主体，或成为主体之可能。

“可能的主体”所表述的是这样的事实：第一，这种主体所面对的客体不是其所创造的。而这种主体却意欲主宰这个不是其所创造的客体。第二，这种主体实现其主宰欲之能力不是绝对充分的，而是相对欠缺的。或者说，在主宰欲与主宰欲之实现之间有着需要跨越的距离。距离存在本身即意味着能力的欠缺。但是这个距离对于人来说，又是可以跨越的。使这个距离得以跨越的是人的"行为"。"行为"既是人的主宰能力之标志，同时又是人的主宰能力欠缺之标志。说它是主宰能力之标志，是因为人只有凭借行为，才能跨越横亘在主宰欲与主宰欲之实现之间的距离，最后实现其主宰欲。而说它是主宰能力欠缺之标志则在于人并不是心想事成的存在。或者说，人欠缺心想事成的能力。只是因为人欠缺心想事成的能力，在人的主宰欲与主宰欲之实现之间才会存在距离，人才不得不通过行为来实现其主宰欲。还以驾驭野马为例，在驾驭之意欲与实现驾驭之意欲之间既有一个空间的距离，也有一个时间的距离。要跨越这两个距离，全都有赖于"行为"。跨越空间距离的行为包括：发明和制造驾驭工具（包括马嚼、缰绳、马鞍等等）之行为，制服和训练野马之行为，以及学习和提高骑术之行为等等。而跨越时间距离的行为则是指：人的任何行为不但需要空间，而且需要时间：发明和制造工具需要时间；制服和训练野马也需要时间；而学习和提高骑术则更需要时间。因此，人类任何一个主宰意欲之实现都有一个或长或短的时间过程。在这个或长或短的时间过程中，人随着时间的推移而不断提高自身的主宰能力，从而逐步实现其主宰欲。

人所面对的是不是其所创造的世界和人所具有的是欠缺的主宰能力这两个事实决定了人只能是可能的主体，或成为主体的可能——他还不是主体。但他意欲成为主体，并且有着成为主体的可能。

"可能的主体"是一种极为特殊的存在。假如世界是被创造的，世界就只能有两种存在：主体与客体。主体即创造世界的世界之主宰。客体即被主体所创造和主宰的世界。而"可能的主体"却既不是世界的创造者，也不是被创造的世界，而是超脱出被创造的世界，但面对的却又不是其创造的世界，而又意欲主宰这个不是其创造的世界，并且还有着成为这个世界的主宰之可能的存在。这个存在绝不是客体，但又不是真正、完全的主体。这样一种存在的出现，不但使得"主体"成为问题，而且使得"自由"也成为问题。

"使主体成为问题"指的是：人这种特殊的存在使主体的定义完全混乱。因为"可能的主体"所表达的是一种完全混乱的关系。所谓"可能的主体"，他与他所面对的世界的关系就既不是主体与客体间的关系，又不是客体与客体间的关系，更不是主体与主体间的关系，而只是他的现在与他的将来的关系——他现在虽然还不是主体，但他在将来会是主体。他是作为将来的主体而在现在存在。但这个现在存在的将来的主体，在他存在的当下，他到底是一种什么样的存在，谁也说不清楚。一方面，他只能存在于由无数的偶然巧合而生成的极为特殊的生存环境中。脱离了这种极为特殊的环境，别说主宰，就是存在都不可能。从这个角度上说，他只是这个不是其创造的世界的一部分。如果世界是客体，那么他也只能是客体世界的一部分。另一方面，这种离不开客体世界，只不过是客体世界的一部分的特殊存在却无端地生出成为这个客体世界之主宰的意欲，并且真的成为这个世界中的越来越多的事物之主宰。从这个角度上说，他又绝不属于客体世界。他只能属于相对于客体世界的主体。这样一种既不是主体，又不能不是主体的存在，使得“主体”一词一旦用于人类就必然要处于问题中。

而“使自由成为问题”则指的是：自由本来是主体的存在境界。有关存在境界与存在状况，笔者在第二章还会详细论述到。此处只需指出：存在境界与存在状况的区别在于，前者是专属于主体的有意欲并且实现了意欲之境界。而后者则是专属于客体的没有意欲，因此也就无所谓意欲实现不实现，只是自在地存在之状况。假如世界只有主体和客体之分，世界便只有存在境界与存在状况之分。所谓“自由”也就绝不会成为问题——作为主宰一切的主体，其存在境界就是为所欲为、心想事成的自由境界。而作为被主体所主宰的客体，其存在状况则是与自由毫无关系的，笔者称其为“无自由”的存在状况。在这种情况下，自由当然不会成为问题：自由即主体的存在境界；主体的存在境界即自由。这其中不会存在任何问题。但是，一旦世界中多了一种“可能的主体”，“自由”也就随着“主体”成为问题而处于问题之中——由于它是可能的主体，因此它也就只是有可能达致自由。但由于它现在还不是主体，它现在也就还不是自由的。于是，世界上除了自由的存在境界和无自由的存在状况之外，又多了一种不自由但有可能自由的存在境界。说它是存在境界，是因为它有着主宰一切之意欲，这与无意欲的存在状况完全不同。而说它是不自由但有可能自由的存在境界，是因为在它的主宰之欲产生时，它并不能即刻就实现其主宰之欲，因而是不自由的。然而，它同时又有能力在将来实现其主宰之欲，因而它又有可能是自由的。或者说，它的自由是在将来等着它的。于是，神性的降临不仅使人类成为有问题的主体，而且使人类有了有问题的自由。它使自由成为问题，是因为它使人有了自由的可能。而它使人类有了有问题的自由，又在于它使自由成为问题——自由从此成为人的根本问题！人从此成为渴望自由、追求自由，并且一步步地走向自由之存在。

第二节　神与自由

一、神与存在

从某种意义上说，面对一个不是其创造的世界是人的一切问题产生的根源。人的一切问题都源于此。因为，假如人所面对的是其自己创造的世界，那这个世界就既没有现象与本质之分，也没有自在与存在之别；既没有认识的必要，也没有主宰的问题。作为世界的创造者，他对他所创造的世界既了如指掌，又随心所欲。如此，还能有什么问题存在呢？然而，当人面对的是一个不是其创造的世界时，一切问题就都产生了。或者说一切就都成了问题：由于他对他所面对的世界一无所知，于是便产生了认识的问题；由于他对他所认识的世界真伪不定，于是便产生了现象与本质、真理与谬误的问题；由于他所面对的世界并不是他所欲望的世界，于是便产生了所谓改造世界和主宰世界的问题……在所有这些问题之上，有一个最根本的问题：这个不是其所创造的世界究竟是怎样产生的？或者说这个不是由其创造的世界究竟是由什么东西所创造的？正是这个最根本的问题，使得一个绝对的存在观念——神——诞生了。就是说，"神"是作为对这个最根本的问题之回答而产生的。在这个问题上，科学家和神学家很难得地有了一次一致的意见（尽管他们心中的神并不是同一个神）。著名的神学家托马斯·阿奎那为了论证神的存在，把世界的"第一因"、"第一推动者"归之于神。而著名的科学家牛顿同样也把"第一推动者"的殊荣赋予了"神"。就连反复声明其不信宗教之神的爱因斯坦，也仍然承认和谐宇宙的创造者应该是"神"。但是，不论是神学家还是科学家所相信之"神"，都不是一个被感知或被认识的存在，而只是一个被想象出来的观念的存在。阿奎那是为了证明这个被想象出来的观念存在是实存的存在才从事物的运动**推论**出"第一推动者"，从因果律**推论**出"第一因"的。而牛顿是在研究力的终极来源时猜想出（想象出）作为第一推动力的神的。无论是先有观念的存在然后再以"第一推动力"推论其实存，还是为了追究"第一推动力"而想象出神这个观念的存在，这个观念的存在在被想象出之前绝没有可被观测、可被认识、可被感知的对象。它完全是人的神性意识凭空猜测、凭空想象的产物。如果说被认识的存在是从“有”生出“有”的观念(先有日月星辰,然后才有日月星辰的观念),那么,“神”的存在则是从“无”生出“有”的观念——并没有一个可感知的实存的“神”供人感知和认识。人只能在人的神性意识中思索和猜测,并从无中想象出这样一个纯粹观念的存在。因此,“神”自始至终就是一个彻头彻尾的纯观念存在。它源于人的神性意识,并存在于人的神性意识中。人除了神的观念之外,再也没有其他更多的“神的存在”。

主张神是人的一个纯观念的存在,并不涉及有神论与无神论的争论。无论是有神论还是无神论,都不妨碍“神是人的观念世界中的一个纯观念的存在”这个论点的成立。所谓有神论与无神论之争,只不过是对“神”这个纯观念的存在所持的态度之争。如果对神的观念或观念中的神采取绝对肯定的态度,从而不但相信观念中的神之存在,而且无条件地坚信观念中的神在现实中也绝对存在,他便是有神论者。反之,如果对神的观念或观念中的神采取完全否定的态度,从而不但坚决地否定神的观念,而且更加否定观念中的神也是实存的神,他便是无神论者。但无论是有神论者还是无神论者,其所肯定和否定的“神”都是针对存在于人的观念世界中的纯观念的存在。所不同的是,前者相信观念中的神在现实中绝对存在;而后者相信观念中的神在现实中绝对不可能存在。但“相信”是什么?“相信”仍然是人的观念领域中的一种意识活动,它只能在观念领域中进行。你所相信的这个观念的绝对存在不仅只能在你的观念世界中对这个绝对存在的观念自由想象之,而且也只能在你的观念世界中对这个绝对存在的观念绝对相信之。你不相信这个观念的存在,你也只能在你的观念世界中对这个观念的存在绝对否定之。因此,无论是否真有一个实存的神,对于人来说,神都只能是一个观念的存在;人都只能在其观念世界中对这个神的观念有所想象,或有所怀疑;也只能在其观念世界中对这个神的观念信仰之,崇拜之,或否定之,弃绝之。也就是说,不管世界之外有没有一个造物之神,对人而言,神只能是其观念世界中的一个纯观念的存在。它首先是人的想象,然后才有对这个想象的相信和怀疑、信仰和否定。但无论是相信还是怀疑,都改变不了它是人想象出来的纯观念的存在之性质。

二、神与欠缺

神是人的想象。但人为什么会想象出这样一个纯观念的存在呢?前面的论述似乎已经回答了这个问题:“神”是作为对“这个不是由其创造的世界究竟是由什么东西所创造的”这个根本的问题之回答而产生的。也就是说,人是为了回答“世界是由什么东西创造的”这个问题才想象出“神”这个观念的存在的。然而，这个回答并没有真正解答神的观念产生的原因之问题。因为，在回答“世界究竟是由什么东西创造的”这个问题之前，必须首先产生这个问题。没有问题，当然就没有回答。而问题的产生也应该有一个原因。那么，什么是这个问题产生的原因呢？或者说，人为什么会产生“世界由什么东西创造”这样的问题呢？笔者以为，对这个问题的解答才是解答神的观念产生的原因之问题的关键。只有解答了这个问题，才能真正解答神的观念产生的原因之问题。这个问题的答案，笔者以为主要有如下四点：

首先是因为神性使人成为相对于世界而在的观察者，从而产生出对客体世界的认识问题。

其次是因为神性使人成为意欲主宰世界的可能的主体，从而产生出对客体世界的主宰问题。

再次是因为人所面对的世界不是自己创造的，因而才产生认识和主宰这个客体世界的问题。

最后是因为人意识到了这个世界不是其创造的，从而意识到这个世界欠缺一个创造者。

由于上述四个原因，人终于产生了“世界是谁创造的？”之问题。只有在这个问题产生之后，并且无法实证性地解答这个问题时，人才想象出“神”这个观念的存在。如此说来，“神”的观念产生的原因应该包括下列几个因素：

1. 人意识到相对于他的这个世界不是其创造的，从而意识到这个世界欠缺一个创造者。只有当人意识到客观世界欠缺一个创造者时，人才有可能去想象这样一个所欠缺的存在。但是，并不是人所意识到的任何欠缺，都会导致人去想象出“神”这样的观念存在的。按照社会学的观点，所谓“意识到的欠缺”其实就是人的需要。社会学家马斯洛把人的需要分为四个层次，即：生存需要、安全需要、社交和尊重需要以及自我实现需要等。上述四种需要，或者说上述四种人所意识到的欠缺，没有一种会导致人们去想象一个“神”这样的观念存在。原因在于，人虽然意识到上述种种欠缺，但上述种种欠缺并不欠缺弥补这些欠缺的所欠缺物。所有这些欠缺都可以在世界中找到弥补这些欠缺的欠缺物。也就是说，所有这些需要都可以在世界中找到满足这些需要的事物。只有在所意识到的欠缺同时欠缺弥补这个欠缺的所欠缺物时，才有可能导致人去想象作为这个所欠缺物的观念的存在。这便构成了导致人想象出“神”这个观念之原因的第二个因素。

2.人所意识到的欠缺同时欠缺一个弥补这个欠缺的“所欠缺者”。还以上面的创世者为例，当人意识到客观世界欠缺一个创世者，同时在人所知的一切存在中根本没有这样一个创世者时，人才会去想象这样一个创世者。假如在现实中真的能发现这样一个创世者，人也就绝无必要去想象这样一个创世者了。然而，并不是所有欠缺所欠缺者的被意识到的欠缺都会导致人去想象“神”这样的观念存在的。例如，人早就意识到生命的有限性，早就意识到生命欠缺一个“永生”。而且在现实中也根本没有这样一个能够排除死亡，实现“永生”的所欠缺者。于是人们会想象出长生不老的仙人，却并不会仅仅因为此就去想象一个创造世界的“神”这样的观念存在。因为“神”这样的观念存在，并不是仅仅作为生命的所欠缺物来弥补生命的欠缺。“神”不是世界中的特殊存在的所欠缺者，而是作为一般存在或整体世界的存在的所欠缺者——“绝对主体”——而成为所欠缺者的。只有涉及世界的一般存在，涉及世界的起源时，才会导致对神的想象。或者更确切地说，只有其所欠缺者是整个世界的绝对主体时，才会导致对绝对主体——神——的想象。这便构成人想象出神的观念之原因的第三个因素。

3.欠缺的所欠缺者不是其他任何存在，而是绝对主体。人所面对的是一个不是其创造的世界；人意识到这个不是其创造的世界欠缺一个创世者；这个所欠缺的创世者在现实中根本找不到，而作为创世者，这个所欠缺者当然属于绝对主体。只有满足了上述构成人想象出神的观念之原因的所有三个构成因素，人才想象出神的观念来。

上述三点中，笔者以为第三点是最为重要的。因为，所欠缺者是绝对主体的欠缺，是人这种可能的主体之最根本的欠缺。所谓人的最根本的欠缺指的是：在可能的主体与真正的主体之间的差距。而填补这个差距的正是其所欠缺者，即所谓的“真正主体”，也即“绝对主体”。人的根本欠缺是相对于其所欠缺者——绝对主体——而存在的。没有作为所欠缺者的绝对主体作对照，人的根本欠缺也就无法存在。人因为意识到人的根本欠缺，因而必然要想象出人的根本欠缺之所欠缺者——神。反过来，人只有想象出人的根本欠缺之所欠缺者——神，人才能完全意识到人的根本欠缺。

至此，读者也许已经猜测到人的根本欠缺与神的观念之产生的关系了：一方面，神的观念是作为人的根本欠缺之对照物，作为人的根本欠缺之所欠缺者——绝对主体——的观念而被人想象出的。神的观念所代表的是绝对主体和完全主体之观念；神的观念所反映的，是人对自身之根本欠缺的意识和人想成为真正主体的欲望和渴求。神所拥有的,也正是人所意识到的其本身的根本欠缺的所欠缺者:神拥有无限的创造力,正是因为人意识到其欠缺创造力;神拥有主宰一切之权能,正是因为人意识到自身欠缺实现其主宰欲之能力;神是全知全能的,正是因为人意识到自身欠缺知一切和达一切之能力;神是无限永恒的,正是因为人意识到其欠缺实现其主宰欲之时间。总之,人意识到自身根本欠缺什么,神也就拥有什么。或者反过来说,神拥有什么,也就是人所意识到的其自身根本欠缺的所欠缺者。另一方面,作为人的根本欠缺之所欠缺者,神又是人的目的。就像萨特所说的那样:人从根本上就是想成为神的存在!神在本质上就是人想成为的样子。从这个意义上说,人是因为其本身的根本欠缺而想象出或创造出神的观念的。或者说,人的根本欠缺是神的观念产生之根本原因。没有人的根本欠缺,就绝对不会有神的观念。

三、神的观念之演化——巫术、神话与宗教

如果神的观念产生之原因是人的根本欠缺,那么,神的观念之演化所反映的就是人对其根本欠缺之认识的发展。也就是说,神的观念之演化是与人对其根本欠缺的认识之发展相适应的。人意识到的其根本欠缺是什么样子,神的观念就是什么样子。反过来说,神的观念是什么样子,人所意识到的其根本欠缺就是什么样子。对根本欠缺的认识,反映了其对根本欠缺之所欠缺者——绝对主体之认识。而对绝对主体的认识之发展,反过来又促进了人对自身的根本欠缺之认识。这两个方面是相辅相成的。而神的观念,正是在这两个相辅相成的认识发展过程中而不断完善的。因此,神的观念,既反映了人对其所欠缺者绝对主体的认识——神的样子就是人所认识到的绝对主体的样子;又反映了人对自身的根本欠缺之认识——神所拥有的东西,就是人所欠缺的东西。有鉴于此,我们完全可以把神的观念作为人的"主体意识"之指标——神的观念越模糊,人的主体意识就越淡薄;神的观念越完善,人的主体意识就越成熟。反之亦然。所谓"人的主体意识",与笔者前面所说的由主宰欲和主宰能力所构成的"主体意识"不同,"人的主体意识"指的是人所拥有的神的观念所反映的人对绝对主体的认识和人对要成为真正主体,自身必须弥补的根本欠缺之认识。作为人的主体意识之指标,神的观念当然是随着人的主体意识的觉醒而萌发,随着人的主体意识的发展而形成,并且随着人的主体意识的完善而完善的。

我们知道,人并不是独立于世界之外的主体存在,而是生存于世界之中,

仅仅因为神性的降临而超脱出世界，面对世界而在的特殊存在。生存于世界之中的存在要超脱出这个世界，并要成为这个世界的主体，无论如何都不会是一件一蹴而就的事情。它必然是一个长期、缓慢并且极为艰难的渐进过程。与此相适应，人的主体意识的觉醒、发展和完善，也必然是一个长期、缓慢的渐进过程。而神的观念正是伴随着这个长期、缓慢的渐进过程而萌发、形成和完善的。为探寻神的观念之萌发，我们也许应该追溯到远古的巫术。

1. 巫术——神的观念之萌发

在今人看来，远古时代的巫术总是与“无知”“愚昧”和“迷信”连在一起的，很少有人看到，它其实是远古初人企图主宰事物的最初的伟大尝试。巫术所体现的是远古初人主体意识的觉醒，它应该是人的主体意识的萌芽。巫术体现了人的主体意识之最初形态——“主宰意识”。所谓“主宰意识”，包括三个方面的内容：首先，人对主体的第一要义“主宰”有了基本的认识，即已经理解什么是“主宰”；其次，人对“万事万物皆可被主宰”有了基本的信念，即相信万事万物的背后都有其相应的主宰；最后，人对主宰事物产生了最初的欲望，即希望通过仪式和咒语与事物背后的主宰沟通，指使事物的主宰按人的意欲决定事物。这其中的第三项内容，主宰欲望之诞生是一件甚至可与开天辟地的伟业相媲美的大事。因为，主宰欲望应是人与其他一切存在的根本区别之所在。① 主宰欲望之诞生，不但代表着人的主体意识之觉醒，而且还是人类走向自由之开端。人就是从那时起才成为真正意义上的人的，人也就是从那时起才开始走向自由的。

巫术不但体现了人的主宰意识，而且它还透露出远古初人的狡黠：我虽然主宰不了你，但只要你背后有一个主宰，我便可以通过与你的主宰沟通，通过

---

① 人之为人，有“劳动说”、“工具说”、“符号说”等等。然而笔者以为，人之真正为人，并不仅仅在于其能力强于其他存在(如有劳动能力，有制造和使用工具的能力以及有发明和使用符号的能力等等)，而在于其欲望的本质之不同。也就是说，有着使用工具及语言符号能力的存在，也有可能是仅仅为生存欲望所驱动的自在的存在。而仅仅为生存欲望所驱动的自在的存在，即使其能力远远高于其他存在，仍不为真正意义上的“人”。真正意义上的人与动物之本质区别在于其欲望之本质上的不同。什么是与动物之欲望本质不同的欲望呢？那就是“主宰”之欲望！用通俗的话说，就是：不仅要活下去，而且要做主人。“要活着”与“要做主人”，是两个完全不同的生存境界。“要活着”是所有生物都具有的本能，而要做主人却只是唯有人才具有的欲望。因此，主宰之欲望才是人与动物的最本质的区别。人只有在产生了“主宰”的欲望之后才真正脱离了动物，真正成为人。

你的主宰，而按我的意欲主宰你。这便使“沟通”和“相通”成为巫术的关键信念之一。巫术所依据的信念主要有如下三个：

第一，万事万物的背后都有一个主宰，不管这个主宰的名称是灵还是神，它作为事物的主宰却是确定的，即它决定着该事物的变化和命运。

第二，各个事物的主宰是可以互相沟通的，因此，万物以灵相通。

第三，人通过某种仪式和某种语言（咒语），可以与事物的主宰——神灵——相通，从而达到通过事物的主宰来主宰事物的目的。

这三个信念中，除了相信各个事物背后都有主宰的信念之外，相信各个主宰之间可以相通的信念也是巫术中的最关键的信念。因为，如果主宰之间不能相通，人就不能通过仪式和咒语，将人的意欲传达给相关事物的主宰，人的主宰欲望也就落空，巫术也就没有用了。为了实现人的主宰欲望，各个事物背后的主宰就不但要能够主宰和决定事物的变化，而且要能够相通，尤其是能够与人相通。这种能与人相通的万物背后之主宰，在远古的初人看来不可能是任何有形的物质之存在，而只能是无形的“神灵”。于是，作为能与人相通的各种事物之主宰的神灵观念便产生了。尽管各种巫术所指向的神灵大多数都既不明确，也不具体（除了相信它是某种事物的主宰外，巫术大多都不在意对神灵的描述），但作为事物主宰的神灵观念毕竟产生了。这个“神灵”之观念，笔者认为就是神的观念的最初的形式。也就是说，神的观念最初是作为万事万物背后的主宰之代称而产生的。

巫术中的神灵观念既是远古初人对主体的认识之反映，又是远古初人对其本身的根本欠缺的认识之反映。由于远古初人所处之时代是人的主体意识刚刚萌芽之时代，因而，作为人的主体意识之反映的神灵观念就一定是极其模糊，极不完善的。对巫术中的神灵，我们除了知道它有“主宰”和“相通”两个特点外，其他一无所知。由此我们可以得知，远古初人的主体意识，即对主体的认识，除了认识到主体有着主宰和相通的特点外，其他也就一无所有；而对人的根本欠缺之认识，则除了认识到其欠缺直接主宰事物的能力外，其他也是一无所有。尽管如此，巫术的神灵观念在神的观念的发展史上仍然占据着十分重要的位置：作为神的观念的最初形态，它可能是神的观念产生的原点，也可能是神的观念发展的开端。

2. 神话——神的观念之形成

神灵在巫术那里是一种隐于冥冥之中的无影无形的“灵”。使这个“灵”显现的，是神话。与巫术中的神灵相比较，神话中的神灵主要发生了如下几个变化：

① 神灵不再隐于冥冥之中，而是从冥冥的灵界走出，显身于人界。神话中的神灵，全都是拟人化（或人格化）的有形之神。不论是希腊神话中的阿波罗、雅典娜等西方诸神，还是中国神话中的盘古、女娲等东方诸神，无一不是有形的，似人的存在。

② 神灵主宰事物的主宰之力，不再是隐于事物背后的，模糊混沌的神奇之力，而是显于世人之前的具体的神力。例如，希腊神话中天神宙斯的神力就包括呼风唤雨、电闪雷鸣以及调节气候，以适应万物之生长等等具体的神力；而中国神话中的盘古、女娲等众神之神力也都是诸如开天辟地或炼石补天之具体的神力。

③ 神灵之间的关系，不再仅仅是相通而已，而是形成了分工明确、各司其职的神界秩序体系。西方奥林匹斯山上有天神、海神、战神、爱神等等各司其职；东方天宫中有风伯、雨师、财神、福神等等各统其位。并且，不论是西方还是东方，神话中都已经产生了位于众神之上的至上神：在希腊是宙斯，在中国是玉皇大帝。

神灵的这种从隐到显，从模糊到清晰，从粗浅到丰满的形象转变是如何发生的呢？或者以另一种方式来问：巫术中隐晦、模糊、粗浅的神灵观念是如何发展成为神话中的鲜明、清晰、丰满的神的观念的呢？根据笔者的研究，上述神灵观念的发展路径应该是这样的：

巫术中的神灵→神话中的自然神→神话中的至上神。

从巫术中的神灵观念发展成为神话中的自然神观念，其中的关键是“拟人化”。在巫术中，人们已经有了“每个事物背后都有一个作为主宰之神灵”的观念。只要将这个事物背后的神灵拟人化（人格化），这个神灵就立即变为自然神。例如，高山大海背后的神灵一经拟人化，便成为神话中的山神、海神。同样，风雨雷电背后的神灵一经拟人化，也就摇身一变，成为神话中的风神、雨神、雷公、电母等等。而按人的形象想象神灵，是远古之人最容易做到，也最乐意去做的事情。

从神话中的自然神发展出一位至上神，则不是拟人化所能做到的，而是神的观念“拟社会化”的结果。所谓“拟社会化”，是指将人的社会体系应用到神的观念中，将神界按人界的模样来安排。神既然是人创造出的观念，人按照自己的处境来想象神就是十分自然的。于是，对照众声喧哗的人界，便有了众神熙攘的神界；对照人界的分工体系，便有了神界的众神之分工；对照人界的权力体系，便有了神界的权位等级；对照人界的最高统治者，便有了神界的至上神。这便是神界的至上神产生的原因和路径。神话中至上神的产生，表明了人世间社会体系的建成或臻于建成。没有人间的社会体系作对照，就不会产生神界的至上神。

神话中清晰、丰满的神的观念，反映出当时人的主体意识已经发展到相当发达的程度。从神话中的神的观念中，我们不难发现，当时人的主体意识所突显的是对“能力”之认识。神话中的神仍然像巫术中的神灵一样，是事物的“主宰”。但神话中的主宰已经不是巫术中的那种说不清道不明的神秘的决定者，而是看得见或感受得到的直接、具体的决定力量。神话中的神的最大特征就是超凡的神力。神话中的神的共同点是：每个神都有超凡的能力；而他们的不同点也仅仅在于他们的超凡能力的范围或性质之不同。例如：山神与海神的共同点是都拥有超凡的神力，而他们的不同点则在于：山神的神力之范围限于山，海神的神力之范围限于海，山神的神力是地动山摇之力，海神的神力是翻江倒海之力。一句话，“超凡能力”是神话中的神的最本质的特征。与此相对应，“超凡能力”也成为那个时候人的主体意识的最本质的特色：那时候人对主体的认识就是“具有超凡能力的存在”；那时候人对人的根本欠缺的认识，就是“人所欠缺的是超凡能力”。那时候人的主体意识之特色决定了神话中的神的观念之本质特征；反过来，神话中的神的观念，恰恰反映了那时候人的主体意识的本质特色。

3. 宗教——神的观念之完善

在神的观念之发展史上，宗教是一个看似荒谬、实为必然的阶段。说它“看似荒谬”，是因为无论何种宗教，都是建立在两个异化的基础上的。第一个异化，是神的观念之异化，即：人所创造或想象出的神的观念，在神话中虽然拥有远超过人类的超凡能力，但仍然与人并存于世的“能力神”，异化为高高地位于人之上，决定人、统治人的“主宰神”；而创造神的观念之人，却成为由神决定、受神统治的神的奴仆。这个异化，是任何宗教的根基。任何宗教都无一例外地要以“主宰神”的观念为根基。值得一提的是，宗教中的“主宰神”与巫术中的万事万物背后的作为事物之主宰的神灵是完全不同的。巫术中的作为主宰之神灵，其实是人的盟友——它是帮助人去实现人的主宰意欲之必要的中介。没有这个中介，人的主宰意欲不但在现实中必然落空，而且在精神中也要落空。因此，巫术中的作为主宰之神灵，不但不是人的主宰，反而是人可指使、可利用的力量。

同样，宗教中的主宰神，与神话中的拟人化的神也是根本不同的。在神话中，人虽然没有了指使和利用神的能力，但神话中的神仍然大多数是与人为善，助人为乐的。他们绝不是人类的主宰，反而是帮助人类的英雄。

与此不同，宗教中的“主宰神”所主宰的不再是单一的事物，而是一切，是包括人在内的一切。在宗教中，人与神的关系，再也不是像在巫术中那样的沟通和利用的关系，也不是像在神话中那样的帮助和受益的关系，而是主宰和被主宰的关系，是主人和奴仆的关系。在这种关系中，神对人所做的，已经不是“帮助”，而是“恩赐”，是主人对奴仆的施舍。这样的一个“主宰神”的观念，只能是神的观念之异化的产物。

第二个异化是人对神的情感之异化。对巫术中的神灵，人的情感最多是尊敬。神灵是作为可以与人相通、可以被人打动、可以帮人实现其意欲的可尊敬的存在而被人景仰的。对神话中的神，人的情感就不仅仅是尊敬，而且还有敬仰、钦佩乃至崇拜。人之所以敬仰和崇拜神，是因为神不但拥有人所欠缺的非凡的能力，而且总是助人为乐的。然而对宗教中的神，人的情感却发生了质的变化：人对神的情感，不再是“尊敬”，也不再是“敬仰”和“崇拜”，而是“信仰”。什么是信仰？信仰是不需要任何理由、不需要任何原因，甚至不需要任何理性思考而绝对相信的一种情感。信仰与尊敬、崇拜的区别在于后者是有理性的情感，而前者则是超理性的情感。所谓有理性的情感，是指该情感是建立在理性的基础之上，起码有着理性因素之情感。在巫术中，人相信神灵，是因为神灵可以帮助人实现其意欲；在神话中，人相信神，是因为神有着人所欠缺的非凡的能力；而在宗教中，人相信神，却不需要任何原因、任何理由，甚至任何思考。它所需要的，就是绝对相信本身。这种超理性的绝对相信，反过来成为统治人，甚至奴役人的力量。因此，笔者把这种绝对的相信称为“情感的异化”。没有信仰，没有这种情感的异化，宗教是不可能建立起来的。

建立在这两个异化的基础之上的宗教，无论如何都难逃荒谬的嫌疑。这便是笔者所说的“看似荒谬”之由来。

说它“实为必然”，是因为，神的观念之发展，不可避免地必须、也必然要经历这两个异化。就神的观念之异化而言，首先表现为：具有超凡神力，并以助人为乐的神话中的神，异化为主宰人、决定人的宗教中的神。我们知道，在神话中，神灵的拟人化，使神的观念从隐晦发展到鲜明，从模糊发展到清晰。这种拟人化的神的观念，他与人的关系主要是助人的和益人的。然而，拟人化的神的观念，虽然使神的观念清晰化，但同时也使神的观念有限化——拟人化的神的观念，因其拟人，所以必定超脱不出人的局限。神话中神的超凡能力，是以人的能力为参照系数的。因此，无论它如何超凡，它仍然是有限的。神的拟人化，绝对不可能产生绝对的、无限的神的观念来。要使绝对的、无限的神的观念产生，人就必须超出人自身，去想象超出人、高于人，并且绝对不同于人的神的观念。而这样一个超过人、高于人，并且绝对不同于人的神的观念，既不可能在对人的反思中产生，也不可能在对自然的反思中产生，她必须，或者不得不在对一个异化的神的观念的想象中才能产生。或者说，人在想象一个绝对无限的神之时，不可避免地会将这个绝对无限之神的观念异化为人的主宰——既然她是绝对无限的，那对于人这种相对和有限的存在，她就必定是主宰，人也就必定要成为她的臣属乃至奴仆。这是神的观念异化的必然性之一。

其次，神的观念之异化，还表现为神的观念从神界统治众神的“至上神”异化为主宰一切，包括主宰人的“唯一神”。神话中对神灵的拟社会化，使一个多神共存的神界产生。与这个多神共存的神界相适应的是“至上神”的观念——在多神共存的神界，必须要有一个统治众神的最高的统治者，这就是至上神。然而，至上神的观念与神的观念在本质上是矛盾的。神的本质是“主宰”。而主宰是不能与主宰共存的，尤其是不能与要主宰他的主宰共存。而至上神的观念恰恰是要主宰众神的神之观念。这便产生了无法解决的矛盾：受其他主宰所主宰者，绝不是真正的主宰；也就是说，受至上神统治的众神，绝不是真正的神；而主宰其他一切主宰者，如果他能主宰其他主宰，他所主宰的，就已经不是“主宰”，而是被主宰者。他实际上也就成为主宰一切之主宰。这样一个主宰一切的神，他不需要，也不允许其他一切神存在。他必须是唯一的和绝对的。只有唯一，他才能主宰一切；只有绝对，他才能是一切的主宰。于是，神话中的“至上神”的观念就不可避免地要被宗教中的“唯一神”的观念所取代。而这个主宰一切的唯一神，其所主宰者，必然要包括人类自己。这便是神的观念必然会异化的第二个原因。于是，笔者在上面曾论述过的神的观念之发展路径，就又有了新的延伸，即：

巫术中的神灵→神话中的自然神→神话中的至上神→宗教中的唯一神。

就情感的异化而言，人对神的情感从崇拜到信仰，其实是神的观念异化的必然结果：一旦神的观念异化为主宰一切，尤其是主宰人类的唯一神，人对神的情感就必然会从崇拜异化为信仰。因为，一个主宰一切的绝对、无限之唯一神的观念，是超出人的理性想象能力之外的存在观念。对一个超出人类理性之外的存在观念，人要相信它，必然，也只能依赖超理性的情感。任何理性的思考，对超理性的概念都是无效的。同样，任何依赖理性的情感，对于超理性的观念都只能引起怀疑或混乱。超理性的观念，只能依赖超理性的情感，才能在人的心中立足。这便是人的情感异化的必然性所在。对于绝对、完全、无限的唯一神之观念，只有绝对的相信才能与之匹配。

从能力神发展到主宰神，从至上神发展到唯一神，以及从理性的情感转变为超理性的情感，这一切都必须，也必然要通过“异化”才能达到。这便是笔者所说的“实为必然”之来由。

在经过了宗教中两个异化之后，神的观念最终发展、完善到什么样子了呢？笔者在此引用一段基督教徒对“什么是神”的解答，从中人们不难归纳出成熟、完善的神的观念之构成。在一本教材版的《圣经》的前言中，编者对“什么是神”的问题做出了如下回答：

“what is God like?

Ontologically (having to do with one's being), God is self-existent, uncaused, not dependent on anything else for his existence. Everything other than God had a beginning and depends on God for his existence. God alone is the creator and sustainer of the universe. Everything else is finite and limited; God is infinite and not limited by space, time, the lack of a wise plan, or the power to achieve such a pan.

With respect to the quality of knowledge, God is omniscient (all-knowing) and wise. God knows everything in creation including the free will of angels and humans with all their potentialities and choices …god is always wise in his use of that knowledge for what is best .

Ethically, God is absolutely upright, holy, and loving. …God is the source of all good things…

…

Volitionally (having to do with one's will), God is free, sovereign, and omnipotent(all—powerful). God has the power to do anything he chooses to do in the way he chooses to do it. …"①

将这段话译成中文就是：

"神是什么？

"就本体论而言，神是自因、自存的存在。神不依赖任何其他的存在而存在。除神以外的其他一切存在，都有其存在之始因，都依赖神而存在。只有神，才是宇宙的创造者和保有者。除神以外的其他一切存在都是被限定的和有限的，而神无论在空间、时间、智力和能力上，都是无限的。

"就智识而言，神既是全知的，又是睿智的。神在创造万物之时就已经具有知一切的知识，包括天使和人类所具有的有各种可能和选择的自由意志的知识。神还具有为达至善至美之目的而最佳地使用这些知识的睿智。

"就伦理而言，神是绝对至真、至善和至爱的。……。神是一切善之源泉。

"……

"就意欲而言，神是自由的、至高无上的以及全能的。神有着以任何方式做任何事的权能。……"②

这就是人类通过将神的观念异化为一切的主宰后所获得的完善的神的观念——神是自因自主、至高无上、全知全能、无限永远、至善至爱的绝对存在。于是我们发现，通过宗教的异化，神的观念不仅发展到对神的性质之表述的"主宰"观念，而且发展到对神的存在境界之表述的"自由"观念。无论是"自因自主"，还是"全知全能"，都不仅仅是对神的性质之表述，而且也是对神的存在境界之表述。这个存在境界，如果借用萨特的表达方式，就是"是其所欲是"的"**绝对自由**"之存在境界。于是，人从神的观念中不仅获得了对人的根本欠缺之所欠缺者——绝对主体之认识，而且获得了对绝对主体之存在境界——绝对自由之认识；人是以对神的存在境界——绝对自由——之认识才真正完成了对绝对主体——神——的认识的。

四、神与自由

1. "神即主宰"与"神即自由"

关于"神"，有两个表述都是绝对正确的：其一，"神即主宰"；其二，"神即自

---

① 引自"International Students, Inc. and the American Bible Society"出版的前言部分第11页。

② 上述译文为作者自译。

由”。然而，这两个表述所表述的内容却有所不同。“神即主宰”所表述的是神的性质，是神与其他一切的关系。“主宰”其实是一种关系，它是主体和客体这两种存在间所存在的创造与被创造、决定与被决定、支配与被支配的关系。因此，“主宰”一词包含了两层含义：其一，**主体和客体的存在**。要成为万物之主宰，首先必须有主宰万物的主体和被主宰的万物（客体）存在。仅有主体，而无客体，主宰无从说起；而仅有客体，没有主体，则主宰无从出现。总之，没有主体和客体的存在，就不会发生主、客体间的关系，主宰也就无从说起。其二，**创造和被创造、决定和被决定以及支配和被支配的关系**。主宰，就是主体创造、决定、控制和支配客体，而客体被创造、被决定、被支配的关系。没有创造、决定和支配的关系，主宰就不成其为主宰。简而言之，主宰概念的前提是世界存在着主体与客体；而主宰概念的核心则是主体对客体的创造、决定和支配的关系。因此，“神即主宰”所表述的是神的性质，是神与客体世界的关系。

与此不同，“神即自由”所表述的则是神的存在境界。神的性质所回答的是“神是什么”的问题；而神的存在境界所回答的则是“神是什么样子”的问题。神的存在境界，不是神与世界的关系，而是神与自身的关系。它所涉及的问题是：神自身是如何存在的，神的欲望又是如何实现的。神如果是自因的，那它就是自由的；神如果是他因的，那它就不是自由的。另一方面，神的欲望如果是随心所欲，心想事成的，那它就是自由的；而神如果不能做到心想事成，那它就是不自由的。如上所述，通过宗教异化所达致的神的观念既是自因自主的，也是随心所欲、心想事成的。因此，神的存在境界就是绝对自由的。因此，“神即自由”表述的就是神的存在境界，是神与自身的关系。

虽然“神即主宰”与“神即自由”都是神的真实写照，但“主宰”观念与“自由”观念，两者的产生方式却有所不同：前者更多地源于人的实践，而后者则更多地源于人的考问；前者更多的是源于对神的想象，而后者则更多地源于对神的思辨。原因很简单：表述神的性质之“主宰”概念，必须与被主宰的对象相联系。而被主宰的对象，则总是存在于人的实践领域的。日月星辰的主宰，是因日月星辰现象而起的想象；风雨雷电的主宰，是由风雨雷电现象而生的想象；而宇宙一切的主宰，也是源于存在着一个客观实在的宇宙。没有实践领域的被主宰的客体，人就不可能想象出“主宰”的概念来。

与此不同，表述神的存在境界之“自由”概念，却并不存在所谓的“对象”。它所表述的是神自身的存在特征。而神的诸如“自因自主”、“心想事成”等等的存在特征，不可能在人的实践领域被发现、被认识。人只能在其精神领域内去推测它、思索它、想象它、创造它。不论是对“自因”的认识，还是对“心想事成”的猜测，都只能是精神领域内的纯粹思辨之过程。因此，与“主宰”概念不同的是，“自由”概念之形成，主要靠的是人的精神领域内的思辨活动。而促成这种思辨活动的强大动力，无疑来自对神的观念的异化。如果神的观念没有被异化为万物之主宰，则人类是不会在精神领域通过思辨活动创造出“自因自主、随心所欲、心想事成”等等的神的存在境界的。从这个意义上说，“主宰”是“自由”之母。人是首先在实践领域想象出主宰这个概念，然后又在宗教领域将主宰概念异化为包括人在内的万物之主宰之后，才有可能在精神领域思索这个主宰的存在境界。没有对主宰观念的想象和异化，就不可能有对主宰的存在境界之思索。也就是说，必须先有“神即主宰”的观念，而后才有“神即自由”的观念。

2. 神即自由

当我们说“神即自由”时，我们必须记住，这里所说的“自由”，并不是社会学或政治学领域所使用的“自由”之概念。在社会学和政治学领域，“自由”被划分为“消极自由”和“积极自由”，并分别予以定义：消极自由是免受束缚的自由，而积极自由则是能做什么的自由。不论是消极自由还是积极自由，其实描述的并不是绝对主体（神）所拥有的绝对自由，而是不自由的相对主体（人）所能获得的相对的自由。免受束缚的消极自由的前提是束缚的存在（不论是自然的束缚还是社会的束缚），只有对已在束缚之中的存在，谈论免受束缚才有意义。同样，能做什么的积极自由的前提是存在着不能做的事情（不论是能力所限还是禁律所限），只有对有所不能的存在，谈论能做什么才有意义。因此，由消极自由和积极自由所定义的自由概念，是已经处于不自由中的存在努力摆脱不自由的境况所达致的境界。这种境界与我们这里所论述的“神即自由”的“自由”是完全不同的两个概念。

如上所述，所谓“神即自由”的自由，指的是由神的绝对主宰本质所决定的神的绝对自由的存在境界。这种绝对自由的存在境界，是人所想象出的绝对主体——神——的观念的一个组成部分，就像绝对主宰是神的观念的另一个组成部分一样。概而言之，神的观念就是由绝对主宰和绝对自由这两个概念所组成的。或者说神就是绝对自由的绝对主宰。概括起来，神的绝对自由之存在境界包括如下几个方面：

第一，随心所欲。作为一切的创造者，神可以为一切制定规律和法则，也可以制定一切规律和法则，但神自身却不受任何规律和法则的制约。或者说没有任何规律和法则可以制约到神。它想要什么就要什么，想怎么样想就怎么样想。就是说，在欲望方面它是绝对自由的。

第二，为所欲为。神不但在欲望方面是绝对自由的，而且在行为方面也是绝对自由的。它想做什么就做什么，想怎么做就怎么做。它想创世就创世，它想毁灭世界就毁灭世界。没有任何东西能限制它，也没有任何东西能阻止它。它是绝对自由的行动者。

第三，心想事成。这是神的绝对自由境界的最关键之点。所谓心想事成，指的是在神的欲望和欲望的实现之间没有任何间隔和距离，也即：神的欲望和欲望的实现是统一的。就像《圣经·创世记》中所描述的那样：神说，要有大地，于是便有了大地；神说，要有日月星辰，于是便有了日月星辰。在神的"要有"和"便有了"之间，不存在任何间隔或距离。神要有什么便立即就有了什么。这种心想事成的自由境界背后隐含着神的无所不能的能力。神正是因为拥有全知全能的能力，才使神拥有了这种心想事成的绝对自由之存在境界。

综上所述，神的存在境界就是随心所欲、为所欲为、心想事成的绝对自由之境界。这种绝对自由之境界笔者在上面已经借用萨特的表达方式将其概括为"是其所欲是"的存在境界。"是其所欲是"就是绝对主体所拥有的想要什么就要什么（随心所欲），想怎么样就怎么样（为所欲为），想要什么就有什么（心想事成）的存在境界。这种存在境界只属于神，也只有神才拥有这样的存在境界。从这个意义上说，神即自由！自由即神！

3. 自由的定义

如上所述，自由即"是其所欲是"的存在境界。这种存在境界包括三个层次：意欲、行为和结果。"是其所欲是"的"欲"是绝无限制的"随心所欲"；"是其所欲是"的第一个"是"，是绝无障碍的"为所欲为"；"是其所欲是"的第二个"是"则是意欲与现实统一的"心想事成"。这种随心所欲、为所欲为、心想事成的"是其所欲是"之存在境界包含了如下几层意义：

（1）无限——自由的第一要义

"是其所欲是"的前提条件是"无限"。所谓"无限"，有主观的无限和客观的无限之分。主观的无限是指：第一，意欲无限。即上述的"随心所欲"之境界。绝对主体的意欲必然是无限的。绝对主体可以意欲任何事情或事物，她的欲望不受任何限制，也没有任何限制。假如存在着其所不能、不该或无法意欲之事情或事物，则绝对主体就不再是随心所欲的绝对主体，"是其所欲是"的存在境界也就不再成立。第二，行为无限。即上述的"为所欲为"之境界。与欲望一样,绝对主体的行为也必然是无限的。绝对主体可以采取任何行为。她的行为不受任何限制,也没有任何限制。假如存在着其所不能、不该或无法采取的行为,则绝对主体就不再是为所欲为在绝对主体,"是其所欲是"的存在境界也就不再成立。第三,意欲的实现无限。即上述的"心想事成"之境界。绝对主体实现意欲的能力必须、也必然是无限的。绝对主体可以实现任何意欲,它实现意欲的能力没有任何限制。假如存在着其所不能或无法实现的意欲,则绝对主体就不再是心想事成的绝对主体,"是其所欲是"的存在境界也就不再成立。

客观的"无限",表现在三个方面:在时间上是无始无终的;在空间上是无边无际的;以及在事物或事情上是无所不包的。就时间而言,时间之始终,不仅是对绝对主体的存在之限制,而且也是对绝对主体的意欲、行为和意欲的实现之限制。即使是有始无终的时间,或者是有终无始的时间,仍然是对绝对主体的存在以及对绝对主体的意欲、行为和意欲的实现之限制:它既不能对时间之外的事情或事物"随心所欲、为所欲为",更不可能做到"心想事成"了。既然做不到随心所欲、为所欲为和心想事成,则"是其所欲是"的存在境界就不再成立。要使"是其所欲是"的自由境界成立,必须不存在时间的限制,即:"是其所欲是"的绝对主体必须存在于无限的时间中。或者更确切地说,它必须存在于时间之外。

就空间而言,任何空间上的边际同样不仅是对绝对主体的存在之限制,而且也是对绝对主体的意欲、行为和意欲的实现之限制。被限制在有限空间中的绝对主体,既不可能欲望有限空间之外的事情或事物,也不可能对有限空间以外的事情或事物采取行为,更不可能成就或实现有限空间之外的事情或事物。所有这些不可能,决定了该绝对主体在任何意义上都不可能是"是其所欲是"的绝对主体。要使"是其所欲是"的存在境界真正成立,绝对主体的主宰空间就必须是无限的。

就事情或事物而言,即使是在无限时间和无限空间中存在,如果对绝对主体而言仍有某些事情或事物是不能欲望、无法采取行动,或无法成就或实现的,则"是其所欲是"的存在境界仍不能成立。"是其所欲是"的存在境界是任何事情都能实现、任何事物都能成就的存在境界,也即:绝对主体所能成就的事情和事物必定,也必然是绝对无限的。

这样一个存在于无限时空之中的意欲无限、行为无限、且能力无限之绝对主体,它的存在境界必定是"是其所欲是"。反过来说,是其所欲是的存在境界必定是存在于无限时空之中的欲望无限、行为无限、且能力无限之绝对主体的存在境界。

(2)自因——自由的第二要义

按照科学界的因果律,时空中的一切存在都应有其存在的原因。所谓存在的原因,是指促使存在产生或出现的动因。而动因则一般是指一种存在的运动所产生的能量,这种能量产生了另一种存在,或使另一种存在出现。用另一种方式来表达:存在的原因就是创造存在的存在运动。精子和卵子的结合,是胚胎的原因;地壳的运动,是山脉的原因。在这里,光有精子和卵子,而无两者的结合运动,胚胎不可能产生;光有地壳,而无地壳的运动,山脉也不会出现。一句话,存在的原因,就是先前已有的存在创造或产生随后之存在的运动。什么东西创造了一个存在,它就是那个存在的原因。

然而,存在的原因与自由是矛盾的。因为,一个有原因的存在,必以其原因作为其存在的前提、依据和条件。换句话说,存在的原因必然会决定并限定赖其产生的存在。而自由的最基本的特征,就是不被决定和限定。一个自由的存在,在任何意义上都应是一个不被任何他物决定、也不被任何他物限定的存在。因此,自由应是绝对主体的自因境界。所谓“绝对主体的自因境界”指的是:它就是它自己存在的根源,它就是它自己的原因。它不依赖任何他物,它不需要任何前提,它自己引起自己,自己产生自己。

但是,一个绝对主体缘何能够自己产生自己呢?笔者以为,它也许只能源于其“是其所欲是”的绝对自由。既然它是绝对自由的存在,当“是其所欲是”指向她自身时,也即当其所欲之“是”就是其自身时,“是其所欲是”之结果也就是自因的存在——它欲使自身存在,它自身就存在。当然,这里有一个类似先有鸡还是先有蛋的悖论——是先有欲望还是先有存在?没有绝对主体,何来的其所欲是之“欲”?而没有欲望,又何来的“是其所欲是”之“是”?我们既不可能在没有神的情况下就有了神的欲望,又不可能在没有神的欲望的情况下就有了神。也许,这是人类永远也解不开的万世之谜。但无论如何,作为绝对自由的存在,神必须是自因的存在!而它的自因性,也只可能源于它的绝对自由。

(3)全知全能——自由的第三要义

“是其所欲是”中的“是”,并不仅仅是指绝对主体本身欲成为之“是”,它更重要的是指绝对主体相对的世界万物之“是”,即:世界万物之“是”,也就是绝对主体之“欲是”。正因为绝对主体意欲世界万物存在,世界万物才成为其所是。创世纪中，神意欲光出现，于是便有了光；神意欲日月星辰存在，于是便有了日月星辰。在这种“是其所欲是”的存在境界中，“意欲”固然重要，如果没有“要有光”，“要有日月星辰”的意欲，则光及日月星辰就都不可能存在。然而，仅有意欲，而无实现意欲的能力，则任何存在都不可能出现。从某种意义上说，实现意欲的能力，比意欲更重要。人之所以不是神，不仅仅在于人的意欲根本不能与神的意欲相媲美，更重要的是在于人的能力根本不能与神的能力相提并论。在“是其所欲是”的存在境界中，能力是该境界得以成立的关键因素。

“是其所欲是”的能力包括两个方面：“知”与“行”。“知”的能力是指，“是其所欲是”者，必须拥有“知一切”的能力，也即：他必须是无所不知的。否则，他将无法产生创世的意欲。神在产生“要有光”的意欲之前，必定已经知道光是什么。同样，神在产生“要有日月星辰”的意欲之前，必定要先知道日月星辰是什么。不知道意欲之物是什么，就不可能产生创造该物之意欲。上面笔者曾指出，绝对主体的意欲是无限的。既然意欲是无限的，则作为意欲之基础的“知”，也就必须是无限的：只有“知无限”，才能“欲无限”。“知无限”是“欲无限”和“行无限”的前提。

就“行”的能力而言，“是其所欲是”者必须拥有“达一切”的能力，也即：他必须是无所不能的。“是其所欲是”是“是”与“欲是”的统一，是意欲得以实现的境界。而要实现无限的意欲，就必须拥有无限的能力。神说“要有光”，于是便有了光。这是从无到有的创造能力；神用男人的肋骨造出女人，这是从有到有的创造能力。必须要有无限的能力，才能实现无限的意欲。这种“知一切”和“达一切”的能力，就是人们所说的“全知全能”。全知全能是“是其所欲是”的存在境界本身所包含的特征。只有全知全能者，才会拥有“是其所欲是”的存在境界。反过来说，拥有“是其所欲是”的存在境界之绝对主体，必定是全知全能者。

综上，我们现在可以给“绝对自由”下个定义了：**绝对自由是全知全能的绝对主体之是其所欲是的存在境界**。此处所说的绝对主体，即是人所想象出的神。此处所说的绝对自由，即是人对其想象出的神的存在境界之思索和归纳。概而言之，是其所欲是的绝对自由之境界，只可能存在于人的思辨中，而绝不可能相遇于人的实践中。人之所以在思辨中归纳出绝对自由的境界，是因为绝对自由之境界同样是人之所欲。人因主宰之欲而想象出主宰之神；人因自由之欲而思辨地描绘出神的存在境界。当人们思辨地描绘神的存在境界时，人们其实是在思辨地论证绝对自由；而当人们定义绝对自由时，人们其实是在描述神的存在境界。绝对自由与神的存在境界是同一的。

至此，我们终于明白了人为什么会想象出神，又为什么会把神描绘成这个样子：那是因为人自己想成为这个样子。基督教声称神是照神的样子来造人的。但事实却正好相反：人是按照人想成为的样子来想象神的。人想成为什么样子，人就把神思索成什么样子。人把神的样子思索成自由，是因为人自己想要成为自由的存在。人用思索出的神的样子来代表自由，并不是在显示人的谦卑，恰恰相反，他是在宣示人自己的野心：人是想成为神的存在。而人之所以想成为神，是因为神只不过是人想成为的样子。因此，正确的表述不应该是萨特所说的“人从根本上说就是要成为上帝的欲望”①，而应该是：**上帝从根本上说就是人想达致的目的！**

① 这是萨特的名言。引自[法]萨特著，陈宣良等译：《存在与虚无》，三联书店1987年版，第725页。

第二章 人与自由

第一节 自由、不自由以及无自由

一、存在本质与存在境界

笔者在第一章第一节中曾论述道：人是神性的存在。人的神性不但表现在使存在于世界之中的存在能够超然于世界之外，相对于世界而存在，而且还表现在使面对世界而存在的存在同时还能面对自身而存在。神性的这个使人“面对自身而存在”的方面不同于使人面对世界而存在的方面——它更多地透露出的不是人的“本质”，而是人的存在之困境：一方面，作为面对自身而存在的存在者，他所面对的自身，无可避免地要成为客体，成为其面对和反思的客体，于是在反思中，作为反思主体的自身总是试图为作为反思客体的自身下定义。另一方面，面对自身者同时也就是自身所面对者；试图下定义之主体同时也就是被定义之客体。这就使得人对自身的反思永远不会有结论，人为自身下定义的企图永远都是徒劳的。因为，作为客体的我既不是非我，也不是我的镜子，而是作为主体的我自身。如此，我如何能反映、认识和定义自身？因此，“认识自己”永远是一个矛盾的、无法真正实现的陈述。正如汉娜·阿伦特所说：“我们可以认识、决定和界说周遭一切事物（不包括我们）的自然本质，但是绝不可能去认识、决定和界说我们自己——这就像要跳出我们自己的影子一样是不可思议的。”①人就是生存于这样的困境之中的存在：只要他还是“面对

① ［美］汉娜·阿伦特著，竺乾威等译：《人的条件》，上海人民出版社 1999 年版，第 3～4 页。

自我而存在”的存在者，他就摆脱不了反思自身的命运，他就必然总是要试图为自身下定义。同时，只要他所面对的是他自身，他企图定义自身的努力就只能是永无结果的徒劳。古往今来，人为自身所下的定义可谓五花八门：从亚里士多德的“人是理性的动物”，到基督教的“人是上帝按照上帝的样子创造的存在”；从符号主义者卡西尔的“人是符号的动物”，到马克思的“人是社会关系的总和”；从笛卡儿的“我思故我在”，到康德的“至圣”的存在；从海德格尔的本质是“去存在”的“此在”，到萨特的本质是“虚无”的“自为”的存在。然而，人究竟是什么，至今仍是一个未能说清的问题。我们可以把这些林林总总、五花八门的定义归纳为两类：第一类是以人所独有的某种能力来定义人，简称“能力定义”。这种能力可以是理性能力、符号能力，也可以是劳动能力、使用和创造工具的能力等等。第二类是以人所独有的某种存在的特性来定义人，简称“存在定义”。这种特性可以是“似神性”（被按照神的样子创造出来）；也可以是“社会性”（人是社会的动物）；可以是笛卡儿的“我思故我在”的“思维”，也可以是康德的“道德”；可以是海德格尔的所谓“去存在”；还可以是萨特的“虚无化”；等等。然而，尽管有上述种种定义，我们却无法以上述定义中的任何一种定义作为人的完整定义。即使将所有有关人的定义汇总到一起，也仍不能成为人的完整定义。借用汉娜·阿伦特的话来说：“无论是我们在上面讨论过的，还是未经论及的，譬如思考和推理等等，甚至是所能列举的各个方面，都不构成人类存在的基本特征，即都不表明离开了它们，这种存在就不再为人。”①

然而，尽管人定义人自身的努力永远是徒劳的，但人这种存在者是有别于世间的一切存在者（物）的特殊的存在者却是一个不争的事实。事实上，上述所有对人的定义，如果不是作为对人的定义，而只是作为人的有别于其他一切存在者（物）的某种特殊性而提出，则所有的断言都是成立的：人的特殊性既在于理性，也在于神性；既在于符号能力，也在于工具能力；既在于其“去存在”的“本质”，也在于其“虚无化”的“本质”。就连阿伦特的“人根本不可能认识、决定和界说自身”的断言，也是在试图阐明人的特殊性时提出的。因此，无法定义自身并不等于无法阐明区别自身与他物的特殊性。因为，定义自身其实就是对自身内在本质的阐述。而自身的内在本质其实就是自身。作为自身的内

---

① [美]汉娜·阿伦特著，竺乾威等译：《人的条件》，上海人民出版社 1999 年版，第 3 页。

在本质不可能把内在本质自身呈现给自身的内在本质。因此，作为面对自身在场的存在者，人定义自身是不可能的。但人发现自身与他物不同的特殊性却并不需要发现和阐明自身的本质，并且也不以发现和阐明自身的本质为前提。因为本质是形而上的抽象的概念，而特殊性则是形而下的经验的概念。一切与他物不同的特殊性都是可经验、可感知，并且可以证实的。人们对人的本质很难达成共识，但人们对人区别于他物的各种特殊性却往往不会产生什么歧义。假如人定义自身的努力不是发现和阐明自身本质的企图，而是发现和阐明作为人的一切特殊性之根源的人的某种最根本的特殊性之努力，则人定义自身就绝不是不可能的。

人不同于其他一切存在者(物)的特殊性表现在人的各个不同的方面。孤立地看，各种特殊性之间似乎并没有必然的联系。它们更像是各自独立存在的特性，而不像是有着共同的根源，即共同植根于某种最根本的特殊性，作为某种最根本的特殊性之不同的表现而存在的。起码，我们在上述所列的全部特殊性中找不到这样一个最根本的特殊性：所谓存在的本质的特殊性绝不是植根于二元存在之特殊性的；能力的特殊性也不可能是性质的特殊性之表现。假如真有这种最根本的特殊性，那么这种最根本的特殊性就绝不会是上述种种特殊性中的任何一种。所谓最根本的特殊性，它必须是其他一切特殊性的原因。其他一切特殊性皆源于此、植根于此，并因此而存在。那么，什么是人的最根本的特殊性呢？或者说，人的哪一种特殊性符合这个最根本的特殊性之要求呢？笔者以为是人的“能是其所欲是”的“存在境界”。(关于“能是其所欲是”的“存在境界”之基本特征，笔者将在下面详述。此处只需指明存在境界的根本要素是“意欲”与“意欲的实现”。)包含了“意欲”与“意欲的实现”的人的存在境界既是人区别于一切存在的一切特殊性之根源，同时又包括了人的一切特殊性。“存在境界”是心与身结合的存在境况，因此，它无疑是所谓人的二元性之本源。存在境界是人与他人共在的存在境况，因此，人的社会性便毫无疑问的是根源于此。存在境界是“欲实现其欲望”之存在境况，因此，它本身就包含着实现各种欲望之能力，从而成为能力特殊性之源泉。存在境界是存在的可能之境界，因此，诸如“可能”和所谓“虚无”的存在本质也都无一例外地建基于此。概而言之，一切人可列出的自身的特殊性，皆以人的存在境界为其根源。同时，一切人可列出的自身的特殊性，又都毫无例外地包括在人的存在境界中。

存在境界与存在本质不同。“存在本质”是人自身对自身的认知。因此它只可能存在于形而上的抽象领域。它是人在形而上领域对抽象的人的根本特征之主观认知。一切人所归纳出的所谓的“存在的本质”都必定既是归纳者纯粹主观的认知，又是纯粹抽象的概念。既然是纯粹抽象的概念，又是纯粹主观的认知，对所谓人的存在本质的认知就不但必定是因人而异的，而且也必定是难以证实的。与此不同，存在境界却不是纯粹抽象的概念，更不是纯粹主观的认知，而是可以直观到，可以经验到，并且可以被证实的人类现实存在状况。举例来说：人的所谓存在本质在笛卡儿那里是“思维”，在海德格尔那里是“可能”，而在萨特那里又成了“虚无”。因此，十个形而上的哲学家可以总结出十个以上的人的“存在本质”。人的存在本质不但因人而异，而且任何一个人所主张的“存在本质”又都是无法证实的。以海德格尔的存在本质“可能”为例：作为对“可能”“有所领会”的存在者“此在”，也许根本无法说清楚其“领会”的“可能”究竟是什么东西，更遑论证实这些“可能”了。作为抽象的概念之“可能”，它可以是任何东西，也可以任何东西都不是。正是这种可以是任何东西，又可以任何东西都不是的，既难以领会，更无法证实的抽象的“可能”，才是海德格尔所说的此在的存在本质。一旦从抽象的领域返回到经验领域，“可能”就不再可能成为“此在”的存在本质：在经验领域，岂止“此在”是“可能的存在”，世间万物连同世界本身又何尝不是“可能的存在”。因为世界是变化的世界，万物是变化的万物。根本没有一成不变的“现成”的存在。而变化的实质就是“可能”！因此，世间的一切都是“可能的存在”：青蛙卵是可能的存在，青蛙卵的可能是蝌蚪和成蛙；大地是“可能的存在”，大地的可能是漂移或升降；星球是“可能的存在”，星球的可能是形成、成长和爆炸；其他诸如黑洞的可能是坍缩、宇宙的可能是膨胀等等。可以说一切存在物皆是“可能的存在”。如果“可能”是存在的本质，则它就不仅仅是“此在”的存在的本质，而是一切存在物包括世界本身的存在的本质。这样一来，“此在”便成为与“非此在”毫无区别的存在物。“此在”也就不再称其为“此在”了。当然，在同为“可能的存在”的情况下，还有另外一种方法区分人与非人，那就是在“可能”的前面加上定语以区分各种不同的可能：宏观世界中存在物的可能是“规律的”可能；微观世界中量子的可能是“概率的”可能；而在人所独有的精神世界中，观念存在的可能则是“自由的”可能。但是，一旦在可以作为抽象的概念之“可能”之前加上定语，则有着定语的“可能”概念就再也不能作为抽象的纯主观概念，而只能是可经验、可证实的客观概念了。不论是“规律的可能”，还是“概率的可能”，抑或是“自由的可能”，所表述的都是一种现实的可能。而现实的可能不可能是存在的本质，而只能是存在的状态——“规律的可能”是按照规律变化的存在状态；“概率的可能”则是其变化只能计算出概率的存在状态；而“自由的可能”则是其变化既无规律可循，也无概率可计的存在状态？于是，我们从作为存在本质的“可能”出发，最后却到达作为存在状态的“可能”。也就是说，不是作为存在的本质的抽象的“可能”使人区别于非人，而是作为存在状态的现实的可能的特殊性才使人区别于非人。由此所得出的结论是：是存在状态，而不是存在本质，才是区别人与非人的根本标志。

二、存在状态与存在境界

最早洞见存在的本质与存在状态之区别的应该是萨特。他在界分“自为”与“自在”这两种存在时，天才地以存在状态而不是存在本质作为界分“自在”与“自为”的标志。萨特将“自在”的存在状态界定为“是其所是”，以此区别于“自为”的“是其所不是，不是其所是”的存在状态。然而，遗憾的是，萨特虽然天才地发现了应以存在状态，而不是存在本质，来区分“自在”与“自为”，但萨特对“自在”和“自为”的存在状态之界定却并不十分准确。不论是以“是其所是”来界定“自在”的存在状态，还是以“是其所不是，不是其所是”来界定“自为”的存在状态，这两种界定都是非常成问题的。以“是其所是”来界定“自在”的存在状态，这不但有将自在界定为静止的事物之嫌（只有静止者，才有可能“是其所是”），而且还有将生命的存在者排除在“自在”之外之嫌（生命的出生、成长和死亡之过程，无论如何都不属于“是其所是”之存在状态）。我们知道，萨特的“自在”是包括除人以外的一切“非人”的存在者（物）的。它不但包括非生命的存在物，而且也包括生命的存在者（物）。而以“是其所是”所界定的存在状态，对生命的存在者（物）来说，绝对是不准确的。即使对非生命的存在物，此界定也仍然是不准确的，因为，即使是非生命的存在物，也绝不是静止或僵死的，而是绝对处于变化之中，并永远处于变化之中的。因此，以“是其所是”来界定“自在”的存在状态，不但失之于将生命的存在者（物）排除在“自在”之外，而且也失之于涉嫌将非生命的存在物表述为静止或僵死之物。

如果以“是其所是”来表述自在的存在状态失之于不准确的话，那么，以“是其所不是，不是其所是”来界定“自为”的存在状态则不但是不准确，而且简直是错误了。因为，这个界定没有表述出“自为”的“存在状态”中最重要的因素——“欲是”。“是其所不是，不是其所是”充其量所表述的是“否定”和“超越”的存在状态。然而，“否定”和“超越”，既可以是在意欲指导下的否定和超越，也可以是没有意欲的被规律所决定的“否定”和“超越”。进化论如果成立，则物种的任何一点一滴的进化就都是这种被决定的“否定”和“超越”，其存在状态就都可以被冠以“是其所不是，不是其所是”之表述。因为，在“是其所不是，不是其所是”的表述中，并没有阐明对其所包含的这个“否定”和“超越”，究竟是被决定的否定与超越，还是在主体的意欲指导下的否定与超越。而人与非人在存在状态上的根本区别并不在于否定与超越，而在于有无“意欲”：有意欲的否定与超越是**人的存在境界**，无意欲的否定、变化、甚至超越，则是**非人的存在状态**。萨特的“是其所不是，不是其所是”的存在状态，由于缺少了“意欲”这个最关键的要素，而使其对人的存在境界之表述不但是不准确的，而且有可能是错误的。

有鉴于此，在萨特的表述之基础上，笔者将“非人”的存在者(物)之存在状态修改为：**“是其所能是”**。而将人的存在境界修改为**“能是其所欲是”**。就“非人”的存在状态而言，“是其所能是”中的“能是”，既表达出存在者(物)的绝对变化性，又表达出存在者(物)的变化的规律性或被决定性，即：其所能是者，不是由自己决定的，而是由规律或概率限定，被规律或概率决定的。液态水所能是者，一定是，也只能是气态水或固态水；蝌蚪所能是者，一定是青蛙，也只能是青蛙。总之，有了“能是”，存在者(物)就不再有“静止”或“僵死”之嫌，同时又表达出其变化的规律性和被决定性。

就人的存在境界而言，“能是其所欲是”之表述，既将人与世界内的其他一切非人的存在者(物)区别开来，又将人与神区别开来。“能是其所欲是”中的“欲是”再明确不过地界分出人与非人的区别——“欲是”即意欲成为的存在，也即：人的否定与超越是在人自己的意欲的指导下的否定与超越。而一切非人的存在者(物)，要么根本就没有否定与超越，要么其否定与超越只是被决定的“否定”与“超越”。这其中最根本的区别就是有无“意欲”，而“意欲”正是区分“存在状态”与“存在境界”的关键因素：无意欲者，其存在境况笔者称为“存在状态”；而有意欲者，其存在境况即是笔者所说的“存在境界”。人与非人的根本区别就在于：世间一切非人的存在者(物)都是只有存在状态者，只有人才是拥有存在境界之存在者。

三、自由、不自由与无自由

人虽然是拥有存在境界之存在者，但人并不是唯一拥有存在境界之存在者。除了人，还有神也是存在境界之拥有者。笔者在第一章中曾论述道：神即自由，因为对神的存在境界之表述即是对自由之表述。因为神的存在境界是“是其所欲是”，而自由的定义也就是“是其所欲是”，即：是其所欲是既是神的存在境界，也是自由之定义。因此，自由就是神的存在境界。正是在这个意义上我们说“神即自由”。与神的存在境界不同的是，人的存在境界多了一个“能”字，即：“能是其所欲是”。这个“能”字表述出人与神的本质之不同：“是其所欲是”，表述的是意欲与意欲的实现完全统一的境界。神的意欲和意欲的实现是完全统一的。神想怎么样，就怎么样；想要什么，就有什么。因此，“是其所欲是”中的“是”就是“欲是”；“欲是”就是“是”。而有了“能”字的“能是其所欲是”之境界，其意欲与意欲的实现则是相分离的。将意欲与实现分隔开的是“行动”。人必须通过行动才能实现意欲。这便为意欲的实现设定了两个前提：第一，人必须拥有行动的能力。没有行动能力，便没有实现意欲的可能。这便是“能是其所欲是”中的“能”字的第一层含义：人是有**能力**和有**可能**实现其意欲之存在者。第二，行动的能力必须与意欲之“欲是”相匹配。有什么样的意欲，就必须有什么样的能力。否则意欲便无法实现。但我们知道，人的能力与人的意欲却是命定不相匹配的。从根本上说，人的意欲是想成为神。在这个意义上说，人的意欲是无限的——人意欲成为无限的存在者。但人的行为能力却命定是有限的——人永远不可能拥有成为神的能力。这便是“能是其所欲是”中“能”字的第二层含义：实现其意欲**永远只是可能，而不是现实**。这种永远拥有实现其根本意欲的可能，但却与实现其根本意欲永远都有一段距离的存在境界，笔者把它称之为“不自由的存在境界”，以此区别于“是其所欲是”的“自由的存在境界”。自由的存在境界与不自由的存在境界之根本区别在于“是”还是“能是”。自由就是欲是便“是”，“是”就是“欲是”。不自由就是“欲是”也“能是”，但还“未是”。它虽然暂时还“未是”，却永远有着“是”的可能。“不自由”的存在境界，虽然是不自由，但却不是“无自由”。它不但与自由有关，而且与自由紧密相关。它是意识到自由、渴望自由、并且锲而不舍地追求自由的存在者有可能达到，但尚未达到自由的存在境界。

简而言之，存在境界只有两种：自由或不自由。自由的存在境界即“是其所欲是”者；不自由的存在境界即“能是其所欲是”者。与此不同，存在状态却可以有千千万万种。有多少种存在物，就可以有多少种存在状态。如果说人与神的区别仅在于存在境界之不同，那么人与非人的区别则在于有无存在境界了。非人只有“存在状态”而无“存在境界”。或者说，凡与存在境界无缘，只有存在状态的存在者（物）就都是非人。为了进一步阐明“人”与“非人”之区别，有必要对“存在境界”之构成作更进一步的论述。

“存在境界”的构成包括如下四个要件：

1. 存在境界是有意识的存在者之存在境况。

存在境界与存在状态的根本不同在于：存在状态是存在者（物）客观的存在方式或存在形态，而存在境界首先并且最主要的是指存在者的心灵所能达到或所欲达到的境地。无论是“情境”、“意境”还是“识境”，都是心灵之境。在哲学上，“心灵”只是“意识”的代称。因此，只有拥有意识的存在者，才可能有存在境界。而那些没有意识的存在者（物）则只有存在状态，而绝无存在境界。

2. 存在境界是有“意欲”的存在者之存在境况。

仅仅有意识而无意欲的存在者，其存在形态仍然属于存在状态，仍然没有存在境界。我们所说的“存在境界”，不是佛教所说的根据“悟性”，通过“参禅”而悟得的纯主观的佛境，而是心物结合的“是其所欲是”或“能是其所欲是”之存在境况。既然是“是其所欲是”或“能是其所欲是”之存在境况，意欲便是存在境界所必须之要素。此处所说的“意欲”与人们通常所说的“欲望”是完全不同的两个概念：欲望可以是没有意向、也没有被设为目的的单纯的渴望。但意欲却必须由三个要素构成，即：目的、意向与行动。所谓目的，即“是其所欲是”或“能是其所欲是”中的“欲是”。意欲是以目的为基础的，这是意欲与欲望的本质区别之一。当一种渴望还没有被设定为目的时，这种渴望就还仅仅是“欲望”。而这种渴望一旦被设定为目的，它就不再是“欲望”，而将成为“意欲”了。

所谓意向，是指去实现目的的决心。设定目的本身就已经透出实现目的的意向。但透出意向并不就是意向。意向是指去实现目的的决心。只有不但设定目的，而且下决心去实现目的者，才能称为意欲。

所谓行动，是指意欲不但是去实现目的的决心，而且这个目的和决心必须能够成为启动行为的动力和行为方向的指导。也即，意欲必须是能启动和指导行为的意向。

简而言之，意欲是以目的为基础，以意向为导向，以行动为特征的欲求。而欲望则是既不涉及目的，也不涉及决心，更不涉及行动的愿望。例如：渴望自由，是欲望；而将自由设定为目的，并下决心采取行动去追求自由则是意欲。即：欲望是未设定为目的、未下定决心、也无行动的愿望。一旦涉及目的、决心与行动，欲望便成为意欲了。

即使是与欲望不同的意欲，也并不一定就是存在境界所必需的要素。意欲依其所意欲者可以划分为“生存之欲”、“幸福之欲”和“主宰之欲”。如果所意欲者是生存所需之事物，例如“吃喝”，则为“生存之欲”；如果所意欲者超出了生存所需，而是为了活得更惬意，例如“玩乐”，则为“幸福之欲”。而如果所意欲者超出了生存与幸福所需，而是主体的本性——主宰，则为“主宰之欲”。人是同时拥有这三种意欲之存在者。也只有人才同时拥有这三种意欲。神只有主宰之欲而绝无所谓生存之欲、幸福之欲；非人中有生命的存在者仅有生存之欲，或许某些动物学家认为某些动物也有所谓“幸福之欲”，但没有人会相信哪一种动物会有“主宰之欲”。因此，将人与非人区分开来的并不是“意欲”，而是意欲中的“主宰之欲”。作为存在境界中所不可或缺的要素的，也不是一般的“意欲”，而是特指意欲中的“主宰之欲”。也即：只有拥有主宰之欲的主体，其存在境况才可称为“存在境界”。

3. 存在境界是有能力的存在者之存在境况。

能力既是“是其所欲是”或“能是其所欲是”中第一个“是”或“能是”的前提和保证，也是“是其所欲是”或“能是其所欲是”中的“欲是”的前提和保证。在第一章中，我们曾经探讨过神的能力为“知一切和达一切”。这其中，“知一切”是“是其所欲是”的存在境界中“欲是”所要求的能力：只有知一切，才可能“欲一切”。而“达一切”则是“是其所欲是”中的“是”所要求的能力：只有拥有达一切的能力，才有可能“是”其所欲是。对人而言，人没有神那样的知一切和达一切的能力。因此，人的存在境界就不是“是其所欲是”，而是“能是其所欲是”。所谓“能是”，包含两层意思：一是能力。即存在者有着最基本的能力去是其所欲是。二是可能，即存在者并不是已经实现其所欲是，而只是有可能实现其所欲是。为了使可能成为现实，或者说为了拥有、扩大和增强这种实现其欲是的能力，才有了劳动与工具；才有了群体和社会；也才有了符号和文化。可以说，人的所有这些特殊性，全都是“能是”之表现，又全都是以“能是”为目的。

不但“能是”与“是”不同，就是“能是其所欲是”中的“欲是”，也与“是其所欲是”中的“欲是”不同。神有知一切的能力，因此，神的“欲是”就可以是无限之是。而人的知是有限的。知的有限性决定了人的“欲是”之有限性。因为，没有对所欲是者之知，就不会有“欲是”。不知便无欲，有欲必已知。人在想象出神之前，不可能欲望成为神。人之所以欲望成为神，是因为人已经想象出神、认识到神。人的“欲是”虽然是有限的“欲是”，但有限的“欲是”仍然是“欲是”。而“欲是”存在本身已经证明人是拥有“知”的能力之存在者。

4. 存在境界是与自由相关的存在者之存在境况。

所谓“与自由相关”，是相对于“与自由无关”而言的。何谓“与自由无关”？

“与自由无关”者，乃是既不是“自由”，也不是“不自由”，而是无所谓自由或不自由的存在者(物)之存在状态。也就是我们在前面已经论述到的“是其所能是”的存在状态。一切其存在状态是“是其所能是”的存在者(物)，都是与自由无关者。说它们与自由无关，是因为“能是”不是“欲是”。“能是”与“欲是”的根本不同在于：“能是”之“是”，是没有任何主观成分(既没有意愿，更没有意欲)之“是”。“能是”之“能”只是按客观规律被动地变化之“能”。这种没有主观意愿和意欲的存在状态只能是与自由无关的存在状态：它既不是自由的，也不是不自由的，而是与自由毫无关系的。在没有找到更好的表述词语之前，笔者暂且以“无自由”来表述：没有主观意欲的存在者(物)是无自由的存在者(物)；而没有“欲是”只有“能是”的存在状态，则是无自由的存在状态。

与此不同，存在境界是有意识、有主观意欲之存在者的存在境界。“是其所欲是”或“能是其所欲是”中的“欲是”之“是”，不但是有主观成分的“是”，而且是将主观成分作为前提的“是”——它是主体主观上将其设为目的之“是”，是主体意欲实现之“是”。而“欲是”之“欲”，则更是主体的主观之意欲。既然是主体意欲实现之“是”，“欲是”便与自由绝对相关——实现了其意欲者，是自由的存在境界；尚未能实现其欲是者，则是不自由的存在境界。“不自由”不是“无自由”，也不是没有自由，而是可能达到但还未达到自由。这种可能达到而还未达到自由的境界，无论如何，都是与自由直接相关、紧密相关、永远相关的存在境界。也就是说，存在境界要么是自由的，要么是不自由的。不论是自由的，还是不自由的，它都与自由有关。或者说存在境界本身就是对自由与不自由的界定。

从上面的论述中我们不难发现：非人的存在者(物)完全与意识、意欲、能力和自由无关，因此也完全与存在境界无缘。它们是只有存在状况，而无存在境界的“无自由存在者(物)”。而人所想象出的神，由于她的“是”与“欲是”是统一的，她就是自由。因而她是只有存在境界，而无存在状况的“绝对自由的存在者”。唯独人这种特殊的存在者，既是有形的，又是有神性意识的；既是有“意欲”的，又是被决定的；既是与自由有关的，又是与自由无关的。因此，他是既有其存在状况(身体)，又有其存在境界(精神)的矛盾的存在者。他的存在状况(身体)决定了他的存在境界不可能是自由的；而他的存在境界反过来又决定了他的存在状况不可能是“无自由的”。人就是这样一种矛盾的存在者。人的不自由也正是根植于人的存在之矛盾中。

“能是其所欲是”的存在境界决定了人是不自由的存在者。那么，是什么决定了人只能是不自由的存在者呢？或者说，造成人的"能是其所欲是"之存在境界的决定因素究竟是什么呢？笔者以为，最主要、最根本的因素不外乎如下几种：矛盾的存在和存在的矛盾，欠缺的主体和主体的欠缺，以及主体间的冲突和冲突中的主体等等。我们先从矛盾的存在和存在的矛盾谈起。

第二节　矛盾的存在和存在的矛盾

一、矛盾的存在——"此在"与"自为"

人的最根本的矛盾首先表现在存在境界与存在状态的矛盾。一方面，人的生命之存在形态无疑属于"无自由"的存在状态；另一方面，人的生命所特有的意识之存在境况又无疑属于"不自由"的存在境界。这使得人同时占有了两个存在形态——不自由的存在境界与无自由的存在状态。人是既有存在境界，又有存在状态的矛盾的存在者。古往今来，科学家们一直在试图解释这个矛盾——身体如何能产生意识，意识又如何能作用于身体？而哲学家们则总是致力于调和这个矛盾——究竟是"思"代表"我"，还是"身"体现"我"。前者意欲将身体统摄于心灵（意识）之中；而后者则意欲将心灵（意识）归结于身体之内。前者以萨特的"自为"之理念最有代表性。而后者则以海德格尔的"此在"之概念最具论述的价值。笔者将以这两个概念为中心，展开对矛盾的存在之论述。

1. "此在"——特殊的"生存"

在海德格尔之前，对人这种特殊存在者的经典表述应属笛卡儿的二元论。笛卡儿认为，人是心灵与实体这两种本质根本不同的存在的统一体。心灵的本质是思维；而实体的本质是广延。心灵是没有广延的思维的存在；而身体则是没有思维的广延的存在。人是同时拥有心灵和身体的二元的存在。但笛卡儿的二元论并不是平行二元论，而是以心灵为主体，以思维为主导的二元论。在笛卡儿看来，人之为人的最本质的东西，不是身体，而是心灵。他的名言"我思故我在"最明确不过地表达出他对心灵（思维）的偏重：我的存在，包括我的身体的存在，是由"我思"所证实，并由"我思"所确定的。没有"我思"，一切都可以被怀疑，都可能不存在。笛卡儿的论证方法是从怀疑一切存在开始，最后到达无可怀疑的事实——“我怀疑（我思）”，然后再由“我思”证实“我存在”。因此，我们可以把笛卡儿对人的二元论表述简称为“思在”。

不难看出，笛卡儿对人的二元论表述在任何方面都是不完善的：将“广延”定为身体的本质，无论如何都是不准确的；而对心灵的本质“思维”究竟是什么，笛卡儿也根本没有说清楚。非但如此，拥有不同本质的这两种“存在”作为“存在”本身究竟指什么，笛卡儿也未交代清楚。（按照海德格尔的观点，对于诸如“什么是‘存在’”这样的问题，不但笛卡儿没有解答，而且人类历史上的任何一位哲学家或思想家甚至都还未将此作为问题来提出。所有的哲人学者都将它们作为不言自明的概念来使用。海德格尔的《存在与时间》据其自己所说，就是为了解答“存在是什么”这个问题而写就的。）然而，在所有这些不完善中，最明显的“不完善”应属将“广延”定为身体的本质。我们知道，虽然在法文和英文中，“实体”和“身体”都是同一个单词，但人的身体与实体毕竟有着天渊之别。身体与实体的区别主要有两点：其一，身体是有生命的实体；其二，身体是有意识的实体。将“广延”界定为没有生命的实体之本质也许还可以成立，但如果将“广延”界定为有生命的身体之本质，则显然是不能成立的；更不用说将其界定为有意识的身体之本质了。从某种意义上说，海德格尔的“此在”正是为了纠正笛卡儿的这个最明显的不完善处而提出的：“此在”所表述的正是这种既有生命、又有意识的存在者。只不过在海德格尔的“此在”中，“意识”被刻意遮蔽起来，或者说，“意识”被“消融于”或“化解于”“生存”之中。之所以刻意遮蔽意识，将意识消融、化解于生存之中，是因为海氏认为人的存在本质是“生存”。而诸如主体、灵魂、意识、精神、人格这类东西不但不是人的本质，而且根本就是难以阐明的。

海德格尔首先强调人是生命的存在，因而将“此在”的本质定为“**生存**”。他说：“此在的‘本质’在于它的生存。所以，在这个存在者身上所能清理出来的各种性质都不是‘看上去’如此这般的现成存在者的现成‘属性’，而是对它说来总是去存在的种种可能方式，并且仅此而已。”[①]海氏的“生存”有两个根本的特征：其一，“去存在”，即“总是它的存在的可能”；其二，“在世界中存在”，即与世界及其他存在者相互依存而存在。第一个特征可称为“生存性”；而第

① ［德］马丁·海德格尔著，陈嘉映、王庆节合译：《存在与时间》，三联书店2006年版，第49～50页。

二个特征可称为“依存性”。假如“此在”的本质仅仅在于“生存性”与“依存性”，则“此在”就与其他有生命的存在者很难区分。人们不难发现，无论是生存性，还是依存性，其实都不是人类特有的“本质”，而是一切生命的存在者所普遍具有的“本质”。就生存性而言，不论是“去存在”，还是“存在的可能”，都不是仅仅属于此在：不但人是“去存在”的存在者，而且埋藏在土壤里的种子，或者是躁动在母腹中的胚胎等等，也都是“去存在”的存在者，也都是拥有存在的可能的存在者。而就依存性而言，不但此在与世界及世界内的其他存在者有相互依存的关系，而且，一切生命的存在，也都是在与世界及其他存在者相互依存中存在的。（尽管依存的性质和程度都不相同）。如此，则“此在”与生命的存在不就成为没有区别的同一类的存在者了吗？

然而，海氏并不认为此在与生命的存在者是同一类的存在者。他说：“生命既不是某种纯粹的现成存在，但也不是此在”①。生命不是现成的存在好理解，因为生命是具有存在的可能之存在者。但生命不是此在就不那么容易理解了：同为具有存在的可能之生存者，如果没有一般生命者所不具有的特质，此在如何能够与一般生命者相区别呢？特别是当此在将人的最本质的特质——意识——完全遮蔽掉的情况下，此在如何能够不是一般的生命的存在者，而是与生命者根本不同的另一类存在者呢？海氏自有海氏的办法，他的办法即在其对“此在”之“此”的论述中：“我们将在‘现身’与‘领会’中看到组建此在去是它的‘此’的两种同等源始的方式。”②原来，此在的“去存在”不同于一般生命者的“去存在”：此在是“有所领会的去存在”。而此在的“在世界之中存在”也不同于一般生命者在世界之中存在：它是以现身的方式在世界之中存在。在这里我们看到了海氏的两难境地：为了否定笛卡儿所主张的人的本质是意识，他必须遮蔽人的意识；而为了将此在与一般生命者相区别，他又不得不以非意识的名义召回意识。“现身”和“领会”便是海氏为了既召回意识而又遮蔽意识而生造出来的两个概念。也正因为此，“现身”与“领会”这两个概念虽然在表面上遮蔽了“意识”，但却无可避免地总要透露出“意识”的影子。我们先来看看“现身”所透露出的意识之影子：海氏对现身的表述如下：“具有此

---

① ［德］马丁·海德格尔著，陈嘉映、王庆节合译：《存在与时间》，三联书店 2006 年版，第 58 页。

② ［德］马丁·海德格尔著，陈嘉映、王庆节合译：《存在与时间》，三联书店 2006 年版，第 155 页。

在性质的存在者是它的此，其方式是：它或明言或未明言地现身于它的被抛境况中。在现身情态中此在总已被带到它自己面前来了，它总已经发现了它自己，不是那种有所感知地发现自己摆在眼前，而是带有情绪地现身。”①在这段论述中，意识的影子首先从“情绪”一词中透露出来：“情绪”无论如何都不属于“生存”领域，而只能是属于“意识”领域的存在。其次，意识的影子还在现身的三个维度中透露出来。所谓现身的三个维度，指的是：谁现身？向谁现身？以及所现身的是什么？这三个问题的答案其实是一样的：是谁在现身？当然是此在：“它或明言或未明言地现身于被抛境况中”。向谁现身，同样也是此在：“在现身情态中此在总已被带到它自己面前来了”。所现身的是什么？仍然还是此在：“它总已经发现了它自己”。于是，海氏的现身便是“此在向着此在自身现身自身！”这样一种现身，如果没有意识的介入，是根本不可能的。没有意识，此在如何现身？没有意识，此在向何现身？没有意识，此在又能现身什么？只有拥有意识的存在者，才能意识到自身的存在(现身)，才能在意识到自身的存在的同时意识到自己意识的存在(向着自身现身)，也才能对自己的意识进行反思(自身现身自身)。因此，在现身的三维中，意识的介入不但是不可避免的，而且是不可或缺的。

至于领会，就更加与意识紧密相关——没有意识，何来的领会？正如萨特所言：“领会只有在它是领会的意识时才成其为领会。”②领会也有三维，即：领会者与被领会者以及所领会的东西。而这三维与现身的三维一样透露出意识的存在。海氏的领会概念含义极广。为论述的方便，我们仅以海氏的领会概念中所包含的“筹划”概念为例来阐明在领会中所透露出的意识的存在。按海氏之定义，领会之筹划，不是诸如计划、策划之类的谋划，而是“在抛掷中将可能性作为可能性抛掷到自己面前，让可能性作为可能性而存在”③。这里的抛掷者和被抛掷者以及所抛掷的东西其实都是同一个“此在”。那么，此在如何能够自己将自己抛到自己面前呢？要使此在能够自己抛掷自己，并且把自己抛掷到自己面前，只有一个可能，那就是：此在必定是具有意识的存在者。只

① [德]马丁·海德格尔著，陈嘉映、王庆节合译：《存在与时间》，三联书店2006年版，第158页。

② [法]萨特著，陈宣良等译：《存在与虚无》，三联书店2007年第3版，第121页。

③ [德]马丁·海德格尔著，陈嘉映、王庆节合译：《存在与时间》，三联书店2006年版，第169页。

有具有意识的存在者，才有可能通过意识将自身的可能性作为可能性“抛掷”到自己的意识面前；才有可能通过意识对其本身的存在以及存在的可能有所领会；才有可能拥有“通达到存在和存在者的‘视’”。因此，不管海氏如何刻意地去遮蔽意识的存在，只要海氏还承认人这种存在者是有别于一般生存者的特殊存在者，并且要对人的特殊性做出陈述，他就不可避免地要在其陈述中透露出对意识的表述。因为人既不是笛卡儿所定义的几乎否定了身体的“思维的存在”，也不是海德格尔所定义的遮蔽了意识的“本质是生存的此在”，而是同时拥有思维的本质和生存的本质之矛盾的存在者。人必须也只能被表述为矛盾的存在者：他的意识使他能跃出存在之外，面对存在而“思”；而他的生存性又使他只能缠结于世界之中依存于其他存在者而存。他的意识，使得自由成为他的可能；而他的生存性，又将他的自由阻隔在遥远的，甚至永远不能达致的未来。人就是这样一种将意识和生存集于一身的矛盾的存在者。这样的存在者，其存在境况就不可避免地既有存在状态，又有存在境界。他的存在状态不同于其他一切存在者（物）的存在状态，因为，他的身体是带有意识的生命体，而带有意识的生命体因其带有意识，其存在状态就不再是与自由无关的存在主体：他的存在状态因其所拥有的意识而注定与自由有缘；而他的存在境界也不同于神的存在境界，因为他的意识是依存于他的身体之上。依存于身体之上的意识，其存在境界必然要被身体所累：他的存在境界因其所赖以存在的身体而注定与自由相隔。作为矛盾的存在，人命定是不自由的存在。人即不自由。

2. “自为”——存在的“虚无”

如果说海德格尔的“此在”代表着将人的意识划归于人的生命之中的企图，那么，萨特的“自为”就代表着将人的生命化归于人的意识之中的努力。海氏的“此在”以人的“生存”为人的本质，而意识只不过是人的生存本质所附带的特殊属性。与此不同，萨特的“自为”则以“意识”为人的本质，而生命的载体——身体则只不过是人的意识的“处境”，是意识的虚无化的“观点”①和超越的“起点”。萨特认为，世界中只有两种存在——“自在”的存在和“自为”的存在。所谓“自为”的存在，其实就是意识的存在。而所谓“自在”的存在，则包

① 此处及在本段内所说的“观点”，并不是指“思想观点”的“观点”，而是类似于“观测点”的强调“面对……这场”的位置之“观点”。

括意识以外的一切存在。萨特认为,"自为"与"自在"的本质不同在于:"自为"的本质是"虚无",而"自在"的本质则是"实存"。虚无是存在的洞孔,而实存则是存在的充实。作为存在的洞孔的虚无,主要表现在如下几个方面:

1.就意识的存在形态而言,意识是无形的存在。"除了对存在的意识外,意识中没有任何别的东西。"①这个只能以对存在的意识而现身的意识,它本身却无影无踪。无影无踪的无形的存在只能是"虚无"的存在。

2.就意识的存在位置而言,意识是"面对自我的在场"和"面对世界的在场"。而这个面对自我和面对世界的在场的位置,必然产生一种距离。这个距离就是虚无。"身为意识的意识的存在,就是面对自我的在场相距自我而存在。而这个存在带到他的存在中去的缥缈的距离,就是虚无。"②

3.就意识的时间性而言,意识永远是对过去的否定和对将来的谋划,也就是萨特的名言:"是其所不是,不是其所是"所描述的状况。而被否定者与所谋划者就都是虚无:被否定者是已不复存在的虚无,而所谋划者则是尚未存在的虚无。而自为又是"在被虚无化的自在与被谋划的自在之间的虚无"③。

4.就意识的本质而言,意识的本质是"超越"。"他是超越性,就是说他并不是首先存在以便随后和这种或那种目的发生联系的某物,而是相反,他一开始就是谋划的存在,就是说是由他的目的所确定的存在。"④而"超越",无论是向之超越之目的,还是已被超越之给定物,都是虚无。

与虚无完全相反的作为"充实的存在"之"自在",其实存的本质则表现在如下几个方面:

1.就"自在"的存在形态而言,自在的存在形态是"充实"。"世界的瞬间的存在法则可以简单地用几个字表述:'存在存在',——这几个字表明了诸实证性的实心的充实,在其中凡不存在的东西都不能以任何方式表现出来,哪怕是通过一丝轨迹、一个空无、一种回顾、一种'错乱',都不能达到这点。"⑤

2.就"自在"的存在位置而言,在"自为"涌现之前,"自在"没有位置。所谓"位置",是相对于"自为"而言的。"存在在其存在中是孤立的,而它与异于它

---

① [法]萨特著,陈宣良等译:《存在与虚无》,三联书店2007年第3版,第550页。

② [法]萨特著,陈宣良等译:《存在与虚无》,三联书店2007年第3版,第113页。

③ [法]萨特著,陈宣良等译:《存在与虚无》,三联书店2007年第3版,第686页

④ [法]萨特著,陈宣良等译:《存在与虚无》,三联书店2007年第3版,第550页。

⑤ [法]萨特著,陈宣良等译:《存在与虚无》,三联书店2007年第3版,第149页。

的东西没有任何联系。”[①]孤立的、与他物没有任何联系的存在也就无所谓位置。因为,位置是一物与他物的关系。没有关系的孤立的存在,当然没有位置。而使一物与他物发生关系的,是“自为”的涌现。在自为涌现之前,在没有自为的存在之世界上,自在无所谓“位置”。

3.就“自在”的时间性而言,自在没有时间。“存在脱离了时间性。它存在着,当它崩溃的时候甚至不能说它不再存在了。或者,至少可以说,正是一个意识能意识到它不再存在,正因为意识是时间性的。”[②]也即,“自在”没有时间,它的时间是“自为”赋予的。

4.就“自在”的本质而言,自在的本质即存在。“自在的存在存在。这意味着存在既不能派生于可能,也不能归并到必然。……自在的存在是非创造的,它没有存在的理由,它与别的存在没有任何关系,它永远是多余的。”[③]也即:“自在”除了存在以外,什么也不是。它既不是可能,也不是必然。它就是其所是。

从上面的分析中我们可以看到,“虚无”与“实存”是代表着两种截然不同的,甚至完全相反的存在本质。然而,这两种截然相反的存在本质却同时反映在人这种特殊的存在身上。因为,人既是一种“实在”,又是“其固有的虚无”。他一方面是使虚无来到存在之中的“实在”;另一方面又是能产生存在的“虚无”。按萨特的说法:“自在的存在在其存在中被完整地实证性孤立起来,除了虚无之外,没有任何存在能产生存在,也没有任何东西能通过存在到达存在。虚无是存在的固有可能性,而且是它的唯一可能性。这种原始的可能性仍然只是在实现它的绝对活动中显现出来。虚无既是存在的虚无,就只能通过存在本身来到存在之中。它可能通过一个特殊的存在来到存在之中,这就是人的实在。但是,这个存在被构成人的实在,是因为他除了是其固有的虚无之外,什么也不是。人的实在,就是存在,因为这个存在在其存在中而且为了他的存在是在存在内部的虚无的唯一基础。”[④]”一方面,“除了虚无之外,没有任何存在能产生存在,也没有任何东西能通过存在到达存在”。另一方面,“虚无既是存在的虚无,就只能通过存在本身来到存在之中”。而这个“存在”就是

① [法]萨特著,陈宣良等译:《存在与虚无》,三联书店2007年第3版,第25页。

② [法]萨特著,陈宣良等译:《存在与虚无》,三联书店2007年第3版,第26页。

③ [法]萨特著,陈宣良等译:《存在与虚无》,三联书店2007年第3版,第26页。

④ [法]萨特著,陈宣良等译:《存在与虚无》,三联书店2007年第3版,第114页。

"人的实在",因为人的实在是其"存在内部的虚无的唯一基础"。于是,人就成为既是虚无的唯一基础的存在,又是"产生存在"的虚无;成为"除了是其固有的虚无之外,什么也不是"的"实在"。我们究竟应如何理解这个看似矛盾的陈述呢?或者说,萨特是如何化解人身上的"固有的虚无"与"人的实在"之间的矛盾的呢?萨特化解的方法既不同于笛卡儿的将思维归为实体的属性之方法,也不同于海德格尔的将意识归于生存的特殊性之方法,而是反其道而行之,采取了将身体化解于意识之中的方法。萨特将身体化解于意识之中的主要路径是:通过论证"意识使身体存在",而不是身体使意识存在,从而将身体界定为因意识而存在并为着意识而存在的存在。

为了证明意识使身体存在,萨特首先区分了两种性质完全不同的"人为性"①:一种是"自为的人为性",另一种则是"自在的人为性"。所谓"自为的人为性"指的是自为永远不能消除的自身存在的偶然性,即:"意识是它自己的基础,但是,有一种意识,而不是有一种单纯的、无限的自在,这一点还是偶然的。"②"这个自为作为自为成为它自己的基础;但是,它的自在的偶然性始终是不可捉摸的。这就是在自为中自在作为人为性保留下来的东西,这使得自为只有一种事实的必然性,也就是说,它是它的意识—存在或存在的基础,但在任何情况下它不能奠定它的在场。这样,意识在任何情况下都不能阻止自己的存在,然而,它对自己的存在却负有完全的责任。"③意识可以通过我思的反思而成为自身的基础,但有一种意识,或意识的存在本身却不是意识自身所能决定的。世界上存在着一种存在叫意识,这点永远是偶然的。而且这种偶然性,在意识每一次面对……在场时都要表现出来。因为,它的面对……的在场既不是它自身奠定的,也不是它自身能够阻止的。"意识在任何情况下都不能阻止自己的存在"。这便是"自为的'人为性'"。

---

① 这里的"人为性"一词,法语为"facticité"。在陈宣良等译的《存在与虚无》1987年8月第一版中,该词被译为"散朴性"。在该书2007年11月第三版中改译为"人为性"。对此词的含义,译者曾将其理解为"在自为的外在化和自在的虚无化的过程中,抽象的自在和自为都不见了,它们的结合体就是'facticité'"。但这种理解似乎并不准确。因为,它既未区分自为的人为性和自在的人为性,也不符合这两种人为性的任何一种人为性的本义。参阅[法]萨特著,陈宣良等译:《存在与虚无》,三联书店1987年版,第803页。在该书的第三版中,译者已将此段理解删除。

② [法]萨特著,陈宣良等译:《存在与虚无》,三联书店2007年第3版,第118页。

③ [法]萨特著,陈宣良等译:《存在与虚无》,三联书店2007年第3版,第121页。

如果说自为的人为性是自为永远不能消除的其**自身的偶然性**,那么,自在的人为性就是自为永远不能摆脱的**世界的偶然性**。自为的人为性是“面对……在场”中面对者的偶然性;而自在的人为性则是“面对……在场”中所面对者的偶然性。作为“面对……在场”的存在,意识不但既不能奠定,也不能阻止其自身的存在,而且也既不能奠定,也不能阻止其所面对者,即世界的存在。用一种更简单的方式来表述就是:有一个意识,这是自为的人为性;而有一个意识所面对的世界,便是自在的人为性。只不过这个意识所面对的世界由于被意识所面对,因而就不再是一般意义上的“世界”,而成为萨特所说的“处境”:“我们将称之为处境的就是自由在世界存在的充实中的偶然性,因为这个只是为了不约束自由才在此的给定物只对这个自由表现为已经被它选择的目的照亮了的。”[①]据此,我们可以归纳出自在的人为性的三点要义:第一,自在的人为性也就是自为的处境。或者反过来说,自为的处境就是自在的人为性。因为,“处境就是自由在世界存在的充实中的偶然性”。第二,处境由给定物所构成。而“这个给定物只不过是被那个应成为它的自为虚无化了的自在,只不过是作为对世界的观点的身体,只不过是作为自为曾经是的本质的过去:这是同一个实在的三个名称。”[②]第三,处境只相对于自由而存在(所谓“只对这个自由表现为”)、只因为自由而存在(所谓“已经被它选择的目的照亮了”)、并且只为了自由而存在(所谓“这个只是为了不约束自由才在此的”)。这便是自在的人为性的全部含义。

萨特区分自为的人为性和自在的人为性的本义在于强调人的实在或身体不是自为的人为性,而是自在的人为性。假如像笛卡儿那样认为思维是身体的属性,或像海德格尔那样认为意识是生存的一种特殊性,那身体无疑就是自为的人为性,就是意识得以产生和存在的偶然性本身。萨特完全不同意将意识认定为自为的人为性。他说:“不应该把自为的人为性与笛卡儿的其属性是思维的实体混为一谈。诚然,思维的实体只有在思维时才存在,但作为被创造的事物,它分享着被创造物的偶然性。然而,它却存在着。它完整地保留着自在的自在特性,尽管它的属性是自为。……因而,自在并不是一种自为是其属性的实体,它不是能够产生思维而又不在产生思维的过程中消失的实体。它

① [法]萨特著,陈宣良等译:《存在与虚无》,三联书店 2007 年第 3 版,第 592 页。
② [法]萨特著,陈宣良等译:《存在与虚无》,三联书店 2007 年第 3 版,第 591 页。

只是作为一种存在的回忆，一种对世界无可辩解的在场停留在自为之中。"①笛卡儿的"我思故我在"所表达的意思是：只有在思维时，实体才存在。但这个由思维所证实存在的实体，同时也由思维证明它是有着思维属性的实体。果真如此，则意识的存在就完全取决于身体的存在，所得出的结论也就只能是：身体使意识存在。萨特完全不同意笛卡儿的这一论点。他认为意识虽然以身体为"永久条件"，但意识的存在却是偶然的，它的存在与实体（身体）无关。这就像笔者所说的"神性的降临"。神性虽然以人为载体，但神性降临于人无论如何都只能是偶然的。她的降临本身与人体并无关系。同样，"有一个意识"也只能是偶然的，这种偶然性甚至与"有一个上帝"的偶然性是一样的。正是在这个意义上，萨特才说："如果上帝存在，上帝是偶然的。"②既然意识存在的偶然性与上帝存在的偶然性是一样的，那么，身体就绝不可能是意识存在的偶然性，更不可能是意识存在的原因或基础。这样，萨特就通过否认身体是自为的人为性而否定了"身体使意识存在"的论断，从而为"意识使身体存在"的论断夯实了基础。

身体虽然与意识存在的偶然性无关，但它毕竟与意识相关。不仅相关，而且意识与身体的关系还不同于意识与事物的关系。按照萨特的说法，"作为观点的身体和事物的关系是一种对象的关系，而意识和身体的关系是一种存在的关系。"③这就使问题复杂化了。本来，身体总是被理解为属于自在的存在，而自在的存在绝没有与其他事物的关系问题，更没有一种所谓的"对象关系"。而现在，"作为观点的身体"似乎已经不是自在的存在了，因为它俨然成了主体，居然与事物有了一种"对象关系"。但如果说它是自为的存在，它又与作为自为的存在的意识不同，因为它与意识的关系"是一种存在的关系"，而这种存在的关系被萨特定义为"意识使身体存在"。那么，身体究竟是自在的存在还是自为的存在呢？或者说，本来属于自在的存在的身体如何能够成为自为的存在呢？为了解答这些问题，我们不妨先引用一段萨特有关身体的论述：

"世界**有秩序地**向我显现，这是绝对必然的。在这个意义下，这秩序**就是我**，就是我们在第二卷最后一章中描述过的我的形象。但是这个秩序完全是偶然的。于是它显现为诸存在整体的必然而又无可辩解的安排。这种秩序是

① [法]萨特著，陈宣良等译：《存在与虚无》，三联书店 2007 年第 3 版，第 120 页。
② [法]萨特著，陈宣良等译：《存在与虚无》，三联书店 2007 年第 3 版，第 117 页。
③ [法]萨特著，陈宣良等译：《存在与虚无》，三联书店 2007 年第 3 版，第 408 页。

世界事物绝对必然和完全无可辩解的秩序，这种秩序乃是我自己，因为我的涌现使它必然地存在并且这秩序逃离了我，因为我既不是我的存在的基础也不是一个这样的存在的基础，就是处在自为层次上的身体。在这个意义下，人们能够把身体定义为**我的偶然性的必然性所获得的偶然形式**。它不是别的，就是自为；在自为中并没有一个自在，因为那样的话，自为将会使一切都变得僵化。但是自为不是它自己的基础，这是事实，这个事实被存在的必然性表达为介入诸偶然存在间的偶然存在。因此，身体无异于自为的**处境**，因为对自为来说，存在和处于是一回事；另一方面，它与整个世界同一，因为世界是自为的整个处境，是自为的实存的衡量尺度。但是，一个处境不是纯粹偶然的给定物，恰恰相反，处境只就自为超越它而走向自为自身而言才显露出来。因此，自为的身体绝不是我能认识的给定物：它在此处被超越，它只有在我通过自我虚无化而逃避它时才存在；它就是自我虚无化的东西。它是被虚无化着的自为超越的自在，这自在在这超越本身中重新把握了自为。"①

在这段引文中，萨特对身体下了两个相互矛盾的断言：第一，身体就是自为；第二，身体是自为的处境。显然，这两个断言是不能同时成立的。假如是自为的处境就一定不是自为本身；假如是自为本身，就不可能是它自己的处境。如此，如何能够宣称作为自为的处境的身体就是自为本身呢？我们来看看萨特是如何化解这对矛盾的。

萨特化解这对矛盾的关键在于他对身体的定义，即："我的偶然性的必然性所获得的偶然形式。"什么是"我的偶然性的必然性所获得的偶然形式。"呢？"我的偶然性"中的"我"应该是身体和意识的整体之"我"。因而"我的偶然性"便包含两种偶然性，即：我既不是意识存在的基础，也不是身体存在的基础。或者说，我无论是作为意识的存在，还是作为身体的存在，都是偶然的。"我的偶然性的必然性"指的是三重的必然性：其一，意识的涌现必然使身体存在。"因为我的涌现使它必然地存在"。其二，我的身体的存在必然是我的意识通过虚无化所要逃避的存在。"它只有在我通过自我虚无化而逃避它时才存在；它就是自我虚无化的东西。"其三，我的身体的存在还必然是一个"应该去超越以便在世界中存在的障碍"②。也即身体必然是自为所要超越者。这便是萨

① [法]萨特著，陈宣良等译：《存在与虚无》，三联书店 2007 年第 3 版，第 384 页。

② [法]萨特著，陈宣良等译：《存在与虚无》，三联书店 2007 年第 3 版，第 404 页。

特所说的“我的偶然性的必然性”。而所谓“所获得的偶然形式”也就是萨特所说的“介入诸偶然存在间的偶然存在”。它包括：我的诞生，我的生理结构，我的个性，我的过去，甚至我所属的家族、民族、阶级等等。一句话，就是“身体”一词所能囊括的全部含义。不难看出，在这个定义中，萨特实际上已经把身体与意识扭合成一个不可分的整体。一方面，身体“是我的存在的永久结构和作为对世界的意识及作为向我的将来超越的谋划的我的意识的可能性的永久条件。”①没有这个永久条件，意识就不可能存在，自为的虚无化和超越就没有根基。另一方面，身体的显现、意义乃至身体的存在本身全都是意识所赋予的——身体是因为意识、为着意识并有赖于意识才存在的。没有意识，身体既不可能是所谓的“基础”和“永久条件”，而且连存在都不可能。正是将身体与意识理解为是一个不可分割的整体，萨特才断言身体就是自为，同时又断言身体是自为的处境：当他断言身体就是自为时，他是就身体是自为的条件和基础而言的；而当他宣称身体是自为的处境时，他是就意识使身体涌现，并赋予身体以意义和存在而言的。我们先来看看身体是如何成为意识的基础和永久条件的。

身体是意识的基础和永久条件集中表现在身体是意识的“观点”和“出发点”上。萨特说：“在自为的每一个谋划中，在每一个感知中，身体都在那里，它是与逃避它的‘现在’还处在同一水平上的刚刚过去的东西。这意味着它同时是**观点又是出发点**：我所是的并且我同时向着我应该是的东西超越的观点和出发点。但是这永远被超越并且永远回到超越的内部的观点，是我的偶然性的必然性。”②自为的涌现表现在三个方面，即：面对……的在场；对……的否定；以及对……的谋划。不论是面对……的在场，还是对……的否定，抑或是对……的谋划，都需要有一个存在的“点”。意识只可能在这个“点”上涌现：它只可能在这个“点”上面对……的在场、对……否定以及对……谋划。而这个“点”就是身体。用萨特的话来说就是：“拥有一个身体，就是是它自己的虚无的基础而不是它的存在的基础”。但是，萨特认为身体是意识的永久条件，是虚无的基础，并不意味着萨特承认身体是意识的产生原因或存在基础。恰恰相反，不是身体是意识产生的原因，而是意识是身体存在的基础。这个作为自

① [法]萨特著，陈宣良等译：《存在与虚无》，三联书店 2007 年第 3 版，第 405～406 页。

② [法]萨特著，陈宣良等译：《存在与虚无》，三联书店 2007 年第 3 版，第 404 页。

为涌现之点的身体，是因为自为的涌现才成为自为涌现之点的；这个作为虚无的基础之身体，是因为意识的虚无化才成为虚无之基础的。没有自为的涌现，就不存在涌现之点，也就没有身体之存在；同样，没有意识的虚无化，就不存在所谓虚无之基础，身体就什么也不是。意识与身体是存在的关系。这个存在的关系是一个单行线，即：它只能是"意识使身体存在"，包括使身体作为意识的永久条件和虚无的基础存在，而绝不能是"身体使意识存在"。

意识使身体存在不仅仅在于是意识的涌现使身体成为意识的出发点，而且还在于身体是自为的处境。何为处境？处境即自在的人为性；也即自为的否定、选择和谋划所面对的"给定物"。作为自在的人为性，处境只能相对于自由而存在；作为被否定、选择和超越的给定物，处境只能相对于否定、选择和超越而存在。于是"处境"与自为就不能不是一个整体。这其中，一方面，"对自为来说，存在和处于是一回事"；另一方面，"处境只就自为超越它而走向自为自身而言才显露出来。"这便使处境成为将身体与意识连结为一体的关键点。正是在自为与处境是一个整体的意义上，身体才有可能既是自在又是自为。因为它既是"被虚无化着的自为超越的自在"，又是"在这超越本身中重新把握了自为"的自在。身体是被意识通过虚无化和超越而划归于自为的存在之中的存在。尽管意识既不是意识存在的基础，也不是身体存在的基础，但却是使身体存在的存在。因为，身体所具有的双重必然性全部都是源于意识、基于意识、并为着意识的。没有意识的虚无化，身体不可能存在，因为身体"只有在我通过自我虚无化而逃避它时才存在"。而没有意识所谋划的超越，身体就不可能显露，因为身体"只就自为超越它而走向自为自身而言才显露出来"。在意识没有涌现之前，即使"有一个身体"，身体也不"存在"，因为它无从显现。只有在意识涌现时，世界才"有秩序地向我显现"；身体才可能"必然存在"。

通过上述的路径，萨特似乎成功地论证了"意识使身体存在"，从而成功地将身体化解于意识之中了：是意识的涌现，才使身体成为意识涌现之条件；是意识的虚无化，才使身体成为虚无之基础，才赋予身体以意义，才使身体存在；是意识的谋划和超越性，才使得身体成为自为的处境。假如没有意识的涌现、意识的虚无化和意识的超越性，身体就既没有存在，也没有意义。它就什么也不是。也就是说，意识既是身体的原因，又是身体的目的。身体是因为意识而存在，依赖意识而存在，并为着意识而存在的。如此一来，身体便似乎成功地被划归于意识之中，融合于意识之中了。这便是萨特理直气壮地宣称：人"除了是其固有的虚无之外，什么也不是"的原因；这也是萨特信心满满地宣告：

“自由和自为的存在是一回事：人的实在严格地就他应该是其固有的虚无而言是自由的”①之理由——作为已经成功地将身体融合于意识之中的意识的存在，人当然除了虚无以外什么也不是，当然可以被宣称为自由的存在。

然而，萨特将身体融于意识的努力真的是成功的吗？答案即使不是否定的，也是有疑问的。在本体论的层次上，我们的疑问是：自为的涌现真的能将作为自在的存在之身体化解为自为的存在吗？毋庸置疑，“有一个意识”当然是世界一切得以显现的前提。然而，仅有一个意识，而没有一个世界，能有世界的显现吗？同样，意识的涌现当然是身体成为意识的涌现之点之前提。然而，假如没有身体的存在，意识又如何能以这个点为基础而涌现？因此，世界显现的前提不是一个，而是两个：其一是要有一个世界；其二是要有一个意识。这两个前提缺一不可。同样，意识涌现的前提也不是一个，而是两个：其一，要有一个意识；其二，要有一个身体。没有意识，身体无所谓基础或永久条件；但没有身体，意识也无法创造或生成这个基础和永久条件。没有已经偶然存在的“有一个身体”这个事实，意识就缺失涌现的点。因此，当我们说“意识的涌现使身体显现”时，我们不应忘记，是“有一个身体”，才使身体相对于意识显现。同时我们还不应忘记，意识在使身体显现时，并没有，也不可能将身体“化归己有”：身体的显现永远是作为相对于意识的“给定物”而对意识显现的。因此，身体虽然显现为意识的永久条件和虚无的基础，但它并没有因此而成为意识，成为自为的存在。它永远是，并且只能是作为不同于自为的存在之自在的存在才成为意识的涌现之点的。作为不同于意识，相对于意识的存在，身体在永远与意识相伴的同时，也永远与意识相异。人就是这样一种矛盾的存在：他的身体的显现有赖于他的意识的涌现；而他的意识的涌现又有赖于他的身体的“在此”显现。我们既可以说：“没有意识就没有身体的存在”；我们同样也可以说：“没有身体也就没有意识的涌现”。就像我们不能把意识化归为身体的属性，或某种生存的本质之特殊性一样，我们也不能把身体化归为属于意识并为着意识的所谓“人为性”。因为，从神性降临于人之日起，人就只能是矛盾的存在。他命定是矛盾的存在。他永远是矛盾的存在。

就意识赋予身体以意义而言，诚然，假如没有谋划，没有目的，没有超越，也就无所谓价值和意义。价值与意义永远是相对于谋划与目的而言的。然

---

① [法]萨特著，陈宣良等译：《存在与虚无》，三联书店 2007 年第 3 版，第 550 页。

而，在谋划和超越中赋予自在的存在以意义与在谋划和超越中将自在的存在改变为自为的存在却是完全不同的两码事。前者只不过是自为谋求奠定自身存在的基础之努力，即谋求成为自因的存在之努力。而后者就不仅仅是谋求成为自因的存在之努力了，而是谋求成为世界之因，成为一切存在之因之努力。也就是成为上帝之努力。正如萨特所言，对自为而言，存在与处于是一回事。自为的存在是处于已经存在的世界、已经存在的给定物之中的。面对这已经存在的世界、已经存在的给定物，自为有三种处置方式：否定、选择和主宰。而赋予身体以意义可以归之于对身体的否定，也可以归之于对身体的选择，但无论如何都不属于做身体的主宰。我们还是借萨特所举的例子来加以说明：对于一个残疾人来说，身为残疾并不是人所能选择的。但如果他体验不到他的残疾，或者没有在他的对待残疾的谋划中赋予残疾以特别的意义，他就不可能是残疾人。正是在这个意义上萨特才说："甚至我患的这种残疾，恰恰由于我体验到了，我才承担了它，我才超越它奔赴我自己的谋划，我才使它成为对我的存在的必然障碍并且若我不选择我为残疾，我就不可能是残疾人，就是说我用以构成我的残疾的方式（如'难以忍受的'，'使人丢脸的'，'隐瞒'，'完全暴露'，'骄傲的对象'，'对我的失败的辩解'等等，等等）。"[①]这就是说，身体只有被意识体验到了，才可能被意识所承担；只有被意识所谋划和选择，才有可能有意义。但是，我虽然可以将残疾选择为是羞于启齿的，或是引以为荣的，但我所赋予残疾的任何意义，并没有改变我的身体是残疾的这个事实。只有在我的意识可以决定我的身体之时，我才能说意识是身体的主宰；才是真正意义上的"意识使身体存在"。在意识既不是自身的基础，也不是身体的基础的情况下，在"有一个意识"与"有一个身体"都作为偶然的存在而同时存在的情况下，说"意识使身体存在"；说身体"只有在我通过自我虚无化而逃避它时才存在"都还仅仅是在意识赋予身体以意义的意义上才成立。身体无论是作为意识的观点和出发点，还是作为意识所超越、所否定之给定物，它都在那里自在地存在着。借用萨特对存在的定义，就是：身体存在；身体自在地存在；身体是其所是。它无论如何都是作为有别于意识的存在而与意识同时存在，并共同存在。

人就是这样的一种存在者：他是具有意识的身体，同时又是寓于身体的意

---

① [法]萨特著，陈宣良等译：《存在与虚无》，三联书店 2007 年第 3 版，第 406 页。

识。他的身体将意识带到世上；他的意识又使身体连同世界一起显现。他的身体助其意识在世上驰骋；他的意识又因身体的限制而在世上受阻乃至折戟。他是自为由以诞生的自在，同时又是自在得以显现的自为。因此，他既不可能是单纯的自在，也不可能是纯粹的自为。他是将自在和自为融于一体，将身体和意识集于一身的存在者。一句话，他是矛盾的存在！这样一种矛盾的存在，其存在境界只能是不自由：赋予人自由的可能之意识使人与自由紧密相关；而限制人的自由之身体又使自由遥不可及。人是拥有自由的可能又被限制自由的存在。人即不自由。

二、存在的矛盾——自由与生存

"矛盾的存在"表述的是人的存在在存在的构成上之矛盾，而"存在的矛盾"所表述的则是人的存在在存在的目的上之矛盾。更确切地说，是因存在的目的之不同所产生的矛盾。人这种特殊的存在，不但在存在的构成上是矛盾的，而且在存在的目的上也是矛盾的。事实上，正是由于存在构成上的矛盾，才导致了存在的目的上的矛盾：一方面，人作为生命的存在，其存在的目的不会超出"生存"的范围。诸如：自保、繁殖、强大等等均为生命的存在之存在目的。即使按尼采的观点，将生命的本质界定为"权力意志"，其存在的目的也仍然超不出"生存"："'权力意志'，从力的消耗方式来说，表现为扩张：——这样一来，能量向生命和'最高效率的生命'转化就成了目的。"[①]所谓向"最高效率的生命转化"也只不过是最高效率的生存。也即，权力意志的存在目的仍然是"生存"。

另一方面，人作为意识的"存在"，其存在目的却与"生存"毫无关系：它不需要生存，甚至连存在都不需要。它本身就是作为对存在的否定而面对存在在场的。作为否定存在的"存在"，意识的存在的目的其实是要成为一切存在的基础。也就是：在否定不是其创造的一切存在的基础上，创造和主宰一切存在，以便成为一切存在的基础。这对在存在的目的上之矛盾最终导致了人的存在的矛盾：为了生存，人必须肯定现有的一切存在，依赖现有的一切存在，甚至服从于现有的一切存在。而为了主宰，人又必须否定现有的一切存在，独立

① ［德］弗里德里希·尼采著，张念东、凌素心译：《权力意志——重估一切价值的尝试》，商务印书馆 1991 年版，第 316 页。

于现有的一切存在，并且超越现有的一切存在。也就是说，想成为存在的基础之存在却必须以已有的存在为基础而存在；想主宰世界之存在却必须依赖世界而存在。这对存在的矛盾突出地表现为意识中的需求与意欲的矛盾。兹详述如下：

1. 需求、欲望与意欲

"需求"是人的生命的存在与意识的存在的交汇点之一："需求"之"需"属于生命的存在；而"需求"之"求"则属于意识的存在。生命的存在是有需要的存在。它的生存需要支持生存的条件，需要适宜生存的环境，需要自身与外部条件和环境的交换与交流等等。假如这些需要只是作为生命的本能而没有意识的参与，则需要便永远是本能之需，对需要的追求便永远只是一种本能。然而，一旦意识参与进来，一旦需要被意识所意识到，成为被意识到的需要，则需要便成为一种有意识的欲求。需要也就不再是单纯的需要和本能，而是这里所说的"需求"了。这也就是说，需求是被意识到、并表现为意识中的欲求之需要。它是生命的需要在意识中的表现。同时又是意识中基于生命的需要之欲求。举例来说：阳光雨露是植物的需要。但我们却不能说阳光雨露是植物的需求。因为植物没有意识，因而也就没有需求。对没有意识的存在而言，它们的需要既不可能成为被意识到的需要，更不可能成为意识中的欲求。只有对有意识的存在，需要才有可能成为需求，即：在其需要被其意识所意识到，并且表现为其意识中的一种欲求时，需要才成为"需求"。也就是说，需要是无意识的本能欲望；而需求是有意识、并成为意识的欲求之需要。需求作为欲求，一方面必然要以需要为前提。无论是对需要的意识，还是将意识到的需要升格为欲求，都必须要以需要的存在为前提。没有需要就没有对需要的意识，因而也就没有成为欲求的需求。但是，另一方面，仅有需要而没有对需要的意识，没有将意识到的需要升格为欲求，同样也没有需求。需求永远都是由意识到的需要所形成的意识中的一种欲求。

虽然，需求是被意识到的，并成为意识中的欲求之需要，但这个成为意识的欲求之需要却绝不是意识的需要，也不是意识本身之欲求。"需求"中的"需"，只能是生命之"需"；"需求"中的"求"，只能是意识到的生命之"求"。因为，需求仅属于其本质是生存的生命的存在。只有本质是生存的生命的存在，才会存在对生存所需的条件和环境的需要，才会产生意识到这种需要的需求。而对于其本质是虚无的意识的存在来说，它除了需要存在（以便在场、否定和超越）以外，它什么也不需要。因而也就不可能有所谓对需要的意识之需求。

因此，当我们说“需求”时，我们所指的一定是、也只能是生命的需求。以美国心理学家马斯洛的需求层次论为例，马斯洛将人类需求划分为五个递次上升的层次，它们分别是：生理上的需求、安全上的需求、情感和归属的需求、尊重的需求以及自我实现的需求。无论是生理上的需求、安全上的需求，还是归属的需求、尊重的需求以及自我实现的需求，无疑都源于人的生命之需要：生理上的需求和安全上的需求源于生命的生存与自保的需要，是对生命的生存与自保需要之意识；而自我实现的需求则是源于生命的更强、更大、更好之需要，是对生命的更强需要之意识。至于归属和尊重的需求，表面上看它们与生命的生存、自保与更强似乎都无直接的关系，而更多的是源于人的社会性情感。它们是情感的需求。而情感究竟是属于意识，还是属于生命，这在科学界还是有争议的。这取决于对意识的定义。如果将人的形体之外的一切无形的精神状态都称为意识，那情感无疑便属于意识的。然而，这样定义意识，无意中却将人与动物混同了：喜怒哀乐不但是人所有的情感，而且是大多数动物都有的情感。甚至相互依存的情感也不是人所特有的，群居的灵长类动物也都有这种情感。如此，则有无意识就不能再是区别人与动物的标准了。笔者以为，作为人与动物的区别标志的意识，应该是，也必须是狭义的意识，即萨特所说的“自为的存在”。它包括三个方面：觉悟、否定和超越。① 虽然，作为觉悟、否定和超越的自为的存在，意识在觉悟、否定和超越时不可能不带有某种“情感”，但这些情感，并不是意识所固有的，也不是属于意识的。毋宁说它是生命强加于意识的。真正的纯粹的觉悟、否定和超越，应该是无情感的觉悟、否定和超越。或者说，真正的觉悟、否定和超越，应该是排除了情感的纯意识的觉悟、否定和超越。从这个意义上说，情感就绝不属于意识，而只能属于生命。它属于较高级、较复杂的生命。它是较高级、较复杂的生命存在的一种属性、一种表现或一个特征。而由情感所产生的所谓“情感之需要”当然也就属于生命之需要的一种。对这种生命需要之意识，当然也就属于生命之需求。

至此，我们可以进一步将“需求”界定为：在意识中基于对生命的需要之意识所生之欲求。然而，在意识中基于对生命的需要之意识所生之欲求，却并不是意识本身的欲望。什么是意识本身的欲望呢？在第一章，笔者曾论述过自

---

① 所谓“觉悟”，即萨特所说的“面对……的在场”，也即对世界的意识和自我意识；所谓“否定”，既包括对世界的否定，也包括对自我的否定；而所谓“超越”，同样既包括超越世界，也包括超越自我。

由境界的三个层次:随心所欲、为所欲为和心想事成。其中的“随心所欲”就是意识本身的欲望:无任何因由的“随心”就是源于意识本身;无任何目的的“所欲”,就是欲望的自由。欲望的自由既在于“随心”,也在于“无目的”,即:想怎么想就怎么想,想要什么,就要什么。他想什么,不存在任何因由;他要什么,也没有任何目的。否则,他的欲望就会被因由所决定,被目的所限制。欲望必须是没有因由也没有目的的“随心”之欲,才是自由之欲。上帝的创世欲望是上帝的意识本身。或者说,上帝的意识就表现为她的创世欲望:“要有大地!”这是上帝的欲望,同时也就是上帝的意识本身。这个表现为欲望的意识绝不是“对需要的意识”,更不是基于需要的欲望。它与需要毫无关系。上帝突生创世的意识和欲望,并不是因为上帝的存在需要一个世界(上帝不需要任何东西便可存在,因为她是一切存在的原因和主宰),而是因为上帝的自由,因为上帝的随心所欲。上帝的“欲”是随心的,它不因任何因由而生;上帝的“欲”是自由的,它不为任何目的所限。她的创世之欲是无因由地随心而生,又无目的地随心而欲。假如上帝的创世之欲不是随心而欲,而是基于某种因由,并为着某种目的而欲,则上帝就不再是绝对自由的绝对主体了。

人不是神,因而人的欲望永远也达不到无因由、无目的的“随心所欲”之境界。但是,在人的意识中,仍然有着一种与上帝的欲望相似的欲望。说它与上帝的欲望相似,是因为它是摆脱了需要之因,而源于意识本身之欲望。诸如对神的自由境界之向往、对宇宙起源之探寻以及对宇宙大爆炸之模拟等等,皆可归于这种摆脱了需要之因的意识之欲。为了将这种摆脱了需要之因而源于意识本身之欲望与基于生命的需要之欲望相区别,笔者把它称为“**意欲**”,即意识本身的欲望,或表现为欲望的意识本身。意欲与需求的根本区别在于:需求的基础是需要,而意欲的基础是意识本身。意欲的产生,绝不是基于意识存在的需要,而是基于意识本身。例如,探寻宇宙起源之欲望绝不是源于任何一个层次的人的需要。而思索神的存在境界之原因也不是为了满足人的任何需要。它们都是源于意识本身、因为意识本身并为了意识本身之欲望。这类欲望与生命的生存无任何关系。它们就是表现为欲望的意识本身。

于是,在人的意识中我们便有了性质完全不同的两种欲望:一种是基于生存需要之欲望,也即上面所说的“需求”;另一种是基于意识本身之欲望,也即上面所说的“意欲”。需求与意欲的并存,凸显出人的意识之重负和人的意识所处的两难境地:拖拽着生命的意识,不但承担着引导生命满足其“需求”的重任,而且还承担着通过生命的中介实现其“意欲”的重任。为了满足需求,它不得不牺牲其自由的本质，而成为有需求之因之欲。而为了实现意欲，它又不得不接受自由的限制，而求助于生命的中介。这便是人的存在的矛盾之最本质的表现："需求"与"意欲"的矛盾。这也是人这种特殊的存在所特有的存在的矛盾。除人之外，没有任何存在会有这个存在的矛盾：作为绝对存在的神，只有意欲而绝无需求；而人以外的其他一切存在则仅有需要，它们既无需求，更无意欲。只有人这种特殊的存在，因为有需要同时又有意识，才会产生这样的矛盾。而这对矛盾之存在，又决定了人只能是不自由的存在。人即不自由。

2. 自我实现与主宰世界

需求与意欲的矛盾首先表现在所欲望者之矛盾，即欲望所指向的目的之矛盾上。需求作为基于需要的欲望，无疑是有目的的。需求的目的就是需要的满足。如果接受马斯洛的理论，将自我实现视为需求的最高层次，则需求的最高目的便可以界定为"自我实现"。而意欲作为摆脱了需要之因的欲望，作为意识本身的表现，难道还有因由，还有目的吗？我们知道，意欲的最高境界是无因由、无目的的随心所欲。然而，无因由、无目的的随心所欲是神的存在境界。人不是神，因而也就不可能达致神一样的随心所欲之境界。之所以不能随心所欲，是因为人的意识不但不得不与一个已经存在的生命共存，而且还必须面对一个已经存在的世界在场。这种尴尬的处境与意识的本质是完全冲突的。意识的本质是要成为一切的主宰，即：决定一切、主宰一切。当意识的主宰一切之本质遭遇一个其所不能主宰的世界时，意识的第一反映必然是产生主宰这个它不是其主宰的世界之欲望。这便是意欲产生的原因。这就是说，意欲虽然是摆脱了需要之因的欲望，但却仍然是有因之欲。产生意欲的原因是：意识的主宰世界的本质遭遇一个其所不能主宰的世界。这个原因同时也造就了意欲之目的——成为这个其还不是主宰的世界之主宰。这样，在人的意识中就有了两个目的迥异的欲望：一个是以自我实现为最高目的的欲望，即需求；另一个是以主宰世界为最终目的的欲望，即意欲。这两个目的显然是矛盾的：为了自我实现，我必须立足于这个赋予我的生命、我的潜能以及我的生存和发展的条件的已经存在的世界，并且肯定它、依赖于它、甚至服从于它。而为了主宰世界，我却又必须独立于这个我不是其基础的世界之外，面对这个世界而存在，并且否定它，乃至创造一个世界以取代它。人的存在就是包含着这对存在的矛盾之存在。带着这对存在的矛盾，人就必须：既立足于世界之中，又独立于世界之外；既肯定这个世界，又否定这个世界；既依赖于这个世界，又要试图创造一个世界以取代它。人永远存在于这对矛盾之中。这对矛盾也将伴随着人永远存在。而这对矛盾的存在决定了人只能是不自由的存在:肯定这个世界、依赖这个世界、服从这个世界固然是不自由;而否定这个世界、超脱这个世界、试图取代这个世界所突显的仍然是不自由,是向往自由、追求自由者所处于的不自由之处境。

3. 人是目的与人是手段

需求与意欲的矛盾其次表现在实现欲求的方法之不同上。需求的实现方法不外有二:对内是能力和潜能之充分发挥;对外是资源的最大占有和使用。我们可以用这样一个公式来表示需求之实现:需求的实现=能力和潜能的发挥+资源的占有和使用。这个公式透露出需求的一个最根本的特征:个体性。因为,这个公式中的三个项全都具有明显的个体性:

第一项,需求的实现。无论是所实现的"需求"还是需求的实现都是个体的。就所实现的需求而言,一方面根本不存在与个体需求不同的所谓"整体需求"。人们常常所说的"共同需求",实际上指的是每个个体都有的相同的个体需求。因为它们是每个个体都有的,并且是相同的,因而才成为"共同需求"。如果要找出与个体需求不同的所谓"整体需求",那是永远都不会成功的。另一方面,需求总是与个体的生命共存亡的。个体生命的存续是需求存在的前提条件。一旦生命终结,需求也就不再存在。即使是最高层次的"自我实现",也必须在自我的生命存续期间来实现自我。自我一旦死亡,实现自我也就无从说起。要之,所要实现的"需求"永远是个体的需求,是各个个体在其存续期间存在的需求。离开了个体,也就离开了需求;没有了个体,也就没有了需求。

就需求的实现而言,需求既然是个体的,它的实现也就必然是个体的。个体的生存需求只能由个体满足之。自我实现之需求只能由自我实现之。即使有他人的协助与合作,但需求的最终实现仍然是个体的实现。

第二项,能力和潜能的发挥。无论是所要发挥的潜能还是发挥潜能者,都是个体的。实现需求是个体的努力之结果。而个体的努力过程实际上就是个体发挥自身的能力和潜能的过程。个体为了更有效地发挥自身的能力和潜能,有可能选择与其他个体合作,甚至组成有高度组织系统的群体。这似乎引发了所谓"组织的能力和潜能"之问题,即为实现个体需求所要发挥的潜能不但包括个体的潜能,而且包括群体,或组织的潜能。但这其实是一个误解。所谓"组织的能力和潜能",归根结底最后还要落实到个体的能力和潜能上。一方面,任何组织的组成都是组成该组织的个体的能力和潜能的表现。没有组成该组织的个体能力和潜能之发挥,就不会有该组织的成立。另一方面,所谓组织的能力和潜能的发挥，其实仍然是组成该组织的个体的能力和潜能的发挥。组织只不过是将组成该组织的各个个体的能力和潜能优化配置，协调运用，以求更充分的发挥而已。最后，组织的原因和目的也都在于更充分地发挥个体的能力和潜能。建构组织的原因，是因为在没有组织的情况下，个体的能力和潜能不能得到充分的发挥。因此才要建构组织。而组织存在的理由和目的，也恰恰是为了并能够更充分地发挥个体的能力和潜能。总之，为满足需求而去发挥能力和潜能者是个体；而所要发挥的能力和潜能也是个体的能力和潜能。即使通过组成团体，建构组织来帮助实现个体之需求，团体和组织所发挥出来的能力和潜能，最终仍然是个体的能力和潜能。只不过这些能力和潜能经过组织的优化配置和有效协调后，得到了更充分的发挥而已。

第三项：资源的占有和使用。需求的满足必然要占有和使用资源。既然需求的满足是个体的满足，则为满足需求而对资源的占有和使用也就只能是个体的占有和使用。但在这里我们好像遭遇到一个难题，即世界上相当一部分资源并不是为个体所有，而是为国家或各种名义的群体所占有 。在当今相当一部分资源不是为个体所有，而是为群体或国家所有的情况下，说为满足需求的资源之占有和利用必然是个体的占有和利用，似乎难以成立。为了阐明这个问题，我们首先需要澄清一点，即：此处所说的“占有和使用”与法学上的所有权概念并无关系。法律上的所有权是强调的是权利，是人对物的控制关系。而满足需求的占有和使用，强调的则是“消费”，是因消费而获得的需求之满足。举例来说，我乘坐的飞机并不是为我所有的，但我的乘坐已经满足了我快捷地到达某地之需求。此处的“乘坐”，便是在满足需求的意义上我对飞机这个资源的占有和使用。我们还可以举一个更极端的例子：我因为饥饿而偷吃了一块别人所有的面包。在法律上，我无疑侵犯了他人的所有权，但在满足需求的意义上，我却只是占有和使用了面包。不管这片面包是谁的，它已经满足了我的需求。以上例子说明：在满足需求之意义上的占有和使用资源，是纯粹在消费的意义上之占有和使用。它无关乎法律上的所有权。只要我在消费某个资源，并且仅仅是在消费的意义上，我就是在占有和使用这个资源。任何“资源”，只要被消费，它就是在满足需求的意义上之占有和使用。而消费归根结底只能是个体的消费。所谓的“集体消费”或“总体消费”，其实都是个体消费的相加和总和而已。因此，在满足需求的意义上之占有和使用资源也只能是个体的占有和使用。

根据上述对需求的个体性之论述，我们可以将上述需求实现的公式修改为:个体需求的实现=个体能力和潜能的发挥+个体对资源的占有和使用。即:个体的需求通过个体发挥其能力和潜能以及个体占有及使用资源而由个体实现。如果这个公式成立,则由此所得出的结论就是:需求的实现永远是个体的事业,也只能是个体的事业。

与作为个体的事业之需求的实现有关的,还有康德的"人是目的"之论断。由康德竖起的"人是目的"之大旗,一直是西方哲学之骄傲。但很少有人意识到,这面骄傲的大旗,其立论之基础却是人的需求之满足。只有在满足需求和实现自我的框架内,人是目的之主张才是合理的,人才不能作为手段。超出了这个框架,人是目的之主张就不再成立。"人是目的"的最本质含义是:人是将人自身的实现作为目的的存在。人是目的,就是人将人的实现作为最根本的目的。人的实现包括两个方面的关系:其一,就人与自然的关系而言,人的实现是人利用大自然以实现自身的关系。因此,大自然只能是人的工具,而人也就必定是目的;其二,就人与他人的关系而言,每个人的自我实现都是目的。这就决定了每个人都既不能把他人,也不能把自己作为工具,否则便是矛盾的。不能把他人作为工具是因为,他人的自我实现也是目的。不尊重他人的自我实现,也就得不到他人对自己的自我实现之尊重。而尊重他人的自我实现,既意味着我不能以他人为手段来实现自我,同时也就意味着我也决不允许他人以我为手段来实现其自我。于是,无论是自我还是他人就都不能作为手段,而只能作为目的而存在了。这样,无论是在人与自然的关系上,还是在人与人的关系上,人都只能是目的,而不能是手段或工具。而所谓"人是目的"也就与"人的实现"画上了等号:"人是目的"="人以人的实现为目的"。果真如此,则"人是目的"之断言便只能在满足需求的意义上才能成立。因为,所谓"人的实现"不仅仅包括最高层次之需求——自我实现,而且包括人的各个层次、各个方面的需求之满足。只有在满足需求的意义上,才有"利用大自然"之可能。而在"实现意欲"的意义上,人与自然的关系就绝不是"利用",而是"否定和主宰"了。同样,也只有在满足需求之意义上,才有"尊重他人之自我实现"之必要。而在"实现意欲"的意义上,人与他人的关系就不再是"同为目的,互相尊重"的关系,而成为"同为主体,互相协作"的关系了。因为这个时候"自由"才是目的。因此,"人是目的"的主张是完全建立在需求之满足的基础之上的。一旦离开了需求之满足这个基础,一旦超出需求的满足之框架,"人是目的"之主张就不再成立。

与此不同,意欲的实现却既不是个体的事业,也不是以人为目的的。意欲与个体的关系比需求与个体的关系要复杂得多。人们既不能断言意欲没有个体性，又不能宣称意欲具有个体性。因为，就意欲的本质而言，意欲绝没有个体性。而就意欲的表现和体现而言，它又不得不由个体来表现和体现。意欲的本质与需求的本质有着根本性的不同。需求的本质是生存。所谓需求，归根结底都是生存之欲望。而作为生命的存在之生存，只能是个体之生存(生命只能以个体的形式存在)。因此，本质是生存的需求便只可能是个体之需求。而需求之满足也就只可能是个体之满足。意欲则不同。意欲的本质不是生存，而是主宰。意欲就是意识本身主宰世界之欲望。一切超脱了生存本质的欲望，一切不以生存为基础，而以主宰为目的之欲望才属于意欲。意欲就是其本质是“主宰”的一切欲望；意欲就是可以归属于“成神”之欲望之下的一切欲望。意欲的最高层次并不是“自我实现”，而是比“自我实现”高出千万倍的“成为神”之欲望！不论是主宰世界还是想成为神，在本质上都既不是个体之需求，也不是个体之可能。个体的生存，乃至个体的实现，都既不需要主宰世界，也不需要成为神。主宰与成神既与个体的生存无关，也与个体的自我实现无关。一方面，对于其生命周期和生存能力都十分有限的渺小个体来说，要在其极其有限的生存期间，以其极其渺小的生存能力来完成主宰世界之大业，无疑只能是痴心妄想。而要使一个渺小有限的个体修炼成神，那就更是天方夜谭。因此，意欲的主宰世界的本质决定了意欲绝不属于个体，它绝没有个体性。

然而，这个绝不属于个体，绝没有个体性的意欲，其最初的表现和最终的实现却全都得由个体来体现。任何意欲最初都是表现在个体的意识中，并作为似乎是个体的意欲表现出来。之所以如此，是因为意欲既然是意识本身之欲望，它就必然要以意识的表现方式表现出来。而意识作为降临于人的神性，它只能降临于作为个体的人，也只能首先通过个体的人来表现自身。既然意识都要首先通过个体来表现自身，则作为意识本身之欲望的意欲必须通过个体来表现自身就不足为奇了。然而，意欲既然是神性意识本身之欲望，它就绝不可能归属于个体，更不可能受制于个体。由个体所表现的意欲就必然要像意识一样，并与意识一道超脱于个体之外，并独立于个体之外。举例来说，嫦娥奔月之故事虽然出自作为个体的某个古人之想象，然而，嫦娥奔月之故事所透露出的登月之欲望却绝不属于那个想象出该故事的古人个体。想象出该故事的个体，他甚至不可能想象故事中的登月之人是人，更不可能想象是他自己。因为对那时的人类而言，不论是对个体之人还是对整体的人类，登月都还只能是幻想，甚至是妄想。因此，作为意识的主宰欲望之表现的登月之欲，只会由个体之人想象为作为神仙“嫦娥”之登月之旅。然而，一旦登月之欲以嫦娥奔月的故事形式，或者以其他各种各样的形式表现出来，它就再也不属于那个表现出这个欲望的个体。它会在一切有意识的存在中传播，会在生生不息的人类世世代代地流传，并且最终固定为人类世世代代的梦想。当表现为个体之欲望的意欲上升为人类整体世世代代的梦想时，意欲就不再是个体的幻想或妄想，而成为实实在在的、极有可能实现的意欲了。因为人类整体的生生不息以及所蕴含的无限发展之可能，使得任何意欲的实现都成为可能。几千年后，当美国的尼尔·奥尔登·阿姆斯特朗登上月球之时，他说了一句极具哲理的话：“这是个人迈出的一小步，但却是人类迈出的一大步”。然而，相对于“主宰世界”这个意识的本质之欲而言，人类所迈出的这一大步，其实仍然是微不足道的一小步。但这个微不足道的一小步竟费尽了人类世世代代几千年的努力。并且这个费尽了人类几千年的努力之人类的一大步，最后却仍然要表现为人类某个个体的一小步。这个例子充分说明：意欲，这个超脱于个体之外的意识本身之欲望，不但不得不首先由个体来表现，而且其最终的实现也往往由个体来体现。

表现为个体之幻想的意欲之产生与表现为个体的一小步的意欲之实现，为我们揭示出意欲的实现与个体之关系：意欲虽然不是个体本身之欲，但却必须由个体来表现，并通过个体的努力来实现，并且其最终的实现也必须由个体来体现。这里所说的“个体”当然不是某个特定的个体，而是存在于不同时代的千千万万个不同的个体。因为作为主宰之欲的意欲之实现是意识强加于人类的千秋万代之事业。它有赖于人类世世代代绵延不断的永恒努力。这个永恒的努力，不但包括世世代代千千万万个个体之不懈努力，而且包括人类作为整体的世世代代之不懈努力。由此又产生出意欲的另一层关系——意欲的实现与人类整体的关系。我们可以将意欲的实现路径归纳为这样一个公式：意欲的实现＝超凡个体的超凡努力＋人类整体世世代代的超凡努力和合作。之所以在公式的每一项中都加上“超凡”两个字，是因为不论是意欲的表现，还是意欲的实现，都是“超凡”的：既超出了一般的凡人个体，也超出了一般的凡欲俗事。意欲虽然不得不表现在个体的意识之中，但它的产生并不是表现在任何一个普通个体的意识之中，而是只表现在极少数超凡个体中的某一个或某一些超凡个体之意识之中。想象出嫦娥奔月的神话故事之个体一定是超出当时一般个体之水平的超凡之人。因为当凡人还在为满足需求而操劳时，他却将欲望指向天外，指向与其本身的需求并无关系的月亮。仅凭这一点，他便是一个超凡脱俗之人。我们无须纠结于是意欲使个体成为超凡之人，还是超凡之人才使得意欲表现出来（这与本书的主旨关系不大），我们只需记住，超凡的意欲仅表现在超凡之人的意识中。

不但意欲的表现有赖于超凡个体的存在，而且意欲的实现更有赖于众多超凡个体的超凡努力。阿波罗飞船登月成功，其中凝聚着多少代多少位超凡个体的超凡努力。从天文学家到物理学家，从化学家到生物学家，从材料学家到动力学家，乃至设计、工艺、制造等各个领域的杰出人才，是这些世世代代的超凡之人经过世世代代的超凡努力，才最终成就了阿波罗飞船的登月之旅。

由个体表现和体现的非个体的意欲，其实现与需求的实现完全不同。需求的指向是人的实现。因此，需求的满足必然要以人为目的。与需求的指向根本不同的是，意欲之指向并不是人的满足，而是人的超越。意欲之指向完全超出了人的满足与实现。因为它指向的不再是在世界中实现自我之"人"，而是将人实现为主宰世界之神！如果人的这个最根本的意欲真的得以实现，那人也就不再是"人"了，而是名副其实的"神"了。当人的目的之指向从需求的指向"人的实现"转为意欲之指向"将人实现为神"时，所谓"人是目的"之主张就不但不能成立，而且简直是荒谬的了：以人为目的，既不可能实现主宰世界之意欲，也不可能将人实现为神。要实现"将人实现为神"之意欲，个体意义上的"人"就不能再是目的，而只能是实现"使人成为神"之目的的主体。即他不能是目的，而只能是实现目的的主体。

个体是实现意欲之主体表现在：个体在生存之余，似乎是无缘由地必须为意识的"将人实现为神"的意欲而奋斗。而这个奋斗，既与个体现实的生存与自我实现无关，又与这个意欲的最终实现相隔遥远。意欲的遥遥无期的实现之可能，往往不是现实的正在为此奋斗之个人所能企及，甚至所能想象的。（相对于世世代代、千千万万为着人类实现飞天、登月之意欲奋斗终生而根本无缘见到这一天的个体，阿姆斯特朗能获得迈出那一小步的殊荣，简直比中头彩还要幸运千万倍）。个体为着一个与自身的生存和自我实现无关，并且其遥遥无期的实现又与奋斗着的个体无关的意欲而无缘由地奋斗，只能表明个体不再是以自我实现为目的之生存的存在，而是以成为主宰为目的的可能的主体。

意欲之实现不仅仅有赖于非凡个体的非凡努力，而且还有赖于人类整体的非凡组织和非凡运作。意欲的实现与人类整体的关系完全不同于需求的实现与人类整体的关系。需求之满足，最终是个体之满足。因此，在满足需求的过程中，整体与个体的关系就表现为整体因个体而存在，并且为个体而存在。也即：整体存在的原因是个体寻求更有效地满足其需求；而整体存在的目的则是为了更多、更好、更有效地满足每个个体之需求。西方世界盛行的个人主义、自由主义等等，其立论基础全在于需求之满足。只要立足于人的需求之满足的基础之上，任何理论都不可能偏离以个体为中心的框架。在这个框架内，整体存在的合法性以个体来衡量；整体存在的合理性也以个体来评价。个体既是整体存在的原因，又是整体存在的目的，同时还是整体存在的评价标准。

与此不同，在意欲的实现过程中，主体整体与个体主体的关系既不是主体整体源自个体主体并为了个体主体的关系，也不是反过来，个体主体因为主体整体并为了主体整体的关系。而是个体主体与主体整体都向着一个终极目的——成为神——而共同迈进的关系。因为，在需求的满足过程中，人是作为特殊的存在而存在的。只有作为存在，存在本身才可能成为目的——任何存在都以其存在作为其存在的目的。而在意欲的实现过程中，人已经不再是特殊的“存在”，而成为特殊的“主体”。这个特殊的主体因其还不是完全主体，因而必定要以成为完全主体为目的。而完全主体并不像完全的存在一样是存在自身的实现，它是与人根本不同的另一种绝对存在——人所想象出来的神。因此，作为特殊主体的人，不论是个体还是整体，都再也不能以自身为目的，而必须以成为完全主体——神——为目的。实现这个目的，不但有赖于个体主体生生不息的不懈努力，而且有赖于人类组成和谐共处、合作共进的主体整体。世世代代、生生不息的人类个体主体之存在与和谐共处、合作共进的人类主体整体之存在，都不仅仅是为着其本身的存在而存在，而是在其本身的存在之外，还有与其本身的存在似乎并无直接关系的一个遥远目的，一个永远也到达不了但却一步步接近的目的——成为神。相对于人类这个最终的目的，不论是人类个体主体还是主体整体都不能是目的，而只能是努力走向这个最终目的之主体存在。

这里需强调的一点是：个体作为特殊主体，虽然不能以自身为目的，但作为特殊存在，在其存在的需求满足过程中却可以作为目的，并且必须作为目的。而人类的整体组织或人类整体在任何意义上，任何过程中都不能作为目的：它们不但在满足需求的意义上，而且在实现意欲的意义上都绝对不能作为目的而存在。从需求的满足角度来看，人类在任何时代的任何社会，以及在任何社会中的任何组织，都是，也只能是个体需求满足的工具或手段。正如笔者在上面所指出的那样，在满足需求的意义上，“整体存在的合法性以个体来衡量;整体存在的合理性也以个体来评价。个体既是整体存在的原因,又是整体存在的目的,同时还是整体存在的评价标准。”从柏拉图的《理想国》到霍布斯的《利维坦》,从希特勒的纳粹种族主义到诺齐克的极端自由主义,从普鲁东的无政府主义到马克思的共产主义,人类历史上一切关于整体建构的理想和理论,无一不是围绕着人的需求之满足而设想、建构和实践的。各个理想和理论之不同,并不在于是否满足人类需求这一根本点上,而只是在于如何满足人类需求上:是更平等地满足各个个体的需求,还是更有效率地满足各个个体之需求?是优先满足生存之需求,还是优先满足自我实现之需求?是运用权力来满足需求,还是限制乃至消灭权力以满足个体之需求?等等,等等。如此而已。在满足人的需求之意义上,既然所满足的是个体之人的需求,既然是以个体之人的需求之满足为圭臬,则那些维护个体的权利,张扬个体的意义的主张和主义,如自由主义,乃至无政府主义等,无疑就更具合理性。而那些蔑视或者轻视个体权利和意义的主张和主义,如极权主义,乃至社群主义等,就更容易受到批判和质疑。要之,就满足人的需求之意义而言,个体是目的,而整体只能是工具和手段。

如果说,在满足需求的意义上整体只能作为个体的自我实现之工具和手段的话,那么,在实现意欲的意义上整体就只能作为实现人类的终极目的之主体整体而不断地走向自由。作为满足需求的工具和手段之整体与作为实现人的终极目的之主体的整体,其意义是根本不同的。需求的指向是人的存在的实现。因此,作为存在的实现之工具的整体便只对现实具体的存在之人才体现出工具和手段的意义——是促进还是阻碍现实具体的个体之需求的满足?离开了现实具体的个体存在,整体作为工具的意义也就不存在。与此不同的是,意欲的指向并不是人的存在的实现,而是人的主体的实现,即将人实现为完全主体——神。而“将人实现为神”中所说的“人”,不是,也绝不可能是现实具体的个体之人。因为,没有人能成为神。“将人实现为神”中的“人”其实指的是代表着整体人类的抽象之“人”。它代表的是世代繁衍、生生不息、各式各样、多彩多姿的整体人类。只要人类继续存在,“将人实现为神”的意欲就继续存在;而“将人实现为神”的进程就将继续。因此,“将人实现为神”的意欲就不仅仅是人类个体主体之意欲,而且也是人类主体整体之意欲。而“将人实现为神”的进程也就不但是人类个体主体毕生投身于此的进程,而且也是人类主体整体永远行进于此的进程。这就是说,在满足需求的意义上,是现实具体的整体作为现实具体的个体实现现实具体的需求之工具和手段。而在实现意欲的意义上，则是现实具体的个体主体连同现实具体的其他个体主体以及生生不息、绵延不断的将来之个体主体向着共同的终极目的共同奋斗之进程。而所谓主体整体，其实指的就是这种多元个体主体和谐共处、合作共进、共同奋斗之人类整体之存在境界。于是我们看到，无论在何种意义上，整体都不能是目的。整体要么是满足个体存在的存在需求之工具或手段；要么是由多元个体主体所组成的共同走向完全主体之特殊的"主体整体"。无论是作为个体实现自我的工具，还是作为实现人类终极目的的特殊的主体整体，整体都不能是目的。

"无论如何都不能作为目的"使得人类的"整体"不存在"存在的矛盾"。但既可以作为存在的目的，又可以作为实现终极目的的特殊主体之个体存在却不可避免地表现出"存在的矛盾"：人究竟是目的，还是有着终极目的要去实现的特殊主体？从满足需求、实现自我的角度出发，人必然是目的——人的存在就是为了满足自我、实现自我。自我的满足与自我的实现就是人存在的最终目的。但从实现意欲的角度出发，人却只能是努力实现其终极目的的大军中的一员——这个实现其终极目的的大军不仅包括具体的作为个体之人的他，而且包括在他之外、之前和之后的无数个体之人。于是，人这种特殊的存在就不得不存在于其特殊的矛盾之中：为了满足"自我实现"的最高需求，人必须以人为目的；而为了实现"成为神"之意欲，每一个人以及所有人又都不能再将自身设为目的，无论他愿不愿意，他都只能作为为实现"成为神"之终极目的的生生不息、绵延不断的主体大军中的一员。如果不以人为目的，则作为存在之人就不能实现自我，成为所谓"完全的存在"。但如果以人为目的，则又将会排斥乃至否定人的终极目的——成为神。要之，作为特殊主体的存在，他必定要以成为神作为其目的。而作为特殊存在的存在，他又必须以自身为目的。于是，人既不能将自己设为目的，也不能不将自己设为目的。为了更充分、更全面地自我实现，人必须以人本身为目的。另一方面，假如人以人本身为目的，人又绝无可能实现其终极目的。为了实现其终极目的，为了走向神，人就不能以自身为目的。人的存在就是存在于这样的矛盾之中的存在。而这个存在的矛盾决定了人只能是不自由的存在。人的存在境界只能是不自由。

萨特由于没有界分需求与意欲这两种性质不同的欲望，因而错误地将人定义为自由的存在。萨特说："自由和自为的存在是一回事：人的实在严格地就他应该是其固有的虚无而言是自由的。"①萨特的论证逻辑似乎是这样的：自由的前提条件是"欠缺"：正是因为人是欠缺的存在，人才有欲望；正是因为人有欲望，人才有可能成为"不是其所是，是其所不是"的存在者；正因为人是"不是其所是，是其所不是"的存在者，他才会有一个"所欠缺者"——完满的自我；正因为人有一个"所欠缺者"，他才会启动对存在的谋划，才会有否定、选择和超越，才会有自由之可能。假如没有欠缺，就不会有任何欲望，因而也就不会有任何自由。因此，"自由正是使自己成为存在的欠缺的存在"②。而这个存在的欠缺之存在恰恰就是被萨特称为"自为"的存在者。"自为对自身来说就是其存在欠缺的存在。"③于是，自由和自为的存在便成为一回事了。

然而，萨特的这个貌似严密的自由理论无论如何都难免有牵强附会之嫌。首先，将欠缺界定为欲望的原因，或将欲望界定为欠缺之表现其实根本不能成立。萨特的失误在于没有界分"需求"与"意欲"这两种性质截然不同的欲望。萨特所论述的因欠缺而生的欲望，或表现为欲望的欠缺，其实指的是人的需求。萨特没有看到，人的欲望中除了需求，还有一种与欠缺毫无关系的欲望——意欲。意欲既无关乎需求，也无关乎欠缺。我们能说上帝创世之欲望是源于上帝的欠缺吗？作为绝对存在的上帝不可能有欠缺！但作为绝对存在的上帝却完全可以有欲望。"神即自由"并不是说神无欠缺，而是说无欠缺的神仍然会有欲望，神的自由恰恰在于神是能实现任何欲望的全知全能的绝对存在。"是其所欲是"的自由境界并不需要"欠缺"作为前提。它的前提是"有欲望"，而它的根本特征是欲望的完全、立即之实现。如果虽有欠缺，虽有由欠缺而生之欲望，甚至虽有为实现欲望之行动，但只要最终未能实现欲望，就仍不是自由，而最多只能是不自由，即：欲望自由而不达的存在境界。也即笔者所说的"能是其所欲是"的不自由的存在境界。萨特的"是其所不是，不是其所是"的存在境界，正是这样一种仅有欠缺，总是欠缺并且永远欠缺的存在境界。萨特竟把自由归于这样一种存在境界。这无疑是误把不自由当自由了。

于是，我们看到，意欲与需求这对存在的矛盾决定了人注定是不自由的存在。为了满足需求，人必须以人为目的。而为了实现意欲，人又不能以人为目的。作为目的的人，他所实现的仅仅是作为存在的人。而作为实现终极目的

① [法]萨特著，陈宣良等译：《存在与虚无》，三联书店2007年第3版，第581页。

② [法]萨特著，陈宣良等译：《存在与虚无》，三联书店1987年版，第726页。

③ [法]萨特著，陈宣良等译：《存在与虚无》，三联书店1987年版，第723页。

的主体,他所要实现的却是作为完全主体的神。作为以自身为目的的存在,即使他实现了目的,实现了自身的存在,他仍然是不自由的存在:因为他仍然是人而不是神。而作为为实现终极目的而奋斗的特殊主体,在他未实现其终极目的之前,在他成为完全主体——神——之前,他也仍然是不自由的存在。人就是带着这样的存在的矛盾而存在的存在。人也就是命定要存在于这种种不自由的境况之中的存在。因此,人注定是不自由的存在。人即不自由。

第三节　欠缺的主体和主体的欠缺

一、完全主体与不完全主体

"主体学说"是由笛卡儿开启,由康德成就的所谓哲学哥白尼式革命中的一面大旗。笛卡儿高举这面大旗,完成了伟大的哲学转向;康德高举这面大旗,完成了德国古典哲学之奠基。然而,无论是笛卡儿还是康德,其主体学说所论述的主体,都是作为主体存在之人,或人之作为主体之存在。受其影响,康德之后的哲学家们,不管是主体学说的张扬者如费希特、谢林和萨特,还是主体学说的否定者如尼采、海德格尔和福柯,所论述或否定的主体便都毫无例外的都仍然是作为主体存在之人或人作为主体之存在。至今似乎还没有人将主体的存在与人的存在分隔开来,将完全主体作为独立的存在来研究。于是,有关主体的学说似乎从一开始就以颠倒的方式呈现出来:人们不是先厘清"什么是主体"这个问题之后,再来论述人是否是主体以及人是什么样的主体等问题,而是倒过来,在根本没有弄清主体是什么的情况下,便先确定了人的主体地位,并继而论述"人之主体"是什么。从笛卡儿的思维主体到康德的先验主体,就是这种论证路径之写照。笛卡儿从未被"什么是主体"的问题困扰过。他的"我思故我在"是以"思"定"在",首先确定了"思在"是无可怀疑之存在,继而确定了一切由"思"开始的"思在"之主体地位。至于这个主体究竟意味着什么,或者"什么是主体"的问题,笛卡儿可能并不认为是一个问题。康德接过笛卡儿的主体之大旗,对笛卡儿所确立的人之主体地位进行了深入的研究。他的三大批判详尽地论证了人之主体之构成,全面地回答了人之主体是什么的问题。康德认为,理性是人之为人之所在,也是人之为主体之所在。具体地说，先验理性，是人之认识的主体；而实践理性则是人之行为的主体。也即：人之为主体，是因为人的理性。理性是使人成为主体之关键，甚至，理性就是人之主体本身。

康德之后哲学界在主体学说上之争论，仍没有摆脱"人之主体"之框框。所有争论所围绕的仍然是这两个问题：第一，人是否主体的问题。尽管对这个问题的回答的前提是首先要厘清主体是什么的问题，但人们却只是热衷于争论"人是否是主体"，而对什么是主体的问题，竟然置而不论。第二，假如人是主体，则"人之为主体究竟是源于什么"的问题。是源于康德所说的"理性"，还是源于萨特所说的"意识"？然而，无论是源于什么，对此的回答都不可能脱离"人的"形容词——理性是"人的"理性；意识是"人的"意识。因此，不论是康德之前还是康德之后的主体学说，无论是坚持人是主体，还是否定人是主体的主体学说，所论证的都只是人之为主体，或作为主体之人。即使是宣称"主体死了"的福柯，他所说的那正在死去的"主体"仍然指的是人之主体，或作为主体的人。迄今为止，似乎没有人认真地追问过没有形容词的纯粹的"主体"究竟是什么。而这本应是主体学说的第一位的问题：人之是否是主体，首先在于主体是什么，其次才是人是什么，在这之后才有可能回答人是否是主体的问题。也即：主体是什么的问题是主体学说的根本问题。没有解决这个根本问题的主体学说，其实是建在流沙上的大厦。必须首先弄清楚主体是什么的问题，然后才有可能回答人是否是主体，或是什么样的主体之问题。

什么是没有形容词的完全"主体"呢？首先，完全主体是一种独立的存在。此处的"独立的存在"中之"独立"，不仅仅是位置上之"独立"（像萨特所说的"面对……的这场"），而且是在关系意义上之"独立"，即，它不依赖于任何其他的存在而存在。它甚至不依赖于世界的存在而存在。也就是说，主体不但在位置上必须独立于一切存在之外，相对于一切存在而存在。（像海德格尔的"在世界之中"存在的"此在"，就绝不是完全主体之存在。）而且在关系上，必须是不依赖于任何其他存在而独立自主地存在。（像海德格尔的缠结于各种存在之中存在的"此在"，就绝不是主体之存在。）简而言之，凡不能独立于一切存在之外，相对于其他一切存在而存在的存在，凡不能独立于其他一切存在，不依赖于其他存在而存在的存在都不是纯粹的主体。

其次，完全主体是一种能动的存在。所谓"能动"，包含两层意思：其一，主体必须是有意识、有欲望的存在。意欲既是"能"之因，又是"动"之因。无意欲者，无能动。无意欲之存在，必是无能不动之存在。其二，主体必须是有作为之存在。能动即作为。此处的“作为”,既包括认识,也包括行为。主体必须是能知、能做的存在。不但能知能做,而且还要有知一切和达一切的能力。否则,它就不是一个完全的主体,而是受限制的不完全主体。

最后,完全主体是主宰一切的存在。主体之为主体,其本质特征就在于此。主体者,主宰一切的存在之谓也。而“主宰一切”,乃创造一切和决定一切之谓也。其中“一切”是相对于主体的“客体”;而“创造”与“决定”则是主体与客体的关系。作为客体的“一切”,可以是“有”,也可以是“无”;而且首先应该是“无”。因为完全主体所面对的客体,绝不能是已经存在的,或者是由客体自行产生的存在。它必须是由完全主体所创造的存在。否则,主宰就不为主宰,主体也就不为主体了。因此,完全主体必然是首先面对“无”而独立存在的存在。而完全主体与“无”的关系,又必然是创造与被创造的关系。即完全主体是可以从无中生出有的存在。而一切“有”均来自完全主体从无生有之创造。从无生有是完全主体最本质的创造,也是完全主体与客体的最本质的关系。

完全主体与“有”的关系,则是决定与被决定的关系。作为客体的一切不但是由完全主体创造的,而且在其被创造出来以后,其存在与否,发展与否,变化与否等等,仍然是由完全主体来决定的。也就是说,相对于一切“有”而独立存在之完全主体,是一切“有”的决定者:它不但决定一切“有”之继续“有”,或消灭为“无”,而且决定一切“有”之变化运行、消长兴衰。一旦有任何一个客体逃出被完全主体决定之命运,则完全主体就不再为完全主体,而沦落为“不完全主体”了。概而言之,完全主体是一切“有”之决定者。它是主宰一切、决定一切之存在。

综上所述,我们现在可以给完全主体下个定义了:**完全主体是独立于一切之外,并主宰一切的能动的存在**。人是这样的存在吗?当然不是!现实中有这样的存在吗?似乎没有。那么,这样的存在能存在于什么地方呢?它似乎仅存在于人的想象中——它其实就是人所想象出来的神。只有人所想象出的神,才完全符合完全主体之定义。只有神,才是独立于世界之外的知一切、达一切和主宰一切之绝对存在。除神以外的一切存在,包括人,都不符合完全主体之定义,都不可能达到独立于世界之外的知一切、达一切和主宰一切之境界,因而也就都不能妄称为“主体”。

然而,人类自诩为“主体”至少已超过三百年了。一种不符合完全主体之定义的存在,竟在长达几百年的时间里自诩为“主体”,这其中绝不会没有任何理由。人类的理由或许在于:人的存在虽然没有完全符合完全主体之定义,但至少部分地符合主体之定义。并且，在已知的一切存在中，人是唯一的一种部分符合主体之定义的存在。人之符合主体之定义的部分表现在：

1. 人的生命存在虽然必须生存于世界之中，并依赖于世界和世界中的其他存在而存在，但人的神性意识之存在却可以独立于世界之外，面对世界而存在；

2. 人是同时具有知的能力和行的能力之能动的存在。虽然人的知与行的能力达不到"知一切"和"达一切"之境界，但却完全可以达到"知局部"和"达局部"之境界；

3. 人虽然不是一切之主宰，不是主宰一切之存在，但却是部分存在之主宰，是主宰部分存在之存在。

概而言之，人是世界上唯一一种能够部分地独立于世界之外，并能够"知部分"、"达部分"以及主宰部分存在的存在。正是这些"部分"，使得人类信心满满地自称为"主体"。不仅如此，人类所具有的所有这些"部分"都还在不断地增加和扩大。这种不断地增加和扩大赋予人类一种其他存在绝不可能有的可能——终有一天成为完全主体的可能。也就是说，人是唯一一种在将来有可能成为完全主体的存在，或者说，人是有着成为完全主体之可能的存在。除人以外，没有任何存在还有这种可能。作为唯一一种部分符合主体之定义的存在，作为唯一一种有可能成为完全主体之存在，人在面对其他完全不符合主体之定义，也绝无可能成为主体的一切存在时，称自身为主体不但情有可原，而且简直可以理直气壮了。

然而，理直气壮地自称为"主体"之人类却绝不能忘记其并不是名副其实的"主体"。如果人类硬要自称为"主体"，就应该牢牢记住：人这种主体其实是一种不完全的"主体"，一种欠缺的"主体"，一种还未成为主体的"主体"。我们曾断言：作为完全主体的神，其存在境界是自由。那么，作为不完全主体的人，其存在境界只能是不自由。其不自由的原因恰恰是其主体的不完全，或主体的欠缺。也就是说，主体的欠缺决定了人是不自由的存在。作为欠缺的主体，人即不自由。

二、欠缺的主体与欠缺的存在

谈到"欠缺"，我们又要回到萨特。因为萨特即使不是历史上唯一一位深入研究欠缺问题的哲学家，也是历史上对欠缺问题研究最深的哲学家之一。为了评述的方便，我们可以将萨特看似深奥复杂的欠缺理论简单化地归纳为如下几点：

1. 就欠缺的构成而言，萨特认为："欠缺以一种三位一体的东西为前提：欠缺物或欠缺者，欠缺欠缺物的东西或存在者，以及一种被欠缺分解又被欠缺者和存在者恢复的整体：即**所欠缺者**。[①]"为了通俗地理解萨特的这段话，我们可以以一块饼为例：一块饼，切去一块即为欠缺。其中，切掉的那块是欠缺物或欠缺者；被切去的饼是存在者，而原先那块未被切去或在切去后又被补回的完整的饼则是所欠缺者。也就是说，在这个例子中，欠缺就是一块缺损的饼相对于完整的饼所呈现的存在状态。

2. 就欠缺的"存在者"而言，萨特认为，"只有在人的世界里才可能有欠缺"[②]。这包含两层意思：其一，一切欠缺都是相对于人才显现为欠缺的。因为"这种欠缺不属于完全是实证性的自在的本性，它只是与人的实在的涌现一起在世界中出现"[③]。其二，只有人才是最本质的欠缺存在者。因为"欠缺由之在世界中显现的人的实在本身就应该是一种欠缺。因为欠缺只能通过欠缺从存在中来，自在不能成为欠缺自在的机会。换言之，为了使存在成为欠缺者或所欠缺者，一个存在必须使自己变成自己的欠缺；唯有欠缺的存在能够向着所欠缺者超越存在。"[④]"人的实在并非是某种首先存在以便随后再欠缺这个或那个的东西，而是首先作为欠缺，并且在与它所欠缺的东西的直接联系中存在。因而，人的实在作为对世界的在场涌现的纯粹事件被自我把握为它**自身的欠缺**。"[⑤]

3. 就欠缺的"欠缺物"而言，萨特认为，人的欠缺物是"可能"。"可能就是自为**为了**成为自我而欠缺**的东西**。"[⑥]"可能不是作为纯粹的表象而存在的，哪怕是被否定了的表象，而是作为一个存在的实在欠缺而存在的，这种欠缺以欠缺的名义在存在之外存在。"[⑦]

4. 就欠缺的"所欠缺者"而言，萨特对此的表述有三种：其一，"自我"。"那

---

① [法]萨特著，陈宣良等译：《存在与虚无》，三联书店2007年第3版，第123页。
② [法]萨特著，陈宣良等译：《存在与虚无》，三联书店2007年第3版，第123页。
③ [法]萨特著，陈宣良等译：《存在与虚无》，三联书店2007年第3版，第123页。
④ [法]萨特著，陈宣良等译：《存在与虚无》，三联书店2007年第3版，第123页。
⑤ [法]萨特著，陈宣良等译：《存在与虚无》，三联书店2007年第3版，第126页。
⑥ [法]萨特著，陈宣良等译：《存在与虚无》，三联书店2007年第3版，第142页。
⑦ [法]萨特著，陈宣良等译：《存在与虚无》，三联书店2007年第3版，第142页。

所欠缺的作为自在的存在的自我造成了人的实在的意义。”[①]“自为欠缺的，就是自我——或是作为自在的自身。”[②]其二，“价值”。“它是一切欠缺的所欠缺者，而不是欠缺者。价值，就是自我，因为它纠缠着自为的核心，即自为为之存在的肯定方面。”[③]其三，“上帝”。“一切的发生就好像世界、人和在世的人，都只是去实现一个所欠缺的上帝。”[④]

5. 人的欠缺之根本意义在于超越。“人的实在是它自身向着欠缺它的东西的超越，如果它曾是它所是的，它就向着它可能是的那个特殊的存在超越。”[⑤]“从这个意义上说，笛卡儿的第二种证明是严密的：不完满的存在向着完满的存在自我超越；只是其虚无的基础的存在向着是其存在的基础的存在自我超越。但是，人的实在向着它自我超越的存在不是一个超越的上帝；它寓于人的实在深处，它只是作为整体的它自身。”[⑥]

上述五点中，前两点不难理解：欠缺当然由存在者、欠缺物和所欠缺者构成。一切欠缺当然都是相对于人而言，只有被人认为或信为欠缺时，欠缺才为欠缺。因此，只有在人的世界里，才有欠缺。而人作为超越的存在，他必然是，也不能不是欠缺的存在。等等。比较难理解的是后三点：人的所欠缺者究竟是“自我”？还是“价值”？抑或是“上帝”？无论如何，这三者都不可能是同一的东西。而虚无缥缈的“可能”何以能够成为人的“欠缺物”？因为，无论是相对于“自我”，还是相对于“价值”，抑或是相对于“上帝”，人的欠缺物似乎都不可能是“可能”。更有甚者，人的超越究竟是向着作为同一存在的整体的它自身超越，还是向着不同的存在，即作为绝对存在的上帝“超越”？要回答这些问题，我们也许不能再跟着萨特，沿着他的“自我性圈子”转圈。而要另辟蹊径，从自我性的圈子里跳出来，甚至从世界之中跳出来，以外在于世界的视角来审视人之欠缺。首先，我们必须厘清人之欠缺究竟是什么性质的欠缺？是存在的欠缺？还是主体的欠缺？而为了厘清这个问题，我们必须从找出人的真正的“所欠缺者”入手。因为，正是所欠缺者的不同，决定了欠缺的性质之不同。其次，我们还必须论证相对于人的真正的所欠缺者，人的欠缺之欠缺物究竟是

---

① [法]萨特著，陈宣良等译：《存在与虚无》，三联书店 2007 年第 3 版，第 125 页。

② [法]萨特著，陈宣良等译：《存在与虚无》，三联书店 2007 年第 3 版，第 126 页。

③ [法]萨特著，陈宣良等译：《存在与虚无》，三联书店 2007 年第 3 版，第 132 页。

④ [法]萨特著，陈宣良等译：《存在与虚无》，三联书店 2007 年第 3 版，第 132 页。

⑤ [法]萨特著，陈宣良等译：《存在与虚无》，三联书店 2007 年第 3 版，第 126 页。

⑥ [法]萨特著，陈宣良等译：《存在与虚无》，三联书店 2007 年第 3 版，第 127 页。

什么？是萨特所说的“可能”，还是我们所主张的“自由”？让我们先从人之所欠缺者入手来展开我们的讨论。

1.“存在的欠缺”之悖论

在萨特的欠缺理论中，欠缺的存在者被界定为“自为”。萨特的“自为”，是处于所谓的人为的自在和向之超越的自在之间的虚无的存在。相对于所谓的人为的自在，自为是否定。因为它是对自在的虚无化。这种虚无化的否定，奠定了它作为虚无的存在之基础。而相对于其向之超越的自在，自为又是欠缺：欠缺其向之超越的那个自在。萨特就是在后一种意义上将自为定义为欠缺的存在的。萨特的欠缺理论之最大特点，是将欠缺界定为“存在的欠缺”。萨特认为，欠缺的表现是欲望。而人的欲望分为两大类，即存在的欲望和拥有的欲望。按萨特的观点，拥有的欲望最终也可归结为存在的欲望。由于欲望就是欠缺，而欲望最终都要归结为存在的欲望，因此，所谓的欠缺也就自然是存在的欠缺了。此外，将欠缺界定为存在的欠缺，还因为这种欠缺的三位一体之构成全部是围绕“存在”而展开的：欠缺的“存在者”是一种存在，即作为虚无之存在的自为；其欠缺所相对的“所欠缺者”也是一种存在，即自为向之超越的作为自在—自为统一体的存在；而作为欠缺的“欠缺物”之可能也是存在的可能，或可能的存在。总之，存在的欠缺即存在欠缺存在并向着存在超越的欠缺。具体地说，人的欠缺就是：只是其虚无的基础之自为的存在欠缺是其存在的基础，并向着既是其虚无的基础，又是其存在的基础之自在—自为统一的存在超越。

然而，萨特的“存在的欠缺”，从一开始就处于问题中。问题主要源于萨特对该欠缺的“所欠缺者”之不同的表述上，即：存在的欠缺之所欠缺者究竟是一种存在，还是一种价值指向，抑或是一切存在之外的绝对主体——上帝。如果所欠缺者是一种存在，即萨特所说的自在—自为统一的完整自我，则这种作为“所欠缺者”的自我就不能是不同于人的另一种存在。因为，欠缺的存在之“所欠缺者”只能是它自身的完整存在，而不能是与它不同的另一种完整存在。就像新月之所欠缺者不能是圆满的太阳一样，人之所欠缺者也不能是不同于人的另一种存在，不能是外在于一切存在的绝对的存在——上帝。上帝并不是完整的人或人的完整存在。上帝和人无疑是两个根本不同、完全不同的存在。正因为此，萨特才明确地宣称“人的实在向着它自我超越的存在不是一个超越的上帝”，而是“作为整体的它自身”，也即作为自在自为综合统一的完整自我。

但萨特后来又变卦了。已被宣称为不是人向之超越的上帝后来却又摇身一变，直接成了人所欠缺的存在："我们已知道，欲望是存在的欠缺。因此，它直接建立在它所欠缺的存在上。我们已看到，这个存在，就是'自在—自为'，它变成了实体的意识，变成了自因的实体，就是上帝—人。"①上帝是如何成为人的"自在—自为"统一的完整自我的呢？线索好像在"自因"上。因为这里的"上帝—人"是与"自因的实体"画等号的：自因的实体，就是上帝—人。而在萨特的眼里，人的自在—自为统一的完整自我，恰恰是一种"自因"的存在。萨特说："如果我们想设想一个这样的综合组织，即自为与自在是不可分的，反过来说，自在又不可分割地与自为相联系着，那就应该这样设想：自在从使它获得对它的意识的虚无化那里获得它的存在。这如果不是说自在和自为这不可分的整体只有在'自因'存在的形式下才是可以设想的，又是说的什么呢？正是这个存在而不是别的东西能绝对相当于我们刚才说过的大全。"②萨特的逻辑似乎是这样的：人的所欠缺者是完整自我；完整自我就是自在—自为统一的存在；而自在—自为统一的存在其实也就是自因的存在；上帝是自因的存在，因此上帝就是自在—自为统一的存在，因而也就是人的完整自我。于是，上帝就与人的完整自我画上了等号。正是因为萨特自以为将自因的完整自我成功地与上帝画上了等号，萨特才会变卦，将原先宣称不是人向之超越的上帝又规定为人的所欠缺者；才会将欠缺的表现之人的欲望直接表述为想成为神的欲望："是人，就是想成为上帝，或者可以说，人从根本上说就是要成为上帝的欲望。"③才会将成为上帝宣称为人的基本谋划："表明了人的实在的最可理解的基本谋划的，就是人是谋划成为上帝的存在。"④才会将人的努力定义为成为上帝的纯粹努力："人的实在就是成为上帝的纯粹努力"⑤。总之，上帝之所以能够成为人的所欠缺者，完全在于通过"自因"而在完整自我与上帝之间画上等号。然而，将人的自因的完整自我与上帝画等号无论是在逻辑上还是在实际上都是不能成立的。因为，上帝并不仅仅是自因的存在，而更主要的是主宰一切的主体。上帝除了是自身存在的基础之外，更重要的是，她是她之外的一切存在的基础。正是在这一点上，人之完整的自我无法与上帝画等号——人

① [法]萨特著，陈宣良等译：《存在与虚无》，三联书店 2007 年第 3 版，第 697 页。
② [法]萨特著，陈宣良等译：《存在与虚无》，三联书店 2007 年第 3 版，第 751 页。
③ [法]萨特著，陈宣良等译：《存在与虚无》，三联书店 2007 年第 3 版，第 687 页。
④ [法]萨特著，陈宣良等译：《存在与虚无》，三联书店 2007 年第 3 版，第 686 页。
⑤ [法]萨特著，陈宣良等译：《存在与虚无》，三联书店 2007 年第 3 版，第 697 页。

的完整自我不可能是世界的基础。在人涌现之前，世界已经存在。作为面对世界的在场的存在，人只能在面对一个已经存在的世界的前提下欲望成为自因的自我。他不能奢望成为这个已存的世界的基础。对于这个已存的世界，他最多只能像萨特所说的那样，欲望将其“化归己有”。萨特的“化归己有”是建立在其对人的欲望的两分法上的，即将人的欲望划分为两种：存在和拥有。存在的欲望指的是成为自因的存在之欲望；而拥有的欲望，则是指对人已经无法成为其基础的世界，人只能欲望将其“化归己有”。恰恰是在这一点上，凸显出人的完整自我与神的区别——人的完整自我最多只能是将已有的世界完全“化归己有”的存在；而神却是世界的创造者、主宰者和决定者。神绝对不可能面对一个不是由其创造的世界，因而也就绝对不会只是可怜地欲望将世界“化归己有”。于是，萨特的矛盾便产生了：一方面，作为存在的欠缺，人的所欠缺者应该是完满的存在，但人的完整的自我却并不是一个完满的存在；另一方面，只有上帝才是绝对完满的存在，但上帝却又不能与人的完整自我画等号，因而上帝又不能成为人的所欠缺者。这对矛盾使得萨特的欠缺理论最终陷入两难境地：它不能将上帝作为人之所欠缺者，又不能不将上帝作为人之所欠缺者。它不能将上帝作为所欠缺者是因为上帝不能与人的完整自我画等号；它不能不将上帝作为所欠缺者是因为作为存在的欠缺其所欠缺者应该是一个完满的存在，而只有上帝才是完满的存在。这个两难境地使得萨特的存在理论从一开始就处于问题中。

至于将“价值”作为人的所欠缺者则更成为问题。作为抽象概念的“价值”在作为人的所欠缺者时究竟指的是绝对完满的存在——上帝？还是人的整体存在——自在自为统一的自因的存在？萨特并没有告诉我们。不论价值指的是什么，萨特起码应该告诉我们价值是如何或者成为上帝，或者成为完整自我的？萨特用了大量篇幅来论证价值如何纠缠存在，又如何纠缠自由。但显而易见的是，无论价值如何纠缠存在，都不能证明价值就是完满的存在——上帝；无论价值如何纠缠“自由”，也都不能证明价值就是人的整体自身——自在自为统一的自因存在。从本质上说，价值其实并不是一种存在，(更不可能是一种整体的存在)，它充其量只不过是一种存在的指向——它指向一种存在。它之所以指向某种存在，是因为作为主体的存在主观认为这种存在是**应有**的存在。所谓“应有的存在”，概而言之，是被主体主观地评价为或相信为是或“真”、或“善”、或“美”的存在。萨特将这里所说的“真、善、美”统归为“美”。他说:“这就是作为超越性的价值;人们称之为美。”①然而无论是“美”,还是“真、善、美”都并不是一种存在,也不可能是一种存在。它只是主体对已存和尚未存的存在之主观评价或主观信念。这种主观评价或信念经过多元的认可和长期的积淀,最终形成作为应有的存在之指向的“价值”:对于已存在的事物,价值的“应有”之指向使得这些事物被评价为“真、善、美”,或其反面“假、恶、丑”。而对于未存在的事物,价值的“应有”之指向便指向了主体向之超越的那个存在。注意,是“指向”那个存在,而不是就是那个存在。也就是说,价值只是**指向了**主体应该向之超越的那个存在,而不**就是**主体向之超越的那个存在。就像我们不能说“真、善、美”是“存在”,而只能说某种存在是“真、善、美”一样,我们也不能说我们欠缺“真、善、美”,而只能说我们欠缺我们认为是“真、善、美”的那个存在。

萨特其实并没有完全混淆价值和价值所指向的存在。他虽然不无错误地断言价值就是人之所欠缺者,但他并没有忘记阐明价值指向的那个存在——作为自在自为统一的理想存在。② 因为那才是作为“美”的价值所指向的那个美的存在。然而,如果人之所欠缺者并不是价值,而是价值所指向的自在—自为的统一之存在,那结果就是我们上面所说的陷入“不能将上帝作为人的所欠缺者,又不能不将上帝作为人之所欠缺者”的两难困境。

2. 欠缺的主体——人的欠缺之本质

其实,萨特陷入上述两难困境的根本原因并不在于他将欠缺界定为存在的欠缺,而在于他将人界定为一种存在,一种欠缺存在的虚无的存在。正是因为将人界定为一种存在,欠缺才成为存在的欠缺。假如将人直接界定为主体,则人的欠缺就不可能再是“存在的欠缺”,而只能是“主体的欠缺”了。主体虽然也是一种存在,但作为主体的存在,与作为存在的主体却并不是一回事。萨特虽然是高举主体大旗的佼佼者,但作为存在主义的大师,他所论述的主体不能不是从存在出发,因为存在,并作为存在的主体,而不是作为主体的存在。具体地说,他是从存在的角度,因为人的存在之特性而将人描述为存在的主体的:人是作为其面对世界和自我的在场之存在,因为其面对世界和自我的在场的存在特性而成为主体的;人是作为有所作为的存在,因为其有所作为的存在

---

① [法]萨特著,陈宣良等译:《存在与虚无》,三联书店 2007 年第 3 版,第 252 页。

② 关于理想存在之论述,可参阅《存在与虚无》第 749～752 页。

特性而成为主体的;人也是作为谋划将世界化归己有的存在,因为其谋划将世界化归己有的存在特性才成为主体的。一句话,人是因其存在特性而成为主体的,而不是因其是主体才具有诸如在场、作为和拥有的存在特性的。“因存在特性而成为主体”与“因是主体而具有某种存在特性”看似没有多大的不同,其实却有本质的区别:因存在特性而成为主体,其主体的特征是由存在所决定的。萨特的自为的存在之所以是主体,是由它的相对于世界和自我在场的存在地位、它的有所作为的存在方式,以及它的将世界化归己有的存在的基本谋划而决定的。也正因为此,因其存在特性而成为主体的自为,其主体的特性也就必然要由其存在的特性所决定——自为作为主体,对自身而言,它只不过是谋划成为自身的基础的存在;而对世界而言,它也只不过是谋划将世界化归己有的存在。这种“主体”其实是“伪主体”。它既不具有主体的本质——主宰,(因为,“主宰”,对内不仅仅是自身的基础;对外也不仅仅是将世界化归己有;而是创造一切、决定一切和主宰一切。)也不具有主体的存在境界——自由。(因为,不但“成为并不是自身创造的自身之基础”无论如何都不可能是自由的境界,而只能是不自由的境界;而且“将不是其创造的世界化归己有”也无论如何都不属于自由的境界,而只能属于不自由的境界。)这样一种因存在特性而成为“伪主体”的存在,其欠缺当然也只能是一种“伪欠缺”——对内,它只欠缺成为已存在的自身之基础,对外,它只欠缺将已存在的世界化归己有。但人的欠缺岂止如此?人所真正欠缺的是主宰和自由,而不仅仅是自身之基础与化归己有。

与此不同,作为主体而具有某种存在的特征,其存在的特征则是由主体的本质所决定的。如上所述,主体的本质是主宰。所谓主宰,不仅包括主宰世界,而且包括主宰自身。它是对一切的主宰。所谓“由主体的本质决定其存在特征”,指的是由主宰一切的主体的本质之实现状况决定主体的存在境界。具体地说,完全实现其主宰一切之主体本质的主体,便是完全主体,其存在境界就是“是其所欲是”的自由境界;而只能部分地实现其主宰一切的主体本质,但同时又具有完全实现主体本质之可能的主体,便是不完全主体,其存在境界便是“能是其所欲是”的不自由境界。人之为人,并不是先具有某种存在特征而后才成为主体的;而是先成为主体,而后才成为人,才拥有人的存在特征和存在境界的。如果不从主体的角度来理解人,如果不把人直接界定为主体,那人的一切存在特征就都是无法理解的:人如果不是主体,而只是虚无的存在,他如何能面对世界和自为在场?人如果不是主体而只是虚无的存在,又如何能成为否定、选择和超越的存在。人不能是因为虚无而面对世界的在场，而只能是因为面对世界的在场而成为所谓的虚无的自为存在。也就是说他必须首先是主体，是相对于客体世界而存在的主体，然后才具有了所谓的欠缺一个存在的虚无的存在特性。同样，人不能是因为其虚无的存在特性而成为否定、选择和超越的存在的，而只能是因为人是主体，因而才有了否定、选择和超越的存在特性的。如果不是主体，人的相对世界的在场，人的否定、选择和超越则既是不可能的，也是无法理解的。

更有甚者，人如果只是一种因存在的特性而成为主体的"伪主体"，则人的欠缺之所欠缺者就不能与完全主体——神——画等号。这正是存在的欠缺陷入上述的两难困境的根本原因。只有将欠缺的存在者界定为主体，欠缺的所欠缺者才能顺理成章地是完全主体——神；欠缺的欠缺物才能是神的存在境界——自由；由是，三位一体的欠缺才能最终得以成立。因此，所谓欠缺，只能是主体的欠缺。也只有主体才有可能有欠缺。

我们说只有主体才有可能有欠缺，这包含两层意思：

其一，主体之外的一切存在者之所谓的"欠缺"，都是主体所赋予的，也都是相对于主体而言才存在的。假如没有主体，则主体外的一切客体存在就既不会有"所欠缺者"，更不会有"欠缺"。主体之外的客体"存在者"之所谓的"欠缺"，以及欠缺中的所欠缺者和欠缺物，并不是该"存在者"的存在状态所造成的或所决定的，而是由主体对该客体的存在状态之主观评价和主观信念所决定的。没有主体的涌现，没有主体对客体的主观评价和主观信念，一切客体存在就既无所谓"完整"，也无所谓"欠缺"。在这个意义上说，事物的"完整"或"欠缺"是由作为主体之人赋予存在的：满月之所以是完整的，并不是因为作为客体的"存在者"——月亮，在其呈现为满月时，它的存在状态才是完整的；而是因为作为主体的存在者——人，主观认为和坚信满月之月才是完整的月亮，因而满月才成为完整的。同样，新月之所以是欠缺的，并不是因为作为客体的存在者——月亮，在其呈现为新月时，其存在状态是欠缺的，而是因为作为主体的存在者——人，主观认为并坚信不圆的月亮就不是完整的月亮，新月才成为欠缺的。因此，不论是满月的完整还是新月的欠缺，都是作为主体之人所赋予的。萨特正确地区分了“外部”的欠缺与“内在”的欠缺①这两种性质不同的欠缺。然而，萨特却没有意识到，外部欠缺之所以是外部的，并不是因为该欠缺“是从外部**来到**自为身上的”，而是因为该欠缺全都是作为主体之人以外的客体存在者之欠缺，并且这些客体存在者之欠缺全部都是由作为主体之人所赋予的。

其二，真正的欠缺只有一种，即主体本身的欠缺。这表现在两个方面：就主体之外的一切外部欠缺而言，它表现在：一切外部欠缺全部都是由主体本身的欠缺所造成的。没有欠缺的主体，就没有欠缺的存在。只有相对于欠缺的主体，才会有客体的欠缺。假如主体是完全的，绝对的，则绝不会有真正的客体的欠缺。因为，完全主体所面对的是“无”和它自己创造的“有”，而不是一个不是它自己创造的已有的世界。它的存在境界是无限的“是其所欲是”，而不是可怜的“能是其所欲是”。因此，只要它愿意，它可以将一切都创造的圆满无缺。除非她故意要创造一个欠缺的存在来自娱。但一个用来自娱的欠缺，并不是一个真正的欠缺——它本可以不存在，它也可以随时归于不存在。真正的欠缺是并非由主体创造，而主体又无法决定之欠缺。而这种无能创造世界，又无法决定客体之主体，如果还是主体，无疑也只能是“欠缺的主体”。因此，欠缺是在欠缺的主体涌现之后才出现的。只有相对于欠缺的主体，客体才有可能表现为“欠缺”。换句话说，客体之所以是欠缺的，是因为欠缺的主体无法或无能使之完满。只有无能使客体完满的欠缺的主体，才无可奈何地“赋予”客体以“欠缺”。

而就主体本身而言，主体的欠缺才是真正的欠缺则表现在：只有将欠缺界定为主体的欠缺，才有可能摆脱萨特的存在的欠缺所遭遇的上述两难困境。如上所述，萨特的困境在于：存在的欠缺之所欠缺者不能是绝对完满的存在——神（因为，一种存在之完整状态不能是另一种存在），但又不能不是完满的存在——神（因为人从根本是说就是想成为神的欲望）。与此不同，欠缺的主体之所欠缺者却可以是一个完满的主体或完全主体。作为存在，每个存在都应该有其各自的完满整体。但作为主体，却只有一个完满整体。这个完满整体就是“上帝”，也就是人所想象出的观念存在——神。于是，在“存在的欠

① 萨特将新月对满月的欠缺称为“从外部来到自为身上的”欠缺；而将自为对自我的欠缺称为“是自己造就自己的”欠缺。这样的区分虽然并没有切中两种不同欠缺之本质，但毕竟区分了两种不同的欠缺。参见前引书《存在与虚无》第 140 页。

缺”那里人所无法通达的“神”，在“主体的欠缺”这里却天经地义地成为人之所欠缺者。也就是说，通过将萨特的“存在的欠缺”改变为我们的“主体的欠缺”，我们不但摆脱了萨特的两难困境，而且打通了人向神超越的路径。因为神与人的唯一相通之点就是“主体”：神是作为绝对主体而存在的。而人虽然无望成为绝对主体，但却是作为相对主体而存在的。人与其他一切存在的区别是主体与客体的区别，即：人是主体，而其他一切存在都是人所面对的客体。但人与神的区别却是主体与主体的区别，即：人是相对、有限的主体，而神则是绝对、无限的主体。人虽然只是相对、有限的主体，但毕竟是已上升为主体的存在。正是在“同为主体”这一点上，才使人的欠缺得以成立；也正是在“同为主体”这一点上，神和人才有可能相通。

我们说“同为主体”这一点使人的欠缺真正成立，是因为只有主体才有可能构成欠缺；只有主体的欠缺，才是真正的欠缺。更确切地说，欠缺的存在者必须是主体，其欠缺的所欠缺者才有可能是作为完全主体之神。正是因为与神同为主体，人才有可能相对于作为完全主体的神而成为欠缺的主体。也正是因为与神同为主体，神才有可能毫无悬念地成为人之“所欠缺者”。而只有将完全主体——神——确定为所欠缺者，人的欠缺才有可能真正成立：只有相对于完全主体——神，人才显现为欠缺的主体；只有相对于完全主体——神，人的真正的欠缺物才可能显现。于是，将神确定为人的所欠缺者也就成就了人的欠缺的所有构成项。人的欠缺才得以真正成立。真正的欠缺也才得以真正涌现。

不仅如此，将欠缺界定为主体的欠缺还有更重大的意义，那就是打通了人向神超越的路径。因为，欠缺如果是主体的欠缺，那么，欠缺的主体向之超越的神，就不再是与人不同的另一种存在，而是与人同为主体的完全主体或主体的整体。人向神超越，就不再是一种存在向另一种完全不同的存在之超越，而是同为主体的欠缺的主体向完全主体的超越。这样，“一个超越的上帝”就与“寓于人的实在深处，只是作为整体的它自身”便合二而一了：神实际上也就是“寓于人的实在深处，只是作为整体的它自身”。

三、主体的欠缺——“可能”与“自由”

上一节我们从“所欠缺者”的角度，论证了欠缺的性质，确定了真正的欠缺是主体的欠缺，而不可能是存在的欠缺。本节我们将从“欠缺物”的角度来论证欠缺的主体所真正欠缺的东西。按照萨特的三位一体之欠缺理论，所谓“欠缺物”是相对于“所欠缺者”而言的。从某种意义上说,欠缺物是由所欠缺者所决定的。因此,假如对“所欠缺者”界定错误,则对“欠缺物”的界定也就必然处于问题中。萨特不无混乱地将自为的所欠缺者分别界定为“价值”、“自我”和“上帝”。由此决定了萨特的相对于所欠缺者的欠缺物不能是一种确定的存在,却又不能不是一种确定的存在。说它不能是一种确定的存在,是因为一种确定的欠缺物不可能同时相对于三种不同的所欠缺者。相对于价值的欠缺物,应该是“美”;相对于完整自我的欠缺物,应该是自身的基础;而相对于上帝的欠缺物则只能是自由。就像我们不能把“美”界定为相对于上帝的欠缺物一样,我们也不能将“是自身的基础”界定为相对于价值的欠缺物。至于“自由”,它既不像是相对于价值的欠缺物,更不像是相对于自我的欠缺物。面对萨特自己界定的三种不同的所欠缺者,萨特无法将各自相对于各自的所欠缺者的这三种欠缺物中的任何一种确定为能同时相对于所有三种所欠缺者的欠缺物。而说它又不能不是一种确定的存在,是因为人的欠缺之欠缺物必须是相对于所欠缺者而缺少的某种特定的存在。它既不能是非存在,又不能是非特定的存在。它必须是人所欠缺的某种实在的东西。萨特似乎只意识到他必须找到一个能涵盖上述所有三种所欠缺者的欠缺物。但他似乎没有意识到欠缺物必须是确定的存在。因此,他才毫无顾虑地把人之欠缺物规定为抽象的概念“可能”,而不是规定为某种具体的实在。因为,“可能”作为存在的或然性,而不是存在本身,是可以同时相对于上述三种所欠缺者的。而且,也只有“可能”才有可能是涵盖上述三种所欠缺者的欠缺物:可能既可以是“美”的可能,又可以是成为存在的基础的可能,还可以是成为上帝的可能。可能之所以是可能,正是因为它的无限多的指向。既然可以涵盖无限多,又岂在乎区区三个所欠缺者。也许正因为此,萨特才信心满满地宣称:“可能就是自为**为了**成为自我而欠缺**的东西**。”①然而,将可能作为欠缺物,虽然解决了同时相对于三种不同的所欠缺者之难题,但却陷入了另一个悖论:可能作为一种或然性,不仅可以指向作为所欠缺者的三种东西,而且可以指向无限多的东西。人既可能成为完整自我,也可能成为分裂的自我——精神分裂者;既可能成为美的存在,也可能成为丑的存在;既可能越来越像神,也可能越来越像魔鬼。如果将可能界定为欠缺物,那它不仅仅可以是相对于自我、美或上帝的欠缺物,它也

---

① [法]萨特著,陈宣良等译:《存在与虚无》,三联书店 2007 年第 3 版,第 142 页。

可以是相对于疯子、丑或魔鬼的欠缺物。将可以指向众多不同的存在之“可能”界定为仅相对于人的所欠缺者之欠缺物，这是萨特有关欠缺物之论述的第一个混乱之处。

其次，就欠缺物必须是确定的存在而言，要使“可能”成为欠缺物，就必须首先证明“可能”是个“东西”。如果不能证明可能是个东西，或者，如果恰恰相反，“可能”被证明**不是个“东西”**，它就不可能成为“欠缺物”。萨特似乎没有意识到这一点。他在确定无疑地将可能界定为自为所欠缺的“东西”后，并没有阐明可能如何成为“东西”的。相反，在他对可能的具体表述中，却好像总是将“可能”表述为**不是个东西**。且看萨特对可能的几种表述：

其一，“但是，如果可能真的是对存在的选择的话，如果可能真的只有通过一个就是它自己可能性的存在才能来到世界上，这对人的实在来讲就意味着在选择其存在的形式下成为它的存在的必然性”①。（这里，萨特将可能定义为“对存在的**选择**的必然性”，而不是“所选择的**存在**”。）

其二，“当我作为是我所是的权利存在，而不是纯粹简单地是我所是的时候，就存在着可能性。但是，这种权利本身却使我与我有权利是的东西分离开了”②。（这里，萨特将可能表述为“**权利**”，而不是“我有权利是的**东西**”。）

其三，“但确切地说，是其固有的可能性，就是说自己规定自己，就是把自己规定为向着……的自我逃避”③。（这里，萨特将人之固有的可能性表述为“自己把自己规定为向着某种东西的**逃避**”，而不是“人向之逃避的某种**东西**”。）

其四，“作为面对超乎存在之外的存在的在场，自为所要成为的就是它自己的可能性。将来就是理想之点，在其中，人为性（过去）、自为（现在）及其可能（未来）急剧的、无穷的紧缩，使得作为自为的自在存在的自我最后涌现出来”④。（这里萨特将可能表述为“未来”，而将来只是个“理想之点”，并不是在将来的某个“理想存在”。）

按照萨特的上述说法，“可能”只是选择，而不是所选择的东西；只是权利，而不是有权利的东西；只是自我规定，而不是规定为的东西；只是向着某种东

① [法]萨特著，陈宣良等译：《存在与虚无》，三联书店 2007 年第 3 版，第 139 页。
② [法]萨特著，陈宣良等译：《存在与虚无》，三联书店 2007 年第 3 版，第 139 页。
③ [法]萨特著，陈宣良等译：《存在与虚无》，三联书店 2007 年第 3 版，第 139 页。
④ [法]萨特著，陈宣良等译：《存在与虚无》，三联书店 2007 年第 3 版，第 172 页。

西的自我逃避，而不是向之逃避的那个东西；只是将来的理想之点，而不是在理想之点的理想存在。果真如此，则“可能”就绝对不是个东西。它充其量只能是某种东西的或然性，而绝不可能是该种东西本身。比如，相对于既是其虚无的基础，又是其存在的基础之完满自我的人之所欠缺者，自为的欠缺物应该是使其成为其自身存在的基础的**东西**，而绝不是成为其自身存在的基础的“**可能**”。他欠缺的是他的存在的基础，而不是他拥有这个存在的基础的可能。可能，因其只是某种东西的或然性，而不是某种东西本身，决定了它不可能是人之欠缺物。将自己都表述为不是个东西的“可能”，又作为一种东西界定为人的欠缺物，这是萨特的有关欠缺物之论述的第二个混乱之处。

萨特的有关欠缺物之论述的第三个混乱之处在于：将“拥有”混同于“欠缺”。本来，欠缺物之为欠缺物，乃所欠缺之物也。萨特将“可能”界定为人之欠缺物，意味着在萨特眼里，“可能”是人所欠缺之物，或人所没有的东西。然而，人之为人，什么都可以欠缺，就是“可能”不能欠缺。人正是因为拥有可能才成为与一切其他存在根本不同的主体存在。拥有可能，既是人的否定和超越的前提，也是人的选择和欠缺的前提：人之否定，是基于人拥有一个可能的将来才有可能否定过去；人之超越，也是因为人拥有一个可能的将来才有可能成为向之超越的超越的存在；人之选择，是因为拥有多种可能才有可能选择；而人之欠缺也恰恰是因为其拥有消除欠缺之可能才成为欠缺的存在。因此，人之欠缺绝不是因为**欠缺可能**而成为欠缺的存在者的；恰恰相反，他是因为**拥有可能**才成为欠缺的存在者的。就像没有可能，就没有否定；没有可能，就没有选择；没有可能，就没有超越一样，没有可能也就没有欠缺。因为，所欠缺者是因为存在者拥有成为该所欠缺者之可能，所欠缺者才显现为所欠缺者的；欠缺物也是因为存在者拥有弥补该欠缺物之可能，欠缺物才显现为欠缺物的；而欠缺也是因为存在者是拥有消除该欠缺之可能，欠缺才成为欠缺的。如果存在者的欠缺物是可能，或者说，存在者是个没有可能的存在，则存在者就既不可能有所谓的所欠缺者，也不可能有所谓的欠缺物，更不可能成为所谓的欠缺的存在。可能作为人不能不拥有者，作为人的一切否定、选择、超越和欠缺的前提，因而就绝不是，也绝不能是人所欠缺的欠缺物。它恰恰是人有一个欠缺物的前提。人恰恰是拥有这个前提，才有了其所欠缺的欠缺物的。将人必须拥有，并确定拥有的“可能”界定为人所欠缺的欠缺物，这是萨特的欠缺物之第三个混乱之处。

萨特的上述关于欠缺物的混乱，其实与萨特的有关所欠缺者的混乱一样，都是根源于萨特对人之欠缺的定性错误。正因为萨特错误地将人之欠缺定性为存在的欠缺，才导致萨特对人的所欠缺者把握不定，陷入两难的困境。也正是因为萨特对人之欠缺的错误定性，才使得萨特面对把握不定的所欠缺者，不得不将虚无缥缈的"可能"充当人的欠缺物。因此，就像要摆脱萨特的有关所欠缺者的两难困境，必须要从纠正萨特对人之欠缺的错误定性入手一样，要厘清萨特关于欠缺物的混乱，也必须从纠正萨特对人之欠缺的定性之错误入手。具体地说，一旦我们将人之欠缺界定为主体的欠缺，而不是存在的欠缺，不但有关所欠缺者的困境便荡然无存，而且有关欠缺物的混乱也将迎刃而解了。

如上所述，作为主体的欠缺之人的欠缺，其所欠缺者是作为完全主体的神。我们也知道，欠缺物是由所欠缺者决定的。因此，确定了所欠缺者，实际上也就决定了欠缺物。一旦将神确定为所欠缺者，则相对于神的欠缺物便已经确定了：那就是人要成为神所缺少的东西；或者说，补足了它，就能使人成为神的东西。那么，人补足了什么东西就成了神呢？当然不是"可能"。"可能"之不可能成为欠缺物的理由已如上述。尤其是相对于神，"可能"就更不可能成为欠缺物。因为，对人而言，可能既无须"补足"(因为人已经拥有了它)，而且，即使"补足"了它，人也仍然未成为神——拥有无限可能的存在并不就是能称为"神"的存在。而就神而言，神也根本不是拥有无限可能的存在。作为是其所欲是的完全主体，神甚至根本不需要"可能"。她"心想事成"！她的欲望在产生的同时便已实现。

其实，相对于神，人所欠缺的东西实在太多了。他欠缺神的自因，欠缺神的无限，欠缺神的全知全能，欠缺神的心想事成，等等。我们可以把所有这些人所欠缺的东西归纳为两个字："自由。"因为我们已经说过，自由就是自因无限、全知全能、随心所欲、为所欲为以及心想事成的存在境界。而人所欠缺的正是神的这种自由境界。只要补足了这个自由的存在境界，人就将成为神。而缺少了自由的存在境界，人就永远是欠缺的主体，永远是不自由的存在。人正是因为欠缺自由的存在境界而成为欠缺的主体。反过来说，人之所以是欠缺的主体，正是因为他欠缺完全主体的自由境界。因此，作为欠缺的主体，人的欠缺物必然是、也只能是"自由"。

把人的欠缺物界定为"自由"，使我们又一次不得不面对萨特。因为萨特的结论与我们的结论恰恰相反。我们的结论是：人是拥有可能而欠缺自由的欠缺的主体。而萨特的结论却是：人是拥有自由而欠缺可能的欠缺的存在。于是，人究竟是拥有自由，还是欠缺自由，便是我们与萨特的根本分歧所在。

分歧虽然表现在是拥有还是欠缺自由上,但分歧的根源却在于对自由的定义上。如上所述,我们对自由的定义是"是其所欲是"的存在境界。用通俗的话来说,就是"心想事成"的存在境界。而萨特的自由却以"心想"与"事成"的分离为前提。在萨特看来,如果"心想"与"事成"没有分离,而是心一想,事就成,则就根本没有自由存在的余地:"如果为了实现只须设想就够了,那么,我们现在就沉入了一个与梦相似的世界,这个世界里,可能与实在就不再有任何区别了。……从仅仅被设想时起显现出来的对象将不再被选择或仅仅被希求。单纯的**愿望**、我可能选择的**表现**和被取消的**选择**之间的区别将和自由一起消失。"[①]换句话说,为了将人界定为是自由的,萨特不惜将神界定为是没有自由的,或自由已经消失的。因为神的存在境界恰恰是"为了实现只须设想就够了"的境界;神的对象也恰恰是"从仅仅被设想时起"就显现出来的。按萨特的观点,这种设想与实现统一的心想事成之境界,因为设想与实现没有分离,因而也就不是自由的境界。而人之所以是自由的,恰恰在于人所设想的目的,因其尚未存在,因而是与人分离的,人才拥有了自由:"当我们赖以显示所是的最后一项是**目的**的时候,也就是说,不是实在的存在物的时候……而又只是一种尚未存在的对象的时候,我们是自由的。但是,从那时候起,这个就只有当它与我们是分离的同时又是可达到的时候才有可能是超越的。"[②]萨特关于自由的立论逻辑是这样的:因为心想与事成是分离的,因而才需要人的行动;而人的行动是由意向决定的;意向即超越给定物奔赴目的的意愿,因此,它其实是对目的的选择。人的自由恰恰表现在选择上:自由就是对存在的选择。选择既揭示了世界,又评价了给定物。人就是正在进行中的选择。因此,人就是进行选择的自由。根据上述立论逻辑,我们不难看出,萨特的自由其实指的是行为的自由,而且并不是人的全部行为的自由,而只是人的一种行为——选择行为的自由。这种选择的自由,并不在乎是否获得其所选择的东西,而只重视能否自由地选择;并不在乎它不能选择自由,只能"被抛进自由"(因为他不是他自身的基础),而只重视能够进行选择的自由;并不在乎它并不能选择世界和给定物,而只强调它是通过选择来揭示世界和给定物的。一句话,它并不在乎它的种种不自由的境况,却坚持宣称这就是自由。

---

① [法]萨特著,陈宣良等译:《存在与虚无》,三联书店 2007 年第 3 版,第 586 页。

② [法]萨特著,陈宣良等译:《存在与虚无》,三联书店 2007 年第 3 版,第 586 页。

其实，萨特所论述的自由，恰恰是人欠缺自由的明证。因为，相对于人之所欠缺者上帝而言，人所欠缺的恰恰是心想与事成的统一，也就是谋划与实现没有分离的“心想事成”。萨特所说的“谋划与实现的分离”（也即“心想”与“事成”的分离），不但不是人的自由之前提，恰恰相反，它正是人的不自由之写照；也正是人相对于神所欠缺的东西。与神相比，人其实并不欠缺“心想”，也不完全欠缺“事成”，人所欠缺的仅仅是在心想的同时即事成；是没有间隔的心想与事成；也即心想与事成的统一。神说：“要有日月星辰”，于是，便有了日月星辰。人说：“要有人造卫星”，但却要经过几代人的努力，最后才终于有了人造卫星。单从意欲和实现而言，人有着与神相似的意欲（要有人造卫星），也有着与神相似的意欲之实现（最后终于有了人造卫星）。但人的意欲之实现与神的意欲之实现却有着根本的不同：神的心想与事成是同时的，也是统一的。而在人的心想与事成之间，却隔着行为，从而也隔着时间。它们之间隔着行为，是说意识的“心想”不能凭借意识本身而实现，它必须通过意识指导行为，通过有时是长时间的行为，有时是多种多样的行为，有时又是许多人共同的行为，才使心想之事成功。而它们之间隔着时间，是说行为需要时间，尤其是能力有限的行为相对于几乎是无限的意欲，就更需要时间。几千年前的古人之“心想”，也许要在几千年之后的今天才“事成”；而今人之“心想”也总要在若干时间“以后”才“事成”。这种隔着时间和行为的“心想”与“事成”，无论如何都不可能是自由的写照。它确定无疑的只能是不自由的写照——意欲的实现如果必须通过行为，则必然要既受限于人的行为能力，又受限于人的行为之外部环境。通过行为所实现的意欲，只能被限制在能力和环境允许的范围内。被限制的“自由”当然不是真正的自由，而只能是真正的不自由。要想自由不被限制，意欲与实现之间，或者心想与事成之间就不能有间隔，不能有分离，不能中间再插上一个“行为”。这也是人与神的根本不同点之一：神是心想即事成；而人则是心想必须通过行为才可能事成。相对于人的所欠缺者——神，人所欠缺的仅仅是意欲与实现的统一。因此，不是“行动的首要条件便是自由”[①]；而是“自由的前提条件是不需行动”。只有不需行动的心想事成，只有不被行为分离的心想事成，才是真正的自由境界。或者说：自由就是不需行为的心想事成。自由就是不被行为分离的心想事成。恰恰是因为在人的心想与事成之间

① 这句话是《存在与虚无》第四卷第一章中的一个小标题。

插入了一个“行为”,才使人成为不自由的存在;也才使人成为欠缺的主体。这个欠缺的主体之欠缺物,正是这个心想与事成的统一。而使心想与事成分离的,又正是因为在心想与事成之间多出了一个“行为”。人正是因为多余了一个“行为”,人才欠缺了一个“神”。什么时候,人不需行为便可实现意欲,什么时候人就成为神了。

我们把行为表述为人与神相较的多出物。但我们并不是说人是因为多出了一个“行为”而欠缺了一个统一的。事实正相反,人是因为首先欠缺了一个统一,然后才多出了一个行为的。行为是对人的更深层次的欠缺之弥补。什么是人的行为所弥补的人的更深层次的欠缺呢?笔者以为是人的神性本身之欠缺。从本源上说,神性之所以要降临于人,并不仅仅是因为人的优秀,更主要的是因为神性自身的欠缺。神性如果没有自身的欠缺,就没有“降临于”人的必要。没有欠缺的神性直接就是神。又何必要降临于人呢?神性相对于神所欠缺的东西就是“实现”。从本质上说,神性就是自身不能实现自身的意欲。而神就是自身能实现自身的意欲。作为自身不能实现自身的神性,为了实现自身,它只有借助于人的行为,通过人的行为而实现自身。这就是神性之所以降临于人的根本原因。也就是说,对于人的神性而言,“行为”不但不是多余物,而且还是不可或缺之物。相对于神,行为因其成为“心想”与“事成”之间的间隔而成为多余物。但相对于神性,行为却是其意欲得以实现的必须物。从这个意义上说,行为是人与神的中介,是人与神的连接点。人因为行为才有可能通达神,人也只有通过行为才有到达神的可能。行为是神性实现其自身的唯一途径和手段。而行为之所以能够成为神性实现其自身的手段,是因为神性的固有欠缺。行为主义者们总是将行为之动因或者归之于需求,或者归之于理性,或者归之于传统习惯,或者归之于外界强迫等等,似乎还没有人意识到行为的最根本的动因是人的神性之固有的欠缺。没有神性的欠缺,人就不成其为人(它要么是神,要么是动物);因而也就没有人的行为。人是因为人的神性欠缺意欲的实现,才有了去实现意欲的行为。因此,不是“行为的首要条件是自由”,而是“行为的首要条件是欠缺”。是人的欠缺决定了人必须是行为者。也是人的欠缺决定了人的行为。

现在,我们可以对人的欠缺物下结论了:相对于人的所欠缺者——神,人的欠缺物必然是,也只能是神的存在境界,即:心想与事成的统一的“是其所欲是”的自由境界。人因为欠缺自由的存在境界,因而不是神。人一旦补足了这个自由境界,人也就成为神了。或者说,人因为欠缺自由,因而是不自由的存在。人一旦补足了这个欠缺物，人也就成为自由的存在了。人之所以是不自由的存在，正是因为人欠缺自由！

第四节　主体间的冲突与冲突中的主体

在上面的两节中，我们论述了人即不自由的两对最主要的原因：矛盾的存在和存在的矛盾以及欠缺的主体和主体的欠缺。这两对原因都是人自身所固有的，根植于人的内部之“内部原因”。这一节，我们要从造成人即不自由的“内部原因”转向“外部原因”。这个“外部原因”的“外部”虽然与人存在于其中的外部世界有关，但却并不是指我之外的外部世界。我之外的外部世界对人的自由的限制是通过人的上述“内部原因”才起作用的。假如人不是矛盾的存在，假如人没有存在的矛盾；或者假如人不是欠缺的主体，假如人没有主体的欠缺，则外部世界就只能是人所主宰的客体，而绝不可能成为人即不自由的原因。所谓人即不自由的外部原因之“外部”，指的是直接就是我的自由之限制的我之外的“他人”。他人是与我一样的主体存在。他人的存在意味着在这个世界上存在着不止一个“主体”。这是一个“被抛”的事实，是任何被抛于世的“主体”自身既无法选择，又无法更改的给定的事实。我作为主体是命定要面对其他主体而存在，命定要与其他主体共同存在。作为我之外的另一个主体，作为我命定要面对，命定要与其共存的另外的主体，他人从一开始就是我的自由的限制，就是我即不自由的原因。他人的存在造就了宇宙间一种十分荒诞的关系——主体间的关系。说它是十分荒诞的，是因为主体之为主体，关键就在于他的唯一性，或称排他性。主体者，乃主宰一切之存在也！作为主宰一切之存在，他既不可能允许任何不为他所主宰之物存在，更不可能允许也要主宰一切的另一个主体，乃至另一群主体存在。否则他就不成其为主体了。主体的唯一性是主体的最本质特征之一。这就是说，主体之为主体，决不允许有另外的主体存在。一旦存在着两个以上的“主体”，主体间就必然要在两个方面发生你死我活的斗争：其一，争做世界的主宰（而不仅仅是获取更多的资源）；其二，争做他人的主宰（而不仅仅是争取与他人平等）。所谓争做他人的主宰是指：要么消灭我以外的其他一切不完全主体，使我成为唯一的主体；要么在无法全部消灭其他主体的情况下，争取征服其他主体，使其变为自己的客体，而不是与己相争的主体。如此,我也就成了唯一的主体。这两个方面其实是相互关联的:争做客体世界的主宰,是因为有其他主体也在争做这个客体世界的主宰;而消灭其他主体或将其变为自己的客体,是为了不再有主体与自己争做世界的主宰。显而易见,处于这种冲突中,任何主体就都不可能是真正的主体,任何主体的主体地位都将处于不确定之中。这便是所谓"主体间关系"之荒诞性:要么不存在真正的主体,要么不存在"主体间关系"。真正主体只能有一个,因此,绝不可能存在"主体间关系"。或者说"主体间关系"绝不属于真正的主体,它仅存在于并非真正主体的"主体"之间。主体间关系的荒诞性透露出两个事实:第一,发生关系的多元"主体"中的任何一个"主体"都不是真正完全的主体。任何一个"主体",充其量都只不过是某种不完全主体,即欠缺的主体。第二,主体间冲突的必然性。即欠缺的多元主体间不可避免地必然要发生冲突。这就是说,主体间冲突是由荒诞的主体间关系所决定的。因此,为了论证主体间冲突,我们首先必须阐明主体间关系发生和存在的根源。

一、主体间关系产生的根源——生存的完整性与主体的整体性

作为矛盾的存在,人既是存在者,又是主体。因此,人与人之间的关系也分为两个层次:人作为存在者之间的关系和人作为主体之间的关系。不论是作为存在者还是作为主体,要发生人与人之间的关系,必须满足三个条件:其一,他者的存在。没有他者就没有关系。假如存在者或主体是唯一的,就绝无关系可言。关系仅存在于多元主体或多元存在者并存的境遇内。其二,群居。即多元主体或存在者生活于一个互相可及的范围内,并组成相互联系,相互作用的群体。单有多元存在者或主体共存这个客观事实,并不一定会导致人与人之间关系的产生。或者更确切地说:存在着多元主体或多元存在者这个事实并不意味着人与人之间就一定要发生关系。老子的所谓"鸡犬之声相闻,老死不相往来"之境界,虽然只是一种乌托邦式的理想,但这种人与人之间不发生关系的多元主体共存之境界在理论上并不是不可能的。从空间上说,只要相对于人的能力所及之空间够大,以至于由于距离之遥远致使人与人之间无法发生任何联系,就可以不发生人与人之间关系。(比方说,汉朝时代的华人就不可能与那时的北美印第安人之间存在主体间关系,因为他们之间根本没有可能发生任何联系;又比如说,假如在其他星球上真有类似人的生命存在,地球人与外星人目前也不可能发生主体间的关系。)即使多元存在者或主体同时存在于彼此有可能发生联系的同一空间内,只要相关存在者或主体没有与

其他存在者或主体发生联系的内在需要，即相互依存性，则存在者或主体间仍可以互不往来，也就仍然有可能不发生关系。这也正是“鸡犬之声相闻，老死不相往来”所描述的境界，即：在“鸡犬之声相闻”的近距离内，人与人之间仍然可以“老死不相往来”。他们之所以“老死不相往来”，并不是因为距离遥远，无法往来，而是因为他们可以自给自足，对他者没有任何依赖性。然而，这种“鸡犬之声相闻，老死不相往来”的境界对人类而言，永远不可能成为现实，永远只能是乌托邦式的幻想。之所以是乌托邦式的幻想，是因为它完全违背了人的存在本性，完全脱离了人的存在现实。“鸡犬之声相闻，老死不相往来”的前提是人与人之间没有相互依存性。其三，相互依存性。从某种意义上说，人就是相互依存的存在。而这个相互依存性也正是荒诞的主体间关系产生的最主要的前提条件。说它是最主要的前提条件，是因为它不但是主体间关系产生的直接原因，而且还是主体间关系产生的前两个前提条件的原因：首先，它是他者作为他者存在的原因。没有人的相互依存性，他者与我的存在就可以不发生关系。在我的存在中就可以没有作为他者的存在者，因而也就没有他者与自我之分，没有他者存在之余地。正是人的相互依存性，才使得他者成为我的存在的一个前提和条件，同时又使得我的存在成为他者存在的一个前提与条件。其次，它也是人成为群居的存在之原因。正是因为人所固有的相互依存性，才使人结合成为共同生活，分工合作的群体。没有人与人之间的相互依存性，人只会成为独往独来的独行兽式的存在，而绝无可能成为群居的存在。这个既作为群居的原因，又作为他者存在的原因之人的相互依存性，于是便无可置疑地成为人与人之间的关系产生和存在的最主要的原因和前提条件。

如上所述，人与人之间的关系分为存在者之间的关系和主体之间的关系。与此相对应，人的相互依存性也相应地分为生存者的相互依存性和主体间的依存性。兹分述之：

1. 生存的完整性与生存者的相互依存性

生存者的相互依存性是人作为生存者在其生存的领域内，生存的过程中所具有的相互依存性。这种相互依存性源于生存者对生存的完整性之追求。人作为生存者，不同于其他任何种类的生存者。人的生存之特殊性在于他对生存的意识与追求，即：他既意识到其生存的现状，又追求生存的完整性。所谓生存的完整性，简而言之，就是生存的圆满实现。生存的圆满实现可以分为三个层次：第一，生命过程的圆满实现，即生命的完整性。第二，生活需求的圆满实现，即生活的完整性。以及第三，心灵需求的圆满实现，即心灵的完整性。

必须说明的是，生存的完整性并不是某种终极的生存状态，而是不断发展、不断变化的动态生存状态。例如，人的寿命在近代还是“人活七十古来稀”。也就是说，只要健康地活过七十岁，就可以说是生命的圆满实现了。而到了现代，人活过九十已不是新鲜事了，因此，所谓生命的圆满实现，已经不再是健康地活过七十岁，而是必须超过九十岁了。又比如，当人类还处于衣不裹体、食不果腹的原始阶段时，吃饱穿暖就已经是生活需求的圆满实现了。可当人们丰衣足食以后，即使是绫罗绸缎、山珍海味都难以成为生活需求圆满实现之标志。也即：生活需求的圆满实现是随着人的生活需求之不断发展而不断拔高的。根源于对生存的完整性的不断追求，同时也根源于生存的完整性之不断发展和永远变动，人作为生存者的相互依存性便必然会产生并不断发展下来。

生命的依存性源于人对生命的完整性，即生命的圆满实现之追求。生命的圆满实现指的是：生命在出生时健全无缺陷，生命在成长过程中健壮无损伤，生命在存续的整个期间健康无疾患，以及生命的结束是长寿无痛苦等等。生命的完整性是生命的本质追求。凡生命都必然追求这出生的圆满、生长的圆满、存在的圆满以及完结的圆满。然而，对人而言，所有这些圆满的实现，却不仅仅是由生命本身决定的。它既依赖于外界环境，更依赖于同类他者的存在和帮助。而后者正是此处所论述的由生命的完整性所决定的生命的依存性。具体来说，生命的依存性包括生命的生成对他者之依赖，即生成依赖；生命的成长对他者之依赖，即成长依赖；生命的存续对他者之依赖，即存续依赖；以及生命的逐渐逝去对他者之依赖，即完结依赖。生成依赖指的是：每个人的生命都是他者给予的，每个生命出生时健康与否，完善与否乃至聪明与否都是由他者决定的。他者的遗传基因，他者在创造生命时的身体状态等等，都直接影响着新生命的出生状态。没有他者，就没有新生命的出生。而新生命的健全无缺陷，同样有赖于他者，决定于他者。

成长依赖指的是：每个人的生命从幼小到长大完全依赖于他者的抚养与呵护。没有他者的抚养与呵护，幼小的生命就不可能存活，更不可能长大。另一方面，每个生命成长的质量与效率也完全取决于他者的抚养能力和呵护质量。他者的过失或懈怠，极有可能导致新生命的伤残，甚至夭折。

存续依赖指的是：每个人的生命之存续都离不开他者的帮助。生命之存续，离不开衣食住行。而在分工发达的人类社会中，即使是最基本的衣食住行，也有赖于他者的工作与服务。如果更进一步追求生命存续的完整性，则对健康的维护和伤病的防治，就更有赖于他者的服务和帮助。人生一世，难免有大病小灾。每当疾病袭来，灾祸天降，或卧床不起，或奄奄一息，这时若没有他者的送医送药，没有他者的伺候养护，则相当数量的生命都将无法延续，更谈不上生命存续的完整性了。

最后是生命的终结依赖。终结依赖当然不是指生命的结束还依赖于他者，而是指生命的圆满结束，或生命结束的完整性有赖于他者的帮助。人的生命之终结始于能力的衰退乃至最后消失。随着能力的逐步衰退，生命对他者的依赖便逐步增加。没有他者的帮助，生命便不可能圆满地走向终结。从这个意义上说，生命是在他者的帮助下走向自身的最后结局的。

以上四种依赖，便是生命的依存性之主要内容。概而言之，生命从出生到结束都依赖于他者的存在，都离不开他者的给予和付出。

比生命的依存性高一层次的是生活的依存性。生活的依存性源于对生活的完整性之追求。如上所述，生活的完整性指的是生活需求的圆满实现。而生活需求又是不断发展、不断变化的。为了实现人类这种不断变化、不断发展的生活需求，作为欠缺的存在，人类只有，或不得不，不断地深化和发展分工与合作。而分工与合作直接导致的就是人的生活依存性。在分工高度发达的社会中，每个人的各种各样的生活需求之实现都依赖于他者生产的产品、他者创造的作品以及他者提供的服务等等。而每个人的成功与发展又都和与他者的分工与合作有着难分难解的关系。离开了他者，个体既不可能有丰衣足食、丰富多彩的生活，也不可能有出类拔萃的丰功伟绩。

与生活依存不同，心灵依存所表述的是与人的生命以及生活都无直接关系的纯粹在心理上，或精神上对他者的依存性。心灵依存同样源于对心灵的完整性之追求。所谓心灵的完整性，包括三个环节：自信、自尊、自重。“自信”指的是对自我的存在具有充分的信心。也即充分相信自我的存在能力。“自尊”则是指维护，乃至捍卫自我的基本人格之坚强信念。也即对自我作为人而存在的坚强信念。而“自重”则是指对自我的价值之看重。也即对自我的特殊性之肯定。唯有对自我的存在充满信心，对自我的人格具有信念，并对自我的价值十分肯定的心灵，才是一个健全的心灵。这种心灵的完整性与他者的存在有着不可或缺的关系。他者对人的心灵之完整性扮演着双重角色：一方面，他是人的自信、自尊、自重的培育者。另一方面，他又是人的自信、自尊、自重的毁灭者。可以说，人的自信、自尊、自重因他人而生，同时又可以因他人而毁。就后者而言，萨特所创作的戏剧《禁闭》中的场景是对此最贴切的说明这一点：在《禁闭》的场景中，三个既不需要生存，更不需要生活的死鬼在地狱中玩了一场"纯心灵"的游戏。在这个游戏的结局处,萨特给出了他的著名论断:"他人即地狱。"然而,《禁闭》中的每个"人"既没有遭受他者的拷打折磨,也没有遭受他者的强暴凌辱,在这种情况下,他人是如何成为地狱的呢?原来,《禁闭》中来自他人的折磨并不是对身体的折磨,而是对心灵的折磨。这种对心灵的折磨所带来的痛苦,甚至比对肉体的折磨所带来的痛苦还要严重得多。而所谓"对心灵的折磨",恰恰表现在对人的自信、自尊和自重的毁灭上——他人是通过摧毁人的自信、自尊和自重而使人遭遇比地狱还苦的折磨的。毫无希望的三角恋追求,使每个人的自信丧失殆尽;处心积虑地相互窥探,使每个人的自尊顿无;而枉费心机的对自我的过去之掩饰,则又使每个人的自重荡然无存。正是在这种既无自信,又无自尊,更无自重的心境之中,个人才感受到地狱般的折磨。从这个意义上说,"他人即地狱"所表述的正是他人对人的心灵之完整性所具有的反作用——他人是人的自信、自尊和自重的刽子手。

他人一方面是人的自信、自尊和自重的毁灭者,另一方面,他人又是人的自信、自尊和自重的培育者。没有他人的存在,就既不会有自信,也不会有自尊,更不会有自重。试想,假如在《禁闭》的地狱中关着的不是三个人,而是单独一个人,在没有他人存在的情况下,他当然不会再有被摧毁自信、自尊和自重的折磨。但在那种情况下,他却会感受到比他人的折磨更糟的折磨——不是自信、自尊和自重被摧毁的折磨,而是压根儿就没有自信、自尊和自重的孤独的折磨。因为,自信、自尊和自重的建立,有赖于他者的存在。在没有他者存在的孤独环境中,不可能建立起自信、自尊和自重。德国的阿克塞尔·霍耐特在《为承认而斗争》一书中,将自信的建立归因于他者的爱,将自尊的建立归因于他者的尊重,而将自重的建立归因于他者的重视是很有道理的。如果没有从他人的爱中体会到自身的存在和自身与他人的相互依赖,则自信便无从建立。如果自身的人格没有获得他人的普遍尊重,则自尊便无法建立。如果自身的特殊能力、特殊性质或特殊成就没有得到他人的重视,则自重便无法建立。换句话说,人的自信、自尊和自重是源于他人的爱、他人的尊重和他人的重视的。没有他人的爱,没有他人的尊重,没有他人的重视,人的自信、自尊和自重就无法建立,人就将存活于毫无自信、自尊和自重的极端痛苦之中。《禁闭》中的三人因为他人的存在而感受到地狱般的折磨。但如果没有他人的存在,他将感受到比地狱般的折磨更痛苦的折磨。从这个意义上说,如果他人即地狱,那么没有他人则是死牢。这便是人的心灵依存性:人依赖于他人建立自信,依赖于他人建立自尊,依赖于他人建立自重,依赖于他人实现心灵的完整性。

以上便是人作为存在者的相互依存性。这种存在者的相互依存性，既成就了人的“社会性动物”之本质，成为社会的产生与发展的动因；又助发了人类的各种社会冲突，成为人类各种生存争斗和社会斗争发生的前提条件。然而，存在者的相互依存性还仅仅是人的相互依存性的一个方面，而且还不是最本质的相互依存性。正如人的本质是主体的存在一样，人的最本质的相互依存性是主体间的相互依存性。

2. 人类主体的整体性与主体间的相互依存性

如上所述，人作为存在者的相互依存性只有一个根源，即源于人类对生存的完整性之追求。与此不同，人作为主体的相互依存性之根源却不仅仅是对主体的完整性或完全主体之追求。对完全主体之追求当然是人类主体间的相互依存性之最根本的原因。然而，人类对完全主体之追求却不是人类主体间的相互依存性之直接原因。因为，对完全主体之追求从来都不是任何个体主体之个体追求。中国历史上曾有过秦皇汉武追求成仙之史实。但那种对成仙之追求绝非对完全主体之追求，而只是对长生不老之追求。可以肯定的是，任何个人，只要不是疯子，都不会把成为完全主体，成为神作为其追求的目标。因为那只能是根本不可能实现的痴心妄想。因此，人类对完全主体之追求从来都是，也只能是作为整体的人类之追求。于是，人类对完全主体之追求首先导致的是人类主体的“整体性”，而不是主体间的相互依存性。

何谓“人类主体的整体性”？概而言之，即：人类只有作为整体，才有可能成为主体。或者反过来说，人类要成为主体，就必须以主体整体的方式存在。这种人类主体的整体性根源于人类个体的欠缺：相对于完全主体而言，人类个体之为主体，除了欠缺还是欠缺。个体既欠缺立即实现主体的主宰之欲的能力，又欠缺最终实现主体的主宰之欲的时间。作为一个生存时间十分有限，主宰能力更是十分有限的存在者，任何个体之为主体，都只能是除了欠缺还是欠缺的欠缺者。即使是人类最出类拔萃者，无论其与其他个体相比有多么伟大，多么能干，甚至多么长命，他也不可能单独实现主体的主宰之意欲，因而也就不可能改变其作为“除了欠缺还是欠缺”的欠缺的主体之本质。人这种主体，其主宰意欲之实现，不能寄希望于单独的个体主体，它必须，也只能寄希望于由千千万万的个体组成的，并世世代代地繁衍下去的人类整体；寄希望于由各个个体分工合作，团结奋斗的主体整体之努力，并且是世世代代持之以恒的主体整体之努力。也就是说，对人类而言，作为主体之本质特征的主宰意欲之实现,从一开始就有赖于多元个体主体的存在;有赖于由多元个体主体组成的人类主体整体的共同行为,并且是人类主体整体千秋万代永无止息的共同行为。因此,作为欠缺的主体,为了其还能作为主体存在,并且还有着发展成为完全主体之可能,人从一开始就必须与他人共同存在。只有在由无数个体主体结为主体整体的人类整体之意义上,人才有可能成为主体。既然人类主体的成立有赖于各个个体结为主体整体,那么个体之人要想作为主体存在,就必然要与千千万万个"他人"发生联系,于是,他人的存在就成为人类主体的题中之意:人类主体必然包含他人,他人必然是人类主体的组成部分。人如果要成为主体,就必须要有他人的存在。没有他人的存在,人也就丧失了成为主体的可能。这便是人作为主体必须依赖于他人的存在之原因。换句话说就是:人必须有他人的存在,才有可能成为主体。没有他人的存在,甚至连人的主体性都难以成立。

"人类主体的整体性"除了决定了他人存在之必要性外,还决定了人类主体的存在方式必须是,也必然是"群居"。因为,"整体性"本身就包含有"群居"的意义:整体者,首先必须是"聚集于相互可及之空间,并组成相互联系,相互作用的群体"。这是整体性的最基本、最起码的意义。当然,整体不仅仅是群居,它无疑高于群居,大于群居,并且优于群居。对人而言,整体应该是人类群居的最高境界。人类群居从氏族群体到民族群体,再到国家群体,最后到一体化为全人类整体,整个过程是规模从小到大,组织从松散到严密,运行机制从粗犷到科学的过程;同时也是人类从群体向整体进步的过程。而人类主体整体则是人类群居的最后阶段和最高境界。因此,人类主体的整体性便成为人类群居之根本原因。人类主体的整体性不仅是人类群居的根本原因,而且是人类群体不断发展,不断扩大,不断走向人类群居的最高境界——人类一体化的根本原因。正是在这一点上,突显出作为生存者的群居之原因与作为主体的群居之原因的区别:作为生存者的群居之原因是生存者的相互依存性。而作为主体的群居之原因则在于主体的整体性。源于生存者的相互依存性的群居,也许需要氏族规模的群体之群居,也许需要民族规模的群体之群居,它甚至有可能需要国家规模的群体之群居。但是,如果说生存的相互依存性需要人类一体化规模的群居,则无论如何都是不能成立的。生存的相互依存性所需要的群居之规模,最多达致大国家的规模便已足够。一个大的国家,凭借它的规模、它的严密的组织结构和它的有效的运行机制,完全足以满足其成员的生存需要、发展需要乃至文化需要、精神需要等等。根本不会有进一步一体化为全人类整体之需要。唯一能够解释人类锲而不舍地走向一体化之趋势的，只有人类主体的整体性。正是人类主体的整体性才引领着人类向着一体化的整体进发。

目前正在演进的人类一体化进程主要表现在如下四个方面：(1)生活疆域的一体化(地球村)；(2)经济的一体化(经济全球化)；(3)文化的一体化(文明全球融合)；以及(4)应对挑战的一体化(主体的整体化)。造成这四个方面的一体化的原因不可能是人作为生存者的依存性，而只能是人作为主体的整体性。正是因为人类主体的整体性才要求人类在全人类的范围内建立和加强越来越广泛，越来越紧密的联系，使得人类的生活疆域一步步地走向一体化，最终导致“地球村”的结果。正是因为人的主体整体性，才使得人类经济不断地向人类的整体经济发展。因为，与主体的整体性相适应的经济，必然是、也只能是人类整体经济。这种人类的整体经济，不但是超国家的世界经济，而且有可能是超世界的宇宙经济。因为，这种经济的目标不仅仅是满足生存与发展的需要，更重要的是要实现人类主体的主宰之意欲。正是这个实现主宰意欲之目标，引领着人类从国家经济走向世界经济，并且将从世界经济走向超世界的宇宙经济。我们现在已经可以预见到，在不远的将来人类就有可能将外太空的经济因素纳入人类的经济中来。正是因为人类主体的整体性，才会引领人类致力于将各个民族，各种群体已经坚守了千百年的各自的文化或文明碰撞融合，以求产生全新的整体文明：既然人类主体是作为整体的全人类，那么人类文化就必然要走向融合了各种文明的整体文化。正是因为人类主体的整体性才导致人类结为整体来应对挑战。人作为主体所面对的最根本的挑战，是实现主体之主宰意欲之挑战。这个实现主宰意欲的最根本的挑战，不允许人类各自应对。人类的任何个体也都无法单独应对主体的这个最根本挑战。主体的这个最根本挑战，要求人类必须以整体来应对。由此才有了人类主体的整体性。也就是说，人类主体的整体性本身就包含了以人类整体来应对主体的最根本的挑战之意义。人类从成为主体的第一天起，就注定了要以主体整体应对挑战，就注定了终有一天要结为主体整体来应对人的一切挑战。这便是人类结为整体的最根本原因。

如果说人类对完全主体的追求并不是主体间的相互依存性之直接原因，那么，什么是人类主体间的相互依存性之根源呢？恰恰是人类主体的整体性。人类对完全主体的追求导致了人类主体的整体性之产生，而人类主体的整体性又导致了人类主体间的相互依存性。

就主体的本质而言，主体绝不应该有所谓的“依存性”，依存性也根本不可能属于主体。因为，主体者，主宰者也。而主宰者既包括主宰客体世界，也包括主宰他者，决定他者。作为他者的主宰者、决定者，主体绝不应该，也不可能依存于他者。依存于他者也绝不可能成为主宰者，成为主体。果真如此，则作为主体的人类，又如何会有主体间的“相互依存性”呢？原因恰恰在于人类主体的整体性上。人这种主体，充其量只是一种欠缺的主体。作为个体主体，人所欠缺的是主宰意欲之直接实现。人只有结为世世代代绵延不断的整体，才有可能一步步地实现其主宰之意欲。换句话说，个体主体如果真要实现其主宰之意欲，就必须，也只能将实现意欲之希望寄托于生生不息的人类整体身上。于是，人类主体间的依存性便产生了：既然人的主宰意欲之实现寄托于人类生生不息的整体行为，那么，在这个整体行为中的每个个体的行为就必须与其他个体的行为相互发生联系，相互发生作用。不但要相互作用，而且还要合理配置，有机组合，有效合作。这便是源于人类主体的整体性之主体间的相互依存性：为了实现人类主体之主宰意欲，每个个体的行为都有赖于与其他个体的行为相互作用，有机组合；而人类主宰意欲的实现则有赖于生生不息的人类整体世世代代的团结合作。这便是源于人类主体的整体性之人类主体间的相互依存性。这种依存性既与需求的满足无关，也与利益的实现无关。它只与主体的主宰意欲之实现有关。它是人类主体的欠缺性所决定的，也是因人类主体的欠缺性而产生的人类主体的整体性所决定的。

综上所述，人类主体间的相互依存性源于人类主体的整体性。而人类主体的整体性则源于人类主体的欠缺性和人类主体对完全主体的追求。人类荒诞的主体间关系产生的直接根源正在于这个由主体的整体性所产生的主体间的依存性。荒诞的主体间关系是欠缺的主体所特有的关系。处于这种荒诞的主体间关系之中的欠缺的主体必然也同时处于无歇止的主体间冲突之中。

二、主体间的冲突——主宰与整体性

在上一节，我们把荒诞的主体间关系存在的原因归之于“人类主体的整体性”。这很容易使读者误解我们是在主张人类主体是“整体主体”，即：主张人类只有作为整体才构成为主体。这其实绝非笔者之本意。“整体主体”与“主体的整体性”是两个完全不同的概念。“整体主体”是指：人类整体作为独立的存在而成为一个统一的主体。在这个独立存在的统一整体中，任何个体都只是这个整体的组成部分。作为整体的组成部分的任何个体，都不能单独成为主体。他们只有在组成一个统一的整体之后，由这个整体构成主体。与此不同，“主体的整体性”则是指：每个人类个体都是主体。但个体主体因为其本身的欠缺，需要与其他个体主体相互合作、相互作用，并需要生生不息地繁衍、继承，以致永远，才有成为真正主体之可能。因此，主体的整体性并不是指一个独立存在的整体组织，而是指由千千万万个独立的主体相互合作、相互作用，并且千秋万代地繁衍下去的人类个体主体的总称。如果硬要把这个由千千万万和千秋万代的个体主体所构成的人类主体的整体性称为“整体”，那比较贴切的词汇应该是“主体整体”。“主体整体”完全不同于“整体主体”，它是由独立的个体主体所构成，而且是由不同时代、不同地域、不同种族的千千万万和千秋万代的人类个体主体所构成。它之所以可以称为“整体”，完全在于独立个体主体间所形成的特殊关系体系：千千万万和千秋万代的独立个体主体之间消除了一切主体间的冲突，建立起和谐共存、合作共进的关系体系，这种特殊的关系体系就是我们这里所说的“主体整体”。或者说，“主体整体”其实就是主体间和谐共存、合作共进的关系体系。因此，人类的“主体整体”绝不承认人类的“整体主体”之存在。它只承认人类个体主体的存在。只不过它在只承认个体主体的存在之前提下，同时认识到个体主体的欠缺性，认识到个体主体对由千千万万和千秋万代的个体主体所构成的和谐共存、合作共进的人类主体整体的依赖性。没有这个由千千万万和千秋万代的个体主体所构成的和谐共存、合作共进的人类主体整体，任何个体主体都只能像白驹过隙样的一闪即逝，毫无存在的意义可言。一句话，人类的主体整体不是对个体主体的否定，而是对个体主体的保证——人类的主体整体不但保证了每一个个体主体对人类整体走向真正主体都具有不可替代的存在意义，同时也保证了生生不息的个体主体日益走向真正主体，日益接近真正主体的可能。人类的主体整体并没有造成一个取代个体主体的整体主体，而是映照出人类迄今为止的各种主体间关系之荒诞性。要使人类的主体整体诞生，也即人类要真正建立起和谐共存、合作共进的主体间关系，就必须克服迄今为止的各种主体间关系的荒诞性。

人类主体间关系的荒诞性根源于主体的本质与人类主体的整体性之间的矛盾。假如人类整体是一个取代个体主体的统一的整体主体，则人类也就绝无主体间关系的问题，更不可能产生主体间的冲突。因为在一个统一的人类整体主体中，并没有个体主体的存在余地，因而也就没有个体主体间的所谓“主体间关系”。而作为世界上唯一的主体，他既不可能有荒诞的主体间关系，也不可能有所谓的主体间的冲突。但是,在人类整体并不是统一的整体主体,而是绵延不断的主体整体时,主体间关系的问题就必然产生。一旦产生主体间关系问题,就必然会发生主体的主宰本质与人类主体的整体性要求之间的矛盾。因为,主体整体是由个体主体所构成的整体,他并不否定个体的主体地位,因而也就并不否定个体主体的主宰本质。但在不否定个体的主宰本质的前提下,他同时却又要求在具有主宰本质之个体主体之间相互合作。这种在主体的主宰本质与主体间的合作要求之间的矛盾直接导致了主体间关系的荒诞性:一方面人类的任何个体主体都命定要依赖于主体间和谐与合作;另一方面,主体的主宰本质又决定了每个个体主体必然会否定主体间的和谐与合作关系。必然会否定和谐、合作关系的个体主体却又命定不得不依赖于和谐、合作的主体间关系。这便是人类主体间关系的荒诞性。而存在于荒诞的主体间关系中的主体之间,既有冲突的可能,也有合作的可能。而在大多数情况下,是冲突与合作共存——主体的主宰本质导致了主体间的关系必然是冲突的关系。而主体的整体性又为人类燃起了消除冲突的希望之光。在希望之光与主宰本质的双重纠缠下,人类便总是处于冲突与合作共存的境界中。

在上一节论述人与人之间的关系时曾论述道:“作为矛盾的存在,人既是存在者,又是主体。因此,人与人之间的关系也分为两个层次:人作为存在者之间的关系和人作为主体之间的关系。”对应于人与人之间关系的这两个层次,人与人之间的冲突同样也分为两个层次,即:人作为存在者之间的冲突和人作为主体之间的冲突。这两种冲突之间的本质区别在于:存在者间的冲突是源于存在、围绕存在、并为了存在而产生的冲突。而主体间的冲突则是源于主宰、围绕主宰、并为了主宰而产生的冲突。我们先从存在者间的冲突谈起。

存在者间的冲突之第一个特点是“源于存在”。所谓源于存在,即源于生存者的生存本性与生存者的相互依存性之间的矛盾,以及源于生存者的生存本性与因生存者的群居而产生的,成为独立存在的社会组织之间的矛盾而发生的冲突。这里,“生存者的生存本性”,指的是生存者为了生存所固有的自保、自私、自利等等之本性。而“生存者的生存本性与存在者的相互依存性之间”的矛盾,则是指:为了实现生存的完整性,生存者必须依赖于他者的存在、他者的互助。但出于生存者自保、自私、自利的本性,每个生存者又都必然要与他者争夺更多的满足,更大的利益,更充分的自我实现等等。当本性为自保、自私、自利的存在者之间因存在的相互依存性而必然发生关系时,这种存在者之间的关系就必然导致冲突:作为本性是自私的,同时又是欠缺的生存者,为了存在,就必须与其他生存者相互依存;但也同样是为了存在,存在者又必须与其他生存者竞争和斗争。这便是源于存在的本性与存在的相互依存性之间的矛盾所产生的存在的冲突。

至于生存者的生存本性与独立存在的组织之间的矛盾则是指:任何社会组织存在的理由应该是有助于个体的存在;起码是无害于个体的存在。“无害于组织内部的个体的存在”是一切社会组织的最低要求。然而,任何社会组织,一旦成立,即一旦构成为一个独立的有机实体,就必然会形成该组织自身的存在目的。为实现社会组织自身的存在目的,任何组织都不可避免地或偶然,或经常地牺牲组织内部某些个体成员的利益,甚至牺牲或危及牺牲部分个体成员的存在。一旦社会组织的存在和运作损害了个体的利益,威胁了个体的存在,则存在者出于其自保、自私、自利的本性,便一定会与社会组织发生冲突。于是,源于生存者的存在本性与社会组织的目的的不一致性的矛盾之个体与社会组织之间的存在冲突便产生了。

当今社会学界对社会冲突的根源之各种归纳,似乎都没有超出“源于存在”之范围:无论是将社会冲突的根源归纳为人的自私之本性与资源有限之间的矛盾;还是归纳为人的生存期望与社会制度的缺失之间的矛盾;抑或是归纳为各种存在目的之分歧或价值取向之差异等等,都毫无例外地将人只是视为存在者,从存在的角度来探寻冲突的根源的。因此,社会学界迄今为止所研究的一切社会冲突,其实都仅限于对人作为生存者之间的冲突,即存在冲突之研究。

存在者间的冲突之第二个特点是“围绕存在”。所谓“围绕存在”是指:一切存在的冲突都是围绕着存在展开的。这里的“存在”概念包括了笔者在上面曾经论述过的“生命”、“生活”以及“心灵”等三个层次。因此,“围绕存在”就不仅仅是围绕生命的“生成”、“生长”“存续”以及“繁衍”等等,而且还围绕生活的“幸福”、“美满”、“发展”以及“成功”等等。除此之外,它甚至还围绕心灵的“自信”、“自尊”以及“自重”等等。所有围绕上述事项所发生的冲突,都属于存在的冲突。据此,则存在的冲突几乎涵盖了当今社会学家们所研究的一切冲突:争夺资源是围绕存在的冲突;争夺利益也是围绕存在的冲突。争夺地位是围绕存在的冲突;争夺功名也是围绕存在的冲突。甚至不同信仰、不同价值观之间的冲突,也都是围绕存在的冲突。

最后,存在者间的冲突之第三个特点是“为着存在”。所谓“为着存在”是指:存在的冲突之目的无一不是指向“存在”的。争夺资源是为了更充裕地存在；争夺利益是为了更丰沛地存在；争夺地位是为了更优越地存在；争夺功名是为了更显赫地存在。即使是价值冲突、文化冲突乃至宗教冲突等等，也都只不过是为着能够按照各自欲望或各自笃信的存在方式而存在。其最终目的还是要落实到“存在”。正因为所有这些冲突的目的最终都是指向“存在”，而不是其他，它们因此才被归之为“存在的冲突”。

与存在者间的冲突不同，“主体间的冲突”与存在无关，它们仅与主体的本质——主宰——有关，即它们是“源于主宰、围绕主宰、并且是为着主宰”的冲突。

所谓“源于主宰”，指的是主体间的冲突根源于主体的本质——主宰。人类主体虽然有着“主体的整体性”，但这个“主体的整体性”却是由独立的个体主体所拥有的。个体主体作为主体其首先具有的不可能是所谓的“主体的整体性”，而一定是主体的本质，即：主宰。所谓的“主体的整体性”是在个体主体欠缺一个主宰的实现时才产生的。就是说，先有主体的本质，而后才有主体的欠缺；先有主体的欠缺，而后才有主体的整体性；而主体的本质与主体的整体性之间的矛盾就是主体间冲突产生的根源：主体的本质决定了主体必然要为成为主宰而斗争。正如笔者在前面已经论述过的那样：“一旦存在着两个以上的‘主体’，主体间就必然要在两个方面发生你死我活的斗争：其一，争做世界的主宰（而不仅仅是获取更多的资源）；其二，争做他人的主宰（而不仅仅是争取与他人平等）。所谓争做他人的主宰是指：要么消灭我以外的其他一切不完全主体，使我成为唯一的主体；要么在无法全部消灭其他主体的情况下，争取征服其他主体，使其变为自己的客体，而不是与己相争的主体。如此，则使我成为唯一的主体。”然而，也恰恰是在上述为着两个“主宰”的你死我活的斗争中，个体主体的欠缺性才毕露无遗地显现出来——任何个体主体都既无能力单独成为世界的主宰，更无能力成为所有他人的主宰。个体主体只有与他人结为世世代代生生不息的人类整体，才有可能成为世界的主宰。这便是人类主体的整体性。它使得个体主体间不得不结成荒诞的主体间关系。而荒诞的主体间关系形成之时，同时也就是主体的本质与主体的整体性之间的矛盾产生之时。而这个矛盾永远都是主体间冲突产生的根源。我们可以把这个过程表述为一个不可破解的环：主体的主宰世界之本质使得个体主体必然与其他个体主体处于永无止息的冲突之中；在这种永无止息的主体间冲突中，个体主体却又不可避免地要显现出其作为主体的欠缺性。而这个个体主体的欠缺性又决定了个体主体必须致力于弥补其欠缺性，从而也就必然要努力去实现人类主体的整体性；为了实现人类主体的整体性，个体主体间就不得不结成“荒诞的”主体间关系；处于荒诞的主体间关系中的个体主体因其主体的本质又必然使个体主体间永远处于永无止息的主体间冲突之中……如此周而复始，循环往复，以致无穷。人类主体的命运就是如此。它只能在冲突中联合，在联合中冲突，在“冲突——联合”的无限循环中走向完善的主体整体性。

所谓“围绕主宰”则是指：主体间的冲突不仅全都是因主体的主宰本质与主体的整体性之间的矛盾而产生，而且全都是围绕着主宰而展开的。与存在的冲突相比，主体间的冲突之范围要小得多。并不是所有围绕着存在而展开的冲突都属于主体间的冲突。只有那些满足了下述两个条件的冲突，才属于主体间的冲突：其一，该冲突是人作为主体，而不是作为存在者，与其他主体，而不是存在者，之间所发生的冲突；其二，该冲突是围绕着“主宰”，而不是围绕着“存在”而发生的冲突。在现实中，人类的许多冲突都同时具有存在者间的冲突和主体间的冲突之特征。以争夺地盘为例，人类争夺地盘的冲突从野蛮进化到文明，最终以由法律确定和制度保护的形式固定下来。这个由法律确定和制度保护的私人空间对私人而言就同时具有两层意义：其一，它是私人存在的空间，即私人生存、繁衍以及发展、娱乐等等的空间；其二，它是由私人主宰的空间，即私人以主体的身份主宰其间，并排除一切他者之干扰的空间。假如有他人侵入某人的私人空间，从而引发冲突，则这种冲突就既可以是第一层次的冲突，即存在者间的冲突；也可以是第二层次的冲突，即主体间的冲突。在该私人空间是私人的存在空间的意义上，该冲突就是存在者间的冲突。而在该私人空间是私人的主宰空间的意义上，则该冲突又是主体间的冲突。因为，当该私人被视为存在者，该私人空间被视为存在的空间时，就该存在空间所发生的冲突无疑就是“源于存在，围绕存在，并为着存在”的冲突，因而也就必然是存在的冲突。但一旦该私人被视为是主体，该私人空间被视为由该主体所主宰的空间时，则就该由其主宰的空间所发生的冲突就无疑是“源于主宰，围绕主宰，并为着主宰”的主体间冲突了。我们可以从对侵犯他人私人空间而发生的冲突所存在的两种截然不同的法律规定中看出这种冲突所具有的两个不同层次的冲突性质：如果立法者将该冲突认定为存在的冲突，则法律赋予存在者的救济手段就会仅限于排除侵犯，索取赔偿。但如果立法者将该冲突认定为主体间的冲突，则法律赋予主体的救济手段甚至会包括消灭入侵者。这便是存在的冲突与主体间的冲突的又一区别所在：围绕着存在所发生的冲突往往只需排除对存在的妨害。而围绕着主宰所发生的冲突，却可以是消灭对主宰的挑战者。前者的立法原则是“私有财产受法律保护，不得侵犯”；而后者的立法原则则是“私有财产神圣不可侵犯”。前者将私有财产视为私人生存、繁衍以及发展、娱乐等等的不可或缺的条件，因而才受法律之保护；而后者则把私有财产视为主体的主宰范围，因而才是神圣不可侵犯的。

人是矛盾的存在，因而人类的大多数冲突都像上述例子一样，都兼具存在的冲突和主体间的冲突两种性质。但在层次上，主体间的冲突永远高于存在的冲突——人作为主体，并围绕着主宰而展开的冲突与人作为存在者，并围绕着存在而展开的冲突相比，无论在哪个方面都要高出一层：人之作为主体高于人之作为存在者；而围绕着“主宰”所发生的冲突无疑也高于围绕着“存在”而发生的冲突。我们虽然无法列举和逐一分辨出在人的各式各样的冲突中何者属于存在的冲突，何者属于主体间的冲突，但只要坚持“主体”和“主宰”这两个衡量标准，就不难界分出存在的冲突和主体间的冲突来：一切将人视为主体，而不仅仅是存在者，因其主宰的本质，并围绕其主宰的本质所发生的冲突就是主体间的冲突。而一切将人视为存在者，而不是主体，因其存在的需要并围绕其存在的需要所发生的冲突就是存在的冲突。

所谓“为着主宰”是就冲突的目的而言的。正如存在的冲突之目的是为了存在一样，主体间的冲突之目的便是为了实现主体的主宰之本质。所谓实现主体的主宰之本质，无外乎是在两个方面成为主宰，即：成为世界的主宰与成为他人的主宰。显而易见，以成为世界和他人的主宰为目的的冲突一定是你死我活的冲突。只有消灭对方，或者将对方降为被奴役的客体，主体的主宰意欲才有可能实现。这便是“为着主宰”所突显出的主体间冲突的本质特征——你死我活，不共戴天。这与由存在的冲突之目的所决定的存在的冲突之本质特征完全不同。存在的冲突的本质特征绝不是“你死我活”，而仅仅是“决出输赢”。无论是为了生存，还是为了发展，无论是为了成功，还是为了幸福，都没有必要一定要将对方置于死地，或将对方沦为奴隶。只要对方认输，存在的冲突就已经解决。争地盘者，地盘占到，冲突即解决；争资源者，资源到手，斗争即结束；争利益者，利益实现，竞争就终结；争权力者，权力易位，恩怨就了结。这便是存在的冲突之本质特征。与此不同，以主宰为目的的主体间的冲突却一定要将对方置于死地，或沦为奴隶，才肯罢休。因为只有将对方置于死地或沦为奴隶，才有可能实现主宰之目的。这里我们在更深的层次上看到了主体间关系的荒诞性：不得不处于荒诞的主体间关系中的主体，他们之间的关系的本质却是你死我活的。用另一种方式来表达就是：本质关系是你死我活的主体却不得不处于相互联系、相互作用并且最终还要相互合作的荒诞的主体间关系中。

这就是主体间的冲突。它因主体的欠缺所引发，又由主体的本质所决定。它是人类主体的整体性与主体的本质之间的矛盾所导致的必然结果。主体间冲突的存在，既是人类主体实现其主宰世界的本质之根本障碍，也是人类主体实现其主体的整体性之根本障碍。人类只有首先消除主体间的冲突，然后才有可能实现主体的整体性。同样，人类只有首先消除主体间的冲突，然后才有可能实现其主宰之本质。在消除主体间的冲突之前，人类就既不可能是真正的主体，也不可能达至真正自由之境界。因为，自由者，无冲突。冲突者，无自由。冲突中的主体不可能有自由。作为冲突中的主体，人即不自由！

三、冲突中的主体——斗争、竞争与合作

人作为欠缺的主体，为了实现其主宰世界的本质，不得不依赖于人类整体的存在，不得不依赖于人类主体的整体性之实现。另一方面，人类在实现其主体的整体性之过程中，又必须保持个体主体的主体地位。一旦个体丧失了其主体地位，则即使实现了所谓的“整体性”，该整体性即已经不再是“主体的整体性”，而最多只能说是“存在者的整体性”了。概而言之，主体的整体性是由多元主体所实现的整体性。主体整体性的前提是个体主体的存在，是个体主体的主体地位未被动摇，未受损害。这便产生了一个矛盾链：一方面，主体的主宰本质之实现有赖于主体的整体性之实现；但个体主体的主宰本质又决定了在个体主体间必然会产生主体间的冲突，这种主体间的冲突反过来又必然会阻碍人类主体的整体性之实现；被阻碍的主体整体性之实现最终又会阻碍个体主体的主宰本质之实现。另一方面，主体的整体性之实现又以多元主体的主体地位未被损害为前提；但如果不限制或管束主体的主宰本质，便无法避免或化解主体间的冲突，从而无从实现主体的整体性；而一旦限制和管束主体的主宰本质，则必然会损及主体的主体地位。人类的多元主体自其成为主体的那一刻起就不得不处于这个难以解开的矛盾链中。处于这个矛盾链中的人类主体自始至终都将处于这样一个两难境地中：为保持个体主体的主体地位，就必须最大限度地去实现其主体的主宰本质。实现其主体的主宰本质，是为了成就和保有其主体地位。但如果一味地放纵其主宰本质，便必然导致主体间的冲突，阻碍主体的整体性之实现，从而最终阻碍个体主体的主宰本质之实现。另一方面，要实现其主体的主宰本质，又必须最大限度地实现其主体的整

体性。而要实现主体的整体性，又不得不在处理主体间关系时尽最大可能地控制和限制其主体的主宰本质。但如果过分地控制和限制主体的主宰本质，则又会损害个体主体的主体地位，从而使所谓的“整体性”丧失其“主体性”。处于这个两难境地中的人类多元主体，就是我们这里所说的“冲突中的主体”。冲突中的主体，作为荒诞的主体间关系的担当者，命定要处于主体间的冲突中。而作为主体的主宰本质之实现者，却又不得不调整和化解主体间的冲突。他必须在主体间的冲突中不断化解冲突；他又须在化解主体间的冲突的过程中不间断地保持其主体地位。冲突中的主体所面临的难题是：在调整主体间的关系时，如何能在不损害个体主体的主体地位的前提下，消解主体间之冲突？这个难题从另一个角度也可以表述为：如何把握压抑或张扬个体主体的主宰本质的“度”。过度地压抑和控制个体主体的主宰本质，则会使主体丧失其主体地位；而过度地张扬个体主体的主宰本质，则会严重地损害主体的整体性，从而使主体的主宰本质更难以实现。几千年来的人类实践从主体间关系的角度来说，就是人类摸索如何把握控制和张扬主体的主宰本质之“度”的实践；就是人类探讨如何化解主体间冲突的实践；就是人类一步步地实现主体的整体性，一步步地走向自由的实践。总结人类几千年来的实践，我们可以归纳出三种调整主体间关系、化解主体间冲突的理论和方法，即：以斗争消弭冲突，以竞争化解冲突，以及以合作根除冲突。

1. 以斗争消弭冲突——人否定人的理论

“斗争”一词在中文中有着十分宽泛的用途。但凡含有“抵抗”、“抗争”、“奋斗”、“争夺”“战斗”乃至“克服”等意义的场合都可以使用“斗争”一词。于是，克服困难，可以说“与困难做斗争”；战胜病痛，可以说“与病痛作斗争”；抗击水灾，可以说“与洪水作斗争”；甚至戒烟戒酒都可以说“与烟瘾、酒瘾作斗争”等等；诸如此类，不胜枚举。然而，作为调整主体间关系，处理主体间冲突的一种方式，“斗争”的含义却只能作十分狭义的解释。在调整主体间关系的领域中，“斗争”的含义应该仅仅包括如下之解释，即：在处理主体间冲突时，不承认他者之主体地位，即不承认他者是与自身平等的主体，以征服，至少是臣服对方为目的，采取一切可以采取的方法，甚至最残忍的手段也在所不惜，直至一方被征服乃至被消灭为止的一种处理主体间冲突的方式。简而言之，斗争就是以否定对方，征服对方，乃至消灭对方的方法来消弭冲突。对方一旦被否定，被消灭，冲突也就一劳永逸地消除了。

斗争既然是以否定对方来消弭冲突，则对对方的否定便是采取斗争方式的前提。只有将对方妖魔化为恶人、劣等人或腐朽没落之人，采取斗争的方式才可能具有合法性。如果他者是与本身平等的主体，则对他者采取斗争的方式就毫无理由，毫无根据，毫无合法性。因此，主张以斗争的方式消弭人与人之间的冲突者，都毫无例外地要将人类划分为应肯定之人与应否定之人两类；而将主体间的冲突定义为应肯定之人与应否定之人之间的冲突。至于什么样的人应被否定，则是见仁见智，莫衷一是。自由主义者以危害他人生存者为应否定之人，其否定的依据是所谓自然法之"自保"原则。种族主义者以所谓的"劣等民族"为应否定者，其否定的依据是所谓的"人种优化"。由于将人类划分为应肯定的人与应否定的人，斗争的方式便取得了合法的地位：既然存在着应否定之人，否定的方式自然就是斗争。而斗争的方式也就有了"正义"与"非正义"之分——应肯定之人对应否定之人的斗争即是正义的斗争，反之则是非正义的斗争。由于有了这样的划分，鼓吹斗争方式的人于是便有了各式各样，冠冕堂皇，理直气壮的借口——为"自保"而斗争是为正义而斗争；为种族优化而斗争也是为正义而斗争；为先进阶级的利益而斗争，同样是为正义而斗争等等，等等，不一而足。总之，只要将目的界定为"正义"，则为实现正义的目的而否定阻碍正义实现之人就是天经地义的；只要否定正义的阻碍者是天经地义的，则斗争的方式就不但是可取的，而且是必须的：要否定应否定之人，非斗争方式莫属。于是，人类主体间关系的问题就被聚焦到正义与否的问题之上，而对处理主体间关系更为关键、更为根本的问题——处理方式之问题却被这个"正义与否"的伪问题所掩盖。我们说"正义与否"是个伪问题，不仅仅是因为无论正义与否，采取斗争的方式都没有合理性，而且还因为所谓的"正义"，是因人而异、因时而异、因事而异的。人类也许永远都不可能达致一个既为全人类所认可，又经得起时间和各种变化考验的绝对和永恒的正义观念或正义标准。只要不彻底否定斗争的方式，而只是一味地纠结于所谓的正义与否之问题，则在正义的旗号掩盖下之人否定人的暴行便会永远不绝于世。法国大革命将路易十六送上断头台是为正义而斗争；基地组织撞毁世贸大厦也号称是为正义而斗争；美国向广岛长崎丢原子弹是为正义而斗争；苏联入侵捷克斯洛伐克同样也打着为正义而斗争之旗号。于是，在"为正义而斗争"的旗号下，多少暴行假正义之名而生！多少罪孽由斗争之方式铸成！人类惨痛的历史早已证明：所有暴行的根源并不在于对"正义"的误解或滥用，而在于对斗争方式的肯定。在某种意义上，斗争是可以与暴行画等号的——采取斗争的方式，就是在施行暴行。因此，肯定斗争的方式，就是允许暴行存在。只要肯定斗争的方式,即使对正义没有误解或滥用,人间的暴行仍会发生。只要完全否定了斗争的方式,即使正义被误解,被滥用,也不会产生暴行。只有完全、彻底地否定斗争的方式,才有可能根绝种种暴行。如果没有绝对、全面、彻底地否定斗争的方式,如果斗争的方式还没有从实现各种各样的"正义"的方法中完全、彻底地排除出去,则打着"为正义而斗争"的旗号而施行的人否定人之暴行就不会根绝于世,"为正义而斗争"就永远都会是人否定人之暴行的挡箭牌和遮羞布。于是,完全、彻底地否定斗争的方式便成为人类调整主体间关系的第一要务。

要从根本上全面、彻底地否定斗争方式,我们首先应该对斗争方式的基本特征有一个基本的分析。概括起来,斗争的方式有如下几个基本特征:

(1)斗争的双方的关系是敌对关系。

斗争方式本身就意味着敌对关系的成立——只有将对方视为"敌人",才会采用斗争的方式。或者反过来说,只要相互采用斗争的方式,就已经互将对方视为"敌人"。这种敌对关系,以互不承认对方的主体地位,甚至互不承认对方作为人的合法性为特征。当人与人之间的关系成为不共戴天的敌对关系时,否认对方的主体地位,甚至否认对方存在的合法性就是理所当然的了。而否认对方的主体地位和存在的合法性之理由,往往就在于上述的所谓"非正义性":各方都宣称自己是正义的代表,各方都指责对方是不义的化身。正义的代表和不义的化身不可能是平等相待的双方,而只能是一方否定另一方的敌对关系。

(2)斗争的对象是人,而不是事物。

斗争的对象一定是人,而不是"物"。有些斗争表面看来斗争的对象是"物"——诸如权力、利益、荣誉、地域、资源、物质等等,这些斗争似乎都是对上述种种事物的争夺。但仅仅是对"物"的争夺,并不一定意味着就是斗争的方式。诸如先占、竞价以及竞争等等方式,也都是对"物"的争夺。甚至连碰运气的抓阄方式,也不失为是一种争夺物的方式。同样是对物的争夺,是什么将斗争与其他的争夺方式区别开来的呢?是斗争的最终对象!其他争夺方式的争夺对象没有"首先"与"最终"的区别,它就是"物"。而斗争的对象却可能有"首先"与"最终"之区别,某些斗争的对象虽然首先指向"物",但最终却并不是"物",而是与其争夺这些"物"的人。也即:斗争的最终对象是人,而不是物。举例来说,政治领域内非斗争方式的竞选,其竞逐的对象只有一个,即政治权力。权力到手(或旁落),竞选即结束。但政治领域内斗争的方式却不是这样。政治斗争争夺的对象虽然表面上也是指向权力。但斗争的最终对象却并不是权力,而是指向与之争夺权力的对手。正因为斗争的最终对象是人,不是物,斗争的获胜方才会在取得权力之后仍不会善罢甘休,他不会让与之相争的对手平安无事地继续存在,而是会打倒、否定失败者;甚至会追杀、诛灭失败者。这就是将人还是将物作为对象的区别所在。

(3)斗争的目的是否定乃至消灭对方,而不仅仅是战胜对方。

以人为最终对象的斗争,其目的必然是对人的否定。斗争的本质特征就是人对人的否定。斗争是以否定对方,乃至消灭对方为目的的厮杀。它不仅仅要战胜对方,而且要否定对方,臣服对方,甚至消灭对方。总之,是以使对方不再成为主体为目的。只要采取的是斗争的方法,无论打着多么冠冕堂皇之旗号,其目的都毫无例外地是否定直至消灭对方,都不可能仅仅限于战胜对方。

(4)斗争的方法是无规则的搏杀。

斗争具有你死我活的性质。因此,在斗争中,任何暴力、残忍、野蛮、疯狂的手段都可能被采用。只要能否定对方,他可以无所不用其极。斗争既然可以不择手段,因而也就没有任何规则而言。从本质上说,它是无规则的搏杀。这里的"无规则"并不是指"没有任何规则可依",而是指"没有任何规则会被真正遵守"。人类文明发展到今日,甚至斗争的最极端的形式——战争,也有了规则的最高形式——法律。如今的"战争法"不但是在国内法层次上的法律,而且已经成为以国际条约为基础的国际法层次的法律。在这种情况下,如果还说斗争的方式是"无规则的搏杀",似乎显得难以成立。然而,决定斗争的方式是"无规则的搏杀"还是"有规则的较量",关键并不在于规则的有无,而是在于规则是否有效,是否被遵守。假如规则不是不可或缺的,而是可有可无的;假如规则不是被强制遵守的,而是被任意选择的;假如违反规则并不会受到制裁,或者只是因为成为失败者才受到制裁,那所谓的"规则"与没有规则也就没有什么区别了。以第二次世界大战为例,面对日本1937年进攻中国的"卢沟桥事变"以及德国的1939年进攻中立国波兰的行为,战争法中的《战争开始公约》形同虚设。而日本的南京大屠杀和德国的奥斯维辛集中营等多个集中营的屠杀平民行为就更是令人发指的违反战争法中不得屠杀平民之规定。即使在同盟国方面又何尝没有屠杀平民的行为呢?美国向广岛、长崎扔下两颗原子弹之行为无论如何都不属于遵守战争法之行为。这就是说,在战争中,为了战争的胜利,任何一方都不会在意战争法之遵守,任何一方都不会顾及违反战争法的行为会被"制裁"。因为所谓的对战争罪行的制裁,永远都是胜利的一方的特权:同盟国胜利了,才会有纽伦堡审判和远东审判。但如果轴心国胜利了,所审判的就绝对不会是南京大屠杀或奥斯维辛集中营,而一定是美国的扔原子弹的行为了。由此可见,所谓的“战争法”其实是由战争各方任意选择的,既没有强制执行效力,也只会由胜利者制裁的“空规则”。而有着这样的“空规则”之斗争的方式,其方法也就自然属于“无规则的搏杀”了。

简而言之,斗争方式的基本特征是:将人与人之间的关系界定为敌对关系,以人为斗争的对象,以否定人,乃至消灭人为目的的不择手段之较量。有着上述特征的斗争方式,从理论上说根本不可能是消灭人与人之间的冲突之可行的方式。

首先,斗争方式所导致的结果是完全消极和绝对否定的。

斗争的结果可以分为三个层次:直接结果、间接结果和最终结果。就人类主体的主宰世界的本质之实现而言,无论是直接结果,还是间接结果,抑或是最终结果,斗争的结果都是完全消极的和绝对否定的。

斗争的直接结果是“成王败寇”。从调整主体间的关系角度来看,这个结果只会使人类主体间的关系更加紧张、更加分裂。“成则王,败则寇”的结果直接导致了主体间关系的彻底分裂——人类主体被分裂为否定者和被否定者两大阵营。这两大阵营之间的关系之本质只能是敌对关系。处于敌对关系中的两大阵营将继续处于斗争之中。被否定者将为着自己的“翻身”而斗争,而否定者则将为着防范自己的被推翻而斗争。任何一方都不得不继续这种你死我活的斗争;任何一方都无法从这种紧张的斗争中脱身。处于这种斗争关系中之任何主体都无法顾及其主宰世界的本质之实现。更遑论提高其实现主宰世界的本质之能力了。

斗争的间接结果是“两败俱伤”。所谓“两败俱伤”是就人类主体的整体性而言的。斗争的结果不论谁成王,谁成寇,都是对人类主体实现其主宰世界的本质之整体力量之削弱。斗争的结果对人类主体实现其主宰世界的本质的整体力量之削弱表现在三个方面:其一,在斗争中,斗争的各方必定会消耗掉巨大的能量和资源,而这些能量和资源本来可以用于实现其主宰世界的本质的。将本来可以用于实现其主宰世界的本质的能量和资源用于相互否定对方之斗争,这无疑是对人类主体力量的重大削弱。其二,斗争的胜利者对失败者的否定,实质上是对部分人类主体力量之否定。而对部分人类主体力量之否定,无疑削弱了人类整体实现其主宰世界的本质之力量。无论斗争的胜利者所否定的失败者是个体,还是诸如民族、国家之类的群体,都无疑是对人类整体力量的削弱。其三，斗争还使胜败双方永远处于敌对的斗争中，而这种无休止的敌对斗争又必然使斗争对人类主体实现其主宰世界的本质的整体力量之削弱长期化。

斗争的最终结果是"同归于尽"。如果人类全面地完全采取斗争的方式来调整其主体间的关系，那么人类的结局只能是"同归于尽"。全面、完全采取斗争的方式的主体间关系，类似于霍布斯所描述的"一切人反对一切人的战争"关系①。而"一切人反对一切人的战争"的最终结果只能是人类的灭亡：最后一个否定了全部他人的胜利者，他自己也无法单独地生存下去。如此，则不但再也没有作为主体的人类，而且连作为生存者的人类也不复存在了。因此，绝对的全面采取斗争的方式，只会导致人类的毁灭。

其次，斗争的方式只会加剧人与人之间的冲突，使人类主体离其主宰本质之实现越来越远，甚至最终走向灭亡。

从某种意义上说，斗争方式是离主体的主宰本质最近，同时又是离实现主体的主宰本质最远的方式。说它离主体的主宰本质最近，是因为它直接发自主体的主宰本质之本能，是主体的主宰本质毫无约束的放纵，是主体的主宰本质淋漓尽致的表现——主体在遭遇到其他主体时的本质表现就是斗争。正如笔者在前面已经论述过的那样，只要有两个以上的主体在一个世界中相遇，他们之间就必须要决定出两个结果：其一，到底谁是客体世界的主人？即：已有的和将有的客体世界，到底由谁来主宰。其二，到底谁是他方的主人？即：如果一方不能使对方臣服，他的主体地位就不能有效成立。而决出这两个结果的最自然，最直接的方式就是斗争。也就是说，斗争是主体的主宰本质的最本能的反映，也是主体的主宰本质的最直接的表现。正因为此，我们才说它是离主体的主宰本质最近的方式。

然而，这种发自主体的主宰本质之本能，从而离主体的主宰本质最近的斗争方式，同时却又是离主体的主宰本质之实现最远的方式。说它离实现主体的主宰本质最远，是因为它仅仅是主体的主宰本质之**表现**，但却丝毫未考虑主

① 霍布斯并不是从主体的角度，而是从生存者的角度来论述"一切人反对一切人的战争状态"的。要之，生存者为生存而斗争的"战争状态"与主体间因放任其主宰本质而产生的"战争状态"是性质和层次都完全不同的两种战争状态。前者是为生存而斗争；后者则是为主宰而斗争。有关霍布斯的"战争状态"之论述，参阅霍布斯著，黎思复、黎廷弼译：《利维坦》，1985 年版，第 92～97 页。

体的主宰本质之**实现**。人是欠缺的主体。欠缺的主体要实现其主宰世界的本质,其先决条件无疑是弥补其欠缺。人必须首先完善自身,然后才可能主宰世界。人完善自身的途径主要有两条:一是个体能力的不断提高;二是人类主体整体性的不断增强和最终实现。随着人类经济的不断发展、科技的不断进步以及人文环境的不断改善等等,人类个体的能力也在逐步地发展、不断地提高。但作为生命体的个体,终究是有限的主体。有限主体不论其能力如何提高,最终仍然只能是能力有限的主体,也即仍然只能是欠缺的主体。人类要成为无限广袤、无限深邃,并且还在无限发展的客体世界的主人,唯一的可能就是首先使自身成为无限的存在。而唯一有可能使人类成为无限的存在的途径就是人类主体整体性的实现——实现了主体整体性的人类不仅可以把无数个体主体的能力凝聚为巨大无比的整体力量,而且还将世代相传、世代相生、不断发展、不断提高,以致无限,以致永远。因此,实现人类主体的整体性是人类实现其主宰世界的本质的最可靠、最可行、也是最重要的途径。然而,斗争的方式却与人类主体的整体性的实现大相径庭。岂止大相径庭,根本就是背道而驰:斗争将人分裂为势不两立的敌对阵营,而不是将人凝聚为团结的整体;斗争是对人的主体地位的否定,(否定他人的主体地位的人,其实同时也就否定了自己的主体地位。)而不是对全体人的主体地位之肯定。斗争消耗掉人类宝贵的主宰世界之能力,而不是增强人类主宰世界之能力;斗争的最终结果有可能是整个人类的灭亡,更遑论人类主体的主宰世界的本质之实现了。一句话,斗争的方式是对人类主体的整体性之根本否定。这种从根本上否定人类主体的整体性之方式不但不能消弭人类主体间之冲突,而且还会加剧人类主体间之冲突。使人类主体间冲突的范围越来越大,程度越来越深,性质越来越严重,最终导致从根本上摧毁人类主体实现其主宰世界的本质之可能。不言而喻,这种从根本上否定人类主体的整体性,从而也就从根本上摧毁了人类主体实现其主宰世界的本质之可能的斗争方式,只能是离主体的主宰世界的本质最远的方式。它离主体的主宰世界的本质最远,不仅仅是因为它从根本上摧毁了人类主体实现其主宰世界的本质之可能,而且还因为斗争方式的最终结果有可能导致人类的灭亡。

综上所述,斗争的方式是一种在本质上是人否定人的,在作用上是完全消极、绝对负面的,而且其最终结果还有可能是导致人类灭亡的绝对否定之方式。斗争方式的完全消极性和绝对否定性本来应该是显而易见的。然而,对这种其消极性和否定性是显而易见的斗争方式,人类在几千年的历史上却从来没有放弃过。岂但从未放弃,而且常常被奉为圭臬,大行其道。这似乎有点令人费解——有着高智商、高理性的人类,何以愚蠢至此,竟热衷于削弱自身,乃至毁灭自身的游戏呢?细究起来,个中原因其实不难理解。使人类热衷于采用斗争方式的原因可能有两个方面:主观方面的原因与客观方面的原因。主观方面的原因在于人类主体的主宰本质。我们知道,人类主体间的冲突包括两个方面:一是在人与人的关系领域中的主体间冲突;一是在人与物的关系领域中的主体间冲突。这两个方面的冲突全都源于主体的主宰本质。在人与人的关系领域中的主体间冲突源于由主体的主宰本质所驱使的争做他者的主人之冲动;而在人与物的领域中的主体间冲突则源于由主体的主宰本质所驱使的争做客体世界,也即"物"的主人之冲动。当多元主体共存于一个空间时,主体的主宰本质必然会驱使各个主体在这两个方面争做主人。人类主体的主宰本质不仅是人类主体间冲突的根源,而且也是人类几千年来始终死抱着斗争的方式不放之根源。因为,人类主体的争做主人之主宰本质决定了人类在处理主体间冲突时,其最本能的表现必然是否定其他主体,甚至消灭其他主体,以确立自己的主体地位。而能够否定,乃至消灭其他主体的方式,非斗争的方式莫属。因此,从主观方面来说,人类主体在处理主体间冲突时的首选方式就必然是斗争的方式。无论在人与人的关系领域,还是在人与物的关系领域,一旦发生主体间冲突,人类主体主观的第一反映必然是"斗争"。在人与人的关系领域,是通过否定人乃至消灭人来达到成为他人的主人之目的。而在人与物的关系领域,则是通过否定人,甚至消灭人来达到主宰"物"之目的。

就客观方面的原因而言,"工具人"存在的现实使得人与人的关系始终带有"主人"与"工具人"的关系本质。所谓"工具人",指的是在"组织型社会①"的任何阶段,人都无法摆脱以自身为工具的尴尬境地。无论是奴隶主庄园的奴隶,还是封建土地上的农民,抑或是工厂企业里的雇工,都一样是被配装在社会组织里的"工具",而不是这些社会组织的主人。在一些人成为组织里的工具,而另一些人则是组织的主人的组织型社会中,"主人"与"工具人"的关系非常容易沦为敌对关系。一旦"主人"与"工具人"的矛盾激化,则斗争的方式必然成为首选的方式。

---

① 有关"组织型社会"与"合作型社会"的详细论述,请参阅本章"以合作根除冲突"一节。

上述两方面的原因决定了要根本否定和摒除斗争的方式，不但有赖于从理论上论证斗争方式的完全消极性和绝对否定性，使人类就摒除斗争的方式达成共识，而且有赖于人类完成从组织型社会向合作型社会的过渡。从组织型社会向合作型社会过渡是一个漫长而复杂的人类发展过程，笔者将在后文从理论上做出某种预测性论证。而本节笔者将集中从理论上论证摒除斗争方式的绝对性，即：任何人在任何情况下都不能以任何理由采用斗争的方式！笔者希望，这些论证能为人类达成摒除斗争的方式之共识做出一定的贡献。

毫无疑问，“任何人在任何情况下都不能以任何理由采用斗争的方式”是一种极端绝对的表述。要使这种绝对的表述成立，需要另一种绝对的表述首先成立，即：“任何人在任何情况下都不能以任何理由否定任何人”。也就是说，绝对摒弃斗争方式的首要前提是绝对确立“人不能否定人”之原则。只有在“人不能否定人”被确立为绝对的原则之后，以人否定人为本质特征的斗争的方式才有可能被人类从实践中彻底地摒除。“人不能否定人”如果仅仅作为一般的相对原则，也许不会引起任何异议。但如果要将其确立为绝对的原则，则一定会遭遇诸多非难。例如，人不能否定人如果是一个绝对的原则，是不是就意味着对否定人之人也不能否定，即对杀人者也不能为了自保而杀之？又例如，假如掌权者背信弃义，压迫和奴役人民，难道人民不能打倒和推翻他们吗？或者，对那些剥削他人，巧取豪夺他人财物者，难道也不能否定之吗？最后，假如真的存在超人似的所谓优等种族，难道优等种族不能取而代之劣等种族吗？毫无疑问，为了绝对确立“人不能否定人”这个绝对的原则，我们必须正视和解答上述责难。下文将从人绝对不能杀人谈起。

(1)在任何情况下，人都不能杀人！

“杀人偿命”在任何国家、任何时代都被认为是天经地义之事。自由主义的奠基大师洛克将此界定为“自然法”最基本的规范之一。在其《政府论》（下篇）第11节中，洛克写道：“因此，在自然状态中，人人都有处死一个杀人犯的权力，以杀一儆百来制止他人犯同样的无法补偿的损害行为，同时也是为了保障人们不受罪犯的侵犯，这个罪犯既已绝灭理性——上帝赐给人类的共同准则——以他对另一个人所施加的不义暴力和残杀而向全人类宣战，因而可以当作狮子或老虎加以毁灭，当作人类不能与之共处和不能有安全保障的一种野兽加以毁灭。‘谁使人流血的，人亦必使他流血’，这一重要的自然法就是以上述的情况为根据的。该隐深信无疑，人人享有毁灭这种罪犯的权利，所以在他杀死兄弟之后喊道，‘凡遇见我的必杀我；’这是早就那样明白地镂铭人心的。”①从这段话中，我们可以归纳出四层意思：第一，罪犯应被完全否定。（即：在自然状态中，人人都有处死杀人犯的权力。）第二，对罪犯的完全否定以自然法为根据。（即：根据“谁使人流血的，人亦必使他流血”的自然法。）第三，完全否定罪犯的理由或原因是：他的行为已经使他与人类为敌。（即：他对另一个人所施加的不义暴力和残杀就是向全人类宣战，“因而可以当作狮子或老虎加以毁灭，当作人类不能与之共处和不能有安全保障的一种野兽加以毁灭”。）第四，完全否定罪犯的目的是威慑他人和自保。（即：“以杀一儆百来制止他人犯同样的无法补偿的损害行为，同时也是为了保障人们不受罪犯的侵犯”。）粗看起来，这四层意思似乎并无不妥。然而，深究起来，这四层意思无一不隐含着无法解决的悖论。就对罪犯的完全否定而言，假如人人都有处死杀人犯的权力，则人人都可能成为杀人犯，人人又都可能因杀人而被杀。该隐在杀死兄弟后人人都有权杀他。但杀了该隐的人不是立刻就成为人人都有权处死的杀人犯了吗？然后，杀这个杀人犯的人又成了人人都有权处死的杀人犯……以此类推，则最后的结果只能是人人都有权杀人，人人也都有可能被杀。如此，则对一个人的否定必然会引起对一切人的否定之结果。这便是完全否定罪犯之悖论。

就完全否定罪犯的根据而言，“谁使人流血的，人亦必使他流血”是否真是“自然法”是大有商榷的余地的。它其实更像是原始社会野蛮的“同态复仇”理念之遗迹。这里的悖论与上述的悖论相似：假如谁使人流血，人亦必使他流血，则使他流血之人，其他人是否亦必使他流血呢？如果不是，则此所谓的自然法便不成立。但如果是，则流血之人便会永不间断，人类便会因此而血流成河。

就完全否定罪犯的理由而言，假如暴力和残杀行为就是向人类宣战，则任何暴力和残杀行为就都是向人类宣战。杀人犯杀人是暴力和残杀行为，因而是向人类宣战的行为；处死杀人犯的行为同样也属于暴力和残杀的行为，因而同样也是向人类宣战。如此，则处死杀人犯的人，他人也可以将其当作狮子或老虎一样毁灭。……

---

① ［英］洛克著，叶启芳，瞿菊农译：《政府论》（下篇），商务印书馆 1964 年版（2004 年第 11 次印刷），第 9 页。

最后，就完全否定罪犯的目的而言，假如处死杀人犯的目的是所谓的“自保”，则在杀人犯成为杀人犯之时，被杀之人已经不保，而没有被杀之人并无自保之迫切需要。该隐杀了其兄弟，并不意味着他就会去杀其他人。在没有确定其会杀其他人之前，其他人有什么理由要为了自保而处死他？如果任何人都能够在并不存在实际的危险，甚至根本没有危险的情况下，以自保为由而杀人，则人人都将无法自保，如此便根本没有自保可言。另一方面，假如处死杀人犯是为了所谓的威慑他人，使其不敢杀人，则杀人的威慑作用即使有，也远远抵不过杀人的榜样作用——既然人是可以杀的，则剩下的就是为杀人找一个好的理由。除非根本否定杀人的权力，否则靠杀人是根本威慑不住杀人的行为的。

也许有人会反驳说：“上述悖论的产生，完全在于没有区分两种性质根本不同的‘杀人’，即：正义的杀人和不义的杀人。处死杀人犯的‘杀人’，是完全正义的杀人。而杀人犯之‘杀人’，则是绝对不义的杀人。对正义的杀人者，任何人都既没有理由，也没有权力再处死他。因此，只要区分了正义的杀人和不义的杀人，则上述悖论便不复存在了。”这种反驳如要成立，必须要有一个前提，即：存在着“正义的”杀人，也即杀人有正义与不义之分。只有在证明了存在着正义的杀人之后，上述反驳才有可能成立。那么，是否真有正义的杀人呢？如果真的有，又是什么样的杀人才属于正义的呢？对于第一个问题，死刑的存在似乎已经做了肯定的回答：依法判处死刑并执行不就是“正义的杀人”吗？如果这个回答成立，则对第二个问题也就容易回答了：在文明高度发达的今天，当年洛克的论述当然已经不足以证明人杀人的正当性。在当今社会中，要证明人杀人的正当性，必须全部满足了下列条件：第一，必须有明确规定判处死刑的法律条文；第二，必须有确凿的应判死刑的犯罪事实；第三，必须经过法定的审判机关审判，并确认其罪与刑相符；第四，必须严格履行了法定的审判和执行程序。只要满足了上述条件，人杀人就是正义的。这不仅是坚持死刑的国家之实践，而且甚至也是绝大多数鼓吹废除死刑的仁人志士的信条。他们反对死刑之理由并不是“人不能否定人”，而仅仅是“人不可能完全满足上述条件”。言下之意，如果人能够完全满足了上述条件，人杀人就是正义的。至于人为什么不能完全满足上述条件，那是因为人不是神。既然人不是神，人就不可能不判错、杀错。也就是说，他们仅仅以“会杀错”为由而主张废除死刑，而不是根本否定人杀人的权力。按他们的逻辑，既然人不是神，人就不可能制订出完全公平、完全正义的法律；既然人不是神，人就不可能完全正确、全面地查清事实和认定事实;既然人不是神,人就不可能制订出真正公正、真正完善、真正能防止失误的程序;既然人不是神,人也就根本不可能保证其所做出的判决是完全正确的或永不出错的。一句话,既然人不是神,人就不可能完全满足上述条件。因此,人才不能杀人。然而,根本的问题并不是人能不能满足上述条件。根本的问题是:即使完全满足了上述条件,人就能杀人了吗?或者说,人杀人就成为正义的了吗?在鼓吹废除死刑的仁人志士中,只有极少数人对此做出了否定的回答。其中最有代表性的是法国的斗士巴丹戴尔。巴丹戴尔在接受一次采访中说道:“所以,只要能理解到死刑的实质是人审判人,人杀死人,就能回到一个经验主义的常识——人不能杀人,即使是通过法庭。”**人不能杀人!** 这其实并不仅仅是“一个经验主义的常识”,它其实蕴含着极为深刻的形而上的哲理:“人不能杀人”并不是因为人不是神,一定会杀错人;也不是因为人杀人的理由不可能绝对充分,所依据的法律不可能绝对健全,所履行的程序不可能绝对完善,或者做决断的法官不可能绝对圣明等等;而是因为人根本没有理由,根本没有权力杀人。作为主体的存在,人与人同为主体;作为欠缺的存在,人与人同样欠缺。同为主体之人,同为欠缺之存在,可以否定他人之行为,也可以否定他人之主张,但就是不能否定他人之存在,不能否定他人之主体地位。因为,否定他人之为主体,同时就是否定自己之为主体,否定他人之存在,同时就是否定自己之存在。人杀人,既是对他人存在的根本否定,也是对他人的主体地位之根本否定。如果自然法允许人杀人,允许人否定人,不论是以什么理由,不论是通过什么程序,其结果都必然是允许人被杀,允许人被否定。因此,只要允许人杀人,允许人否定人,任何人就都存在着被杀、被否定的可能。如此,则人类就根本没有和谐共存的可能。人类主体间的共存关系也就根本不可能存在。而人类主体的整体性也就更没有实现的希望了。为人类的和谐共存计,为人类主体的主宰本质之实现计,“人不能否定人”必须成为人类主体存在的第一要义。假如真有“自然法”,“人不能否定人”就应该是自然法的第一要义。假如真有最根本的正义原则,“人不能否定人”就应该是正义的第一要义。因为,“人不能否定人”,不仅仅是人类和谐共存的前提,也不仅仅是人类主体间关系赖以建立的基础,它更是人类实现其主体的整体性之根基,是人类走向自由的必要条件。

然而,“人不能否定人”并不意味着人不能否定人的“罪行”。人虽然不能从根本上否定杀人犯,但却必须从根本上否定杀人的行为。毋宁说,不从根本上否定杀人犯,就是要从根本上否定杀人的行为——任何人,在任何情况下,都不能杀人！只有将“人不能杀人”确立为绝对的原则，才有可能最终根绝杀人行为。对此，美国的马丁·路德金的一段话也许最能说明问题。马丁·路德金将其践行的非暴力反抗主义归纳出六个特征。其中的第三个特征是这样的：“其进攻直接针对罪恶，而非行使这罪恶的人。非暴力反抗所欲战胜的是罪恶，而不是受到罪恶欺骗的人。若非暴力的反抗者反对的是种族方面的不正义，他便必得有这样的洞见，即基本的紧张状态不应出现在种族之间。在蒙哥马利我便经常对人说：‘这城市的紧张状态不应出现于白人和黑人之间。根本言之，紧张状态应存在于正义与非正义之间，存在于光明与黑暗的力量之间。如若有胜利存在，这胜利不应单单是五万名黑人的胜利，而应是正义的胜利，光明的力量的胜利。我们要战胜的是不正义，而不是行不正义之事的白人。’”不针对人而只针对罪恶，不战胜人而只战胜罪恶，将罪恶与造成和从事罪恶之人区分开来，这才是真正的正义之事业。正义的实现必须完全摒弃对人的否定，完全摒弃斗争的方式。因为，假如真有“正义”，它一定是一种“普世的价值”，即属于全人类的每一个人和任何一个人的价值。属于全人类每一个人和任何一个人的普世价值之正义，绝不可能通过一部分人否定另一部分人，一部分人与另一部分人“斗争”来达到。必须在人与人之间彻底摒弃斗争的方式，才有可能实现属于所有人的真正的普遍正义。这就是说，“为正义而奋斗”的前提条件是区分“罪行”与“施行罪行之人”，否定“罪行”而不否定“施行罪行之人”。任何人作为人，无论他做过什么，无论他犯过什么“罪行”，都不能被否定。因为否定人本身就是一个“罪行”！人不能以罪行来否定罪行。要从根本上真正地否定罪行，就必须在任何情况下都不否定人。反过来说，不否定人的目的，恰恰是要从根本上否定“罪恶”，否定“罪行”。只有在任何情况下都坚持不否定人，才有可能最终消除人间罪恶。也只有在任何情况下都坚持不否定人，斗争的方式才会被清除出人类实践。

(2)在任何情况下，人都不能以任何理由来否定人！

“人在任何情况下都不能杀人”所表述的是这样一个原则：对否定人之人也不能否定之。否定人之人除了杀人者，还有压迫、奴役人之人。与杀人者不同的是，压迫、奴役人之人一般都是掌权之人。要对抗掌权之人对人的否定，采用斗争的方式似乎不但更有理由，而且更有必要。因为，无权之人民如果不采取斗争的方式，似乎根本没有希望能成功对抗掌权人的压迫和奴役。于是，权力的存在便成为采取斗争的方式之最难以驳斥的理由。而采取斗争的方式之理论依据，则首推自由主义的“社会契约论”。社会契约论既解释了社会权力的来源，又阐明了当社会权力导致人奴役人的时候，采用斗争方式的必要性和合理性。按照社会契约论，人类社会的权力源于人类主体间缔结的社会契约。根据社会契约，人类的个体主体自愿放弃部分自主权，并授予社会以必要的权力来保护参加社会的个体的财产和权利。假如根据社会契约掌握了社会权力者没能依约保护个体的财产和权利，反而图谋运用权力，奴役人民时，便构成根本违约，掌权者就成为违约者；其所使用的权力就成为非法的权力；人民就有权向其宣战，否定它，并另组政府以取代它。这个理论的杰出代表是英国的洛克。他在其名著《政府论》中宣称："人们参加社会的理由在于保护他们的财产；他们选择一个立法机关并授以权力的目的，是希望由此可以制定法律、树立准则，以保卫社会一切成员的财产，限制社会各部分和各成员的权力并调节他们的统辖权。因为，决不能设想，社会的意志是要使立法机关享有权力来破坏每个人想通过参加社会而取得的东西，以及人民为之使自己受制于他们自己选任的立法者的东西；所以，当立法者们图谋夺取和破坏人民的财产或贬低他们的地位使其处于专断权力下的奴役状态时，立法者们就使自己与人民处于战争状态，人民因此就无需再予服从，而只有寻求上帝给予人们抵抗强暴的共同庇护。"①人类因社会契约而使一部分人掌握了社会权力；这部分掌握社会权力者因为违约而导致人奴役人；被奴役者因掌权者违约而获得否定掌权者的权力，并因其否定掌权者的权力而拥有采用斗争方式的权力。这便是社会契约论的论证逻辑。因此，根据社会契约论，奴役与斗争方式的关系不是奴役者必定会对被奴役者采取斗争的方式，而是被奴役者根据社会契约有权对奴役者采取斗争的方式。被奴役者之所以有权对奴役者采取斗争的方式，是因为奴役者根本违反了社会契约。于是，斗争的方式便堂而皇之地成为实现和维护人不能奴役人的积极手段。不仅如此，美国的独立战争、法国的大革命以及新近在北非发生的一系列茉莉花革命等等社会实践似乎也都在支持这一观点——斗争的方式是推翻人对人的奴役，实现"人不能奴役人"的原则之合法、合理、积极、正义的手段。

面对着这样的理论和这样的实践，彻底否定斗争方式之论证似乎遇到了无法逾越的障碍。关键在于否定人奴役人所面对的不仅仅是奴役人的人，而

① 洛克著，叶启芳、瞿菊农译：《政府论》下篇，商务印书馆 1964 年版（2004 年 10 月第 11 次印刷），第 133～134 页。

且还有使奴役成为可能的“权力”。而且最主要，最起决定作用的是“权力”。人之所以可以奴役人，仅仅是因为他握有权力。没有权力，也就不可能有奴役。因此，否定人奴役人的关键就在于否定权力，起码是否定权力的滥用。但是，没有权力的人民如果不采用斗争的方式又如何能够否定权力，否定权力的滥用呢？假如在理论上没有更好的方法来纠正掌权者违反社会契约而滥用权力，或者，如果在实践中存在着通过斗争方式来纠正掌权者违约用权的成功实例，则斗争的方式似乎便有存在的理由，彻底否定斗争方式似乎便是不可取的。

这个看似十分棘手的问题其实源于一个误判。我们知道，在“社会契约论”的大旗下，聚集着各式各样意义迥异的“社会契约”。霍布斯的“社会契约”是为了结束所谓的“一切人反对一切人”的战争状态，建立利维坦式的国家而订立的契约，其实质是为国家拥有几乎绝对的权力张目。洛克的“社会契约”则是为了调解个体间在自然状态下所必然发生的冲突而订立的契约，其重点在于以社会的权力保护个体的权利和利益。卢梭的“社会契约”则是为了找出一种众力结合的方式，以克服阻碍人类发展的阻力，并在以社会权力保护个体的财产的同时，又使个体仍然和从前一样自由而订立的社会契约，其目的在于调和所谓的社会利益和个体利益间的矛盾。而罗尔斯的社会契约则是为了确立社会必须遵守的最根本的正义原则而在无知之幕背后所达成的契约，其宗旨在于为社会正义正本清源。无论是哪一种社会契约，都无法回避两个问题：对权力的界定和对滥用权力的防止。毋宁说社会契约就是在肯定权力的前提下对权力的约束。而上述种种社会契约的不同之处也仅仅在于对权力约束的方法和力度之不同。但在肯定权力这一点上则是完全相同的。这就是说，如果以社会契约论为根据，是无法从根本上否定人奴役人的。因为，要从根本上否定人奴役人，就必须从根本上否定“权力”。只要存在权力的遗迹，就存在着人奴役人的可能。但各种社会契约论无一不肯定权力存在的必要性。因而无一不为人奴役人的可能性开了绿灯。于是，否定人奴役人的途径就只剩下一条路——约束权力。这有点像驾驭恶魔拉车：社会契约论首先肯定没有权力这个恶魔就拉不动人类社会这辆大车。在这个前提下，问题就只剩下如何降服恶魔、驾驭恶魔来为人类拉车了。降服恶魔靠辕套，而驾驭恶魔则靠驭手。如果辕套缚不住恶魔，其结果将是车上的人连同驭手都将被恶魔吃掉。而如果辕套能够缚住恶魔，但驭手却驾驭不住恶魔，则虽然车上的人没有被吃掉的危险，但大车仍然有被恶魔拉入歧途，甚至翻车坠崖之危险。除此之外，还有一种更可怕的情况，即驭手能够驾驭恶魔，但却不驾驭恶魔拉车，反而驾驭恶魔反过来残害车上的人民。这便是人奴役人现象产生的根源。于是，人奴役人的现象就表现为是驭手在奴役人民，而不是恶魔在残害人民。而对抗奴役的关键也就表现为能否打倒驭手、否定驭手并更换驭手。由于驭手驾驭着恶魔，因此，打倒、否定驭手的方式就只有通过斗争。唯采用斗争的方式，才有可能战胜恶魔，否定驭手。这个看似合情合理的论证恰恰是笔者所说的"误判"之所在。之所以说它是"误判"，是因为它将否定人奴役人与否定奴役人的驭手相等同了。按此逻辑，只要否定了利用权力恶魔来奴役人民的原驭手，换上一个为人民驾车的好驭手，就可以根除人奴役人的现象了。然而，人奴役人的现象既然是源于恶魔拉车，在不能完全否定恶魔拉车的前提下，要否定人奴役人就不仅仅在于，并且主要并不在于遴选和更换驭手上，更重要的是在于有效管束恶魔和有效监管驭手。没有套缚住恶魔的完善的辕套和管束住驭手的健全的制度，单凭更换驭手，不论是以斗争的方式更换，还是以所谓民主的方式更换，都不可能达到否定人奴役人的目的。人类历史大量的事实已经证明了这一点。法国大革命以斗争的方式最后否定了国王路易十六，但换上的罗伯斯庇尔甚至比路易十六还残忍。德国在第一次世界大战后以"民主"的方式换上了希特勒，其结果却是整个欧洲大陆惨遭蹂躏。埃及的茉莉花革命以斗争的方式否定了穆巴拉克，但取而代之的穆罕默德・穆尔西同样妄图以穆巴拉克的独裁方式统治人民。当然，历史上也有由于更换了驭手而导致推翻人奴役人的制度之结果的例子。美国的独立战争就是一个实例。但显而易见的是，美国之所以能够建立一个否定人奴役人的制度，根本的原因并不在于其成功地脱离英国殖民统治而独立，也不在于其以华盛顿总统取代英国总督，而是在于大陆会议所确立的权力法定，依法用权的法治原则和三权分立，权力制衡的共和制度，再加上民主选举的遴选程序等等，这些才是使得否定人奴役人的制度成为现实的关键。假如没有确立法治原则、制衡机制和民主程序，仅凭独立和以总统取代总督，是根本没有可能否定人奴役人的制度的。这再一次证明，问题的关键并不仅仅在于驭手的遴选和更换，否定人奴役人的关键在于"管束"：既要管束住权力恶魔，又要管束住驾驭权力恶魔的驭手，而不是仅仅在于更换驭手。自由主义者们并没有忽视管束权力恶魔和驭手的重要性。他们根据社会契约论所确立的法治原则相当于管束权力恶魔的辕套；他们根据自由主义理论所设计出的制衡机制相当于管束驭手驾驭恶魔的制度；而他们根据自由主义的人权学说所制订的民主选举和罢免程序则相当于遴选和更换驭手的程序。自由主义者们的误判仅仅在于将更换驭手作为完善辕套和健全管束的前提——不可能寄希望于已经背叛人民的驭手来制订管束驭手和恶魔的制度。十八世纪的美国人民能够寄希望于英国政府来制订主权在民、权力制衡的制度吗？十九世纪的法国人民能够寄希望于路易十六放弃专制吗？二十世纪的中国人民能够寄希望于慈禧太后实行共和制度吗？如果不能，那么以斗争的方式更换驭手就成为否定人奴役人的前提。只有在更换了驭手的基础上，完善辕套和健全管束才成为可能。这不只是自由主义者们的共识，这甚至是全人类的共识。对于这个几乎是全人类都深信不疑的共识，如何能说是一个误判呢？

要证明这是一个误判，我们首先需要论证清楚究竟什么是否定人奴役人的真正前提。我们曾说过，人奴役人的前提是权力。因而，否定人奴役人的前提也就顺理成章地是否定权力。只有彻底否定权力，才能从根本上否定人奴役人。但是，要求人类在现阶段就从根本上否定权力，这至少是不现实的。在人类目前不得不允许权力存在的情况下，否定人奴役人的前提虽然不能是从实际上否定权力，但至少应该是从态度上否定权力，也即：对待权力必须采取否定的态度。只有充分认识到权力是本应否定，只不过是在目前还无法完全否定的恶魔，才有可能努力制订套缚权力，管束权力的制度。这才是在允许权力存在的情况下否定人奴役人的真正前提。因为，如果从一开始就对权力采取肯定的态度，就绝不可能致力于套缚权力，管束权力。而没有对权力的有效管束，否定人奴役人就只能成为一句空话。在不得不允许权力存在的情况下，否定人奴役人的前提是对权力采取否定的态度。上述“更换驭手是否定人奴役人的前提”之所以是误判，并不仅仅在于其对真正前提的误判，而且还在于其与真正的前提完全背道而驰。所谓“更换驭手是否定人奴役人的前提”之论断恰恰没有对权力采取否定的态度，而是正相反，它以对权力首先采取肯定的态度为基础的。为什么要更换驭手？因为驭手掌握着驾驭恶魔的权力。为什么更换驭手是前提？因为完善辕套和健全管束必须由掌握驾驭恶魔的权力之驭手来完成。这就使这个“前提”完全建立在肯定权力的基础上。即完善辕套和健全管束必须依靠权力来进行。在掌握驾驭恶魔的权力之驭手不愿意或无能力通过权力来完善辕套、健全管束的情况下，换上一个“我们的人”，一个首先愿意，其次有能力完善辕套、健全管束的驭手于是便成为管束权力的前提，同时也就成为否定人奴役人的前提。这里，“更换驭手前提论”起码在两个方面发生了误判：其一，将真正的前提——否定权力——误判为否定掌握驾驭权力之权的驭手；其二，将对权力的否定建立在对权力的肯定之基础上，即：误判为必须依靠或通过权力才能否定权力。

就第一个误判而言，历史上更换驭手后人奴役人的状况并无改变，甚至更加恶化的例子比比皆是。即使新换上的驭手明显具有改革之意愿和能力，情况也并不会好多少。中国现代史上的国民党的历史就是一个很好的例子。以“民族主义、民权主义和民生主义”为纲的国民党比起满脑子皇权思想的袁世凯来无疑更具有否定人奴役人的制度之意愿和能力。然而，当他们取袁世凯而代之后，人奴役人的制度不仍然在所谓的“军政”和“训政”的借口下照旧存在，甚至愈演愈烈了吗？自 1928 年国民党基本平息军阀混战到 1989 年国民党开始政治改革，这个更换上去的新驭手在长达六十年的时间里在管束权力、消除奴役等方面竟然几乎毫无建树。原因恰恰在于当时的国民党对权力并没有采取坚决否定的态度。什么时候国民党在管束权力、消除奴役方面开始有所建树了呢？是在其取得权力六十多年之后，在整个社会的压力下，国民党自身转而对权力采取否定的态度之时。由此可见，否定人奴役人的前提并不是更换驭手，而是对权力采取否定的态度。在不得不允许权力存在的情况下，只有对权力采取坚决否定的态度，才有可能开启完善套缚权力之辕套，健全管束驭手之制度的事业。否定人奴役人的事业才有成功的可能。不具备这个前提，即使更换驭手无数次，也无济于否定人奴役人的事业之丝毫。

就第二个误判而言，自由主义的以权力否定权力之理论似乎有着许多成功的案例为其佐证。最典型的是美国的独立案例。假如当时美国没能从宗主国英国那里争得独立权和自组国家的“权力”，美国延续至今的民主与法治制度还有可能建立吗？这种以管束权力、否定人奴役人为目的的制度不正是因为美国通过斗争争得了独立权和自组国家的权力才得以建立的吗？不取得权力，不依靠权力，何以建立和健全管束权力的社会制度？这难道还不足以证明以权力否定权力是可行的吗？有着这样的成功案例坚强支撑，自由主义者们完全有理由理直气壮地否认这第二个误判是误判。

我们不否认美国所建立的对权力的管束制度与美国取得独立权有着直接的关系。但是，取得独立权与建立管束权力的制度并没有必然的联系。战后世界上有众多的国家都取得了独立权，但真正建立起类似于美国的管束权力之制度的国家却少之又少。原因恰恰在于建立管束权力的制度之前提并不是国家的独立，而是对权力采取坚决否定的态度。只有对权力采取坚决否定的态度之民众，才能在获得重组国家的机会时成功建立管束权力的社会制度。

请注意，笔者这里使用的是“重组国家的**机会**”，而不是“重组国家的**权力**”。因为，当人民重组国家的时候，并无权力可言。“权力”应该是在国家成立之后才存在的[①]。这有点像罗尔斯的在“无知之幕”之后的协商。所不同的是，重组国家之协商是没有“无知之幕”的，并且协商的目的不是达成指导一切的根本正义原则，而是组建国家。但在“协商”这一点上则是相同的。假如无知之幕背后的协商并无权力之存在，那么重组国家的协商也就应该不是“权力”，而是“机会”了。独立仅给予人民获得重组国家的机会之可能。但它既没有保证人民就必然获得重组国家之机会，也无法决定人民重组的国家之性质。保证人民获得重组国家之机会，并且决定人民重组的国家之性质的是获得独立之人民对权力所采取的态度。对权力采取肯定态度者，人民就有可能丧失重组国家的机会，即使获得重组国家的机会，所重组的国家也不会是以管束权力、否定人奴役人为目的之国家。只有对权力采取否定态度者，所重组的国家才有可能建立起管束权力的社会制度。自由主义者的误判恰恰表现在这一点上：误判美国的案例是以权力否定权力的成功案例。而实际上美国的案例根本不是以权力否定权力的案例，相反，它恰恰是以否定权力的态度来否定权力的案例。否定权力的态度是美国能够成功建立管束权力制度的决定因素。这个决定因素的决定性表现在两个方面：其一，否定权力的态度决定了人民能够获得重组国家的机会。假如争得独立权之民众对权力采取的是肯定的态度，则“成王败寇”或“打天下者坐天下”等中国式的信条便也会适用于这些民众。如此，则武装部队的首领便会自动成为掌权者。重组国家的“大陆会议”和“制宪会议”也就根本没有可能召开。民众也就根本没有重组国家的机会。其二，否定权力的态度决定了所重组国家的性质。正是因为对权力采取否定的态度，才导致“大陆会议”和“制宪会议”制订出一系列旨在管束权力的法律，建立起一整套有效管束权力的制度。才使得所重组的国家成为以否定人奴役人为宗旨之国家。概而言之，对于否定人奴役人而言，起决定性作用的是对权力所采取的坚决否定的态度，而绝不可能是“权力”。这点不仅适用于争取独立的国家，而且也适用于推翻暴政的人民。唯一的不同点在于：对于争取独立的人民而言，坚决否定权力的态度使人民获得的是重组国家的机会；而对于推翻暴政的

① 这里所说的“权力”仅指狭义的“国家权力”。广义的“权力”并不属于本书论证的范围。

人民而言，坚决否定权力的态度使人民获得的则是重建国家制度的机会。无论是争取独立还是推翻暴政，假如没有以坚决否定权力的态度为前提，则其"独立"或所谓的"解放"都将与否定人奴役人毫无关系。要实现"人不能奴役人"的原则，最根本的前提是不能肯定权力。尤其是在不得不允许权力存在的情况下，对权力采取坚决否定的态度就尤显重要。以否定权力的态度允许权力存在，才有可能避免人奴役人的悲剧发生。一旦对权力采取肯定的态度，人奴役人的悲剧便不可避免。因此，所谓"以权力否定权力"的诡辩根本不能成立。要之，"人不能奴役人"的最基本的要求就是人不能对权力采取肯定的态度。一切妄图通过权力而解放人民的理论统统都是站不住脚的。而一旦否定了任何形式的对权力的肯定，同时也就否定了任何采取斗争的方式之可能——既然权力不是否定人奴役人的前提，甚至对否定人奴役人没有任何积极的意义，那么，就没有任何必要为否定人奴役人而去争夺权力。而既然没有争夺权力的必要，则斗争的方式也就再也没有存在的理由。因此，"人不能奴役人"之原则就不是肯定了斗争的方式，正相反，它恰恰是否定了斗争的方式。它与"人不能否定人"的原则一样证明了斗争方式的完全否定性。

(3)在任何情况下，人都不能通过否定人来争夺物！

"人不能否定人"不但在人与人的关系领域是一个绝对原则，而且在人与物的关系领域，也是一个绝对的原则。在人与物的关系领域"人不能否定人"的原则表述如下：任何人在任何情况下都不能以任何理由用人否定人的方式来夺取任何"物"。在以所有权制度保护人对物的占有和使用的人类社会中，人对物的争夺，一般均表现为对物的所有权之争夺。在人类的历史上，斗争的方式曾经是人争夺物的主要方式之一。

但根据本书所论证的主体哲学理论，通过斗争方式夺取物的所有权对人类主体的主宰本质之实现并没有任何裨益。不但没有裨益，而且有着十分严重的危害性。人作为欠缺的主体，在人与物的关系领域，其主宰本质之实现的标志是达致随心所欲地主宰客体世界之自由境界，而不是占有和拥有客体世界。占有和拥有整个世界，并不意味着就是这个世界的主宰。世界的主宰是能够随心所欲地创造、改变乃至毁灭、重造世界的自由境界。这就像我拥有一个魔方与我主宰一个魔方的区别一样：拥有一个魔方只是意味着我是这个魔方的所有人，而主宰一个魔方则意味着我能够随心所欲地变换组合各种图案。对于一个不会玩魔方的所有人，即使他对这个魔方拥有完全、绝对的所有权，他也仍然不是这个魔方的主宰。相反，对于一个精通魔方的人，即使他对魔方没有所有权，一旦魔方在手，他就是魔方的主宰——魔方不论属于谁，他都可以随心所欲地变换组合。世界的主宰也是这样。只要人类主体还不能随心所欲地创造世界、改变世界、决定世界，则即使整个宇宙都属于人类，他仍然不是主宰，仍然不是完全主体，仍然没有达致随心所欲、心想事成的自由境界。他甚至连世界的最小成分之“粒子”都没有能力主宰，又如何能够主宰世界。这就决定了人类主体间对物的所有权之争夺对人类主体的主宰本质之实现没有直接的积极意义。人类主体要实现其主宰世界之本质，最重要的是通过不断提高人的主宰能力，并努力实现人类主体的整体性，来弥补人类主体的欠缺性；而不是由什么样的人，为着什么样的目的来掌握什么样的物之所有权。就实现主体的主宰意志而言，无论人是多么的“先进”，无论目的是多么的“崇高”，都既不能否定，也不能弥补人类的欠缺性。因为，人的“先进性”与主体的欠缺性是两个毫无关联的概念：人的先进性既不能消除也丝毫不能弥补主体的欠缺性。并不是人一旦先进，主体便不再欠缺；便可以完成一切其意欲完成之大任了。人类主体无论如何“先进”，也仍然是欠缺的主体。而由欠缺的主体所组成的任何群体，阶级也好，民族也罢，乃至国家或联合国，都仍然还是欠缺的群体。如果相对于主宰世界这个人类主体的最终目标，即使是生生不息、千秋万代的人类整体，都仍然还是欠缺的主体。更何况仅仅存在于一定历史时期内的一个特定的群体呢？

如果说人的先进性丝毫弥补不了人类主体的欠缺性，那么，采取斗争的方式就不但是丝毫弥补不了人类主体的欠缺性，而且反而会使人类主体的欠缺性更加严重。因为，消除人类主体的欠缺性有赖于人类主体的整体性之实现。只有在人类主体的整体性得以充分实现，人类主体间的关系达到和谐共存，合作共进的境界之前提下，人类才有可能消除其主体的欠缺性。而采取斗争的方式只会加深人类主体间的分裂；只会使和谐共存，合作共进的主体间关系根本建立不起来；只会使人类主体的整体性永远不可能实现。一个永远不可能实现其主体的整体性，从而也就永远不可能消除其主体的欠缺性的人类是永远没有希望实现其主体的主宰世界之本质的。这就是为什么说一切斗争的方式，都是与主体的主宰世界的本质之实现完全相悖的之理由：它使得人类主体的整体性之实现永无可能，使得人类主体的欠缺性之消除永无希望，因而也就使得人类主体离主体的主宰世界的本质之实现越来越远。

(4)在任何情况下，人都不能通过否定人来“优化”人！

通过否定人来优化人是臭名昭著的纳粹种族主义理论。战后对纳粹种族主义的批判一般都以“民族平等”为理论依据。至于“民族平等”原则的由来和依据是什么，却很少有人追问。多数人都将“民族平等”原则作为不证自明的真理来使用。然而，如果“民族平等”原则仅仅是一个在理论上不能证明，在实践中也不能证实的一个假说，则所有依据民族平等原则对纳粹种族主义的批判就都将成为建在沙堆上的大厦，根本没有矗立的根基。那么，什么理论能成为“民族平等”原则的根基？什么理论能够证明和证实“民族平等”原则的合理性和有效性呢？笔者以为恰恰是本书所论证和补充的主体哲学理论。

我们知道，纳粹主义有四个支柱：一是生存主义；二是种族主义；三是绝对精英主义；四是普遍战争主义。这四个支柱的核心是对人的贬损。生存主义将作为主体的人贬损为仅仅是“生存者”；种族主义则把除雅利安种族以外的一切种族都贬损为“劣等种族”，犹太种族则更被贬损为“最劣等种族”。而绝对精英主义则将人民群众贬损为仅仅是实现领袖意志的工具；至于普遍战争主义，则把人类社会贬损为优胜劣汰的生存斗争之角斗场。正是基于这四个贬损，纳粹主义才能堂而皇之地以“优生”为借口，残忍地杀害千千万万精神病人；才能堂而皇之地以“优化种族”为借口，惨无人道地屠杀几百万犹太人，赤裸裸地实行种族灭绝政策；才能堂而皇之地以实现所谓的“领袖意志”为借口，将德国人民沦为工具，强迫绑上世界大战之战车，并将世界人民拖入战争之深渊。在这四个贬损中，起决定作用的贬损应该是第一个贬损，即将主体之人贬损为仅仅是一种生存者。可以说这第一个贬损是其他三个贬损的基础和根据：正是因为将人不再看作是主体的存在，而是将人降格为一种生存的存在，人才有可能像生物或动物那样，按“高等”、“低等”或“优等”“劣等”来分类，才会产生贬损，乃至灭绝异族的种族主义。正是因为将人不再看作是主体的存在，而是将人降格为一种生存的存在，所谓的“民族”和“国家”才能成为取代个体主体的几乎是绝对的“主体”，而统领民族和国家的领袖也就顺理成章地成为个体必须服从和为之献身的绝对意志，人民大众也才会沦落为实现所谓“领袖意志”的工具。正是因为将人不再看作是主体的存在，而是将人降格为一种生存的存在，人才不再由理性所指导，而是仅仅由本能、权力意志所驱使。也正是因为将人不再看作是主体的存在，而是将人降格为一种生存的存在，生物界的所谓“物竞天择，生存斗争”的“铁律”才可以堂而皇之地适用于人类；人与人之间的关系才会被定义为与物种之间生存斗争的关系相类似的永恒斗争或普遍战争之关系；人类的发展才会被解说为必须通过永恒的斗争和普遍的战争才能达成。一句话，将人贬损为生存者是纳粹主义否定人、奴役人乃至灭绝人的最根本的理据。可以说，将人从主体的宝座上拉下来，把人贬损为仅仅是一种生存者的生存主义其实是纳粹主义的支柱的支柱。因此，批判、否定纳粹主义的首要之务便是摧毁纳粹主义的哲学基础——生存主义。然而，以往对纳粹主义的批判大多集中在对种族主义之讨伐上，少有的一些对生存主义之批判，又往往因为古典主体哲学[①]之缺陷而导致事倍功半。因此，笔者以为，彻底批判生存主义的前提是克服古典主体哲学之缺陷，发展和完善主体哲学理论。只有在弥补了古典主体哲学之缺陷，完善了主体哲学理论的基础上，才能依据完善了的主体哲学理论从根本上批判和摧毁生存主义。

那么，以笛卡儿和康德为代表的古典主体哲学之缺陷究竟是什么呢？这个缺陷笔者在上一节已经提到，即：在没有探明"主体"的真正含义的情况下就断言人是主体，（海德格尔非难主体哲学的主要论据之一就是"主体"概念的定义不清），从而不恰当地将主体与人画等号。这个缺陷可以说是致命的——将人与主体画等号的结果混淆了人与神这两种本质不同的"存在"，从而也就混淆了"完全主体"和"欠缺主体"之区别。我们知道，笛卡儿有着著名的关于神的存在之论证。然而笛卡儿却没有想过神与完全主体之关系。康德将神的存在作为其哲学的三个悬设之一。但康德也没有想到神与完全主体之关系。及至萨特，萨特的"自为的存在"就是为了回应海德格尔的所谓"主体概念不清"的责难。然而，萨特的概念清晰的主体——自为的存在仍然没有与完全主体挂上关系。萨特虽然天才地断言"人就是要成为上帝的存在"！虽然睿智地宣称：人是欠缺的主体！但就是没有意识到人之所欠缺者其实就是上帝这个完全主体的存在境界。可以说，萨特与主体哲学之完善实在是失之交臂。概而言之，主体哲学的根本基础是"完全主体"之概念。只有发现和阐明了"完全主体"之概念，才能对照"完全主体"来正确地界定人，定义人。古典主体哲学正是因为缺少了"完全主体"之概念，才会忽视人作为主体的欠缺性或不完全性，而直接将人定义为没有任何限定词的"主体"。生存主义正是抓住古典主体哲学的这一缺陷，才能以人的欠缺性为理由完全否认人是主体的存在，并将人直接定义为生存者，从而将人降格为虽然不同于生物，但与生物基本同质的存在。有鉴于此，对古典主体哲学的补充和完善重点应在如下两个方面展开：其

---

① 学术界或许还没有"古典主体哲学"之称谓。此处将前此以往的主体哲学统称为"古典主体哲学"，主要是为了区别于本书所论述的主体哲学理论。

一,论证和阐明“何为主体”。即通过对绝对主体或完全主体概念之阐释,驳回生存主义者们有关主体概念不清的非难,并为人的主体地位提供理论依据;其二,定义和阐明人的主体地位。即根据完全主体之概念,论证人的主体地位之特殊性,从而恰当地定义人的主体地位,并论证人所特有的存在境界。本书的宗旨之一即在于从上述两个方面的发展和完善古典主体哲学:在本书第一章“神即自由”中,绝对主体或完全主体的概念得到了充分的论证和阐明。从而回答了“什么是主体”之问题。而在本章“人即不自由”中,根据完全自由的概念,笔者把人定义为“欠缺的主体”或“不完全主体”,并论证和阐明了人的不自由之存在境界。从而回答了“人是什么”之问题。笔者以为,古典主体哲学经过上述的补充和完善后,已经成为能够证明和证实“民族平等”原则的合理性与有效性之成熟的哲学理论。从而成为一切以“民族平等”原则为依据而对纳粹种族主义批判的根基。

根据完全主体的概念,将人定义为“欠缺的主体”,这意味着什么呢?这首先意味着人的同等性和人的同质性:人同为主体,这是人的同等性;人同有欠缺,这是人的同质性。同为主体,不仅意味着个体的主体地位是平等的,而且也意味着不同种族,不同群体的主体地位也是平等的。因为,人与人之间除了主体地位,不可能再有其他的平等。从主观方面来说,人的体能和智能不可能平等;从客观方面来说,人的环境条件、运气和机遇也不可能平等。只有在主体地位上,也即在“同为主体”这一点上,人才是平等的。而所有人间的平等也都毫无例外地建立在主体地位平等,也即“同为主体”这个基础上。为什么“国家不论大小,主权平等”?这仅仅是因为组成国家的人不论在哪个国家,其主体地位是平等的。为什么“民族不论强弱,地位平等”?这也仅仅是因为组成民族的人不论是哪个民族,其主体地位是平等的。正因为组成群体的人其主体地位是平等的,才导致了由人所组成的群体其地位是平等的。没有人的主体地位之平等,任何人间的平等都不可能成立。正因为任何人以及任何由人所组成的群体在主体地位上都是平等的,人类因此才不能像划分生物等级那样来划定所谓种族的等级。人类种族和群体间即使有天大的差异,也仍然是主体地位平等的群体。就主体地位而言,根本不可能存在所谓“高等主体”、“低等主体”或“优等主体”、“劣等主体”之分。

而“同有欠缺”也不仅意味着个体主体间欠缺的同质性,而且也意味着由主体所组成的群体间欠缺的同质性。因为人类主体的“欠缺”是相对于完全主体而言的。相对于完全主体,人类的任何个体和群体都只能是欠缺的主体。

无论主体间的差别有多大，只要是人，或是由人组成的群体，他们就同等的是欠缺的主体。对于主体而言，除了完全主体与欠缺主体之分以外，绝无其他之区别——要么是欠缺的主体，要么是完全主体，要么就不是主体。欠缺主体所欠缺的不是其他任何什么东西，而是自由！是随心所欲、为所欲为和心想事成的自由境界。这种欠缺是一种质的欠缺。既然主体的欠缺是质的欠缺，而不是量的不同，则"同有欠缺"就指的是人的本质的同一性。这种本质的同一性首先决定了人与人之间的任何差别和不同都不能成为人否定人或群体否定群体的理由。无论人与人之间有多大的差别，也无论由欠缺之主体所组成的群体之间有多么的不同，他们在本质上都是一样的，即在本质上都是欠缺的主体或欠缺的实体。就像聪明人不能否定愚笨人一样，所谓先进的国家也不能否定落后的国家。同样，开化的民族也不能否定未开化的民族。因为，人类主体的欠缺既无等级之分，也无多少之不同。他就是欠缺的主体。他的本质就是欠缺。据此，则纳粹种族主义根据生存主义所作出的所谓的"优等种族与劣等种族"之划分就根本不能成立。纳粹的种族主义也就完全失去了根基。

"同有欠缺"这种本质的同一性还决定了人类主体的整体性。人是欠缺的主体。作为欠缺的主体，他所欠缺的是其主宰本质之实现，即实现主体的"随心所欲、为所欲为和心想事成"之自由境界。而要实现主体的主宰本质，有赖于人的主体欠缺性之克服。人类克服其主体欠缺性的途径之一，就是实现人类主体的整体性——以由千千万万的同类相聚和生生不息的世代相连所构成的人类整体的无限性来弥补人类主体的有限性和欠缺性。这就决定了"人不能否定人"必须成为调整人类主体间关系的普遍原则和绝对原则。不论是人类个体还是人类群体，在处理他们之间的关系时都不能以任何理由、任何借口否定人。只有如此，人类主体的整体性才有可能实现，人类才有可能一步步地走向自由，走向其主宰本质之最后实现。

将人定义为欠缺的主体，其次还意味着人类主体的发展性和同向性。纳粹种族主义由于把人贬损为生存者，因而把人类的发展界定为类似于生物界的"优胜劣汰"过程。假如人仅仅是生存者，假如人的发展仅仅是种族之间的优胜劣汰，假如人的目的仅仅是战胜并淘汰其他种族，则人对人的否定便是有理由的。但如果人不仅仅是生存者，而且更重要的是主体，尤其是本书的主体哲学理论所论证的"欠缺的主体"，那么，人类的发展就绝不会是优胜劣汰般的种族进化过程，而是整个人类锲而不舍地走向自由的过程。因为，作为欠缺的主体，人所欠缺的不是生存，也不是进化，而是自由，是随心所欲、为所欲为以及心想事成的自由境界。这个作为人类主体的所欠缺者之自由境界，恰恰就是人类的最终目的。因此，作为欠缺的主体，人类必须，也必然会锲而不舍地向其所欠缺者进发。而人的“同为主体、同有欠缺”的同质性又决定了人类主体必然会向同一个方向——其所欠缺的自由境界——进发。既然人类主体是向着同一方向共同发展的欠缺的主体，而不是为了生存而进行优胜劣汰的斗争之生存者，则生物界的“优胜劣汰”之法则就根本、完全、并且永远都不能适用于人类。因为，向着同一方向共同发展，需要的绝不是主体间的“优胜劣汰”，更不是主体间的相互否定，而是主体间的互助与合作。优胜劣汰虽然有助于生物的进化和发展，但却完全无助于人类走向自由。岂止是无助于，而且是完全有损于人类走向自由：走向自由的前提是克服欠缺主体本身的欠缺性。而克服人类主体的欠缺性之唯一途径，就是实现人类主体的整体性。从某种意义上说，人类走向自由的过程其实也就是人类克服其主体的欠缺性之过程。而“优胜劣汰”式的人对人的否定却完全否定人类主体的整体性，人为地将人类分裂为敌对的阵营，从而阻碍、对抗乃至完全排除了人类主体的整体性之实现。这无疑扩大和加剧了人类主体的欠缺性，使人类主体不是走向自由，而是背离自由，使人类主体离其自由的目的越来越远。

2. 以竞争缓解冲突——人争夺物的手段

在上一节我们论证了“人不能否定人”之原则在否定斗争的方式和化解人类主体间冲突方面的重要意义。这个重要意义突出地表现在人与人的关系领域。因为，在人与人的关系领域，主体间冲突的焦点是“争做他人的主人”。而“人不能否定人”之原则不但绝对否定了斗争的方式，而且同时也绝对否定了“争做他人的主人”这个冲突的焦点——由于争做他人的主人其实就是否定他人的主体地位，因而确立人不能否定人之原则也就意味着否定了人争做他人的主人之可能。人既然不能否定人，当然也就不能争做他人的主人；人既然不能争做他人的主人，则争做他人的主人之主体间的冲突也就自然化解了。因此，在人与人的关系领域，确立“人不能否定人”之原则对于化解“争做他人之主人”的主体间冲突有着决定性的意义。但在人与物的关系领域，情况就完全不同。在人与物的关系领域确立“人不能否定人”之原则，并不像在人与人的关系领域那样对消除主体间的冲突具有决定性的意义。因为，在人与物的关系领域，主体间冲突的焦点已经不是“争做他人的主人”，而是“争做世界的主人”。或者说是争做与人相对的“物”的主人。而在人与物的关系领域确立“人不能否定人”之原则，仅仅是否定了以否定人的方式来夺取物，但却并不能否定“争做世界的主人”这个主体间冲突的焦点。原因在于:人类作为主体,其存在的理由和目的就是争做世界的主人。人不可能通过放弃主宰世界的目的来化解主体间的冲突。毋宁说化解主体间冲突的目的就是为了主宰世界的目的之实现。因此,在人与物的关系领域确立“人不能否定人”之原则,并不能否定“争做世界的主人”这个主体间冲突的焦点。而在不否定争做世界的主人之前提下,人不能否定人之原则的确立对化解“争做世界的主人”之冲突当然不可能具有决定性的意义。于是,在人与物的关系领域要化解主体间的冲突,就不能单单依靠确立“人不能否定人”之原则来达成。必须在确立“人不能否定人”的原则之基础上,在否定了以斗争的方式来争夺“物”的前提下,进一步探寻更先进的调整主体间关系的方式。这种方式既能坚持“人不能否定人”之原则,又不限制人们在不否定人的前提下仍然争夺“物”,仍然争做世界的主人。这种在不否定人的前提下争做世界的主人之方式,就是本节所要论证的“竞争的方式”。“竞争的方式”之相争者都是地位平等之人。这就肯定了人的主体地位,同时也就坚持了“人不能否定人”之原则。“竞争的方式”所“争”者是“物”。这就肯定了“争做世界的主人”这个人类主体的根本目的,从而也就在客观上促进了人类主体的主宰本质之实现。竞争的方式这种既坚持“人不能否定人”之原则,又有助于人类主体的主宰本质之实现的本质属性,决定了竞争的方式必然会盛行于世。或者说,追求实现其主宰世界之本质的人类主体,总有一天必然会发现和选择竞争这种有助于实现其主宰本质之方式。

竞争的方式之所以会盛行于世,除了其有助于人类主宰本质之实现这个基本原因外,更重要的是因为人类历史的发展造就了市场经济的最终形成。所谓市场经济,用一句话来概括,就是:主要由市场来配置资源,由市场来主导生产,由市场来引领消费的经济体制。市场是一只看不见的手,由“看不见的手”配置资源,意味着人再也不需要以斗争的方式来争夺资源。这就在客观上排除了人类主体间采用人否定人的斗争的方式来争夺资源的可能性,从而也就为以竞争的方式取代斗争的方式奠定了客观基础。也就是说,由市场这只“看不见的手”配置资源是在人与物的关系领域否定斗争的方式,确立竞争的方式之客观基础。人类只有发展到市场经济阶段,竞争的方式才有可能盛行于世。

然而,市场经济中的这只看不见的手,又必须通过自由竞争才能运作。没有自由竞争这个前提条件,看不见的手就既不可能完成资源配置之任务,也不可能完成提高效益之任务。只有在满足了“完全竞争”这个前提条件之后,看不见的手才有可能完成效益的最大化和资源配置的最佳化之任务。这里所显现出的是市场经济与自由竞争之间的互为因果之关系：自由竞争之盛行以市场经济的形成和存在为前提条件；而市场经济的形成与存在又以自由竞争的盛行为前提条件。于是，当我们说市场经济已经形成之时，我们实际上同时在告诉人们竞争的方式已经盛行于世。而当我们说竞争的方式已经盛行于世之时，这同时也就意味着市场经济已经形成。市场经济是伴随着竞争方式而形成和发展的。

就像以工业社会取代农业社会是人类发展的一个质的飞跃一样，以竞争的方式取代斗争的方式，从任何角度来说都绝对是人类主体间关系发展的一个质的飞跃。这个质的飞跃主要表现在以下几点上：

第一，主体平等之原则第一次得以确立。

是否相互承认对方的主体地位，是竞争与斗争的根本区别之一。竞争的参与者之间的关系虽然是相互排斥的，但绝不是相互否定的。竞争的前提是参与者互不否认对方的主体地位。也就是说，竞争是平等主体间的较量；而斗争则是互为否定的参与者间的厮杀。只有在拥有平等主体地位的平等主体之间，才可能存在竞争的事实。或者说，只有在竞争的方式成为人类主体调整主体间关系的主要方式之后，主体平等的原则才有可能在人类主体间确立。

需要指出的是，此处的“平等”一词仅仅是指各个主体的主体地位之平等，而不是指主体间的绝对平等。就像我们所说的“等级社会”之“等级”是仅仅就主体地位而言的一样，这里所说的“平等主体”之“平等”，同样也是仅仅就主体地位而言的。此处的“平等”实际上强调的是对**有差别**的人**无差别**地对待：人之主体虽然千差万别，但在主体地位上都是一样的，都是平等的。当参与竞争者站到竞争的起点时，不论他们在性别、能力、禀赋等等各个方面有着什么样的差别，都必须将他们作为平等的主体来对待。他们也都必须将对方视为与自己平等的主体来对待。也就是说，这种平等仅仅是主体地位的平等，而不是其他。

第二，“人不能否定人”之原则第一次获得实质性肯定。

在人与物的关系领域，竞争仅以获取或保有对某种“物”的独占或主宰地位为目的，因而，对人的否定就失去了任何意义。特别是当对物的争夺被限定为平等主体间的和平角逐时，对人的否定就更没有任何必要。这就是说，竞争的方式之本质特征本身就是对“人不能否定人”之原则的实质性肯定。而在人类主体间肯定“人不能否定人”之原则，这在任何意义上无疑都是一个质的飞跃。

第三，公平正义第一次成为主体间关系的衡量标准。

斗争的方式因其完全消极性和绝对否定性，因此根本不存在所谓"公平的斗争"与"不公平的斗争"，或"正义的斗争"与"不正义的斗争"之区别。任何斗争，不论冠以多么高尚的头衔，多么美丽的名称，只要是斗争的方式，就一定是完全消极的和绝对否定的。与此不同，竞争的方式却以公平正义为前提，并以公平正义为衡量标准。即：竞争必须是公平的竞争，竞争的结果必须符合起码的正义标准。为了保证公平竞争，必须制定公平、完善的竞争规则。为了保证规则得到切实地履行，必须组建公正的监督和仲裁机构。而为了制止和惩罚违反规则之行为，又必须组建制裁机构。从规则到监督，到仲裁，到惩罚，这一整套竞争机制的衡量标准只有一个——公平正义。规则的优劣，以是否符合公平正义来衡量；监督的质量，以是否符合公平正义来评价；裁决的当否，也是以是否符合公平正义为圭臬；而惩罚的得失，还是以是否符合公平正义来决断。有了公平正义这个标准，于是就有了所谓"公平竞争"与"不公平竞争"之分。随着竞争方式之盛行，公平正义的观念从此也就开始深入人心。

第四，效益最大化第一次有了实现的可能。

追求效益最大化是竞争方式得以盛行的原因。而实现效益最大化又是竞争方式存在的理由。人们为追求效益，所以才展开竞争。通过竞争可以实现效益的最大化，所以竞争才盛行于世。竞争方式要普遍盛行于人类主体间，必须具备一个前提，即人类追求的同一性。只有将不同的主体之不同的追求同一化为一个同一的追求目标，竞争的方式才能在人类主体间普遍展开。这个人类同一的追求目标就是"效益"。而使效益得以成为人类同一的追求目标之工具则是货币。货币之所以成为人类追求同一化的工具，是因为它是一切价值的尺度，同时也就是一切效益的衡量尺度。不论主体的具体追求是什么，它都可以表现为货币；不论主体所追求的具体效益是什么，它都可以以货币来衡量。由于货币的出现，人类各个不同的主体之各个不同的追求于是就都表现为对货币的追求。也由于货币的出现，各个不同的具体追求才可能普遍化为对效益的追求：生产者不论生产什么，所追求的都是以货币所表示的利润；消费者无论消费什么，所追求的都是以货币所表示的效用。这种以货币所表示的利润和效用，就是我们通常所说的"效益"。而所谓的"效益的最大化"其实指的是主体间的这样一种均衡状态：即在不损害其他人的效益的情况下，再也没有提高任何人的效益之可能。也即：主体间的效益平衡再也没有改进的余地。这便是著名的“帕累托最优”。帕累托最优的前提是完全竞争型市场的存在。反过来说就是:完全竞争是人类达致帕累托最优的根本途径。从这个角度来说,竞争是达致效益最大化的根本途径。竞争方式的普遍盛行,才使得效益的最大化成为可能。

总而言之,以竞争的方式取代斗争的方式,标志着人类主体间争取以平等竞争的关系取代敌对否定的关系之努力;争取以和平、规范的行为取代不择手段的行为之努力;争取以效益最大化的追求取代成王败寇的追求之努力。因此,竞争方式之盛行,无疑是人类一个划时代的进步。

然而,关系的平等,行为的规范以及追求的同一并不意味着人类在人与物的关系领域中的主体间冲突已经得到化解。因为,在人与物的关系领域中的主体间冲突之焦点是“争做世界的主人”。关系的平等只能保证“争做世界的主人”之主体是平等的主体,并没有化解“争做世界的主人”之冲突。平等的主体间仍然存在着争做世界的主人之冲突。同样,行为的规范也只能保证必须以合规则的行为来“争做世界的主人”,它同样也没有化解“争做世界的主人”之冲突。以合规则的行为争做世界的主人,仍然是一种主体间的冲突。唯有对效益的最大化之追求,似乎对化解主体间的冲突有一定的积极意义——对效益最大化的追求使得主体间纯粹的能力、素质和技巧的竞争成为可能。笔者把这种纯粹是能力、素质和技巧等的竞争称为“**纯竞争**[①]”。纯竞争将在主体间形成你追我赶的良性循环。当争做世界的主人必须通过追求效益的最大化而达致时,而效益的最大化又是通过上述的“纯竞争”而达致时,主体间争做世界的主人之冲突便有可能不再发生了——在“你高我比你更高,你强我比你更强”的良性竞争中,主体间发生冲突的可能性微乎其微。然而,遗憾的是,对效益最大化的追求仅仅使“纯竞争”成为可能,它并没有使“纯竞争”在实践中成为带有普遍性的现实。也就是说,并不是任何追求效益最大化的竞争都是纯粹是能力、素质和技巧的较量之“纯竞争”。甚至绝大多数追求效益最大化的竞争都不是“纯竞争”。因为追求效益最大化并不仅仅需要人的范畴之能力、素质和技巧等,而且需要物的范畴之资源、工具乃至环境条件等。因此,对

---

① 此处所谓的“纯竞争”与经济学中的“完全竞争”完全不是一回事。后者只是为完成理论论证而假设的一个理论假说,在实践中根本不可能存在。而前者则在实践中存在着多得数不清的实例。诸如体育竞赛、技术能手竞赛以及存在于科学家中的发明和发现的竞争等等,都纯粹是能力、素质和技巧的竞争,因而都属于“纯竞争”。

效益最大化的追求就不仅仅包括人的能力、素质和技巧等的较量，而且往往还包括对资源、工具乃至环境条件等的争夺。一旦对效益最大化的追求包含对各种各样的“物”的争夺，这种竞争就不再是“纯竞争”，而成为“**争夺性竞争**”了。“争夺性竞争”与“纯竞争”之根本区别在于竞争与“物”的关系上，更确切地说，在于竞争与物的所有权的关系上。笔者把一切与争夺物的所有权无关的竞争都归于“纯竞争”；而把一切涉及争夺物的所有权之竞争都归于“争夺性竞争”。例如：纯粹是能力、素质和技巧的较量之汽车驾驶技术的竞赛，无疑属于“纯竞争”。而在拍卖会上对某辆汽车标的之竞买则是对汽车所有权的争夺，因而属于“争夺性竞争”。

之所以会有“纯竞争”与“争夺性竞争”之区别，是因为人类主体对“争做世界的主人”所指向的目标“世界的主人”之含义有着完全不同的两种理解。第一种理解，把“世界的主人”理解为**世界的主宰**，即有能力驾驭、利用、改造或创造世界者；而第二种理解则把“世界的主人”理解为**世界的所有者**，即拥有世界之人。假如按照第一种理解，则争做世界的主人就有可能演变为纯粹是人的能力、素质和技巧的较量之“纯竞争”。但如果按第二种理解，则争做世界的主人就必然表现为对资源、工具以及环境条件等“物”的所有权之争夺的“争夺性竞争”。显而易见，只有“纯竞争”才有可能化解主体间的冲突。而“争夺性竞争”，即使是“自由竞争”或“公平竞争”，其结果也不可能化解主体间的冲突。它甚至还有可能加剧主体间的冲突。因为，对所有权的争夺，不同于能力和技巧的比试。能力和技巧的比试，比试过后，胜负双方还有可能成为朋友——胜者对败者仍存敬佩，败者对胜者心服口服。即使胜者趾高气扬，败者永不服输，胜负双方的关系也仍然是“你高，我努力比你更高”的良性循环之关系。但对所有权的争夺，则即使败者心服口服，胜者心存敬佩，胜负双方之间的关系也再难融洽。因为争夺性竞争的结果必然是一方独占所有权，而另一方丧失所有权。面对他人的独占和自己的丧失，任何人都不可能再与对方毫无芥蒂地友好相处。竞选结束后胜负双方礼仪性的握手，掩盖不了双方内心深处更深的对立；而市场竞争中被淘汰出局的失败者就更难免对胜利者心生怨恨。要让排他地独占方与被排除的丧失方交朋友，这不啻是天方夜谭。独占方与丧失方双方的关系只有可能更加对立。因为，容忍他人独占、独有和独享某物的所有权，既与人作为主体的主宰本质相悖，也与人作为生存者的生存本质不符。即使这个独占、独有和独享是所谓“公平竞争”的结果，情况也一样——作为主体，人不可能容忍其他主体长期独占某物而将自己排除在外；作为生存者，人也不可能容忍其他生存者独享某物而将自己排除在外。因此，只要存在着这种独占、独有和独享所有权的竞争结果，主体间关系的疏离就不可避免。主体间的对立就只会日益加深，主体间的关系也就只会因争夺性竞争而不断恶化。这或许就是历史上众多思想家力主消灭私有制的原因之一——消灭了私有制，也就消灭了争夺性竞争；消灭了争夺性竞争，也就化解了主体间的冲突。于是，私有制在众多理论家的眼里便成了万恶之源。而消灭私有制也就被他们奉为化解社会冲突的灵丹妙药。

然而，以私有制为根本特征的现代所有权制度虽然有可能是万恶之源，但同时却又可能是百善之基。所有权制度对保障人的自由、安全、和平以及进步、发展等等都或多或少有着无可置疑的积极作用。就竞争而论，不但争夺性竞争绝对离不开所有权制度——其争夺的首先就是物的所有权。而且就是与所有权之争夺本无关联的"纯竞争"，所有权制度也往往是不可或缺的。在人与物的关系领域，争夺性竞争所争夺的"物"指的是广义上的"物"，即一切人以外的与人的意欲之实现密切相关的事物均包括在内。这种与人的意欲之实现密切相关的事物可以是资源，可以是利益，可以是市场份额，也可以是社会地位，还可以是权力、名誉等等。与此相对应，争夺性竞争所争夺的物之所有权，也是广义上的"所有权"。它并不仅仅指财产所有权。但凡对广义上的"物"之占有和拥有的权利都包括在此处的"所有权"概念之内。而一切确立和保护对上述广义上的"物"之占有和拥有的权利之制度都属于此处所说的"所有权制度"。

争夺性竞争对所有权制度的依赖具体表现在竞争的动因和目的上，即：对物的所有权之争夺既是争夺性竞争的动因，也是争夺性竞争的目的。试想，假如竞选的获胜者没有固定的任期之保证，即没有其在固定期限内拥有和垄断权力之保证，谁还会参加竞选？正是因为有了对拥有和垄断权力的制度保证，人们才会有参与竞选的动机和动力，竞逐权力的竞争也才有可能存在。

"纯竞争"对所有权制度的依赖最典型的表现应属科技领域的竞争。科技领域内的发明创造之竞争无疑纯粹是能力、素质和技巧的较量。它并不涉及"争夺"任何"物的所有权"。因为，在发明创造之时该物还未存在。但是，即使对这个还未存在之物，如果没有所有权制度的保证，即没有赋予发明者对其所发明的成果在一定期间内的排他的所有权之专利制度，人类主体间的这种不断创新之"纯竞争"就不可能存续。因为，没有对发明成果的所有权保护，人类主体就会严重缺乏任何发明创造的积极性。而"搭便车"的现象将最终吞噬一切创新的“纯竞争”。另一方面，人的发明创造不可能像神那样“从无生有”，他只可能是“从有生有”。因此，人的任何发明创造不仅仅需要人的能力、素质和技巧，而且还需要“生有”的“原有”之“物”，即作为工具的“物”和作为资源的“物”。对作为“从有生有”的发明创造所赖以“生有”之“原有”的这些“物”（工具和资源等），如果没有所有权制度的保护，则任何“从有生有”的发明创造便都不可能开始。以上两点决定了纯竞争对所有权制度的依赖。也就是说，即使纯粹是能力、素质和技巧的较量之“纯竞争”，也无法摆脱争夺物的“所有权”之嫌：它或者以争夺将来之物的所有权为目的，或者以已经争得之物的所有权为基础。于是，对“物”的所有权之争夺和依赖便成为在人与物的关系领域中竞争的方式之最基本的特征。要开展竞争，就不得不肯定和保护所有权！只有肯定和保护所有权，才能有效保护竞争！因此，所有权制度是竞争不可须臾分离的伙伴。

竞争对所有权制度的依赖，使得竞争的方式陷入多种两难的悖论中：第一是平等的悖论，即：竞争必须以主体平等为前提，但竞争对所有权制度的依赖却使得竞争的结果必然造成主体间对物的关系之不平等。也即竞争摧毁竞争的前提。第二是效益的悖论，即：竞争的功效是效益的最大化。但争夺所有权的竞争却往往因所有权的误置而造成效益的丧失，甚至造成巨大的人类损失之灾难性后果。也即竞争否定竞争的功效。第三是公平的悖论，即：竞争以公平为原则，但竞争对所有权制度的依赖却导致巨大的社会不公。即竞争推翻竞争的原则。我们先从第一个悖论——平等的悖论论述起。

(1)竞争摧毁竞争的前提——平等的悖论

竞争以主体平等为前提。这是个妇孺皆知的常识。但这个“主体平等”，并不是指主体在人与人的关系上不存在任何等级、阶层、职位或地位的差异，在人与物的关系上也不存在任何财富、资源、工具或实力的差别。而是指：在人与人的关系上，主体间不论有什么差别，都被作为平等的主体来对待。即对**有差别**的人**无差别**地对待。也即人们通常所说的“机会平等”。而在人与物的关系上，所有竞争者不管有什么差异，都能够平等地获得竞争所需要的资源。即通常所说的“起点平等”。以房地产开发领域的竞争为例，竞争的主体平等在人与人的关系上意味着任何人或任何企业都能平等地参与竞争。人不论出身、国籍、文凭或资历有什么不同，企业也不论是国有企业还是民营企业，是大企业还是小企业，都能作为平等主体获得平等的机会来参加竞争。而在人与物的关系上，主体平等则意味着所有参与竞争的个人或企业，不论其有何种差异，其获得资源的条件都是平等的。假如只允许特定的人或特定的企业参与竞争，限制乃至禁止其他人或企业参与竞争，即为主体的机会不平等。另一方面，假如国有企业可以例外地不通过招、拍、挂，而通过无偿划拨得到土地，而其他人和企业却必须通过招、拍、挂等程序，通过竞争才能拿到土地，则主体的起点平等也就不复存在。在这两种情况下，都没有真正意义上的竞争。竞争既以主体平等为前提，若无机会平等和起点平等，就没有主体平等。而没有主体平等，也就绝无真正意义上的竞争。

然而，以主体平等为前提的竞争同时又依赖于所有权制度。没有所有权制度做保证，竞争便会既失去了动力，又失去了目标，从而也就根本不可能存续。但正是这个与竞争不可须臾分离的所有权制度，却恰恰又是摧毁竞争之前提——主体平等——之主因：依赖所有权、争夺所有权的竞争必然导致对物的所有权之垄断。而垄断既使主体间的机会平等越来越不可能，也使主体间的起点平等越来越不现实。

垄断使机会平等越来越不可能的道理非常简单：垄断必然造成寡头；寡头必然拥有比常人多得多的机会。说互联网行业的垄断大亨比尔·盖茨与即使是顶尖大学顶尖互联网专业的顶尖毕业生在互联网行业竞争有着平等的机会，那无异于痴人说梦，绝对不会有人相信。因此，垄断一旦形成，主体平等之机会平等也就不复存在。而真正意义上的竞争也就寿终正寝了。

而垄断使起点平等不复存在这一点也不难理解：对物的所有权之垄断本身就意味着排除其他主体染指其间。获得对一部分物的垄断权利者比没有任何物之垄断权利者不可能在竞争的起点上再是平等的。更有甚者，取得垄断地位者还往往会利用其垄断地位，为其他竞争的参与者制造种种障碍，使得竞争的起点更为不平等。以互联网行业为例，我们知道，互联网行业要做到互联互通，必须制定和遵守统一的行业标准。但互联网的统一行业标准却并不是整个行业通过公开、公平、公正的程序共同制定的，而是那些在科技竞争中最先研发出互联网技术，并利用专利制度迅速取得垄断地位的企业。这些寡头企业利用其所取得的垄断地位，将自己享有专利的网络设备技术标准单方面地确定为行业的统一标准，使得一切进入互联网行业的企业都不但不得不接受这些统一标准，而且还必须遵守这些统一标准。这便使得一切参与互联网行业竞争的企业在竞争的起点上处于大大不利的地位。因此，竞争所造成的垄断形成后，任何新的竞争都不可能再有所谓的“起点平等”了。

垄断不仅摧毁了机会平等和起点平等，更为严重的是，垄断还可能摧毁竞争的最根本的前提——主体地位的平等。经济领域内不乏这样的例子：一个企业因竞争失败而被另一个企业吞并以后，前者的老板不得不成为后者的员工，从而丧失其与后者平起平坐、平等竞争的主体地位，从此他只能任后者差遣，唯后者之命是从。这种例子在当代组织型社会中并不鲜见。在这种情况下，竞争失败者所丧失的就不仅仅是平等的起点和平等的机会，而是其平等的主体地位。伴随着物的所有权越来越集中在极少数人手中的必然是越来越多的人丧失其平等参与竞争的主体地位。从这个意义上说，竞争是不平等的加速器。竞争使越来越多的人被排除在竞争之外！竞争使主体间的关系越来越不平等。而所有这一切全都根源于竞争对所有权制度的依赖。是竞争对所有权制度的依赖，才导致竞争产生垄断，也是竞争对所有权制度的依赖，才导致竞争使物的所有权越来越集中在极少数人手中，从而将越来越多的人排除在竞争之外。因此，对所有权制度的依赖是竞争的平等悖论之最根本的原因。

(2)竞争否定竞争的功效——效益的悖论

按照众多经济学家的说法，竞争的存在理由和最大功效是促进效益的最大化。竞争之所以能促进效益的最大化，据说归因于下述两点：

其一，竞争会激发人类积极进取的精神。而积极进取的精神永远是效益最大化的根本动力。马克思在《资本论》中的一段话也许可以说明竞争如何促进效益的最大化的："如果我的邻人以少量的劳动生产出许多的东西，从而能卖得便宜，那我也就必须设法和他卖得一样便宜。所以每一种能用较少人手的劳动，从而用较低的费用来生产的技艺、方法或机器，都会在别人身上引起一种强制和竞争，使他们或者也采用同样的技艺、方法或机器，或者去发明类似的东西，这样，大家都会处于同等的地位，谁也不能比邻人卖得便宜。"①从这段话中我们很难分清究竟是竞争激发了人们积极进取的精神，还是人的积极进取的精神导致了竞争。因为我们既可以将竞争理解为是由人类总是不甘心比别人差，或者总希望比别人好的争强好胜之本性所导致的；也可以将争强好胜、积极进取的精神理解为是由竞争所激发的。但无论如何，竞争是与积极进取的精神息息相关的。而积极进取的精神又总是有助于效益的最大化的。

其二，在市场经济的条件下，完全竞争将导致资源配置的最佳化。而资源配置的最佳化无疑将有助于效益的最大化。资源配置最佳化的经典表述是

---

① 《马克思恩格斯全集》第23卷，人民出版社1972年版，第354页。

"帕累托最优",即:"在完全竞争条件下,由市场供求所形成的均衡价格,能够引导社会资源实现有效配置,使任何两种产品对于任何两个消费者的边际替代率都相等,任何两种生产要素对任何两种产品生产的技术替代率都相等,从而达到任何资源的再配置都已不可能在不使任何人的处境变坏的同时,使一些人的处境变好。"简而言之,就是资源配置达到了再也没有改进的余地之境界。按照经济学家们的意见,当资源配置达到了再也没有改进的余地之境界时,资源产出的效益当然也就达到了最大化的境界。

暂且不论人类积极进取的精神究竟是人类争强好胜的本性所致,还是由竞争激发出来的,也暂且不论完全竞争究竟能否导致资源配置的"帕累托最优"①,而达致帕累托最优的资源配置究竟是否就达到了产出效益的最大化,即使假定竞争真能激发人的进取精神,也完全可以导致资源配置的帕累托最优,并且帕累托最优的资源配置也真的能够达致产出效益的最大化,竞争对所有权制度的依赖也仍然会完全否定掉上述所有竞争的功效。

首先,竞争对所有权制度的依赖有可能误导人类的积极进取精神。人类的积极进取精神与效益的最大化并不是直接的等号关系。并不是任何种类的积极进取精神都能促进效益的最大化。在人与物的关系领域,只有那些与提高人的主宰能力有关的进取精神才有可能促进效益的最大化。而那些与提高人的主宰能力无关,仅仅是为了满足人的某种欲望的积极进取精神则与效益的最大化并无多大关系。因此,要使竞争成为效益最大化的直接动因,就不但要论证是竞争激发了人的积极进取精神,而且还要论证竞争所激发的积极进取精神是有关提高人的主宰能力之积极进取精神,而不仅仅是与某种欲望的满足有关的积极进取精神。所谓与提高人的主宰能力有关的积极进取精神,简而言之就是一切有关提高人的能力、素质、技巧和本事等的进取精神。就竞争而言,只有与所有权制度毫无关联的"纯竞争"(例如技术竞赛),才可能激发出这种纯粹与提高人的主宰能力有关的积极进取精神。一旦竞争与所有权制度发生某种关系,竞争所激发出的进取精神就有可能发生方向性的偏离——

① 经济学中的"市场失灵理论"早就质疑"帕累托最优"的现实可能性。现代经济学家格林沃德和斯蒂格利茨更进一步以复杂的数学模型证明,现实中普遍存在的不完全信息、不完全竞争和不完备市场状况,使得帕累托最优在实践中几乎没有实现的可能。这就是格林沃德——斯蒂格利茨定理。此定理的深刻含义在于,市场失灵不再局限于外部性、垄断、收入分配和公共产品等狭隘范围,而是无处不在的。

从纯粹与主宰能力有关的进取精神偏离到仅仅是与满足某种欲望有关的进取精神。这就是说,竞争的性质决定了竞争所激发出的进取精神的性质。由与所有权制度毫无关系的纯竞争所激发出的进取精神就一定是与主宰能力有关的进取精神。而由争夺性竞争,以及由那些对所有权制度有着某种依赖关系的纯竞争所激发出的进取精神就往往会偏离到仅仅与满足拥有某物的所有权之欲望有关的进取精神。遗憾的是,在人与物的关系领域的绝大多数竞争,包括大部分纯竞争,都多多少少与所有权制度有着或深或浅的依赖关系。在这种情况下,由竞争所激发出的进取精神就不可避免地蒙上了仅仅是满足争夺所有权之欲望的阴影。一旦由竞争所激发出的进取精神蒙上了争夺所有权之阴影,则这种进取精神对促进效益最大化之功用就大打折扣了。而如果由竞争所激发出的进取精神完全偏离到争夺所有权上时,则这种进取精神不但不可能促进效益的最大化,而且还有可能起到减低和削弱效益的反作用。两个天才的科学家因发明创造的纯竞争而激发出的进取精神无疑是能促进效益最大化的进取精神。但由于专利制度的存在,发明创造的纯竞争就必然同时激发出争夺和保有专利权的进取精神。这种同时混杂着创新和争夺所有权的进取精神必然会分散科学家们发明创造的精力和能力,从而使促进效益最大化的功用大打折扣。而如果发明创造的纯竞争因为专利制度的存在而使这两个天才的科学家因竞争所激发出的进取精神完全转向争夺某个发明的专利权,则这种"进取精神"就只能产生削弱效益的反作用。因为它不但将两位科学家的天才无谓地浪费在所有权的争夺上,而且两位科学家为争夺所有权而付出的一切人力、物力更是无谓的浪费。由此可见,所有权制度其实是一把双刃剑:一方面它可能会激发人类创新的积极性;另一方面,它又可能将人类创新的积极性引导到争夺所有权,而不是提高主宰能力上。一旦人类将竞争的焦点集中在争夺所有权上,竞争所激发出的进取精神就不但不是效益最大化的动力,而且还有可能成为减弱效益的原因。

其次,竞争对所有权制度的依赖还有可能扭曲竞争在资源配置上的积极作用。如果仅从效益着眼,资源配置最佳化的境界其实并不是"帕累托最优",帕累托最优所表述的并不是效益最优的资源配置,而是资源配置的平衡点,即:由供求关系的平衡所达致的资源配置的平衡。但这个平衡点与效益的最大化其实并没有直接的关系。达到帕累托最优的资源配置并不一定就是效益最大化的资源配置。效益最大化的资源配置应该是能够保证资源得到最佳利用的资源配置。它强调的并不是"平衡",而是"有效利用"。资源只有得到最有效地利用,才有可能产生最大效益。因此,着眼于效益最大化的资源配置就应该是将资源配置到最有能力并且最有积极性去发挥该资源的最大功用之人的手里。竞争无疑有助于这种保证效益最大化的资源配置。例如,政治领域的竞选,经济领域的土地、矿藏等的竞拍,无疑都有助于将资源配置到最有能力,又最有积极性的人手中。然而,竞争对所有权制度的依赖,却又极易于扭曲竞争在资源配置方面的积极作用。因为,资源的有效利用取决于两个因素:能力和积极性。这两个因素必须同时具备。有能力而无积极性,资源不可能被有效利用;有积极性而无能力,也不能保证资源得到有效利用。假如竞争不依赖于所有权制度,则对资源的竞争就有可能是利用资源的能力和积极性的竞争。如此,则竞争的优胜者就有可能是最能有效利用资源的佼佼者。遗憾的是,在人与物的关系领域的竞争几乎没有不依赖于所有权制度的。而对所有权制度的依赖决定了对资源配置的竞争再也不可能纯粹是利用资源的能力和积极性之竞争,它必然会掺杂着对资源的所有权之争夺。而对资源的所有权之争夺,既不能保证获胜者是利用资源的能力上之佼佼者,也不能保证获胜者具有利用资源的积极性。争夺所有权的竞争之所以不能保证获胜者是能力的佼佼者,是因为争夺所有权与较量能力和技巧不同,将一物的所有权争夺到手,并不仅仅依靠争夺者的能力和技巧,有时所谓的天时、地利和人和等因素也许比能力和技巧更有决定意义。这就决定了争夺性竞争获胜的偶然性或不可预测性。而一旦在争夺性竞争中由于种种偶然性而使得差者获胜,则不但所谓的"效率最大化"和"资源配置最佳化"的神话将破灭,而且还有可能给人类带来巨大的灾难之后果。通过竞选上台的希特勒和墨索里尼不就给德国和意大利人民乃至全世界人民带来了深重的灾难吗?而由差者中标所造成的项目烂尾,或项目不合格的后果,也不仅仅是效益缺失的问题,它同时也是人类发展的一个无谓的损失。除非人类能拥有主宰一切偶然因素之能力,否则争夺性竞争可能由差者获胜的情况便是无法避免的。因此,由于竞争对所有权制度的依赖,使得竞争无法保证竞争的获胜者就是能力的佼佼者,从而无法保证获胜者有能力最有效地利用资源,也就无法实现着眼于效率的资源配置的最佳化。

更有甚者,竞争对所有权制度的依赖还可能使得资源竞争的获胜者开发和利用资源的积极性大打折扣。因为,所有权制度不但保障了获胜者排他地利用资源的权利,而且也保障了获胜者不利用其所获得的资源的权利。假如没有其他强制性法律的约束,获得资源所有权的所有者甚至有权永远也不利用该资源。例如通过竞拍获得土地所有权者,可以将土地搁置几十年,甚至几代人都不开发。这在西方私有制国家中并不鲜见。这又从另一个方面表现出所有权制度的双刃剑性质:所有权制度虽然鼓励和保障竞争,但同时又限制和排除竞争;虽然有可能促进效益的最大化,但同时也有可能为物的闲置和浪费大开绿灯。不论是排除竞争还是保护浪费,无疑都是与效益最大化背道而驰的。于是,本来是促进效益最大化的竞争,却由于对所有权制度的依赖最终又阻碍,甚至否定了效益的最大化。岂止是对效益最大化的否定,它甚至是对人的主宰本质的一种否定——既给予所有权人闲置可用之"物"的权利,又否定他人开发利用可用之"物"的可能,这无异于否定了人类主宰该"物"之可能。这样的竞争结果明显是与人的主宰本质相悖的。

(3)竞争推翻竞争的原则——公平的悖论

"公平"是竞争的根本原则。公平原则对于竞争的决定意义表现在两个方面:第一,没有公平,就没有真正意义上的竞争。假如没有公平的规则,公平的条件以及公平的裁判等等,竞争便无从进行。第二,没有公平,任何竞争的结果都不可能被接受。而如果竞争的结果不被竞争各方乃至整个社会接受,则竞争就绝没有存在的余地。这两个方面决定了没有公平的原则就不可能有真正意义上的竞争。

"公平"概念与"平等"概念很容易混淆。但实际上这两个概念的意义完全不同。简单地说,"公平"虽然也要求"相同情况,相同对待",但它强调的却是"不同情况,不同对待"。而"平等"所强调却是"对有差别的人无差别地对待",也即"不同情况,也相同对待"。以资源配置为例:所谓公平的资源配置指的是要么根据需要的不同,要么根据贡献的大小,要么根据能力的强弱而做出不同的资源配置。以需要为标准,则"按需分配"是公平的;以贡献为标准,则"按劳分配"是公平的;而以能力为标准,则又是"按能分配"才为公平。这种根据不同情况作出不同的资源配置之分配肯定是不平等的。但就不同的标准而言,只有这样分配才是公平的。而所谓平等的资源配置,指的却是无论需要、贡献或能力有多么不同,都应获得相同的资源份额。这种资源配置虽然是平等的,但就各种不同的标准而言,却肯定是不公平的。因此,平等与公平往往是矛盾的。这也是为什么就竞争而言,"平等"只能作为竞争的前提,而不能作为竞争的原则之原因:没有公平就没有竞争,而没有机会平等和起点平等,就不可能有公平。在竞争中,平等是为着公平并服务于公平的:为了公平起见,竞争的机会和起点必须是平等的。机会和起点之所以必须是平等的,是因为只有这样，竞争才可能是公平的。也就是说，平等之所以是竞争的前提，是因为公平是竞争的最根本的原则。

既然“公平”是竞争的根本原则，则确定公平的评价标准便是第一位的。究竟什么是竞争的公平标准呢？笔者以为是“能力”。凡竞争的结果是能力的佼佼者获胜，则该竞争就是公平的。凡竞争的结果不是能力的佼佼者获胜，则该竞争就是不公平的。凡能够保证能力的佼佼者获胜之竞争的规则、程序和方法就是公平的规则、程序和方法。凡不能保证能力的佼佼者获胜的规则、程序和方法，其公平性就必然会遭到质疑。此说如果成立，则只有不依赖所有权制度的纯竞争，才有可能是公平的竞争。而一切依赖所有权制度的竞争，其最后结果都必然会推翻竞争的公平原则。

首先，竞争对所有权制度的依赖必然导致垄断。而垄断又必然会摧毁公平竞争的前提和基础——机会平等和起点平等。没有机会和起点平等的竞争，肯定是不公平的竞争。此点已如上述。

其次，竞争对所有权制度的依赖还造成了竞争对权力的依赖。而权力永远是社会不公的主要根源之一。本来，任何竞争，包括与所有权制度无关的纯竞争，都有赖于权威的存在。可以说，没有权威的存在，任何竞争都不可能开展和进行。但竞争对权威的依赖却并不等同于竞争对权力的依赖。竞争对权威的依赖表现在三个方面：第一，竞争对规则的依赖。竞争是有规则的较量，没有规则就没有竞争。而规则的制订有赖于权威的存在。没有竞争各方都认可的权威，就难以有竞争各方都接受的规则。这至少在现阶段的人类社会是一个无可争辩的事实。第二，竞争对裁判的依赖。竞争既然是有规则的较量，对规则的遵守与否就具有决定性的意义。而竞争本身是否合乎规则，各方的竞争行为是否遵守规则等等，都有赖于裁判的存在和决断。第三，竞争对违规惩罚的依赖。惩罚违规是规则的有效性之根本保障。没有对违规的惩罚，对规则的遵守就没有保障。规则就会成为一纸空文。而当规则成为一纸空文时，竞争也就不复存在了。因此，竞争的进行自始至终都有赖于权威的存在。制订竞争规则，有赖于权威的存在；裁判规则的遵守与否，有赖于权威的存在；而对违反规则的制裁，就更有赖于权威的存在。然而，上述所说的“对权威的依赖”却并不是此处将要论述的“对权力的依赖”。此处所说的“对权力的依赖”之“权力”，是指最狭义的权力，即仅指由国家强力所支撑的国家权力。如果竞争纯粹是与所有权无关的“纯竞争”，则竞争就只会有赖于“权威”，而绝不会依赖于“权力”。举例来说，国际奥林匹克竞赛有赖于国际奥林匹克委员会的权威，没有国际奥林匹克委员会的有关制订竞赛规则、组织竞赛裁判以及处罚违规行为的权威，奥林匹克竞赛就根本不可能进行。但国际奥林匹克委员会的权威绝不属于由国家强力所支撑的国家权力。它的权威完全建立在成员的承认、认可与自觉服从上。由此可见，纯竞争虽然有赖于权威，但并不依赖于权力。使竞争依赖于此处所说的“权力”的，是竞争对所有权制度的依赖。因为，所谓“所有权制度”实际就是指国家权力确认和保护所有权的制度。所有权制度不论在任何时候，任何地方都有赖于国家权力的确认和保护。对所有权制度之依赖，也就是对国家权力确认和保护所有权的制度之依赖。而对国家权力的依赖又使竞争无可奈何地陷入组织型社会的最根本之不公中——掌握权力之人主宰和决定不掌握权力之人的命运；而无权之人又不得不服从掌权之人之意志。这是依赖于所有权制度的竞争之方式永远也挥之不去的阴霾。人类只要坚持用竞争的方式来调整在人与物的关系领域主体间的关系，就不得不依赖“权力”这个“恶魔”。只要人类还不得不依赖于“权力”这个“恶魔”，人类就不得不在“人决定人”这个最大的社会不公中挣扎，就不得不面对“恶魔拉车”这个人类的千古难题。使人陷入最大的社会不公，同时又迫使人类不得不面对“恶魔拉车”这个千古难题的竞争的方式，无论如何都不属于处理人类主体间关系的最好的方式。在人类可预见的将来，人类调整主体间关系的最好的方式应该是“合作”。

3. 以合作根除冲突—人成就人的理想

在前面两节，我们以“人不能否定人”之原则绝对地否定了斗争的方式，又以“人不能垄断物”之原则相对地否定了竞争的方式。然而，当斗争的方式和竞争的方式均被否定之后，什么方式能够取而代之，成为调整人类主体间关系的更先进、更合理的方式呢？笔者认为，绝大多数的哲人学者都会同意的这个方式就是合作的方式。合作的方式既意味着人的能力、技巧和特长等的互通互补式的合作，从而从根本上肯定了“人不能否定人”之原则，又意味着人在利用或享用物的方面共用共享式的合作，从而从根本上肯定了“人不能垄断物”之原则。除此之外，合作的方式所具有的 1＋1＞2 的合作剩余之效益，无疑将大大提高人类主体的主宰能力，从而大大促进人类主体的主宰本质之实现。而就调整人类主体间关系而言，合作的方式无疑将消除人类主体间的冲突，从而大大促进人类主体的整体性之实现。正因为此，合作的方式才被当今绝大多数哲人学者视为人类调整主体间关系的最佳方式。

然而，所谓“合作的方式是调整主体间关系的最佳方式”之说法并不意味着任何合作都是调整主体间关系的最佳方式。笔者以为,甚至迄今为止在人世间发生和存在过的任何一种合作,都还不属于"调整主体间关系的最佳方式"。我们所说的调整主体间关系的最佳方式之"合作"严格说来还没有诞生。因为,作为"调整主体间关系的最佳方式"之合作,必须是能够根除主体间冲突之合作。这种最佳的合作方式至少应该包括如下几个主要的特征:

第一,合作的基础是人,而不是物。即个体主体不是以其对物的所有权作为合作的基础,而是以其自身的能力、技巧和特长作为合作的基础。

第二,合作的形式既包括人的能力、技巧和特长等的互通互补式的合作,也包括主体间共用、共享物的合作。

第三,合作的性质是人对物的共同主宰,而不是人对人的互相利用。

第四,合作的目的既不是否定人或战胜人,也不是争夺物,而纯粹是主宰世界。

第五,合作的依据既不是权力系统支持的法律法规,也不是通过博弈达致的决策均衡,而纯粹是通过主体间平等协商所达成的契约。

我们暂且将这种合作方式称为"最佳合作"。严格说来,完全符合上述标准的"最佳合作"在迄今为止的一切人类社会中,包括当今文明高度发达的信息化社会中,都根本不存在。它还未诞生。因为它根本不属于人类迄今为止任何一种社会形态:不论是将人类社会的历史阶段划分为"原始社会"、"奴隶社会"、"封建社会"、"资本主义社会"等社会形态,还是按现代社会学家所通用的划分方法,将社会划分为"狩猎和采集社会"、"畜牧社会"、"初民社会"、"农业社会"、"工业社会"以及"信息社会"等社会形态,上述任何一种社会形态都不可能产生和存在上述的"最佳合作方式"。因为,所有这些社会形态无论以什么标准划分,也无论它们之间有多少不同,其本质却是一样的,即本质都是以"组织"为基础,以"权力"为中心的社会形态。笔者将有着这种本质的各种社会形态统称为"组织型社会"。所谓"组织型社会",指的是这样一种社会,它以各种各样的社会组织为基本单位,以各种各样的权力系统为运作中心,并以个体服从组织为根本原则的社会形态。在组织型社会中,个体主体只能存在于各种各样的组织中,并服从于各种各样的权力系统:人自出生起,便落入"组织"的怀抱:生在家里,是落入家庭这个组织的怀抱;生在医院,是落入医院这个组织的怀抱。在此后,他的生长,离不开家庭这个组织;学习,离不开学校、学堂这样的组织;工作,离不开各式各样的被称为"工作单位"之组织;直至老死,仍要依靠"殡仪馆""墓园"这样的组织。无论何时,无论何处,个体都不得不面对组织、依赖组织并服从于组织。而迫使个体主体存在于组织中,并服从于组织的是各种各样的权力系统:家庭有家长之权威;学校有校长和老师之权威;单位有领导之权力;而国家就更是一个严密的权力体系。权力是维系人间组织的纽带,而组织则是权力横行的场所。“权力”与“组织”是迄今为止人类一切社会形态所共有的最基本的构成因素,也是所有社会形态共有的运行特征——以权力系统为纽带,以组织为基本单位,并以个体主体的服从为原则,这便是组织型社会的最基本特征。“原始社会”也好,“狩猎和采集社会”也罢,“工业社会”也好,“资本主义社会”也罢,哪一种社会形态不是以权力为中心,以组织为基础,以个体服从为原则的呢?既然以权力为中心,以组织为基础,以服从为原则,又怎么可能产生和存在以平等主体的平等合作为基础,以共同主宰世界为目的的最佳合作方式呢?

“组织型社会”是笔者的一个新认知。笔者将另著新著详述。此处仅需简单介绍一下组织型社会的特征及其产生的根源。组织型社会的特征已如上述。而关于组织型社会的起源,又与组织型社会的基本构成要素——组织与权力——的起源紧密相关。对“组织”与“权力”的起源,以往的社会哲学家们并不乏论述。尤其是对组织型社会的最典型组织——国家——的起源之论述,可谓是汗牛充栋。然而,这些论述无论有多么不同,但却有一个共同点,即:都仅仅在人与人的关系领域来寻找和阐述权力和国家的起源。似乎还没有理论家在另一个更加重要的领域——人与物的关系领域来寻找和论述国家和权力的起源。对自由主义的鼻祖霍布斯而言,权力和国家是源于摆脱一切人反对一切人的战争状态之需要(没有“利维坦”这个至高无上的组织,就无法制止一切人反对一切人的战争状态);而对理想主义者而言,国家与权力则是源于最大限度地实现国民的“整体利益”之需要。无论是私有制或阶级,还是人对人的战争状态,抑或是实现所谓的“整体利益”,都是在人与人的关系领域打转转。笔者以为,作为组织型社会的关键因素之“权力”和“组织”,其产生的真正根源并不是在人与人的关系领域,而是在人与物的关系领域。人与人的关系最终是由人与物的关系所决定的。权力的本质特征是人对人的服从;而社会组织的本质特征是人以人为工具。因此,所谓权力与组织的根源,追究的其实应该是人对人服从的根源,以及人以人为工具的根源。而人服从人和人以人为工具的根源应该存在于人与物的关系领域,而不可能存在于人与人的关系领域。我们知道,在人与物的关系领域,人作为主体,其与物的本质关系应该是主宰与被主宰的关系。而作为欠缺的主体,人与物的关系则又是主宰物之意欲与物被主宰的现实之关系。当人主宰物的意欲与主宰物的能力发生矛盾时，也即当人的主宰能力严重欠缺而无法实现其主宰物的意欲时，权力和组织的根源便形成了。因为，对能力的欠缺之最便宜、最直接的弥补来自于他人的能力。而汇聚多人的能力需要“组织”，配置和利用多人的能力则需要权力。这便是组织和权力的起源：为了弥补主宰能力之欠缺，以实现人主宰物之意欲，人不得不以人为工具，不得不迫使人服从人。换句话说，在人类还没有发展到以物的工具来取代人作为工具之前，唯一能弥补人的能力之欠缺的就是人自身——人必须以人为工具，或者人必须互为工具，才能弥补人的主宰能力之欠缺。而迫使人互为工具者，恰恰是组织和权力——在组织中，任何人都是手段和工具，包括组织中的最高领导者。而保证组织存在和运作的，又非权力系统莫属。这便是权力和组织产生的根源。这同时也是组织型社会产生的最主要和最根本的原因：组织型社会的产生和存在，既不是源于终止一切人反对一切人的战争状态之需要，也不是源于所谓的阶级压迫和阶级统治之需要，更不是源于实现所谓整体的利益之需要，而是源于由人的主体能力之欠缺所决定的人不得不以人为工具之需要。也就是说，在人与物的关系领域人互为工具的需要决定了在人与人的关系领域人统治人，人服从人的现实。在人与物的关系领域，有着主宰世界之意欲的欠缺的主体，除非互为工具，否则就不可能实现任何主宰意欲。为了弥补欠缺，以实现主体的主宰意欲，人才不得不互为工具。而人不得不互为工具的现实，才是人类组织型社会产生的真正根源。任何人类组织，小至家庭、作坊，大至国家、跨国企业，其本质都是为实现人的主宰物之意欲而将人作为工具。只要人类还无法超越以人为工具的阶段，只要人类为了实现其主宰意欲还不得不互为工具、互为手段，人类社会就依然是以组织和权力为基本特征的组织型社会。而根除主体间冲突的最佳合作方式就一定还未诞生。

当然，在组织型社会中也有“合作”。例如：个体与个体合作成立一个组织；或者组织与组织合作开发一个项目；抑或是个体与个体合作开发一个项目。所有这些合作形式无疑都符合“合作”一词的定义。但是，在组织型社会中，任何形式的合作都不属于笔者上面所说的“最佳合作方式”。因为，在组织型社会中，任何“合作”都不可能摆脱“权力”和“组织”的阴影。也即任何合作都不可能摆脱“人以人为工具”和“人服从人”之魔咒。因而，任何合作也就都不可能是能根除主体间的冲突的合作方式。

就个体与个体合作成立一个企业的合作方式而言，尽管在谈判和签订合作合同时，合作各方都是平等主体，并不存在谁服从谁，谁以谁为工具的问题，然而，一旦合作企业成立，这种互不服从，互不为工具的平等关系便到此为止。取而代之的则是在合作企业中人与人互为工具并全部服从企业的管理之组织内部的关系。合作者即使不在企业任职，也必须受合作合同的约束，也必须遵守合作企业的章程。而如果合作者在合作企业担任职务，则无论职位高低，哪怕担任的是企业的最高职务，他也必须遵守企业的规章制度，必须服从企业董事会或其他权力机构的领导。于是原先平等的主体间关系从此便成为互为工具的不平等之组织内部之关系。而这种组织内部互为工具之关系在任何意义上都不可能是能够根除了主体间冲突的最佳合作关系。

就组织间合作开发项目的合作方式而言，平等组织间的平等合作关系并不能改变组织内部的人与人之间互为工具之不合理关系。也就是说，平等组织间的平等合作是建立在各组织内部人与人之间互为工具之不合理关系的基础上的。没有组织内部的互为工具之不合理关系，就没有组织，因而也就不会有组织间的平等合作。而组织间的平等合作在任何方面，任何意义上都不可能改变组织型社会中人与人之间互为工具的不合理关系。

在上述三种合作方式中，只有第三种方式，即个体与个体合作开发项目的合作方式，似乎与“组织”的关系不大——它既不是合作成立组织，也不是以组织为基础而进行合作，而是地位平等的主体间为开发项目(也即为主宰物)而进行的平等合作。然而，即使是这种平等主体间为主宰物而进行的平等合作，也仍然不属于笔者所说的能根除主体间冲突的“最佳合作方式”。因为，“最佳合作方式”的本质特征并不是“平等”。不论是主体地位平等还是平等的合作都不是“最佳合作方式”的本质特征。“最佳合作方式”的本质特征是“无冲突”，即能够根除主体间冲突的合作。而要根除人类主体间的冲突，必须满足一个前提条件：人类主宰世界之能力已经发展到再也不需要以人为工具的水平。只要这个前提条件没有得到满足，只要人类仍然处于不得不互为工具的历史阶段，人类主体间的任何类型之合作就都不可能是能根除主体间冲突的“最佳合作方式”。组织型社会中的平等主体间进行的平等合作，虽然满足了主体平等之要求，但却并没有满足，也不可能满足不再互为工具之前提条件。因为，人类不再互为工具，并不是仅凭主观意愿就能达致，也不是仅有平等的主体地位就能做到，它必须要在个体主体的主宰能力达到能够独立地实现其主宰意欲之水平之后才有可能。在个体主体还不能独立地实现其主宰意欲之前，其与其他主体的合作就不可能摆脱“互为工具”的窠臼。“互为工具”是组织型社会产生和存在的根源。而"互为工具"的根源又恰恰是个体主体不具备独立实现其主宰意欲之能力，即个体主体的主宰能力之欠缺。因此，个体主体不具备独立实现其主宰意欲之能力，既是组织型社会产生与存在的根源之根源，也是在组织型社会中的任何合作都不可能属于"最佳合作方式"之原因。"最佳合作方式"不属于组织型社会。"最佳合作方式"只属于个体主体的主宰能力已经达到能够独立实现其主宰意欲之水平的社会。这个社会不可能再是组织型社会，因为，一旦个体主体的主宰能力发展到能够独立实现其主宰意欲之水平，人互为工具的需要也就再也不存在，组织型社会也就必然要解体了。取而代之的将是以具有独立实现其主宰意欲之能力的个体主体为基本单位，以"最佳合作方式"为基本合作方式的崭新的社会。这个崭新的社会笔者将其称之为"合作型社会"。

合作型社会与组织型社会的本质不同在于人类主体间的关系上。组织型社会中的主体间关系之根本特征是人互为工具，因此，其主体间关系的本质就只能是"冲突"。与此不同，在合作型社会中，人类主体间关系的根本特征再也不是"互为工具"，而是"独立与平等"，而主体间关系的本质也再也不是"冲突"，而是"合作"。"合作"之所以能够成为主体间关系的本质，是因为人类通过漫长的互为工具之历史发展，通过一步步地发展生产力，逐步地提高科技水平，不断地增强主宰能力，终于使人类的主宰能力达到了不再需要以人为工具之高点。一旦人类主体从互为工具的境况中解放出来，人类主体间关系的本质就必然发生质的变化——从隐含着"冲突"之本质的指挥与服从的关系质变为根除了冲突的独立主体间的"合作"关系。因为，在具有独立实现其主宰意欲之能力的主体间，再也不需要互为工具。他们仅需要平等合作——或合作进一步扩大主宰世界的范围；或合作进一步提高主宰世界的能力。这样一种合作，正是笔者所说的能够根除人类主体间冲突的"最佳合作方式"。具体来说，所谓"最佳合作方式"指的是：在具有独立实现其主宰意欲之能力的主体间，纯粹为了扩大主宰世界的范围或提高主宰世界的能力之平等合作。假如这个定义成立，则"最佳合作方式"成立的关键便在于两点：一是基本的独立主宰能力；一是纯粹的主宰世界之目的。我们先从第一点论述起：

(1)基本的独立主宰能力——"最佳合作方式"的基础

我们已经论述过：人是欠缺的主体。人的欠缺包括两个方面：一是境界的欠缺，即欠缺心想事成的自由境界。二是能力的欠缺，即欠缺实现其主宰意欲之主宰能力。前者的欠缺也许是绝对的，即人类也许永远也达不到心想事成的自由境界。而后者的欠缺则可能是相对的，即人类实现其主宰意欲之主宰能力既相对于其主宰意欲，也相对于其发展阶段。而所谓的“基本的独立主宰能力”正是相对于人类的发展阶段而言的：人类是从个体间相互依存发展到相互依赖，再从相互依赖发展到独立主宰之阶段的。因此，所谓的基本的独立主宰能力是相对于相互依赖的主宰能力而言的——它既非绝对独立，也非完全主宰。它只是高出相互依赖之相对独立，也仅仅是相对于个体的具体意欲之相对主宰。即使如此，这种相对的基本的独立主宰能力也似乎仍然是个体可望而不可即的空想。于是，我们面临的第一个问题就是：个体主体基本的独立主宰能力如何可能？

个体主体无论从哪个方面来说都是一个十分渺小、十分有限的存在。要使这样一个十分渺小、十分有限的存在形成基本的独立主宰能力，笔者以为起码必须满足三个条件：第一，作为个体主体独立的基地之平台。个体主体要摆脱相互依存、相互依赖的尴尬局面，首先必须拥有独立于他者、独立于任何存在的“基地”，舍此则个体主体的独立便无从说起。第二，个体主体为弥补其欠缺而获取知识和力量的源泉。个体主体的主宰能力即使相对于其具体的主宰意欲也是十分渺小，十分欠缺的。唯一能使个体主体具有相对于其具体的主宰意欲之基本的独立主宰能力的途径，是个体主体能够及时、便捷地获取全人类的知识和能力。否则，所谓的“基本的独立主宰能力”便无从说起。第三，对无论是作为工具，还是作为资源，抑或是作为对象的“物”之共用。无论是独立能力，还是主宰能力，其最终的目的都是“主宰物”。而要主宰物，既离不开工具，也离不开资源，更离不开要主宰的对象。如果限制或禁止对上述任何一种“物”的使用，则所谓基本的独立主宰能力便无从实现，也无从体现。这三个条件必须同时具备，缺一不可。只有在个体主体同时具备了这三个条件之后，个体主体的基本的独立主宰能力才算是最终形成。

如果将时光倒退五十年，也许没有人会相信人类的个体主体有可能满足上述三个条件而形成基本的独立主宰能力——个体主体怎么可能脱离他人、脱离组织而独立应对世界的挑战？个体主体怎么可能及时、便捷地从全人类获取知识和力量，以弥补自己的欠缺？同样，个体主体怎么可能毫无障碍地与他人共用、共享“物”，从而使得全人类共同致力于主宰“物”的事业？感谢托马斯·弗里德曼。是他告诉人们：这一切都是可能的！在他所著的《世界是平的》一书中，他第一次向人们展示了信息革命所带来的个体主体之主宰能力的巨大提升：他所归纳出的碾平世界的十大动力，绝大多数都涉及由信息革命所释放出的个体主体的基本的独立主宰能力：由个人电脑、操作系统软件、互联网、浏览器以及光纤电缆等设备和设施构成的个人电子平台，第一次使个体主体不但有能力脱离土地、资本等物的存在而独立，而且有能力脱离他人和组织等人的存在而独立。有了这个平台，个体主体便可以既作为人类争取主宰世界之事业的基本单位，同时又作为人类主体间一切交往与合作的基本单位而独立于天地间和人世间。这无疑已经是个体主体独立基地之雏形。而由上传技术、搜索引擎、博客乃至聊天室等构成的人类知识和力量的互通网络，第一次使个体主体及时、便捷地获取全人类的知识和力量成为可能。我们可以从该书所引用的阿兰·科恩对全球最大的搜索引擎 Google 的评价中清楚地了解到搜索引擎对个体主体主宰能力之提升所产生的巨大影响。他说："如果我能用 Google，我就能找到一切事情。Google 就像上帝，上帝无处不在，上帝洞察万物。在这个世界上，一切问题你都可以去问 Google。"上帝是全知全能的，但人与上帝的沟通却没有任何便捷的渠道。尤其是上帝并不是人类有求必应的仆人。因此，上帝的全知全能并不能为人类所用。而搜索引擎虽然不似上帝那样全知全能，但却能包容全人类的知识和信息。最重要的是，搜索引擎不但是任何个体主体有求必应的"仆人"，而且也是任何个体主体与全人类的知识和信息之间的最便捷的联通渠道。当个体主体能够及时、便捷地从全人类的知识和信息的宝库中获取其所需要的一切时，谁还会怀疑个体主体有可能形成基本的独立主宰能力呢？最后，由"阿帕奇"所开启的软件免费运动以及互联网的信息共享原则虽然还不构成主体间对物的共享、共用，但它们起码已经昭示着物之共享、共用时代之迫近。所有这一切已经明白无误地告示世人：个体主体形成基本的独立主宰能力不但可能，而且已经开始逐步地成为事实。

然而，目前已经存在的电子平台、互通网络以及软件和信息的共享等等，还仅仅是昭示了个体主体形成基本的独立主宰能力的可能性。它们并不代表个体主体已经形成了基本的独立主宰能力。因为，个体主体基本的独立主宰能力所需要的"平台"，并不仅仅是独立于客体世界而存在的平台；也不仅仅是独立于其他主体或各式各样的组织而存在的平台；它还必须同时是与其他主体交往合作的平台；更重要的是，它还必须是努力主宰客体世界的平台。正是这最后一个平台，才是个体主体基本的独立主宰能力所需要的平台最终形成的标志。目前已经存在的电子平台，虽然已经具备了上述前三个平台的某些特征，但他们还只是雏形，他们离完全形成还有着遥远的路程。而就第四个平台而言，现存的电子平台甚至连雏形都不是。因为，人类主宰客体世界的活动主要存在于生产和科研领域。因此，主宰世界的平台就必须包括科研的平台和生产的平台。而由个人电脑、操作系统软件、互联网、浏览器以及光纤电缆等设备和设施构成的个人电子平台，既不可能是个体主体独立的科研平台，更不可能是个体主体独立的生产平台。在组织型社会还未完全解体之前，社会的科研和生产只会由工厂、农场、企业、科研机构等各式各样的组织来进行。个体主体可以拥有这些组织的所有权，但却改变不了这些组织以人为工具的本质。只要生产和科研还是以人为工具，就不属于此处所说的个体主体独立主宰世界的平台。什么样的平台才是个体主体独立主宰世界的平台呢？笔者以为是这样的一个平台，即以自动化和机器人完全取代人、解放人的生产和科研系统。个体主体只有在拥有了这样一个不再以人为工具的生产或科研系统，他才算真正形成了基本的独立主宰能力。

就个体主体的基本的独立主宰能力所需要的力量之源泉而言，目前由上传技术、搜索引擎、博客乃至聊天室等构成的互联互通网络，只是使个体主体可以及时、便捷地获取全人类的知识和信息，但它并没有赋予个体主体及时、便捷地获取全人类已有的能力、力量和资源之可能。而个体主体如要形成基本的独立主宰能力，不但需要及时、便捷地获取所需的知识和信息，更需要及时、便捷地获取其所需的能力、力量和资源等。在能力、力量和资源等成为任何人可以自由获取的资源之前，并且在可及时、便捷地获取其所需的能力、力量和资源等的互联互通网络建成之前，个体主体的基本的独立主宰能力仍不可能最终形成。

最后，就“物”的共用与共享而言，一物能否被共用和共享，并不完全取决于人为的制度与法律，它还有可能取决于物的特性。比如空气，空气的特性（无处不在和取之不尽），决定了它必定是，也只能是被共用和共享的。任何人类的制度与法律都无法限制或禁止人们共用和共享它。又比如个人衣物、手机之类的个人物品，其使用特性又决定了它无法与他人共用和共享，只能由个体独用和独享。即使人类的制度和法律规定它们为共用或共享之物，也仍然无法被多人共用或共享。它们的所谓“共用”和“共享”只能通过“人人都有”，或“人手一份”之方式而达致。于是，所谓的“共用”与“共享”便包含了两层意义：其一，对其使用特性决定了只能被独用、独享之物，“共用”和“共享”意味着“人人都有”或“人手一份”；其二，对其使用特性允许共用和共享之物，则任何人都可以直接获取，自由使用，不受任何法律制度的限制或禁止。第一层意义的“共用”和“共享”必须通过生产力的发展来达致——“共用”电脑，有赖于电子工业的发展所带来的电脑的普及；“共用”汽车，有赖于汽车工业的进步所造成的汽车的普及；等等，不一而足。而第二层意义的“共用”和“共享”则必须通过物之所有权制度的根本性变革来达致——只有取消对可以共用和共享之物的所有权保护，才有可能达致对这些物的共用或共享。具体说来，目前通行的几乎遍及一切物的所有权保护制度，必须变更为所有权的保护范围将仅限于对第一层意义上之物，即仅对其使用特性决定了只能独用或独享，其共用和共享只能通过普及到人手一份之方法而达致之物给予所有权之保护。而对一切对可以共用和共享之物的所有权保护，都应通通取消或消灭。不言而喻，对这样一种所有权制度的根本变革而言，当前信息革命所带来的“软件免费”运动和“信息共享”原则等等，充其量也仅仅是一次对现有所有权制度的力量十分有限的冲击。它离上述根本变革所有权制度之目标岂止相差十万八千里！

至于第一层意义上的物之“共用”与“共享”，就个体主体基本的独立主宰能力而言，并不需要一切其特性必须独用独享之物都达到“人人都有”之共用、共享之境界。因为这是不可能的。任何按其特性必须独用、独享之物，都有一个从发现或发明到设计和制造，再到批量生产，然后再到慢慢普及至全人类之漫长的过程。而人类的发明与发现又是层出不穷，不断更新的。这就决定了人类将永远处于层出不穷的新的“物”从少数人独用、独享，到慢慢普及到多数人直至所有人的共用、共享之过程中。旧的物达致共用、共享了，新的物之独用、独享又开始。以此类推，直至永远。也就是说，人类永远也达不到一切其特性必须独用独享之物都“人手一份”之共用、共享之境界。但就个体主体基本的独立主宰能力而言，人类也完全没有必要达到这样一种“共用”、“共享”之境界。就个体主体基本的独立主宰能力而言，对第一层意义之物，只要构成个体主体的主宰平台之物，即：电脑等电子设施以及自动化的生产、科研系统设施等达到了人人都有的境界，则个体主体基本的独立主宰能力所需的对第一层意义上之物的“共用”“共享”之境界就已经达到。然而，我们知道，虽然目前电脑的普及率已经达到了相当高的水平，但离“人手一台”的共用和共享境界仍然相差很远。而生产或科研系统则依然几乎全部掌握在组织手中。人们甚至还根本看不到生产和科研系统将普及到“人人都有”之境界的可能。在这种情况下，怎么可能宣称个体主体基本的独立主宰能力已经形成了呢？

综上所述，目前正在发生的信息革命虽然昭示了个体主体形成基本的独立主宰能力之可能性，但个体主体要最终形成其基本的独立主宰能力，人类还有很长的路要走。不过,既然信息革命已经将人类推上了提高并形成个体主体之基本的独立主宰能力之进程,则不管前路多么漫长,也不管道路多么曲折,笔者坚信,个体主体基本的独立主宰能力最终必将形成。而能够根除主体间冲突的“最佳合作方式”最终也将盛行于世。

(2)纯粹为主宰世界而奋斗——“最佳合作方式”之目的

笔者在前面已经论述过:人类主体间的冲突是由欠缺主体的主宰本质和多元主体共存的事实所决定的。因此,仅仅是个体主体形成基本的独立主宰能力,并不足以根除人类主体间冲突。在无法,也不能改变多元主体共存的事实之情况下,要根除主体间的冲突,除了个体主体必须形成基本的独立主宰能力之外,还必须将主体的主宰本质引导到力图主宰世界之伟大事业,而不是致力于主体间的争夺之上。因为,个体主体形成基本的独立主宰能力,只是从根本上排除了以人为工具的可能。但它并没有排除主体间争夺的可能。在没有排除主体间的争夺之可能的情况下,即使个体主体真的形成基本的独立主宰能力,主体间的冲突不但不可能根除,反而还可能加深、加剧:假如具备了基本的独立主宰能力之个体主体,不是将其独立的主宰能力全部用于力图主宰世界之伟大事业,而是将其一部分,乃至大部分主宰能力用于主体间的争夺上,则这种具有独立的主宰能力之主体间的争夺,比起没有独立的主宰能力之主体间的争夺,其范围必然更广泛、其性质必然更深刻、其程度必然更剧烈。因此,就根除主体间的冲突而言,消除主体间的争夺性如果不是比形成个体主体基本的独立主宰能力更重要,那也是同样重要的。只有在个体主体普遍形成基本的独立主宰能力,同时又完全摒弃主体间的争夺之情况下,人类主体间的冲突才有可能从根本上消除。而要使所有个体主体完全摒除主体间的争夺,只有一个途径,那就是:将个体主体的主宰能力全部引导到力图主宰世界的伟大事业中。当所有个体主体都全身心地投入主宰世界之伟大事业中时,一切主体间的争夺也就自然消失了。问题在于如何才能将个体主体的主宰能力全部引导到力图主宰世界之事业上呢?笔者以为,关键在于两点:在客观方面,必须是主体间不再存在争夺之必要;而在主观方面则是个体主体自觉摒弃争夺之选择。主体间争夺的客观必要性是由人的生存和生活需求[①]与此类需求的满足之矛盾所决定的。能

① 此处所说的“生存和生活的需求”是人作为生存者的需求。它与人作为主体的主宰意欲有着本质的区别。人的主宰意欲,由于人的欠缺本质和客体世界的无限性,永远没有完全实现的可能。而人的生存和生活需求却是有可能充分满足的。

力的欠缺与资源的短缺是人的生存与生活需求不能得到满足的两个最主要原因。能力的欠缺导致了上述人以人为工具的组织型社会的产生和延续。而相对于人的生存和生活需求之资源短缺则是主体间争夺的主要根源之一。所谓主体间不再存在争夺的客观必要，指的是：人的生活需求已经能够得到充分的满足；人再也不需要为了生存和生活需求的满足而互相争夺资源和利益了。这样一种存在状况其实与我们在上一节所论述的“个体主体形成基本的独立主宰能力”之状况是重合的，或者说是相同的：具备了基本的独立主宰能力之个体主体，当然也就是能充分满足其生活需求的个体主体。试想，有着独立的信息、科研和生产基地，并能及时、便捷地获取知识、资源与能力，而且还可以无障碍地共用、共享可共用之物的个体主体，还有什么生活需求不能满足？还有什么必要与他人争夺呢？因此，只要人类发展到个体主体形成了基本的独立主宰能力，则将个体主体的主宰能力全部引导到主宰世界的努力中之客观基础也就形成。唯一欠缺的就是它的主观方面了。

在主观方面，人作为主体，本来并不缺乏主宰世界之意欲。尤其是在个体主体形成基本的独立主宰能力之后，也即能够充分满足其生存和生活需求之后，个体主体完全摒弃主体间的争夺似乎并没有什么困难。然而，我们不能忘记，人类主体的主宰意欲，除了主宰客体世界之意欲外，还包括主宰他人之意欲。而这个主宰他人之意欲，并不会因为个体主体形成基本的独立主宰能力而消失。使个体主体完全消除主宰他人之意欲，并完全摒弃主体间争夺之行为的，是人的主宰本质和人的理性。此处所说的“理性”与康德的道德哲学所依据的人类理性并不相同。康德的理性，既不是指计算功利的理性，也不仅仅是指分辨好坏的理性，而主要是指能够发现和理解所谓的“绝对命令”之理性。但是，不仅是否真的存在“绝对命令”需要证实，而且人类是否真的具有能发现和理解“绝对命令”的理性也同样需要证实。而我们所说的“理性”，虽然也与计算功利，分辨好坏关系不大，但也与理解一切类似“绝对命令”的假设无关。我们所说的“理性”，是指认识和理解人类主体的整体性对实现人类主体的主宰本质之重要意义的能力。这样的理性能力，既不会因为需理解之物的虚无缥缈而无法确定，也不会因为需理解之物的具体琐碎而无关宏旨。它是现实的。因为人类主体的主宰本质要求人类探寻实现其主宰意欲之最佳途径。它也是可能的。因为人类主体的整体性并不像“绝对命令”或“上帝的启示”那样虚无缥缈，捉摸不定，而是显而易见和确定不移的。最后，它还是具有决定意义的。因为，假如没有这样的理性，人类主体就不可能深刻认识和全面了解人类主体的整体性。而没有对人类主体的整体性之全面、深刻的认识，人类主体就不可能普遍消除主宰他人之意欲，从而也就不可能完全摒弃争夺之行为。具有这样现实、可能和重要的理性能力之人类主体，完全有可能在个体主体能够充分满足其生存和生活需求之后，主动消除主宰他人之意欲，自觉摒弃主体间之争夺。当人类的个体主体普遍摒弃主体间之争夺后，人类主体间的合作目标就将全部指向“主宰世界”。纯粹为了主宰世界也就成为人类主体间合作的唯一目的。果真如此，则人类共同为主宰世界的理想而奋斗的时代就来临了。

总而言之，冲突中的主体在主体间的冲突未被根除之前，只能是不自由的存在。即使在人类主体间的冲突被根除之后，人类主体也仍然是不自由的存在。但彼时的不自由的存在与现时的不自由的存在，毕竟有着质的区别——彼时的人类将是实现了人类主体的整体性之和谐共存的存在，是全人类通过最佳合作方式合作共进的存在。由这样的主体存在所构成的社会，就是超越了组织型社会的“合作型社会”。而在合作型社会中调整主体间的关系的主要方式就是“最佳合作方式”。

以上便是笔者对“人是什么”之问题所给出的答案。简而言之，这个答案是由三个论断所组成，即：人是矛盾（矛盾的存在和存在的矛盾）、人是欠缺（欠缺的主体和主体的欠缺）以及人是冲突（主体间的冲突和冲突中的主体）。这三个论断最终导致了一个总的结论——**人即不自由**！作为矛盾的存在和欠缺的主体以及冲突中的主体，人的存在境界只能是不自由。

然而，所谓“人即不自由”的结论是相对于作为完全主体的“神”而言的。一旦人所相对的不是绝对自由的“神”，而是“无自由”的客体世界时，人所显现的就不再是“不自由”，而是“自由”了——作为主体，即使是欠缺的主体，人仍然既可以随心所欲地上天入地，也可以气吞山河地移山填海。他虽然欠缺绝对自由，但却时时处处充满着相对自由。正因为此，人这种本质上是不自由的不完全主体才有了各种各样论证其主体地位和自由境界的“自由理论”。笔者将哲学界形而上的领域内本体论意义上的主体自由理论分为三种，即：生命主体自由理论；意识主体自由理论；以及道德（理性）主体自由理论。关于生命主体自由理论，笔者以为尼采的权力意志学说最有代表性；关于意识主体自由理论，则萨特的《存在与虚无》一书无疑是这一理论的巅峰之作；至于道德（理性）主体自由理论，那当然是道德主义的集大成者——康德的首创。自下一章开始，笔者将逐一介绍和评析上述三大主体自由理论。

第三章　权力意志与生命自由

——尼采的主体和自由理论评析

尼采有自由理论吗？这也许本身就是一个问题。传统的自由理念以主体平等为前提，以个人权利为中心，以社会契约为手段，以民主法治为圭臬，而所有这一切全都遭到尼采的否定和鄙弃。尼采张扬权力意志，鼓吹生存斗争，否定平等、博爱，蔑视“庸众”“群氓”，崇尚等级制，坚持贵族制，等等。这一切不仅与主体哲学的基本理念相对立，也与传统的自由理念相冲突。这样一个极端的生存主义者，如何会有什么人的自由理论呢？然而，尼采确确实实有着自己的自由理论。尽管尼采对自由的论述缺乏系统性和关联性，(为数不多的有关自由的论述散见于众多著作中，而且各论述之间并无逻辑的联系)，但在尼采的哲学思维中仍然始终贯穿着一条明晰的自由理念之线条。只不过尼采的自由理念与传统的或流行的自由理念完全相悖，难以为人们所认同而已。然而，这个与传统的自由理念相悖的自由理念却是人类迄今为止的三种主要自由理论之一的生命自由理论之最深刻的代表。因此，无论这种自由理念多么令人难以认同，我们仍有必要对此作出认真的探讨和评析。这种探讨与评析将有助于我们进一步阐明生命与主体的关系，以及生命的存在状况与自由的存在境界之关系。

要探讨尼采的自由理论，必须首先对尼采的哲学思维有一个大概的了解。只有通过对尼采的整个哲学思维的认真研究，才能细细品味出尼采的自由理论之精髓。什么是尼采的哲学思维呢？简而言之即生命哲学。尼采无疑是生命哲学的鼻祖之一，但尼采对生命的定义与后来的生命哲学大师们如齐美尔、柏格森等人对生命的定义却并不完全相同。齐美尔、柏格森等人虽然也主张生命是力，是永恒的冲动等等，但他们并没有将生命与世界画上等号。在他们那里，生命虽然是世界的本源，但生命与世界并不是同一个存在。而尼采却认为生命与世界实际上就是同一个存在。尼采对生命的著名定义是:“生命就是权力意志。”[①]而尼采对世界的定义同样也是求权力的意志:“这是权力意志的世界——此外一切皆无!你们自身也是权力意志——此外一切皆无!”[②]于是,在尼采那里,生命与权力意志画上了等号,权力意志又与世界画上了等号。也即:生命通过权力意志与世界画上了等号。作为权力意志的生命与作为权力意志的世界是同一个存在,生命就是世界!这便是尼采生命哲学的最基本的理念,这也是尼采哲学思维的最基本的思想。可以说尼采的哲学思维就是围绕着权力意志这个中心展开的。因此,要理解尼采的自由理念,我们必须、也只能从权力意志开始。

第一节 权力意志与主体

一、“权力意志”乃“求权力的意志”

尼采最奇特的论点之一是“存在都是生命的存在”之论点。他说:“存在——除‘生命’而外,我们没有别的关于存在的观念。也就是说,某些死亡的东西怎么能‘存在’呢?”[③]从常识的角度看,这个论点是根本站不住脚的。因为,生命是对存活的存在之表述,存活乃生命的存在之最基本的表征。生命者必为存活者,存活者才为有生命者。而所谓“存活”,乃宇宙中唯生物所独有的诸如新陈代谢、发育繁殖、遗传变异等等功能及活动。说存在就是生命,无异于说整个宇宙都是由活的生物存在所组成,因而整个世界就是一个如生物一样的活的世界。然而,世界并不是一个“生物”整体,也不是一个由生物组成的存在,甚至不是一个以生物为主的世界;而是一个充满了非生物存在,并绝对

① [德]弗里德里希·尼采著,张念东、凌素心译:《权力意志——重估一切价值的尝试》,商务印书馆1991年版,第182页。

② [德]弗里德里希·尼采著,张念东、凌素心译:《权力意志——重估一切价值的尝试》,商务印书馆1991年版,第701页。

③ [德]弗里德里希·尼采著,张念东、凌素心译:《权力意志——重估一切价值的尝试》,商务印书馆1991年版,第186页。

以非生物存在为主的世界。如此，如何能说存在就是生命呢？然而，尼采的“生命”绝非生物学“存活”意义上的“生命”。在尼采的眼里，生命的定义并非是指具有诸如新陈代谢、发育繁殖、遗传变异等等功能及活动的存活能力，而是指力的运行与较量。凡有力在运行，在较量，就是存活的存在，因而也就是生命的存在。“无机界和有机界之间的联系，肯定处在每个力原子产生的排斥力中。‘生命’的定义应该这样来下，即它是力的确定过程的永久形式，在这个过程中，不同的、斗争着的力增长不匀。”[①]这便是尼采的所说的“生命”！这便是尼采心目中的“存活”：生命是力的运行和较量过程。无论是无机界还是有机界，只要有力在运行，在较量，就有生命，就是存活。拿这个观点来观察世界，世界无疑便是“活的”：不论是不可思议的宇宙初始大爆炸，还是永无止境的宇宙无限膨胀；无论是深不可测的宇宙黑洞，还是神秘莫测的宇宙暗能量，所有这一切不都是力的运行和力的较量过程吗？不都在无可置疑地证明：世界是活的，并且一切存在都是活的吗？在尼采那里，世界是“力”的世界，“力”是世界的一切，“力”就是生命，“力”就是存活，“力”就是存在，“力”就是世界！然而这个“力”既不是科学领域内牛顿力学、热力学或者量子力学等学科所研究的“力”，也不是精神领域内的认知力、感悟力、意志力等概念所涵盖的“力”，而是融会了本能冲动和生成力量的“**权力意志**”：

“这个世界：一个力的怪物，无始无终；一种巨大而坚固的力，既不增大也不变小，不耗费自己只转移自己；在整体上体积不变，一个没有开支和失却也没有增长和收入的家；被虚无所环绕就像它被一种边界所环绕一样；不是某种含混的、被浪费的东西，不是某种无限扩张的东西，而是作为一种确定的力处于某种确定的空间之中，不是这儿那儿的‘空’的空间，而是作为无所不在的力，作为力的游戏，作为力的波浪，既是一又是多。同时在这儿增长又在那儿低落；一个相互涌流的大海，变化不息，回流不止，回复千万年，潮涨潮落；从最简单到最复杂，从最宁静、最刻板、最冷漠到最热烈、最狂野和最自相矛盾，然后，又从丰富返回到简单，从矛盾的游戏回到协调的快乐，在它的路径与岁月的一致性中肯定自己，作为必定要永恒回复者、作为不知满足、不知厌烦、不知疲倦的变化生成者，它为自己祝福：这就是我的狄俄尼索斯的永不停止地自我

① ［德］弗里德里希·尼采著，张念东、凌素心译：《权力意志——重估一切价值的尝试》，商务印书馆 1991 年版，第 158 页。

创造、自我毁灭的世界，这个双重的充满淫乐的神秘世界，我的'善恶之彼岸'，没有目的，除非循环的快乐本身就是目的；没有意愿，除非圆圈对自己有善良意愿——你们想给这个世界一个名称吗？你们想解开它的所有谜底吗？你们这些隐蔽得最深的、最强壮的、最无畏的夜游者，你们想要一道光芒吗？——这个世界就是权力意志，此外一切皆无！你们自己也是权力意志，此外一切皆无。"①

于是，"生命"也好，"世界"也好，"存在"也好乃至人本身也好，总之，一切的一切都在这个"权力意志"中获得了统一。权力意志就是世界，就是存在，就是生命，就是人本身！那么，这个涵盖一切、定义一切的权力意志究竟是什么东西呢？从词义本身来看，无论是德文"der wille zur macht"还是英文"the will to power"，两个词组中都有一个介词（在德文中是"zur"，在英文中是"to"），而中文翻译"权力意志"却把这个介词省略掉了。笔者以为，这里的介词"zur"或"to"是万万不能省略不译的。因为，如没有了对介词"to"的翻译，权力意志可以被理解为"权力的意志"（will of power），也可以被理解为"源自权力的意志"（will from power）。只有把介词"zur"或"to"翻译出来，该词组的确切含义才能正确地表达出来。在这个词组中，介词"zur"或" to"的翻译应该是"追求"或"欲求"。因此，该词组的确切的中文翻译应该是"**求**权力的意志"而不是"权力意志"。"生命，作为个别现象（由此出发的假说，应追溯到生存的总特征——），它**追求的**是最大限度的权力感；它必须**追求**更多的权力；**追求，不外是追求权力；最基本的和最内在的仍旧是这种意志**。"②尼采的这一段论述可以作为"求权力的意志"一词的注解。**有鉴于此，在以下的引文和用词中，笔者都将"权力意志"一词直接改为"求权力的意志"**。"求权力的意志"一词之定义可以分解为两个问题来阐述：其一，"**这种意志**"究竟是什么东西？其二，这种意志所追求的**权力**究竟是什么**权力**？让我们先从第一个问题论述起。

1. 求权力的"意志"是权力追求自身的意志。

英文"will"（意愿或译意志）一词一般被解释为人类特有的一种能力。这

---

① 转引自余虹著《艺术与归家》，中国人民大学出版社 2005 年版第 11 页。参阅[德]弗里德里希·尼采著，张念东、凌素心译《权力意志——重估一切价值的尝试》，商务印书馆 1991 年版第 700～701 页。张、凌之译文似乎没有余虹之译文更接近尼采之真意，故选用余虹之译文。

② [德]弗里德里希·尼采著，张念东、凌素心译：《权力意志——重估一切价值的尝试》，商务印书馆 1991 年版，第 534 页。（粗体为笔者所加）。

种能力包括三个方面:欲望能力、选择(行为方式)能力和行动能力。而这些能力均指向外在的目标(例如:获得财产、权力、地位等;或者赢得芳心、赞誉、荣誉等)。"will"(意愿、意志)"就是相信自己能通过努力实现的愿望"①。然而,尼采的"求权力的意志"中的"意志"一词却彻底颠覆了上述的解释。

首先,尼采将"意志"从人类所专有的特性中解放出来,将它归于世界的属性。"意志"再也不是人类所特有的,而是世界所共有的。求权力的意志不是人追求权力的意志,而是权力追求权力本身的意志。而世界就是求权力的意志,此外无它。因此,求权力的意志就只能是世界的属性。

其次,尼采将"意志"从人的某种能力的樊笼中解放出来,将其归于世界的本性。"意志"再也不是仅仅能够欲望、能够选择和能够行动的可怜的人的"能力",而是世界之本性。世界就是权力对其本身的追求过程,这个世界的本性就是追求权力。

最后,尼采完全阻绝了意志的向外的指向。求权力的意志只能指向其自身。因为,世界是"被虚无所环绕就像它被一种边界所环绕一样"。在求权力的意志的世界中,意志不能指向外在,因为外在即是虚无。意志只能指向其本身。求权力的意志只能是权力追求权力本身的意志。

简而言之,求权力的意志就是权力追求其本身的意志。这个意志是世界的本性,也是世界的灵魂。上面我们曾谈到,尼采的世界是力的世界,而尼采的"力"既不同于物理学意义上的"力",也不同于精神学意义上的"力"。那么,尼采的"力"的不同之处在于什么呢?恰恰在于这个"意志"上!"我们的物理学家用以创造了上帝和世界的那个无往不胜的'力'的概念,仍须加以充实。因为,必须把一种内在的意义赋予这个概念,我称之为'求权力的意志',即**贪得无厌地要求显示权力,或者,作为创造性的本能来运用、行使权力**,等等"②。任何力,只有具有了要求显示权力、运用权力和行使权力的意志,才能称为"求权力的意志"。或者说,是尼采赋予力以显示自身、运用自身和行使自身的意志,力才成为求权力的意志。力才成为世界之本性或世界之一切。

---

① 参阅尼古拉斯·布宁与余纪元编著的《西方哲学英汉对照辞典》,人民出版社2001年版,第1070页。

② [德]弗里德里希·尼采著,张念东、凌素心译:《权力意志——重估一切价值的尝试》,商务印书馆1991年版,第154页。(粗体为笔者所加)。

2. 求权力的意志所追求的是生成之力、创造之力、斗争之力和超越之力。

既然求权力的意志所追求的是权力自身，那就必须弄清楚所追求的权力究竟是什么东西。中文的“权力”在英文中是“power”。英文“power”一词含义颇广，举凡能力、力量、强力、权力、势力、影响力等等，只要与力有关，皆在此词的含义内。因此，人之力量可用“power”，自然之力也可用“power”。而中文的“权力”一词的含义就窄得多，它似乎只能用于人类社会(没有人把“风力”说成“风的权力”，把“水力”说成“水的权力”)。因为，“权力”一词很难摆脱“权”的阴影：权力权力，或因权所获之力，或与权相伴之力，或为权所施之力。总之，终归与“权”相关。而“权”是人类社会的专有名词，一般是指迫使他人按照“我”的意志行动的能力。于是，一提“权力”，总会使人想到“服从”。不是广义上的“服从”，而仅仅是指人对人的服从。这种服从总与人为的法律，制度、道德或习俗等相关联。因此，中文“权力”一词，很难越出人类社会的框架来理解。然而，尼采的“求权力的意志”中的“权力”一词却绝非在人类社会的框架内使用的。有人将尼采的“求权力的意志”翻译成“强力意志”，笔者以为更为贴切，更合原意。要之，此处的“权力”，绝非指人类社会中的权力，而是泛指尼采的力的世界中的各种力或全部力。它与人类社会中的“权力”完全不同义。

那么，充斥于尼采力的世界中的究竟是什么样的力呢。让我们来看看尼采是如何说的：

“属于有生命的概念有：有生命的一定生长——它要扩充自身的权力，因而必须容纳异己的力。”①

“我在偶然性中间识别出主动的力和创造性的东西：——偶然，就是创造冲动的互相撞击。”②

“求权力的意志只有凭反抗来表现。就是说它要搜寻使它反感的东西。——假如说细胞原生质要伸展伪足，四处搜寻，那么这乃是它的固有倾向。占有和同化首先就是征服的意愿，是一种塑造，是建造和改造，直至最终

---

① [德]弗里德里希·尼采著，张念东、凌素心译：《权力意志——重估一切价值的尝试》，商务印书馆 1991 年版，第 450 页。

② [德]弗里德里希·尼采著，张念东、凌素心译：《权力意志——重估一切价值的尝试》，商务印书馆 1991 年版，第 694 页。

使被征服者彻底过渡到进攻者的势力范围，并使之增殖。”①

“‘求权力的意志’，从力的消耗方式来说，表现为扩张：——这样一来，能量向生命和‘最高效率的生命’转化就成了目的。”②

从上述引文中我们可以归纳出尼采的“权力”之四个属性：

(1)**生成**。生物学家认为生命的基本本能是“自保”。尼采的生命，并非生物学上的生命，而是指力的运行和较量。因此，尼采必然不同意所谓的“自保”说。就力的运行而言，“不仅仅是能量的储存，而且是最大限度的消费经济学，以致**由任何力的中心出发的、变得更强大的意愿**就成了唯一的现实性”③。“变得更强大”与第一段引文中的“一定要生长——它要扩充自身的权力”所说的是一个意思，即：生成。在尼采眼里，生成才是生命的最基本的本能。任何力，如果没有生成之冲动，则不为权力，不为生命，甚至也不为真正的力。

(2)**创造**。从某种意义上说，生成本身就是创造：从旧的力中创造出新的力来。然而，假如创造指的仅仅是这种创造，那创造与生成就是同义反复了。创造的含义不止于此，它更重要的意义在于“创造冲动的互相撞击”。权力不仅仅是要生长，要扩充，要变得更强大，而且要创造。创造包含两层含义：其一，在力的较量中，以同化相对力为目的，对相对力的塑造、建造和改造；其二，在力的较量中，由相对力的创造冲动的互相撞击而产生新的力。因此，尼采之权力，既是生成之力，也是创造之力。

(3)**斗争**。斗争即力的较量。在尼采看来，两力相遇，不是相斥，而是相争。相争的结果有二：一是决出力之高下，并排出力之等级；(这是尼采主张等级制的立论基础。)二是吞并对方，“最终使被征服者彻底过渡到进攻者的势力范围，并使之增殖”。(这是尼采主张生存斗争的立论基础。)既然尼采的生命是力的运行与**较量**，那尼采的权力必然要包含较量的同义词“斗争”了。

(4)**超越**。力的较量不像你死我活的阶级斗争，更像经济领域的竞争。而竞争的过程，正是超越的过程：为了胜过对方，必须无止境地提升自己，超越自己；而竞争的结果必是一方超越另一方。力之较量之过程正是这种不断超越

---

① [德]弗里德里希·尼采著，张念东、凌素心译：《权力意志——重估一切价值的尝试》，商务印书馆1991年版，第235页。

② [德]弗里德里希·尼采著，张念东、凌素心译：《权力意志——重估一切价值的尝试》，商务印书馆1991年版，第316页。

③ [德]弗里德里希·尼采著，张念东、凌素心译：《权力意志——重估一切价值的尝试》，商务印书馆1991年版，第533～534页。(粗体为笔者所加)。

自己并努力超越对方的过程。因此，在力的较量中的权力，必然是不断攀升，不断超越之力。

这便是尼采所说的“权力”，它是力之生成，也是生成之力；它是力之创造，也是创造之力；它是力之斗争（较量），也是斗争之力；它是力之超越，也是超越之力。求权力的意志所追求的正是这种权力。

现在我们可以给尼采的“求权力的意志”下个定义了：求权力的意志就是生成之冲动，就是创造之激情，就是斗争之欲望，就是超越之意愿。它以生成之力追求力之生成，它以创造之力追求力之创造，它以斗争之力追求力之斗争，它以超越之力追求力之超越。它是这四者的综合，也是这四者的总成。“求权力的意志不是存在，不是生成，而是激情——是产生生成、结果的最基本的事实……”①

二、人既不仅仅是“求权力的意志”，也不仅仅是“估价者”——尼采的主体理论之评析

1.“估价者”及其等级与分类

假如世界就是求权力的意志，而人本身也只不过是求权力的意志，那么世界上的一切存在就应该没有本质上的区别。但人这种存在与人以外的其他一切存在毕竟有着本质上的不同。对此尼采的解释是：人与其他一切存在的本质区分仅仅在于所谓的“估价”能力——虽然人与其他一切存在同为求权力的意志，但人不仅仅是求权力的意志，而且同时还是求权力的意志的“估价者”：“人类首先为事物创造了意义，一种人类的意义！因此人类把自己称为‘人类’，此即说：估价者。”②人既是求权力的意志，同时又是求权力的意志的估价者。这便是人与其他一切存在的本质不同之处。于是，求权力的意志首先被尼采划分为：有能力对求权力的意志本身做出估价之求权力的意志；对求权力的意志不能做出估价之求权力的意志。后者可以再按动物、植物、有机物、无机物等等来分类。在尼采那里，作为有能力对求权力的意志本身作出估价的

① ［德］弗里德里希·尼采著，张念东、凌素心译：《权力意志——重估一切价值的尝试》，商务印书馆1991年版，第536～537页。

② ［德］弗里德里希·尼采著，孙周兴译：《查拉图斯特拉如是说》，上海人民出版社2009年版，第69页。

估价者，人可以再被分为两大类别和三个等级：两大类别为强者和弱者，强者指健康者和杰出者，弱者指病态者和平庸者；三个等级则指，在最底层的广大民众，在中间层的所谓的高等人，在最顶层的最高级人。在尼采眼里，最底层的广大民众是渺小的盲从者：

“民众理解不了伟大之为伟大，即：创造者。然则对所有伟大事物的表演者和戏子，民众却是兴味盎然。

“世界围着新价值的发明者打转：——它不可见地旋转。但围着戏子打转的却是民众和荣誉：这就是世界进程。”①

尼采从骨子里看不起民众，他认为民众不是价值的创造者，而是价值的盲目信从者。不论这些价值是早已远离他们的先人遗留下来的，还是端坐他们之上的智者传授给他们的，抑或是教堂里的牧师灌输给他们的，反正都不是他们自己创造的。他们仅可能成为价值的盲从者，而绝不可能成为估价者。

处在中间层的高等人是能够为自己而独立作出估价者。“你能够把你的恶和你的善赋予自己，把你的意志高悬于自身之上，犹如一种律法？你能够成为自己的法官以及你的律法的报复者吗？”②质而言之，只有根据自己的意志做出属于自己的善恶估价者才是高等人。也就是说，成为高等人的前提是不盲信、盲从别人的价值评估，而成为独立的，不受任何他人影响的自身价值的估价者。

处在最顶层的最高级的人是创造和决定民众所信仰的价值的人：“决定价值、指导千年意志的人是最高级的人，他的方法是引导人的最高本性。”③最高级的人不仅是为自己估价，而且是为他人估价的估价者。他决定他人应信仰的价值，并指导千年意志。

如果说能否成为估价者，取决于人的等级，那么能否做出正确的估价则取决于人的类别。如上所述，尼采将人分为两类：强者，健康者，杰出者和弱者，病态者，平庸者。类的划分是对估价者的区分。即对那些有能力创造价值者，

---

① ［德］弗里德里希·尼采著，孙周兴译：《查拉图斯特拉如是说》，上海人民出版社2009年版，第59页。

② ［德］弗里德里希·尼采著，孙周兴译：《查拉图斯特拉如是说》，上海人民出版社2009年版，第75页。

③ ［德］弗里德里希·尼采著，张念东、凌素心译：《权力意志——重估一切价值的尝试》，商务印书馆1991年版，第118页。

不论是仅对自己创造价值者，还是为他人创造价值者，根据其所作出的估价而作出的划分。估价者所作出的估价虽然因人而异，但面对同一事物，千千万万种估价最终也只能归为两大类：肯定之估价与否定之估价。当估价者所面对的是自身的存在——求权力的意志时，情况就更是如此：要么做出肯定的估价；要么做出否定的估价。所谓肯定求权力的意志之估价指的是肯定生成之冲动，肯定创造之激情，肯定斗争之欲望，肯定超越之意愿的估价。按照尼采的观点，人本来就是求权力的意志。因此，肯定求权力的意志其实就是肯定人本身。很难想象本来就是求权力的意志之存在会做出否定求权力的意志之估价。然而，尼采却发现，几千年来，在人类中占统治地位的估价，无论是道德估价还是宗教估价，却都是否定求权力的意志，也即否定人本身之估价。“迄今为止，一切来源于此的、居统治地位的‘合意性’，都贬低了人的价值、力和对未来的肯定；人的这种贫乏而片面的理想暴露无遗。即使今天也是如此，假如人愿意的话；人设定价值的能力和水平太低，以致与人的实际价值（不单是‘合意性’）不相适应；迄今为止的理想皆是对世界和人之力的诽谤，是笼罩于现实性周围的瘴气，是把人引向虚无的巨大诱惑……”①什么原因使本是求权力的意志之人却做出了否定求权力的意志之估价，并且使否定求权力的意志之估价长时间地占据统治地位呢？原因就在于人之分类以及各类别的力量之对比。尼采虽然把人分为强者与弱者两类。但强者之强，并非在于量，而是在于质。实际上，强者在数量上永远处于少数，因而其力量并不占优。而弱者在数量上却总是处于多数，因而其力量就永远占优。强者之强，强在其旺盛的生成之冲动，炽热的创造之激情，强烈的斗争之欲望以及宏大的超越之力量。强者因其强，必然肯定求权力的意志；弱者之弱，恰恰弱在生成冲动之羸弱，创造激情之委顿，斗争欲望之萎靡以及超越力量之衰竭。弱者因其弱，必然否定求权力的意志。只有否定生成之冲动，否定创造之激情，否定斗争之欲望，否定超越之力量，亦即：否定求权力之意志，如此弱者才有希望与强者相抗衡。也就是说，否定求权力的意志，是在力的较量中处于下风的弱者对抗强者之必然选择。糟糕的是，在力的较量中处于下风之弱者却在数量上永远占据多数的地位。这种多数之优势使得弱者的估价极易于占据统治地位。更有甚者，否定求权

① [德]弗里德里希·尼采著，张念东、凌素心译：《权力意志——重估一切价值的尝试》，商务印书馆1991年版，第420页。

力的意志之弱者的估价恰恰又是迎合民众之估价，因而必然会赢得民众的盲从。于是，力之较量在人类便呈现出颠倒的现象：不是强者战胜了弱者，而是弱者统治着强者。尼采认为弱者的估价占统治地位既是人的矛盾所在，也是人的危机所在。换句话说，在尼采那里，人的矛盾不是存在的矛盾，而是存在与估价的矛盾，即肯定求权力的意志与否定求权力的意志的估价之间的矛盾。解决这个矛盾的方法就是“重估一切价值”——将错误的估价纠正过来！

2. 人既不仅仅是“求权力的意志”，也不仅仅是“估价者”

从上面的论述中我们可以看到，尼采对人的定义包括两个方面：其一，人像世界一样都是求权力的意志；其二，人与其他一切存在的不同点是人是估价者。这两个定义无疑都有商榷的余地。就人是求权力的意志而言，按照笔者在前面对求权力的意志之归纳，说人是求权力的意志，无异于是说人就是生成之冲动，就是创造之激情，就是斗争之欲望，就是超越之意愿。诚然，人首先是生命的存在，因而必然拥有生命的存在所拥有的生成之冲动，创造之激情，斗争之欲望和超越之意愿。然而，假如人仅仅是如此种种，那人就仅仅是一种与其他一切存在没有本质的区别的生命存在。然而，人却不仅仅是生命的存在。因为，人除了上述的冲动、激情和欲望以外，还有着其他存在所没有的欲望和本质，那就是主宰的欲望和能力。生成之冲动最多只能实现更高、更强、更好的生命；而超越之激情最多也只能完成生命的等级和种类之超越。概而言之，尼采的生成是生命的生成；尼采的创造也只是生命之创造；尼采的斗争所指的是生存的斗争；而尼采的超越也仅仅是生命的超越。而这一切并没有涵盖人的本质特征，甚至还没有触及人的本质特征。因为他忽视了人与其他一切存在的根本区别——相对于世界的在场；也忽视了人的本质特征——主宰的欲望和能力。与求权力的意志相比，人更是主宰的欲望和能力。因为，人不仅仅是生命的存在，他更是主体的存在！

就“人是估价者”而言，尼采把人定义为“估价者”，把估价界定为人区别于其他存在的根本特征，是因为在尼采看来，人是与估价相依而生的存在：人既无法容忍一个没有意义的世界，也无法接受一个没有意义的生存。人必须生存于已被人的估价所赋予意义的世界中；人也必须依据自己创造的或他人创造的已有的估价而生存。于是，人这种“估价者”便具有了双重性：一方面，为着生存，他必须估价，也就是说他必须作为估价者而生存。另一方面，某种估价一旦形成，又会反过来决定和制约估价者的生存。也就是说，他必须依据已有的（自己或他人创造的）估价而生存。为了生存必须创造价值，同时为了生存又必须依据价值;这便是尼采的"估价者"之定义。在尼采看来,人只不过是围绕着估价而生存的存在。

既然人是围绕着估价而生存的存在,则估价对人的生存而言就有了决定的意义:正确的估价将激励和促进人的生存和发展;而错误的估价则阻挠,甚至窒息人的生存和发展。尤其是当错误的估价占据统治地位时,人的生存就将处于危险之中。尼采之所以发出"重估一切价值"之呼吁,就是因为尼采认为人类占统治地位的所有估价,无论是宗教的,道德的还是科学的,理想的,都是否定生命,否定求权力的意志的错误估价,都将引领人类走向衰亡:"假如我们人的生命变成了生命的本来面目,那么迄今为止,一切'真理'、'善'、'神圣'、基督教的'神性'就都成了巨大的危险。——目前,人就处于危险之中,违背了生命的理想性,就有灭顶之灾的危险。"[①]要逃避这灭顶之灾,唯一的出路就是"重估一切价值":必须将这些否定生命,否定求权力的意志的估价从统治地位上拉下来,代之以肯定生命,肯定求权力的意志的全新的估价。这既是估价者生存的关键所在,也是估价者发展的决定力量。

我们承认估价对人的生存和发展有着不可替代的意义,但并不同意估价是人与其他一切存在的根本区别之所在,更不同意将人定义为"估价者"。因为正在本书第二章所论述的那样,人与其他存在的根本区别并不在于估价,而在于人的主宰本质和不自由的存在境界。作为存在,人是矛盾的存在;作为主体,人又是欠缺和冲突的主体;而估价,即使是最正确的估价,既克服不了人的矛盾,也弥补不了人的欠缺,更无法根除人的冲突。我们可以设想,即使尼采的"重估一切价值"之主张获得了完全的实现,人全部都成为完全彻底地肯定求权力的意志之估价者,人是否就克服了人的矛盾?弥补了人的欠缺?并根除了人的冲突呢?当然不是!一个完全、彻底地肯定求权力的意志之估价者可以是朝气蓬勃的生存者;可以是意气风发的生命创造者;可以是斗志昂扬的生存斗争者;也可以是一往直前的生命超越者;但他仍然不属于超越了生存者的主体存在。他仍然仅仅是一个特殊的生存者。将人仅仅界定为特殊的生存者(估价者),而不是欠缺的主体,这是尼采的所有错误立论之根源。

除此之外,我们还必须记住,在尼采的论述中,并不是所有的人都被定义

---

① [德]弗里德里希·尼采著,张念东、凌素心译:《权力意志——重估一切价值的尝试》,商务印书馆 1991 年版,第 419 页。

为估价者的。只有所谓的高等人和最高级人，才被定义为能够创造价值的估价者。广大的民众被尼采污蔑为只是价值的盲从者而被排除在估价者之外。在尼采眼中，只有那些有能力创造价值，即有能力对自身作出估价的所谓"高等人"和有能力为他人创造价值的所谓"最高级人"，才属于有别于其他一切存在的特殊的存在者——"估价者"。而那些盲从他人所创造的价值之民众并不属于特殊的存在者——"估价者"。尼采没有告诉我们，被排除在估价者之外的广大民众究竟属于什么样的存在？是与人以外的其他一切存在一样的非人，还是既与估价者不同，又与非人不同的一种另类的存在？无论如何，在尼采的笔下，人不仅被划分为不同的等级，甚至被划分为不同的种类——估价者和非估价者。这无疑是令人发指的极端等级主义。这种极端等级主义肆无忌惮地将占绝大多数的民众贬低为仅仅是供少数精英(所谓的高等人)攀援而上的"人梯"；是连接动物与超人之间的"一条绳索"；甚至还有了一种更糟糕的比喻，即："人是一条肮脏的河流！"而所有这些比喻导致了尼采的那个最著名的结论："人是某种应被克服的东西"①。难怪尼采的生存主义被后人视为是法西斯种族主义的渊源。

总而言之，不论是将人定义为"求权力的意志"，还是将人定义为"估价者"，抑或是将人定义为"应被克服的东西"，尼采对人的定义都是大错特错了。人既不仅仅是求权力的意志，也不仅仅是估价者，更不可能是应被克服的东西，而是走向完全主体和绝对自由的不完全主体！

3. 超人也未使主体涌现

尼采对人的否定并不是对一切人的否定，而仅仅是对价值的盲从者——广大民众——的否定。毋宁说尼采否定民众完全是为了肯定将取代人类的所谓"超人"。康德宣称：人是目的！而尼采却说："'人类'不是目的，超人才是目的！"②"超人"在尼采那里更多的是形象的比喻，而不是理论的阐述。诸如："超人乃是大地的意义。""超人就是这大海！""超人就是那道闪电！"③等等。

---

① [德]弗里德里希·尼采著，孙周兴译：《查拉图斯特拉如是说》，上海人民出版社2009年版，第7页。

② [德]弗里德里希·尼采著，张念东、凌素心译：《权力意志——重估一切价值的尝试》，商务印书馆1991年版，第137页。

③ [德]弗里德里希·尼采著，孙周兴译：《查拉图斯特拉如是说》，上海人民出版社2009年版，第7～9页。

至于“大地的意义”,“大海”,和“闪电”究竟比喻的是什么? 尼采却并未给予任何解释。于是便引来了后人对超人的各式各样的阐释和猜测。人们可以把“大地”解释为与天国相对的尘世,把“大地的意义”解释为肯定尘世否定天国,肯定人否定上帝的价值取向。人们也可以把“大地的意义”解释为生命创新的价值取向,超人就是不断创新,不断超越的过程;而“大海”可以被解释为对生命的多样性和对立性的表述,超人就是能承载和肯定一切变化和对立的载体。至于“闪电”,人们则多从其震撼性着眼,将其解释为诸如宣告上帝死亡和重估一切价值等的惊人之举,超人就是不受任何价值束缚的自由之精灵。等等。然而,所有这些,统统不过是后人的解释。就超人的定义而言,毋庸置疑的只有一点,即:超人是超越了人之存在。按笔者的理解,超人对人之超越,涉及两个方面:第一,是生命的超越,或曰人种的超越;第二,是估价的超越。所谓生命的超越是指生命的种类之超越。即:从人类之生命种类向着新的,更高的超人之生命种类之超越;而所谓估价的超越是指不但重估一切价值,而且创造和决定一切全新的价值。只有完成了这两个方面的超越,超人才会在人类之废墟上诞生。

就第一种超越而言,尼采认为,超人对人的超越,正如人对动物的超越一样:“人是非动物和超动物;较高等的人是非人和超人,这样就联系起来了。随着人每次向伟大和崇高的跃升,他也就进入了深邃和恐怖。”[①]这意味着人向超人之超越,不是同种类的生命之超越,而是不同种类的生命之超越。是生命的旧种类被生命的新种类所克服,所取代之超越。只是在这种超越的意义上,宣称“人是某种应当被克服的东西”才是可以理解的。因为,作为不同生命种类之超越,人向超人之跃升,必然伴随着人对自身的否定与克服。也正因为此,他才会“进入了深邃与恐怖。”然而,关于这个经超越而达到的“非人和超人”的生命种类究竟是什么样子,我们却找不到更多的描述。唯一能找到的是这样的一段描述:“你要创造出一个更高等的身体,一种原初的运动。一个自转的轮子,你要创造出一个创造者。”[②]我们虽然无法确知“原初的运动”和“自转的轮子”究竟指的是什么,但我们毕竟还知道“更高等的身体”和“创造者”意

---

① [德]弗里德里希·尼采著,孙周兴译:《查拉图斯特拉如是说》,上海人民出版社2009年版,第234页。

② [德]弗里德里希·尼采著,孙周兴译:《查拉图斯特拉如是说》,上海人民出版社2009年版,第86页。

味着什么。一句话,超人就是在身体上、意志上和能力上比人类更强的生命种类。

然而,人向非人之超越如何能够实现呢?尼采给出的路径却是令人莫名其妙的:

第一条路径是提高"力"。"要有意识地、最大限度地提高人的力——因为它能够创造超人。"[①]至于如何最大限度地提高力,尼采给出了两种方法:其一是吃苦:"人怎样才能获得强大的力,怎样才能肩负大任呢?肉体和精神的一切美德和本领,都是不辞劳苦,一点一滴地积攒的。要不辞劳苦、自我克制、目标专一、坚忍不拔地重复同一劳作,吃同样的苦头。"[②]其二是最大限度地释放人的本能,而绝不能束缚它,限制它。"为了造就具有最高精神性和意志力的人即特定的强大的种类,准备把价值倒转过来,并且,**为达此目的,把他们蕴藏的大量的遭人非议的本能,缓慢地、谨慎地释放出来**。"[③]释放本能与吃苦耐劳固然能够提高人的"力",但以这样的方法所提高的力如何能够使新的生命种类——超人——诞生,却是令人百思不得其解的。

第二条路径是高质量的婚姻。尼采说:"让一个星球的光芒在你们的爱情中熠熠生辉!让你们的希望为:'但愿我能够生育超人!'"[④]这条路径更令人莫名所以。因为,人的高质量的婚姻只可能生育出更健康、更聪明的人。但再高质量的婚姻,都不可能生育出超出本身生命种类的新的生命种类。这是起码的科学常识。除非超人并不是"非人",否则,在生命意义上的超人就绝不可能在人的基础上诞生。

就第二种超越而言,首先超人对估价的超越并不是人对人本身的估价的超越。所谓人对人本身的估价的超越是指由"我意愿"取代"你应当"的超越。尼采将后者形象地比喻为一条名为"你应当"的巨龙:

"'你应当'躺在路上,金光闪闪,一头有鳞动物,每一片鳞上都闪烁着金色

① [德]弗里德里希·尼采著,张念东、凌素心译:《权力意志——重估一切价值的尝试》,商务印书馆1991年版,第135页。

② [德]弗里德里希·尼采著,张念东、凌素心译:《权力意志——重估一切价值的尝试》,商务印书馆1991年版,第131~132页。

③ [德]弗里德里希·尼采著,张念东、凌素心译:《权力意志——重估一切价值的尝试》,商务印书馆1991年版,第169页。粗体是引者所加。

④ [德]弗里德里希·尼采著,张念东、凌素心译:《权力意志——重估一切价值的尝试》,商务印书馆1991年版,第79页。

的‘你应当!’

“千年古老价值在这些鳞片上闪烁,这所有龙中最强大的龙如是说:‘事物的全部价值　在我身上闪烁。’

“‘一切价值都已经创造好了.而一切被创造的价值一就是我。真的,不应再有**我意愿**了!’这龙如是说。”①

千年的古老价值凝缩成三个字:“你应当”。而“你应当”这条巨龙紧紧地裹挟着人类,使其只能规规矩矩,不得乱说乱动。“你应当”既是否定的估价,也是对估价的否定。它以过去的估价否定现在估价的可能,它以他人的估价否定自己估价的可能,它以不变的估价否定估价变化的可能。自从“你应当”横行于世,估价者便失去了估价的权利,估价者便成为估价的奴隶。在千年古老价值的重压下,估价者就像沙漠中负重的骆驼,步履踉跄,艰难前行。因此,在尼采看来,由“你应当”统治的世界,是人类最不自由的境界。

然而,估价是估价者的本能。即使是“所有龙中最强大的龙”,也无法长久地泯灭估价者估价的本能。总有一天,估价者中会有英雄横空出世,从心灵深处唤醒那估价的本能,大声质疑“你应当”,全盘否定“你应当”,以重新评估一切的“我意愿”来取代那罪恶的“你应当”! 过去,最强大的龙的吼声充斥世界:“一切价值都已经创造好了……真的,不应再有‘我意愿’了!”而现在,狮子般的英雄发出的“我意愿”之吼声响彻全世界。

这便是人对人本身的估价之超越。

而所谓超人的价值超越则比这种人对人本身估价的超越更高一级:“比‘你应’更高一级的是‘我要’(英雄人物);比‘我要’更高一级的是‘我是’(古希腊诸神)。”②“决定价值、指导千年意志的人是最高级的人,他的方法是引导人的最高本性。”“我是”与“我要(我意愿)”的区别在于:“我要”是对事物作出估价;而“我是”则是价值本身。“我要”者,充其量只是估价者;而“我是”者则直接就是价值的化身。“我要”仅仅肯定了估价者,但却无法保证估价者所做出的估价就一定是肯定求权力的意志之正确估价;而“我是”则是一种神圣的肯定,它肯定一切,一切都为它所肯定。人作为估价者,必须依靠估价而生存,而

---

① [德]弗里德里希·尼采著,张念东、凌素心译:《权力意志——重估一切价值的尝试》,商务印书馆 1991 年版,第 24 页。着重号为引者所加。

② [德]弗里德里希·尼采著,张念东、凌素心译:《权力意志——重估一切价值的尝试》,商务印书馆 1991 年版,第 118 页。

超人却不需要任何估价，因为他就是价值的化身。他肯定一切，他生存于一切的肯定之中。这便是超人对估价之超越。尼采将这样一种超越估价者，并且本身就是价值之化身的超人作为人的目的，笔者以为是难以成立的。其理由如下：

首先，作为价值的化身之超人仍然仅仅是一种特殊的生存者，而不属于主体的存在。尽管这种特殊的生存者比作为估价者的特殊生存者更高级，更特殊。作为"价值的化身"，超人不但创造价值、决定价值之外，它还包括实现价值。从生命哲学的角度来说，所谓价值是指世界上的各种存在能够满足生命存在的各种需求之属性。价值的存在须有两个前提：其一是需求的存在；其二是他物的存在。没有需求，纵有它物，也无价值；没有它物，纵有需求，也无价值。只有在需求和满足需求的它物属性同时存在的情况下，价值才有可能产生。根据这一定义，创造价值需要有他物的存在，决定价值也需要有他物的存在，而实现价值就更要有他物的存在。因为，"价值的实现"实际上就是他物的属性满足自身的需求之状态。或者说是自身的需求从他物的属性中获得满足之状态。果真如此，则作为价值的化身之超人，其最高的存在状态也就仅仅是能够以他物的属性满足了其自身的需求。或者反过来说，是其自身的需求能够无障碍地从他物的属性中获得满足。而这样一种存在状态又依赖于它物具有满足其需求的属性。于是超人与世界万物的关系就必然是一种依赖的关系，而绝不可能是主宰与被主宰的关系。然而，人与世界的关系，除了有相互依存的一面外，更重要的是，它还有着主宰与被主宰的一面。前者是一切生存者所共有的关系。只有后者才是人所特有的关系。这恰恰就是人与其他一切存在的根本区别之所在。假如超人与世界的关系仍然超不出一切生存者所共有的相互依赖的关系，超人就仍然是一种生存者，尽管他可能是极为独特，极为优秀的生存者。由于人并不仅仅是一种特殊的生存者，而且他还是某种拥有主宰欲和主宰能力之不完全主体，因此，人的目的就绝不可能以仍然是特殊的生存者之超人为目的。作为拥有主宰欲和主宰能力之不完全主体，人只可能以完全主体和绝对自由为目的。因此，尼采的关于"超人是人的目的"之论断是根本不能成立的。

其次，人的目的应该是人的完全肯定，而绝不可能是对人的否定。但超人的诞生却以克服人、否定人为前提。在尼采的笔下，超人是攀越以人搭建的人梯而诞生的，是踏过以人铺就的桥梁而涌现的。因此，超人的涌现是以人类的牺牲为代价的。以这样一种通过否定人、克服人而涌现的超人为目的，无异于人以牺牲人自身为目的。人类即使再愚蠢也不可能以牺牲自身作为自身的目的。退一步说，即使按照尼采自己的求权力的意志之理论，人也不可能以超人为目的。因为，作为求权力的意志之存在，人只可能以使自身更强、更大、更壮、更好为目的，而绝不可能以牺牲自己，成全超人为目的。要知道，超人并不是更强、更大、更壮、更好的人，而是克服了人的“非人”！

如果作为特殊的生存者，人都不可能以超人为目的，那么作为不完全主体，人就更不可能以超人为目的。作为不完全主体，人只可能以完全主体为目的；作为不自由的存在，人只可能以绝对自由为目的。因为，只有完全主体和绝对自由才是对人的完全肯定！而人的目的应该是，也必然是，而且只能是人的完全肯定。

第二节　求权力的意志与自由

一、自由就是对求权力的意志的肯定

尼采有句名言：“自由就是肯定的权力，就是求权力的意志。”①在上面的论述中，我们看到：在尼采眼里，世界是求权力的意志，生命是求权力的意志，人也是求权力的意志；而现在，当论及自由时，尼采的自由怎么也依然是求权力的意志呢？难道求权力的意志成了尼采的万能膏药，随处可贴吗？我们知道，“自由”这个概念与“世界”、“生命”、“人”等的概念并非是同类的概念。世界、生命、人等都是一种存在或存在的一种。而自由却并不是一种存在，而只是存在的一种**境界**或一种**形态**。无论是自由还是不自由，是真自由还是假自由，都是在形容或表述某种存在的存在状态或存在境界，它并不是，也不可能是存在本身。说“自由就是求权力的意志”，无异于说：“某种存在境界就是存在本身”。这显然是荒唐的。然而，尼采的这句话却并不荒唐。因为尼采并没有直接说：自由就是求权力的意志。而是首先说：“自由就是**肯定**权力”，然后

① ［德］弗里德里希·尼采著，张念东、凌素心译：《权力意志——重估一切价值的尝试》，商务印书馆1991年版，第560页。

才说:“就是求权力的意志”。只有在肯定权力的意义上,自由才是求权力的意志。换句话说,尼采的本意应该是:自由就是对求权力的意志的肯定。对求权力的意志的肯定就是自由。

然而,求权力的意志不论是世界还是生命抑或是人,它都是一种存在。既然是存在,它就已然是肯定的。即使在各种力的较量中败下阵来,只要未被彻底克服,它依然是肯定的存在。根本不存在“否定的存在”之可能。既被否定,就不存在。既然存在,就是肯定。如此,怎么可能有肯定与否定之分?怎么可能有自由与不自由之别呢?要之,尼采的“肯定权力”并不是指肯定权力自身,而是指“**对求权力的意志作出肯定的估价**”。人在尼采那里有双重角色:作为存在,人与世界、生命一样,都是求权力的意志;但与其他存在根本不同的是,作为求权力的意志之人同时又是求权力的意志的估价者。在尼采看来,正是这种集双重角色于一身的现象,使得自由或不自由的存在状况成为可能:本身就是求权力的意志的评估者对求权力的意志本身却有可能做出两种完全不同的估价——肯定的估价或否定的估价。当肯定的估价在估价者中占统治地位时,人就是自由的。而当否定的估价在估价者中占据统治地位时,人就是不自由的。这应该是尼采的“自由就是肯定的权力,就是求权力的意志”的本义之所在。不幸的是,尼采发现几千年来人类占统治地位的价值评估竟然全都是完全否定求权力的意志之估价。也就是说,在尼采眼里,几千年来人类一直都处于不自由的状况。这是尼采无论如何都不能容忍的。为了人类的“自由”,必须打破否定之估价占据统治地位之局面。而要打破否定之估价占据统治地位之局面,唯一的途径便是“重估一切价值”。于是,人类争取自由的斗争便聚焦于“重估一切价值”上。只有重估一切价值,全面否定一切否定求权力的意志之估价,重新确立肯定求权力的意志之估价在估价者中的统治地位,人类才会赢得自由。尼采之所以要以“重估一切价值”为己任,就是因为他将“重估一切价值”看作是推翻一切否定求权力的意志之估价,重新确立肯定求权力的意志之估价在估价者中的统治地位之唯一途径。至此,我们终于发现了尼采哲学思维的那条主线:对求权力的意志之肯定。这是尼采的“自由理论”之核心,也是尼采的哲学思想之圭臬。无论是“上帝死了”还是“重估一切价值”,无论是“酒神精神”还是“超人”学说,无不围绕着肯定求权力的意志这个核心而展开。

1.“上帝死了”——“重估一切价值”之前提

“上帝”是基督教所信奉的全知全能之天神。“上帝死了”是尼采的最著名的论断之一。尼采之所以要宣告上帝的死亡，是因为在尼采眼里，基督教的上帝并不是一种存在，而只是代表着一种估价。这种估价不是肯定世界，肯定人，肯定求权力的意志，而是相反，这种估价全盘否定世界，否定人，否定求权力的意志。只要上帝活着，求权力的意志就必然被否定，人也就必然处于不自由中。人要争取自由，必须首先否定上帝，否定上帝所代表的估价。只有宣告了上帝的死亡，否定求权力的意志的估价才会被否定，重估一切价值才有可能，而肯定求权力的意志的估价才有可能成立，人也才有希望获得自由。这便是尼采执意要宣告上帝死亡的原因——上帝死了既是重估一切价值的前提，也是人的自由之前提。那么，为什么说上帝所代表的估价是否定世界，否定人，否定求权力的意志的估价呢？我们可以从三个方面来厘清上帝的否定估价之性质：

(1)上帝以天国否定大地

《圣经》中有这样一句祷文："愿你的国降临；愿你的旨意行在地上，如同行在天上。"[1]这句祷文似乎告诉我们：上帝同时创造了两个世界：一个是为人创造的尘世，一个是为神创造的天国。在尘世的人，注定要受苦受难；而在天国的神则永远幸福美满。更有甚者，这句祷文还似乎暗示，上帝的旨意仅行于天上，在地上并未得到遵行。细究起来，这句祷文与基督教的教义是相矛盾的。按基督教的教义，上帝既是全能的，也是仁慈的。作为全能的上帝，她的旨意不可能仅行于天上，而不能行于地上。作为仁慈的上帝，她所创造的任何世界都应该是善的，好的，美的，她不可能残忍地创造出一个让人类受苦于中的悲惨世界。换句话说，假如上帝是全能的，她的旨意应行于一切世界，不论是天上还是地上。假如上帝是仁慈的，她绝不会故意创造了两个完全不同的世界：一个是上帝和众神享乐于中的极乐世界(即天国)；而另一个则是人类受苦于中的悲惨世界(即尘世)。他应该创造一个神人同享的极乐世界。然而，基督教自有其自圆其说的方法：尘世虽然是上帝所造，但却被人糟蹋了。是人违背了上帝的旨意，才使上帝的旨意无法行于地上。也正是因为人违背了上帝的旨意，上帝才要惩罚人类，才使尘世成为人类受苦受难的悲惨世界。人的背叛，已使上帝抛弃了尘世，并且已经设定了尘世的末日。一旦末日降临，上帝就将毁灭尘世。然而，高悬惩罚之剑的上帝，同时又极具仁慈之心。在惩罚

① 《圣经》新约·马太福音第6节。

尘世之余，上帝并未忘记救赎，上帝在毁灭尘世之前，将通过末日审判拯救部分人。拯救什么样的人？拯救虔诚的基督徒，拯救那些恭恭敬敬地信奉上帝，甘心情愿地承受苦难，诚心诚意地终身赎罪之人。怎样拯救？引领他们去天国（当然是在他们死后）。这便是天国存在的意义：天国是作为对尘世的否定而存在的。相对于苦难深重的尘世，天国是至善、至佳、至美的极乐世界。上帝创造天国之目的在于引领人否定尘世，抛弃尘世，通过死心塌地地终身赎罪，来换取上帝的青睐，最终被上帝选中而进入天国的极乐世界。然而，天国究竟是什么样子，人除了想象之外，谁也说不清楚。对尼采来说，天国并不存在，也不可能存在。因为“这是求权力的意志的世界——此外一切皆无！”而这个求权力的意志的世界就是人生存于此的世界，就是“尘世”。否定尘世，就是否定这个求权力的意志的世界，就是否定求权力的意志。由于此世之外，一切皆无，因此，肯定天国，就是肯定虚无。用天国否定尘世，就是用虚无否定存在，否定生命，否定求权力的意志。对此，尼采当然不答应。他大声疾呼：

“我的自我教我一种全新的高傲，我又把它教给人类：不再把头埋入天上事物的沙堆里，而是要自由地昂起头来，一个为大地创造意义的大地上的头！

“我教人类一种全新的意志：意愿这条人类盲目地走过的道路，承认这条道路是好的，不再像患病者和垂死者那样悄然离开这条道路！

“患病者和垂死者就是那些人，他们蔑视身体和大地，发明了天国和救赎的血滴，但这种甜蜜而阴郁的毒药.他们也还是从身体和大地中获取！

“他们本想逃离自己的困苦.而星球离他们太遥远了。于是他们叹息‘呵，但愿有天国的道路呢，使我们得以溜到另一存在和幸福里！’——他们于是为自己发明了一些诡计和带血的小饮料！

“他们幻想已经脱离了自己的身体和这片大地，这些忘恩负义的人。然则他们脱离时的痉挛和狂欢归功于谁呢？归功于他们的身体和这片大地。”①

天国是不存在的，只有尘世才是实存；人的自由是对求权力的意志做出肯定的估价，而这个世界就是求权力的意志。肯定求权力的意志也就是肯定这个世界。肯定这个世界就必须否定天国。因此，自由的前提就是“不再把头埋入天上事物的沙堆里”，就是高昂起“为大地创造意义的大地上的头”，就是“意

① ［德］弗里德里希·尼采著，孙周兴译：《查拉图斯特拉如是说》，上海人民出版社2009年版，第31页。

愿这条人类盲目地走过的道路,承认这条道路是好的,不再像患病者和垂死者那样悄然离开这条道路!"一句话,就是要否定天国,肯定大地,肯定由身体和大地构成的尘世。

(2)上帝以神否定人

尼采的自由是估价的自由。因而,自由的前提是估价,而估价的前提是估价者。但上帝的存在却使一切估价者消失,仅剩下一个上帝,而他却又不是估价者。基督教把上帝与人的关系描述成创造者与被创造者、主宰者与被主宰者、救赎者与被救赎者的关系。作为创造者、主宰者和救赎者的上帝,他根本没有估价的需要。因为一切都是他创造和主宰的。而作为被创造者,被主宰者和被救赎者的人,却又绝没有估价者的地位,因为一切都得服从上帝。尤其是在人的祖先第一次不服从上帝之日起(偷吃禁果),人就永远成为上帝的罪人。罪人除了赎罪以外,没有任何其他的权利,怎么可能允许你乱估价呢?在上帝面前,人的地位相当独特。一方面他是为上帝所造,由上帝所主宰的存在;另一方面他又是有着自己的独立意志,敢于违抗上帝之旨意的存在。这本是上帝的责任:谁让他按自己的样子造人呢!按照上帝的样子造人,就必然让人具有某些上帝的特征,而独立意志便是其一。独立意志本身就包含有估价,人也正是因有独立意志而成为估价者。然而,创造人的上帝既赋予人以独立意志,却又不允许人行使独立意志。一旦人行使独立意志,便宣布其为永远的罪人,永世遭受处罚。这意味着:人不能超出上帝的意旨而做出自己的估价,否则就是犯罪。于是,上帝的存在就否定了人的自由的前提,因为他否定了人作为独立的估价者的可能。这是其一。

其二,上帝对人的估价(也是上帝命令人服从的估价),是直接否定生命,否定求权力的意志,否定人本身的。"基督教的结论说:'一切都是罪恶;我们的美德也不例外。人是绝对卑鄙的。忘我的行为是不可能的。'原罪。简言之:既然人把自己的本能同纯系捏造的善的世界对立起来,也就结束了自我蔑视.无力行'善'。"①"由此产生的结果,人的一切自然本能(对爱的本能等)在人看来似乎都是犯禁的,而且只有在否定它们——基于对上帝的服从——之

① [德]弗里德里希·尼采著,张念东、凌素心译:《权力意志——重估一切价值的尝试》,商务印书馆 1991 年版,第 349 页。

后，才会受到应有的重视。”①“应该说，‘上帝’和全部感觉器官就等于是使生命遭受谴责的东西……过去，我们对生命的最大非难就是上帝的存在……”②上帝就是对生命的最大非难！而自由却是对生命，对求权力的意志的肯定。上帝的存在不但否定了自由的前提，同时也否定了自由本身。

(3)上帝以灵魂否定身体

“天国”、“赎罪”和“灵魂不死”是基督教的三大理论支柱。其中“灵魂不死”说又是“天国”和“赎罪”学说的支柱，可谓“支柱的支柱”。为什么？因为天国是人死后的去处，而赎罪的目的也在于死后能进天国。假如没有灵魂不死的学说，则天国与人就毫无关系(人都死了，还有什么去处?)，赎罪也就失去了任何意义(人终究要死，还赎什么罪?)。因此，天国和赎罪之理论必须建立在灵魂不死的基础上：人在肉体之上还有一个灵魂，肉体是罪恶之源，而灵魂才是赎罪之本。肉体会死，而灵魂永生。肉体死后灰飞烟灭，而灵魂却会在肉体死后被上帝引领到天国(当然是那些已赎罪的灵魂)。不难看出，灵魂不死说是基督教的灵魂。没有灵魂不死，则赎罪无以进行，没有灵魂不死，则天国无法进入。灵魂不死既是赎罪的前提，也是进入天国的前提。从这个角度说，基督教是灵魂之教，是灵魂不死，灵魂得救之教。既然人之得救完全寄希望于灵魂之赎罪，生命与身体便理所当然地成为被蔑视，被忽略，被否定者了。“因为，重要的乃是拯救灵魂；至于人类持续过程，尚无人问津。”③更有甚者，灵魂赎罪的方式恰恰又是否定生命和身体的。灵魂如何得救？一是信仰，一是从善。所谓信仰，是指“每个灵魂都只有一个完美化过程；只有一个理想；只有一条通向拯救之路”④。这就是信基督。所谓从善，是指以基督定下的道德价值来抑制生命和身体的本能和冲动。“请看‘爱的上帝’给自己的信徒提出了什

---

① [德]弗里德里希·尼采著，张念东、凌素心译：《权力意志——重估一切价值的尝试》，商务印书馆1991年版，第320页

② [德]弗里德里希·尼采著，张念东、凌素心译：《权力意志——重估一切价值的尝试》，商务印书馆1991年版，第318页。

③ [德]弗里德里希·尼采著，张念东、凌素心译：《权力意志——重估一切价值的尝试》，商务印书馆1991年版，第407页。

④ [德]弗里德里希·尼采著，张念东、凌素心译：《权力意志——重估一切价值的尝试》，商务印书馆1991年版，第407页。

么要求吧:要他们为了迁就'善'而毁灭人类。"[①]为了在灵魂中实践善,灵魂必须克服肉体的本能,肉体的生命冲动。也就是克服尼采所说的求权力的意志。于是,无论是灵魂不死还是灵魂赎罪,都完全否定了人的生命与身体。而否定生命与身体,就是否定自由,否定求权力的意志。尼采并不否定灵魂,但在尼采看来,灵魂绝不是高于身体,并能漂离于身体的存在,而只是身体的一个组成部分。"但觉悟者、明智者却说:我完完全全地是肉体,此外什么也不是;而且,灵魂只不过是表示身体上某个东西的词语。"[②]人完完全全是肉体,此外什么也不是!人的自由必然是对身体的肯定,而绝不能让身体的部分——灵魂来否定身体本身。因此,上帝必须寿终正寝。否则,人的自由便无从说起。

上帝本来是人之想象,基督教却把他打造成真实的存在;上帝本应是人之目的,基督教却将其包装成人之救赎者。在基督教那里,上帝是对人的否定,天国是对尘世的否定,而灵魂则是对肉体的否定:在上帝面前,人是罪恶的存在,人是不应存在的存在,因此,人的存在只能用于否定人本身——赎罪!与天国相比,尘世是黑暗和痛苦的象征,是终将被上帝毁灭的悲惨世界。而为了进天国,生命之冲动,肉体之本能全都成了犯禁的罪恶之举。只有灵魂,高居于身体之上,成为上帝扼杀生命本能之工具。于是,上帝之存在,就成了人的自由不可逾越的障碍。上帝不死,人绝无自由!为着人类的自由,尼采不惜冒天下之大不韪,振臂高呼:"上帝死了!"

2. 推翻一切旧的道德规范——"重估一切价值"之基础

如果说"上帝死了"是尼采颠覆基督教估价的号角,那么,"道德乃是对要生命意志的背叛……"[③]则是尼采围剿道德估价的大旗。尼采说:"只要我们信仰道德,我们就是在谴责生命。"[④]我们知道,道德乃是调整人与人之间关系的行为准则。道德的目的是使人类群体能够和平相处,乃至合作共进。群体为维系个体间的和平共处,为促进个体间的合作共进,不可避免地要采纳、推

---

① [德]弗里德里希·尼采著,张念东、凌素心译:《权力意志——重估一切价值的尝试》,商务印书馆1991年版,第418页。

② [德]弗里德里希·尼采著,孙周兴译:《查拉图斯特拉如是说》,上海人民出版社2009年版,第33页。

③ [德]弗里德里希·尼采著,张念东、凌素心译:《权力意志——重估一切价值的尝试》,商务印书馆1991年版,第295页。

④ [德]弗里德里希·尼采著,张念东、凌素心译:《权力意志——重估一切价值的尝试》,商务印书馆1991年版,第295页。

行和坚持以“平等”和“博爱”为中心的道德估价。因为，唯有平等，才能遏制倚强凌弱，弱肉强食的人与人之间的争斗，从而保证群体和平共处；唯有博爱，才能激发扶弱助贫，休戚与共的合作精神，从而保证群体合作共进。因此，一切符合平等和博爱原则的行为统统都被道德称为“善”，而一切违背平等和博爱精神的行为统统都被道德称为“恶”。这从维系群体的生存和发展的角度来看是无可厚非的。然而，从尼采角度看，这种道德估价，不但一无是处，而且罪不可赦。因为，“道德乃是对要生命意志的背叛”，因为，“从本质看来，道德的目的与此相反，它要阻止或摧毁那种向着显赫方向的发展。”[①]尼采无疑点到了道德的死穴——道德的本质是平庸。因为，对高低优劣不同的人来说，达致平等的方法要么是削高就低，要么是拔低就高。严格说来，拔低就高根本就不是一个可行的方法。要将占大多数的平庸之众拔高到与少数出类拔萃者平起平坐的地位，那根本就是无稽之谈。（这种平等在逻辑上也是说不通的，因为与出类拔萃者平等，本身就否定了出类拔萃。）即使这种平等可能，那也不是道德可以办到的事情。教育的普及，科学的发展，乃至经济的进步等等，也许会有助于缩小平庸之众与出类拔萃者的差距。但道德对此绝无助益。通过道德达致平等的方法只能是“削高就低”！这便是道德的本质——扼杀出类拔萃者，保持群体平等的平庸，或平庸的平等。尼采无法容忍这种平庸的平等，因为求权力的意志既拒绝平等，更拒绝平庸。人类的出路并不在于平庸的平等，而在于向权力的顶峰攀登。在向权力的顶峰攀登的过程中，那些极度充盈的生命必然奋勇当先，将那些弱者，平庸者远远地抛在后面。弱者，平庸者既不甘被落下，却又无力赶上，唯有将强者拉下来，才有可能与强者平等。而道德恰恰是弱者，平庸者将强者，杰出者拉下来的诡计：道德要求强者与弱者平等相待，道德命令强者对弱者施以博爱——

“道德价值的求权力的意志意味什么呢？这个意志在地球上有过空前的发展。

“答：……它背后藏着三种权力：(1)群畜反对强者和独立者的本能；(2)受难者和败类反对成功者的本能；(3)平庸者反对杰出者的本能。——这个运动无比优越，因为其中夹杂着无数残暴、欺诈、偏颇、推波助澜（因为，道德同生命

① [德]弗里德里希·尼采著，张念东、凌素心译：《权力意志——重估一切价值的尝试》，商务印书馆1991年版，第110页。

基本本能斗争的历史本身就是迄今为止世界上最大的非道德……)”①。

这便是道德的本质——道德是弱者反对强者，平庸者反对杰出者的工具。在尼采眼里，人是按照生命力的强弱来分类的。生命力衰竭者是弱者，生命力充盈者是强者。弱者代表着没落与衰亡；而强者代表着上升与超越。本来，弱者因其弱，不可能占据上风，然而，可悲的是，弱者永远占多数，而强者却永远处于少数。于是，凭借着数量上的优势，弱者便成功地使肯定弱者，否定强者的估价占据了统治地位。这便是盛行于今的道德。容忍道德估价占据统治地位，意味着人类将以弱者、平庸者为标准，为中心，并否定一切强者的存在。果真如此，人类就绝无希望上升和发展，人类就必将倒退，衰落，最终走向灭亡。这就是尼采否定道德估价的最根本的原因。尼采说：“人类怎样才能被提升到其显赫状况和权力的顶峰呢。思考这一问题的人首先须得明白，他本人一定要置身于道德之外。因为，从本质看来，道德的目的与此相反，它要阻止或摧毁那种向着显赫方向的发展。因为，实际上这种发展会吸引无数的人为其效力，以致出现一种逆流是自然的。弱者、娇生惯养者、平庸者必然群起抗拒生命和力的光辉，为此，他们必须对自身做出新的估价，借以谴责极度充盈的生命，可能的话，摧毁生命。因此，就道德蓄意制服各类生命而言，它本身就是敌视生命的惯用语。”②既然道德估价是敌视生命，谴责生命，摧毁生命的估价体系，为着生命的生成与发展计，就必须推翻一切旧的道德估价，而代之以全新的道德估价。“这是一种带有相反意图的道德，它把人向高处驯育，而不是向与人为善、平平庸庸的方向驯育。意在驯育统治阶层——未来的地球主人——的道德……为了造就具有最高精神性和意志力的人即特定的强大的种类，准备把价值倒转过来，并且，为达此目的，把他们蕴藏的大量的遭人非议的本能，缓慢地、谨慎地释放出来。考虑过这个问题的人，属于我们的行列，自由的精灵——当然属于作为迄今为止的新种类的‘自由精灵’。”③什么是“把价值倒转过来”呢？就是将道德估价定义为“善”的东西，统统定义为“恶”，而将道德估价定义为“恶”的东西，统统定义为“善”。“命题：一切善都是昔日可利

① [德]弗里德里希·尼采著，张念东、凌素心译：《权力意志——重估一切价值的尝试》，商务印书馆 1991 年版，第 232 页

② [德]弗里德里希·尼采著，张念东、凌素心译：《权力意志——重估一切价值的尝试》，商务印书馆 1991 年版，第 110 页。

③ [德]弗里德里希·尼采著，张念东、凌素心译：《权力意志——重估一切价值的尝试》，商务印书馆 1991 年版，第 169 页。

用的恶。准则：一个时代，一个民族，一个个别的人所能许给自己的激情愈可怕、愈大——因为它（他）有能力使激情变成手段——，其文化的水准就愈高——；一个人愈是平庸、软弱、谦卑、怯懦，则他干的事比恶还要坏。因为，他那里一定是个恶贯满盈的王国。最低等的人一定会到处见到恶的王国（也就是使他受到禁锢、与他为敌的王国）。"①过去，生命的激情和本能是遭人非议的"恶"，而现在，许给自己的激情越可怕，越大，则其文化水准就越高。旧的道德估价是肯定弱者的王国，而肯定低等人（弱者）的王国，正是真正的"恶的王国"；新的道德估价是肯定强者的精灵，而肯定强者，肯定生命本能和激情的精灵，才是"自由的精灵"。当自由的精灵降临时，一切旧的道德估价便将被推翻，被打倒，被重估，取而代之的是肯定生命，肯定求权力的意志的新的道德估价。这便是尼采的通向自由之路。

3. 一切都是虚假的！干什么都行——"重估一切价值"之方法

从某种意义上说，"真"与"善"是支撑着人类生存的两个支柱。"善"是在人与人之间的关系领域支撑着人类的生存——没有对"善"的追求，人不可能和谐相处，更不可能合作共进，反而极有可能在相互残杀中灭亡。而"真"则是在人与自然的关系领域支撑着人类之生存——没有对"真"的追求，人类便无法认识世界并学着去驾驭世界。"人将其追求真理的欲望即某种非常态的目的反射为存在的世界、形而上学世界、'自在之物'、已存在的世界。人作为创造者的需要已经虚构了自己加了工的世界，预言了这个世界；这个预言（对真理的'信仰'）就是人的支柱。"②面对着人类这两大支柱，尼采的狂妄简直可以用"疯狂"来形容。他不但全盘否定旧道德之善，而且全盘否定"真"和"真理"。所不同的是，对旧道德之善之否定，尼采采用的是"重估一切价值"之方法，即：他还没有否定"善"本身，而只是欲以新的道德之善来取代旧的道德之善；而对"真"和"真理"之否定，尼采却采取了从根本上否认"真"的存在和"真理"的存在之方法。他的口号是："一切都是虚假的！干什么都行！"③

---

① ［德］弗里德里希·尼采著，张念东、凌素心译：《权力意志——重估一切价值的尝试》，商务印书馆 1991 年版，第 243 页。

② ［德］弗里德里希·尼采著，张念东、凌素心译：《权力意志——重估一切价值的尝试》，商务印书馆 1991 年版，第 260 页。

③ ［德］弗里德里希·尼采著，张念东、凌素心译：《权力意志——重估一切价值的尝试》，商务印书馆 1991 年版，第 116 页。

“真”与“真理”是两个既相互联系，又有根本区别的概念。“真”是存在的属性，是存在的一种本质。说一个存在是真的，与说这个存在存在着其实是一个意思。存在即真，真即存在。而“真理”则是认识的属性，或者说是认识的一种追求。认识追求与“真”完全契合，凡与“真”完全契合的认识就是真理。尼采既否认“真”，也否认“真理”，这无论如何都有点让人不可思议。

就“真”而言，否认“真”的存在，实际上是否认存在本身。宣称“一切都是虚假的”实际上是在宣称“一切都不存在”！人们会说，面对着日月星辰，山川湖海的大千世界，只有疯子才会宣称“一切都不存在”。然而，尼采在放出如此狂言时，绝对不是疯子，而是伟大的哲学家和思想家。但为什么尼采会睁着双眼而否认“真”的存在呢？这要回到尼采的世界观上来。尼采认为这个世界是力的世界，是求权力的意志的世界。而不论是“力”，还是“求权力的意志”，其本质都是“动”。力和求权力的意志永远处于运动之中，永远处于变换不定和相互较量之中。对于永远运动，永远变换不定的力和求权力的意志来说，“真”几乎没有存在的余地。因为，“真”作为存在的本质，要求存在必须处于静止状态。所谓“你无法两次踏入同一条河流”形象地阐明了“力”与“真”的矛盾：流动的河流无时无刻不处于变化之中，时时刻刻处于变化中的河流，你无法确定任何时刻的河流是“真”的存在，与时间的流逝相应的，是“真”的流逝：刚刚存在，即刻消失。而“真”的流逝结果即为“假”。相对于“真”的不断流逝的是“假”的不断产生和永久存在。这便是“一切都是虚假的”的由来。也就是说，与“力”的“动”的本质相反，“真”的第一本质是“静”！事物只有在静止的状态下，在没有变化的状态下，才能被确定为是“真”的。一旦有任何变化发生，“真”即变为假，真也就不存在了。尼采否认“真”的存在，实际上是否认世界是静止的存在。他认为：“世界是‘流动’的，是生成的，是不断推演的，是从来不曾达到真理的假象，因为——没有什么‘真理’。”①“假如对世界来说真能达到永驻和固化，达到‘存在’，那么一切变化也许早就终结了。也就是说，终结了一切思维，一切‘精神’。‘精神’这个事实乃是生成的事实，这就证明世界是没有目的的，没有最终状态的，而且无法达到‘存在’的程度。”②世界无法达到永

---

① [德]弗里德里希·尼采著，张念东、凌素心译：《权力意志——重估一切价值的尝试》，商务印书馆1991年版，第205页。

② [德]弗里德里希·尼采著，张念东、凌素心译：《权力意志——重估一切价值的尝试》，商务印书馆1991年版，第159页。

驻和固化，也不可能有永驻和固化的静止的事物。对于永远处于变动中的世界，任何事物也必然要永远处于变动中。相对于永远变动的事物，“真”也许只能存在于最小单位的瞬间，而“假”却是不断发生的绝对的存在。因为，就变化而言，所有已经发生的变化都已使“真”成为“假”。正因为此，尼采才说：“生命的特征不是‘真实’，而是‘虚假’。”①

“真”除了“静”的本质外，还有另一个本质，即“规律”！这是针对变化而言的“真”。对事物而言，变化即为假。但对变化而言，如果变化总是按照某种规律发生，人们便会将这种规律认定为“真”。只有在规律失效，变化不再按该规律发生时，“真”才变为假。尼采既否认有静止的事物存在，也否认有变化的规律存在。尼采认为，任何变化都源于求权力的意志，都是力的较量，根本不存在所谓因果规律。下面两段引文或许可以说明尼采关于“规律”的思想：

“从心理学观点来说，‘原因’的概念来自所谓意愿的权力感，——我们的‘结果’概念乃是迷信，即认为权力感就是运动的权力本身……

“伴随着某个现象和成了现象结果的状态，被反映为同一现象的‘充足的理由’——我们的权力感的紧张关系（作为权力感的快乐），也就是被克服了的反抗的紧张关系——它们是幻想吗？——

“假如我们把‘原因’概念重新转译为我们唯一知道的、我们得出这一概念的范围，那么，**我们就无法想象在没有求权力的意志时产生的变化。假如没有一种权力对另一种权力的侵害，则我们就不清楚变化的派生**。

“机械论只是向我们演示结果，特别是用印象（运动即是一种印象语言）。引力本身是没有机械原因的，因为它本身就是机械结果的首要原因。

“要积蓄力量的意志乃是生命现象所特有的，也就是为了营养、生育、遗传——社会、国家、风俗、权威等等。**难道我们还不应该把这种意志也认为是化学的动因吗？——也是宇宙秩序的动因吗**？”②

“某些现象的不变的先后次序并不证明‘规律’，而是证明两种或多种力之间的权力比例。说‘但正是这种比例要保持相等！’这无非是说：‘同一个力不可能同时也是另一种力’。——这指的不是前后连续，——而是指依赖连续。

---

① ［德］弗里德里希·尼采著，张念东、凌素心译：《权力意志——重估一切价值的尝试》，商务印书馆1991年版，第426页。

② ［德］弗里德里希·尼采著，张念东、凌素心译：《权力意志——重估一切价值的尝试》，商务印书馆1991年版，第533页。粗体为笔者所加。

指的是一个过程,在这个过程中,个别的连续时刻不是作为因果关系而互为条件的……”①

这两段引文阐述了尼采的四个观点：

(1)一切变化均源于求权力的意志；

(2)一切变化均表现为权力的较量；

(3)较量中的各权力之间的关系,不是因果关系,而是互为条件的“依赖连续”关系。

(4)权力较量绝无规律可循,唯一可循的是各种力量间不断变化的力量比例。

也许人们会问:“为什么尼采一定要否定‘规律’呢？否定‘规律’与肯定求权力的意志有什么必然联系?”答案很简单:规律是自由的对立物！凡有规律之处,即无自由的立锥之地——人必须认认真真地认识规律,全心全意地服从规律,战战兢兢地遵守规律,绝不能越规律雷池半步。如此,人哪儿还有创造可言,哪儿还有自由可言。而求权力的意志只承认生成之冲动,创造之本能。各种生成之冲动和创造之本能之间的碰撞和较量,不受任何“规律”之限制,否则就不叫生成,就不为创造了。尼采既否定世界上有静止的,僵死的“真”的事物存在,也否定世界上有千篇一律的,被定死的“真”的变化规律存在,因为,只有这样,尼采的求权力的意志才能自由地生成,自由地创造,自由地碰撞和较量。按照尼采的话来说,只有“一切都是虚假的”,才有可能“干什么都行”。

既然“真”都不存在,那么所谓对“真”之完全契合之“真理”也就更不可能存在了。尼采否定真理的存在,除了通过釜底抽薪,采取全盘否认“真”之存在的方法外,还采取了否定认识,否定认识与“真”契合的可能性之方法。我们还是引用两段尼采的论述来阐明尼采关于认识和真理的思想：

“关于认识的空谈是最大的空谈。人们想弄清自在之物的来历。但是,看啊！根本就没有什么自在之物！不过,假如真有那么一个自在,一个绝对之物,那么它因而也就是无法认识的！绝对之物是无法认识的,否则就称不上是什么绝对的！但是,认识总归是‘有目的的、受条件限制的’——;一个这样的认识者希望,他要认识的某物同他毫不相干,并且希望它不是同任何人都毫不相干。因为,有两点值得一提:一、据说,希望认识和要求某物同本人毫不相

① [德]弗里德里希·尼采著,张念东、凌素心译:《权力意志——重估一切价值的尝试》,商务印书馆1991年版,第195页。

干;(可那时认识的目的又是什么?）二、因为同任何人都不相干的事物根本不存在、所以也是根本无法认识的。——认识就是有目的'受条件限制的'。它是感到受限制乃至决定同我们发生关系的东西——不管怎么说,它是对条件的论断、描述和意识(而不是对人、事,'自在'的研究)"①

"我认为世界的价值就在于我们的解释(——什么地方也许还可能有不同于单纯人性的解释——);我认为过去的解释都是远景式的估计,借助这种估计,我们可以保存生命,也就是用求权力的意志即要求权力增长的意志保存自身;我认为人的任何上升都会导致克服较为狭隘的解释,我认为任何已取得的提高和权力的扩大都会打开新的远景,并且称之为相信新的地平线——我的书里讲的都是这个道理。与我们相关联的世界是不真实的,即不是事实,而是建筑在少量观察之上的膨胀和收缩;世界是'流动'的,是生成的,是不断推演的,是从来不曾达到真理的假象,因为——没有什么'真理'。"②

归纳上述引文,我们可以总结出以下几点尼采的思想:

(1)根本没有自在之物,因而就不会有对自在之物之认识。即使有自在之物,因为自在之物是绝对之物,而绝对之物是不可认识的,因此,也不会有对自在之物的正确认识。

(2)世界是生成的,流动的和不断推演的,因而不可能出现被认识所认知的"真"。

(3)认识不可能摆脱主观因素。认识既是出于认识者的某种目的,又是对与认识者密切相关的某物之认识,因此,认识不可避免地要植入认识者自己的主观意义。

(4)人的认识能力是随着人的发展而不断发展的,现有的认识必将被将来的认识所否定,因而,在人的发展的任何阶段上,都不可能有与所谓"真"相契合的真理。

不难看出,尼采否定真理是从两个方面入手的:一方面,尼采否定认识对象的存在,认为世界上根本没有自在之物,只有不断变化的,流动的力,因而不存在可被认识的"真";另一方面,尼采否定人有达致真理的能力,这不但是因

---

① [德]弗里德里希·尼采著,张念东、凌素心译:《权力意志——重估一切价值的尝试》,商务印书馆1991年版,第190～191页。

② [德]弗里德里希·尼采著,张念东、凌素心译:《权力意志——重估一切价值的尝试》,商务印书馆1991年版,第205页。

为人是过渡，是永远处于生成和发展中的，任何阶段的认识都必将被后来的认识所否定，而且也因为人的认识永远也摆脱不了主观因素，受主观因素的干扰，人根本无法完全客观地去认识“真”(即使真的有“真”存在)。有鉴于此，尼采断言:世界是假象，因为，没有什么真理。甚至，即使有真理，人也无法达到。因此，人应该将求真理的意志变换为求权力的意志。人只能通过不断地提升自己，不断地扩大权力来不断地打开新的远景，新的地平线。于是，我们终于明白了，尼采竭尽全力地否定真理，其目的仍然在于推行他的求权力的意志。

总而言之，尼采的自由是估价者的自由，是肯定求权力的意志之估价在估价者中占据统治地位之状况。而尼采的不自由则是在估价者中，否定求权力的意志之估价占据统治地位之状况。由于尼采认为几千年来在人类中都是否定求权力的意志之估价占据统治地位，因而人类也就一直处于不自由的状况中。而要打破否定求权力的意志之估价一统天下的局面，根本的方法便是“重估一切价值”！为了重估一切价值，尼采英勇地宣称“上帝死了!”为了重估一切价值，尼采奋力地去推翻一切旧道德价值；为了重估一切价值，尼采毫无顾忌地高呼“一切都是虚假的，干什么都行!”然而，重估一切价值真的就是打破否定求权力的意志之估价一统天下的局面之根本途径吗？换言之，即使上帝真的死了，即使旧道德价值真的全部都被推翻，甚至即使真理真的都被完全否定，以至于尼采的重估一切价值的努力最后真的取得了完全的成功，肯定求权力的意志之估价在估价者中就真的能够占据统治地位吗？尼采的自由就真的实现了吗？如果再进一步追问下去，更关键的问题便将涌现:人的自由真的就是“肯定求权力的意志之估价在估价者中占据统治地位之状况”吗？换句话说，假如肯定求权力的意志之估价真的在估价者中占据了统治地位，人就真的自由了吗？所有这些都是下一节我们要讨论的主题。

二、对求权力的意志的肯定并不是自由——尼采的自由理论之评析

1.自由并不属于估价者

笔者以为，将人定义为“估价者”是尼采的一切理论错误之根源。因为，“估价”虽然是人区别于其他存在的一个重要特征，但却不是人与其他存在的本质区别之所在。表面看来，人以外的其他一切生存者似乎都没有估价之能力，更不存在所谓占统治地位的“估价”。但实际上，任何生存者对价值，也就是对能满足其生存需要的它物之属性都有或明或暗、或强或弱的“估价能力”：植物趋阳而生是对阳光的价值所作出的肯定之估价；食草动物趋水草而居是

对水、草的价值所作出的肯定之估价。概而言之，任何生物为了生存都有趋利避害之本能。这种本能实际上就是一种对满足自身生存需要的它物之属性的“估价能力”。只不过这种估价能力仅仅是作为本能而存在，而不像人类那样可以形成思想和规范并反过来影响和约束人类本身。然而，这种能创造估价的反作用能力之更高的估价能力，并没有使人类产生质的飞跃，即：并没有使人类跃出“生存者”的范畴而成为“主体”的存在。笔者在本书第二章曾经指出过：使人类成为某种主体的，是人的主宰欲和主宰能力。而自由或不自由仅与主体有关——自由乃是主宰欲与主宰能力完全契合的存在境界；而不自由乃是主宰欲与主宰能力未能或还未能完全契合的存在境界。无论如何，自由的存在前提是主宰欲与主宰能力的存在。但估价者却并不是一种有着主宰欲与主宰能力的存在，而只是一种对能满足其生存需求的它物之属性作出估价的存在。即使其所作出的估价能对其本身产生反作用，这种反作用也仍然是在生存的范畴里对生存本身的反作用。这样一种存在，充其量也只能是最高级的生存者。而最高级的生存者，无论它有多么高级，也仍然是个生存者。按照笔者在第二章对存在境界和存在状态之划分，生存者没有存在境界，只有存在状态。它的存在状态是无自由。尼采将人定义为“估价者”，实际上就将人排除在自由或不自由的存在境界之外。这无疑是尼采的一切理论错误之根源。

2. 自由也不属于超人

虽然自由不属于估价者，但作为取代和超越估价者的超人难道也没有自由吗？要回答这个问题，首先要对超人之特质“我是”作出认真的剖析。表面上看，尼采的“我是”与笔者所提出的自由境界“是其所欲是”似乎有某种相似之处：“我是”之“是”难道不是“我欲是”之“是”？如果“我是”之“是”就是“我欲是”之“是”，则“我是”与“是其所欲是”就是同一个境界。然而，尼采的“我是”之境界却与“是其所欲是”之境界风马牛不相及。尼采的“我是”之境界仅仅是指“决定千年的价值”之境界。即：创造那些能千百年反作用于人类的估价之境界。不说根本不存在能千百年反作用于人类的“估价”，即使真有这种估价，这种估价也与自由毫无关系——这种估价即使是完全积极，完全肯定的估价，最多也只能保证人的生存本能之充分勃发和人的生存需求之充分满足。它既不能使人萌发出主宰欲，更不能弥补人类主宰能力之欠缺。而任何与人的主宰欲与主宰能力毫无关系的“估价”，都只能是与自由毫无关系的“估价”。因此，以这种“估价”为标志的“我是”，就绝不可能是与自由有关的存在境界；而以“我是”为标志的“超人”因而也就不可能是自由的存在。自由不属于仍然是某种生存者而不是某种主体的超人。

3. 对求权力的意志之肯定也不是自由

尼采将“自由”定义为“对权力的肯定”。而肯定权力的目的是要达到无限制地释放生命本能，最充分地发展生命力之境界。显而易见，这种境界并不是自由的境界。它充其量只能被称为“生命的解放境界”。“解放(liberty)”与“自由(freedom)”虽然词义相近，但并不是同义词。解放指的是摆脱束缚，克服限制之境界，而自由指的是主宰欲实现之境界。构成解放的要件是束缚和限制的存在以及对束缚和限制的克服。而构成自由的要件则是主宰欲和主宰能力的存在和主宰欲的实现。因此，生存者可以有解放，但绝无自由。尼采所追求的无限制地释放生命本能，最充分地发展生命力之境界，恰恰是生命的解放之境界，但绝不是人的自由之境界。生命的解放需要克服对生命的束缚和限制。就人的生命而言，对生命的束缚和限制，既包括自然环境的限制，也包括所谓的“错误估价”的限制。尼采要“重估一切价值”，要肯定权力，肯定求权力的意志，并谋求使肯定求权力的意志的估价占据统治地位，无疑都是为了克服人的错误估价对人的生命发展之束缚和限制。这种谋求克服加之于人的生命发展之上的一切束缚和限制的学说，无疑只属于生命的解放之学说，而不属于主体的自由之学说。因为，摆脱和克服各种束缚与限制的境界与主宰欲得以实现之境界是两种本质完全不同的存在境界——前者可以属于一切生存者，甚至一切存在。但后者却仅属于有着主宰欲和主宰能力之主体。前者所达到的是最大化地实现生命冲动之生命解放之境界，而后者所达到的才是随心所欲、心想事成的自由之境界。

如果说尼采的自由理论在本体论的领域根本不能成立，那它在主体间的关系领域就更难以成立。因为，尼采的自由除了要求肯定求权力的意志之外，还要求肯定求权力的意志之估价在人类的估价中占据统治地位。而这两个要求在主体间的关系领域都有可能导致个体主体的极端不自由之状态。

就第一个要求而言，首要的问题是：由什么人根据什么来界定一个估价是肯定求权力的意志之估价呢？尼采的回答是：由超人根据其意志(即“我是”)来决定人的“千年价值”。这不但剥夺了广大民众估价的权利，而且剥夺了所谓“高等人”，甚至“最高级人”估价的权利。被尼采定义为估价者的人类现在却完全失去了估价的权利，所有的估价全都任凭“超人”来决定，并且一决定就是千年。在这种情况下，个人乃至整个人类哪里还有任何“自由”可言？

就第二个要求而言，使一种“估价”占据统治地位，主要有两种要素：第一，“权力”①，即依靠权力强制推行；第二，“时间”，即通过时间长期积淀。这两个因素其实是相辅相成的：没有权力的强制推行，再长的时间积淀也不可能使某种估价占据统治地位；而仅凭强制推行，没有时间的长期积淀，使强制推行的估价逐渐成为传统，同样也无法使某种估价占据统治地位的。但在这两种因素中，起主导作用的还是“权力”的因素——权力的强制推行是估价占据统治地位的首要的和不可或缺的因素。我们知道，在主体间关系中权力与自由永远是对立的两级——只要诉诸权力，就一定没有自由。要保证个体的自由，就必须否定权力，起码也要限制和约束权力。然而，为了使一种估价占据统治地位，就不能限制或约束权力，反而要依赖和加强权力。因此，当一种估价占据统治地位时，其背后一定站立着与自由完全对立的“权力”。这个权力不但是该估价占据统治地位之保证，而且也是强迫人们接受、服从和实行该估价之保证。于是，所谓“肯定求权力的意志的估价占据统治地位之状态”，原来却是依靠权力强迫一切个体无奈地接受、服从和实行，并不是其自己创造的，而是由他人（“超人”）创造的估价之极不自由的状态。这种状态对于作为主体的人而言岂止是不自由，它简直是一种灾难的状况。

尼采是悲观的狂人。他的狂妄虽然惊世骇俗，却终究被他的悲观主义的绝望所湮灭：他振聋发聩地宣告“上帝死了！”但却没有勇气鼓动人类取而代之，反而悲哀地宣称：“人是某种应被克服的东西”；他气吞山河地发令：“重估一切价值！”但却没有勇气承认人有认识和改造世界的能力；他把超人介绍给人类，目的并不在于引领人类走向自由，而是要人类心甘情愿地被克服，被取代。他其实不是在为人类著书立说，而是在为他的虚无缥缈的求权力的意志树碑立传。在他的求权力的意志面前，不但人类是实现求权力的意志的工具，而且就是超人也仍然是求权力的意志的工具。在尼采的求权力的意志的世界里，根本就没有人的主体地位，更遑论人的自由了。因此，尼采的所谓“自由学说”实际上只可以被称为“生命解放学说”。这也难怪，在悲观主义哲学中寻找自由学说，本来就是徒劳的。

---

① 此处所说的“权力”并不是尼采的“求权力的意志”之权力，而是指在主体间关系中有使他人按照自己的意志行动的能力和力量。

第四章　虚无与意识自由
——萨特的主体和自由理论评析

关于萨特的自由理论，我们在第二章《人与自由》中已经多处论及：在论述存在状况与存在境界的区分时，指出了萨特的自为的存在境界之不足；在论述人是矛盾的存在时，分析了萨特将身体化解于意识的努力之牵强；在论述人的存在的矛盾时，论证了萨特对欲求与意欲之混淆；在论述人是欠缺的主体时，又批判了萨特将人定义为"欠缺的存在"之失误；最后，在论述人的主体之欠缺时，还对萨特的所谓"欠缺的三位一体"做出了评析。这一系列的论述和评析，其实已经勾勒出萨特的自由理论的一个基本轮廓。如果再以专章论述萨特的自由理论，难免会有重复之嫌。然而，上述散落在各个章节的针对各个主题的论述和评析，并不能全面解析萨特何以得出与本书的结论完全相反的结论（笔者在本书中断言"人即不自由"；而萨特却在《存在与虚无》中宣称"人是自由的"）。不仅如此，作为人类的三大自由理论之一的意识自由理论的无以替代之领军人物（按照笔者的分类，其他两大自由理论是生命自由理论和道德自由理论），萨特的自由理论即使设专章来论述，也无法穷尽其中的精彩和奥妙，更遑论散落在各章节的零散评析了。因此，若论述哲学史上的主要自由理论，对萨特的自由理论作出系统的评析仍然是不可或缺的。

萨特的自由理论可以用四个字来概括：人即自由！对于既不是其自身存在的基础，更不是世界存在的基础的人的存在来说，"人即自由"的结论无可避免地会遭遇到各个方面，各种各样的质疑和挑战。人们很难相信，作为一种偶然被抛于世的存在，面对着一个既不是其创造的，其也难以主宰的世界，人竟会是自由的存在！为了捍卫其"人即自由"的理论学说，萨特不但要阐明不是其自身的基础的人的存在如何能够成为其自身的基础，而且还要阐明不是世界的基础的人的存在如何能够成为世界的基础。成为自身的基础和成为世界的基础，这二者构成了对"人即自由"理论的最根本的挑战。萨特应对这个根本挑战的方法和路径既使人眼花缭乱，又令人惊叹不已：他以虚无化的存在——自为——如何在存在之后确定其本质（所谓的存在先于本质）来应对第一个挑战；而以将世界化为“处境”并“化归已有”来应对第二个挑战。本章将详细论述萨特应对这两个挑战的努力：首先，将详细介绍萨特的“虚无”和“虚无化”之含义；其次，将努力阐明萨特的自由之定义；再次，将深入探讨萨特如何论证不是其存在的基础之自为如何成为其自身的基础的；复次，将全面论述萨特是如何使自为成为不是其创造的世界之基础的；最后，将以对萨特以谋划的自由取代实现的自由之评析来结束本章。

第一节　虚无与虚无化——自为的定义

萨特说：“人的实在严格地就他应该是其固有的虚无而言是自由的。[①]”这句话包含着两个定义：其一是对人的定义，即：人是固有的虚无。其二是对自由的定义，即自由即虚无，或虚无即自由。正是根据这两个定义，人的存在才与自由等同起来。而将人与自由等同起来的中间项正是“虚无”——正因为人是虚无，而虚无即自由，萨特才得出“人即自由”的结论。在另一处，萨特更加明确地说到：“自由，显然就是在人的内心中被存在的、强迫人的实在自我造就而不是去存在的虚无。[②]”于是，这个既定义了人，也定义了自由的“虚无”，就成为理解萨特的“人即自由”的理论之关键：我们只有首先弄清楚了这个既定义了人，又定义了自由的“虚无”究竟是个什么东西？人的存在如何能与这个“虚无”划等号？而这个等同于人的存在之“虚无”又如何能与“自由”划等号等等诸如此类的问题，才有可能真正了解萨特的意识自由理论。

关于虚无是什么的问题，萨特的下面这段话给了我们一个十分重要的解答线索。萨特说：

“人的实在在许多领域中应该是这种虚无：首先在时间化中，就是说总是和他本身保持着距离，这意味着他永远不能听任他的过去来规定这样或那样的活动；其次，在作为对某物的意识或对自身的意识的涌现中，就是说，自我在

① [法]萨特著，陈宣良等译：《存在与虚无》，三联书店 2007 年第 3 版，第 550 页。(1987 年版，第 581 页。)

② [法]萨特著，陈宣良等译：《存在与虚无》，三联书店 2007 年第 3 版，第 536 页。(1987 年版，第 567 页。)

场并不仅仅是自我，这就意味着除了对存在的意识外，意识中没有任何别的东西，并且因而没有任何意识外的东西能引发意识；最后，他是超越性，就是说他并不是首先存在以便随后和这种或那种目的发生联系的某物，而是相反，他一开始就是谋划的存在，就是说是由他的目的所确定的存在。[①]”

从这段话中可以了解到，萨特所说的“虚无”其实指的是人的意识，或意识的存在，也就是“作为对某物或对自身的意识而涌现的”存在。意识之所以是虚无的存在，是因为它与它的存在总是保持着一段距离：这个距离，在时间上表现为因否定过去而相距过去的距离，因“逃离”现在而相距现在的距离，以及因谋划将来而与还未存在的将来相距的距离。在空间上，这个距离则表现为意识因面对世界的在场而相距世界的距离，以及意识因面对自我的在场而相距自我的距离。之所以会产生这些距离，是因为意识的虚无化之本性——意识就是以虚无化的方式而存在的。或者说意识的存在就是把存在虚无化。所谓的“虚无化”，在空间上就是“面对……的在场”；而在时间上就是“否定”、“脱离”和“谋划”。所有这一切，可以用两个字来概括，即“**超越**”：面对世界和自我的在场本身既是产生空间距离的本源，同时也包括了对世界和自我的超越；而对过去的否定，对现在的脱离以及对将来的谋划，也无一不是产生时间上的距离之根源，同时又同样意味着对世界和自我的超越。因此，只要弄清楚了虚无化在时间上和空间上的表现，也就明白了虚无是什么——它就是人的超越性。不仅如此，只要弄清楚了虚无化在时间上和空间上的表现，也就同时明白了意识的存在何以会被萨特定义为虚无的存在；而“虚无”又何以会被萨特定义为“与自由是同一回事”。于是，研讨的任务便完全可以简化为阐明虚无化在空间上和时间上的表现这两个问题上。笔者还是按照萨特的论述顺序，从虚无化在空间性上的表现，即“面对……在场”论述起。

一、“面对……的在场”——空间上的脱离与否定

如上所述，意识是以虚无化的方式存在的。而虚无化的方式在空间上即表现为“面对……的在场”。这个“面对……的在场”本身包含着两层含义：首先，“面对……的在场”表明：意识是以否定一切存在的方式而存在的。“面对

---

① [法]萨特著，陈宣良等译：《存在与虚无》，三联书店 2007 年第 3 版，第 536 页。(1987 年版，第 567 页。)

……的在场”意味着世界上有了一种不同于其他一切存在的“意识的存在”。这个“不”字，无疑是对一切存在的否定。其次，“面对……的在场”意味着意识是以脱离一切存在的方式而“存在”的。所谓“面对……的在场”即是相对于……而存在。而这个“相对于”无疑意味着是对一切存在的摆脱。只有摆脱了存在，才能面对存在。于是，“面对……的在场”之存在方式，决定了意识是一种既不同于一切存在，并且又脱离了一切存在的特殊的“存在”。它的不同于一切存在之处在于，它是以否定存在的方式而存在的，即：它是存在的虚无，或虚无的存在。而它的脱离一切存在的存在方式则在于它是以跃出一切存在之外，面对一切存在的方式而存在的。这种既不同于一切存在，并且又脱离了一切存在的存在方式之最直接的表现，萨特认为是“考问”。以“面对……的在场”的方式而存在意识的存在，它首先是以考问……的方式，而面对……在场的。萨特认为，这种对存在的考问本身就意味着一种双重的虚无化过程：“提问者通过把与他相关的被问者置于存在和非存在之间的**中立**状态而使之虚无化——这还意味着他通过脱离存在以达到从自我中引出一个非存在的可能性，而使之与被问者有关的自身虚无化。[①]”第一个虚无化，即将被问者置于存在和非存在之间的中立状态之虚无化过程，指的是对我之外的世界的存在的虚无化过程，这主要是通过“面对世界的在场”所包含的虚无化活动完成的。这个对世界的虚无化活动包括两个方面：其一，它包括提问者对世界的存在之脱离。“对人的实在来说，把一个特殊的存在物置于圈外，也就是把他自己置于相对于这个存在物的圈外。在这种情况下，他逃离了这存在物，他处于不可触及的地位，存在物不可能作用于他，他已经退而超乎**虚无之外**。人的实在分泌出一种使自己独立出来的虚无……[②]”也就是说，面对世界的在场的意识通过提问这种虚无化的活动，使自己成为独立于世界的存在之外的虚无之基础。其二，它把否定的可能带给存在。因为，“任何问题本质上都假定有一种否定回答的可能性”。“但是正是由于人们认为，一个存在物总是可能被揭示为**什么也不是**，一切问题才都假设实现了一种相对给定物而言的虚无化着的隐退，这种隐退成为一种动摇于存在和虚无之间的单纯表象[③]”。所谓“动摇于存在和虚无之间的单纯表象”也正是上面所说的“存在和非存在之间的**中立**状态”。

---

① [法]萨特著，陈宣良等译：《存在与虚无》，三联书店 2007 年第 3 版，第 52 页。

② [法]萨特著，陈宣良等译：《存在与虚无》，三联书店 2007 年第 3 版，第 53 页。

③ [法]萨特著，陈宣良等译：《存在与虚无》，三联书店 2007 年第 3 版，第 51 页。

“面对世界的在场”的意识的存在，通过“提问”这种虚无化的活动，不但使自己成为独立于存在之外的虚无之基础，而且将一个否定的虚无之可能赋予存在，从而成为存在的虚无之基础。

而第二个虚无化的过程，即提问者自身的虚无化过程则是指“面对自我的在场”所包含的虚无化活动。这个虚无化之过程也包含了两个方面：其一是对自身的脱离。意识对自身的脱离是面对自我的在场之前提。不能脱离自身，则面对自我的在场就无从说起。这里比较晦涩的是意识如何能脱离自身，或者说自我如何能相对于自我而存在。因为，脱离了自身的意识仍然还是意识，而相对于自我者也只能仍然还是自我。难道对自我的意识会有两个意识？自我又会有两个自我？萨特对此的回答是：意识对自身的脱离，是通过意识“对存在的减压”之虚无化活动完成的。什么是“对存在的减压”呢？用通俗的说法就是意识将其本身作为对象来意识，也就是我们通常所说的“反思”。比如，我的信仰无疑是我的意识，而我对我的信仰之意识，即我意识到我的信仰，则无疑是一种意识对意识的意识。这就是意识对存在的减压，即反思——反思的意识将我思的意识减压为反思的对象。通过这种对存在的减压，作为意识的存在之“我的信仰”便成为意识到信仰之反思意识的意识对象。正是这种意识将意识本身作为对象来意识的虚无化活动，使得作为“我思”的意识成为作为反思的意识之对象，从而使意识与其自身脱离，并使得意识成为“面对自我的在场”的虚无的存在。而这个“面对自我的在场”之意识，当然仍然是自我本身。因为，“自我事实上不能被把握为一个实在的存在者：主体不能是自我，因为我们已经看到与自我的重合会使自我消失。但它同样不能不是自我，因为自为指示了主体自身。因此，自我代表着主体内在性对其自身的一种理想距离，代表着一种不是其固有重合、在把主合设立为统一的过程中逃避同一性的方式，简言之，就是一种要在作为绝对一致的、毫无多样性痕迹的同一性与作为多样性综合的统一性之间不断保持不稳定平衡的方式。这就是我们称作面对自我的在场的东西”①换句话说，同时是意识的主体和意识的对象之意识的存在，只能以两者综合统一的方式而存在，即以同时既是自身，又是其自身的见证者的方式而存在。这是面对自我的在场之虚无化的第一个方面。

---

① [法]萨特著，陈宣良等译：《存在与虚无》，三联书店 2007 年第 3 版，第 111～112 页。

其二，将自在的存在虚无化为自为的存在。“面对世界的在场”将否定带给了世界，使世界有了否定的可能和否定的虚无。而“面对自我的在场”所带给自我的却不仅仅是否定，而是通过否定式的虚无化，将自在的存在变为自为的存在，即“从自我中引出一个非存在的可能性”。当然，为了“从自我中引出一个非存在的可能性”，首先需要的仍然是对自我的否定：“作为自我的基础的自为就是否定的涌现。它自我奠定，因为它否定自我有某种存在或某种存在方式。我们知道，它所否定或消灭的，就是自在的存在。但并不是任意的自在的存在：人的实在首先就是它自己的虚无。因为它在其方向上是被这个虚无化和这个在自身中对它以被虚无化的名义虚无化了的东西的在场所构成的，那所欠缺的作为自在的存在的自我造成了人的实在的意义。[①]”所谓“在自身中对它以被虚无化的名义虚无化了的东西的在场”实际上指的就是面对自我的在场所具有的否定的意义——面对自我的在场所面对的自我，并不是一个肯定的自在，而是一个“以被虚无化的名义虚无化了”的否定的虚无。也就是说，面对自我的在场首先意味着对自我的一种否定。它是通过将自我虚无化为一个被否定的虚无的方式而使自为的存在诞生。这个自为之所以是自为，就在于它是被虚无化否定了自在的存在之自我，并且因虚无化而使自我成为欠缺一个自在的存在的虚无的存在。这样，“面对自我的在场”本身所包含的对自我的虚无化之否定，就成为自为的存在得以诞生的基础。于是，偶然存在的意识，虽然永远也摆脱不了它的偶然性，但它的面对……在场的存在方式所包含的虚无化活动，却保证了它成为它的虚无的存在之基础。

总之，作为意识在空间上的存在方式，“面对……的在场”通过其本身所包含的双重虚无化活动，使得不是其存在的基础的意识成为其自身虚无的基础。正是虚无化，才使虚无涌现；正是虚无化，才使自为诞生；也正是虚无化，才使萨特的自由得以成立。就像萨特所说的那样：“存在对于自为来说，就是把他所是的自在虚无化。在这些情况下，自由和这种虚无化只能完全是一回事。正是由于虚无化，自为才像脱离其本质一样脱离了他的存在，正是由于虚无化，自为才总是异于人们所论及它时所说的东西。因为至少它是脱离了这个名称本身的存在，是已经在人们给它取的名字和人们所承认的它的属性之外的存在。说自为应是其所是，说它在不是其所是时是其所不是，说存在先于本

① [法]萨特著，陈宣良等译：《存在与虚无》，三联书店 2007 年第 3 版，第 125 页。

质并是本质的条件,或反过来按黑格尔的公式说'本质是过去的存在',其实说的都是同样的一件事,即人是自由的。①"

二、"不是其所是,是其所不是"——超越与谋划的虚无化

如果说虚无在空间上的表现是由意识在空间上的"面对……的在场"的存在方式而产生的空间上的"距离",那么,虚无在时间上的表现则是由意识在时间上的"不是其所是和是其所不是"的存在方式而产生的时间上的距离。虽然同为"距离",但意识之产生空间上的距离之虚无化活动与产生时间上的距离之虚无化活动却是有所不同的。我们已经知道,意识在空间上的虚无化活动主要是"脱离"和"否定":由"面对……的在场"的存在方式而产生的空间上的距离主要是通过对自在和自我的"脱离"以及对自在和自我的"否定"的虚无化活动而产生的。但是,由"不是其所是,是其所不是"的存在方式所产生的时间上的距离却不仅仅是由"脱离"和"否定"而产生的。产生时间上的距离之虚无化的活动当然也包括"脱离"与"否定",但所脱离和否定的,已经不是自在的存在和自我的存在,而是时间上的过去和现在。而且,对过去和现在的脱离与否定,单靠"相对于"的存在方式是不足够的。对时间上的过去与现在之脱离,最根本的途径是"超越"。因此,意识在时间上的最根本的虚无化活动是"超越":意识与过去的距离是通过意识对过去的超越而达成的。意识与现在的距离也是由于现在只不过是立即被超越的瞬间而存在的。而意识与将来的距离则更是由于意识向之超越而产生的。于是我们发现,对虚无在时间上的表现之阐述,实际上已经包括了对虚无的超越性之阐述。

那么,什么是意识在时间上的距离呢?简而言之,就是萨特所说的三个出神的范畴。萨特说:"为了使我们进入最初的出神状态——也就是,既能昭示虚无的原始意义,又能代表着最小的虚无——自为可以而且同时应该:(1)不是其所是;(2)是其所不是;(3)在一种永恒的反射的统一之中,是其所不是,又不是其所是。这就涉及三个出神的范畴,出神的意义就是与自我的距离。②"这三个出神的范畴分别表示三个时间的范畴:"不是其所是"所表示的是"过去","是其所不是"所表示的是"将来",而"是其所不是,又不是其所是的统一

① [法]萨特著,陈宣良等译:《存在与虚无》,三联书店 2007 年第 3 版,第 534 页。

② [法]萨特著,陈宣良等译:《存在与虚无》,三联书店 2007 年第 3 版,第 184 页。(1987 年版,第 194~195 页。)

状态"所表示的就是"现在"。

1."不是其所是"——被超越的过去

意识与过去的距离，表面看来是由否定造成的——"不是其所是"中的"不"字，毫无疑问是对其所是的否定。然而，这个否定的"不"字却不仅仅具有否定的意义，甚至其主要的意义并不是否定，由"不是其所是"所表示的意识与过去的关系之本质是"超越"，而不是其他任何东西："但是由于它是自为，它就永远不是它所是的。它所是的是在它之后的，如同是永恒的**被超越**的东西。我们正是把这种被超越的人为性称之为过去。因此，过去是自为的一个必然的结构，因为自为只能作为一种虚无化的超越而存在，而这种超越就需要一种被超越物。[①]"因此，自为（也就是意识）与过去的关系就不能是否定的关系——自为不能否定过去，因为作为超越的存在，它需要一个超越物。另一方面，过去也是自为所无法否定的，因为它是自为的"人为性"，是作为偶然存在的自在的自我而存在的。就像"有一个意识"是自为无法摆脱的空间上的人为性一样，"有一个过去"则是自为无法摆脱的时间上的人为性。"过去是被'提出来反对'自为的，表现为它要成为的东西，它既不能被自为肯定，也不能被否定，既不能被自为主题化，也不能被自为吸收。[②]"因此，自为与过去的唯一可能的关系就是"超越"。自为就是以超越了过去，不再是过去的方式存在的存在。而这个"超越"正是造成意识与过去的距离之根本的原因。

2."是其所不是"——向之超越之将来

与"不是其所是"相对应的是"是其所不是"。"是其所不是"所表示的是意识与将来的距离。按照萨特的观点，将来仅属于自为的存在。也只有自为的存在才有将来。或者说，是自为使将来涌现。那么，这个以"是其所不是"定义的，仅仅属于自为的将来究竟是什么呢？

首先，自为的将来是自为的一种"逃遁"，"这种逃遁是双重的，因为当它逃离它所不是的东西的时候，在场就避开了它曾经是的存在。那它逃向何处呢？……它是朝着自己的存在而逃逸的，就是说是朝着因与其所欠缺的东西偶合而将要成为的自我而逃遁的[③]"。逃离了曾经是的存在，又只是向着将是的存

---

① [法]萨特著，陈宣良等译：《存在与虚无》，三联书店 2007 年第 3 版，第 185～186 页。

② [法]萨特著，陈宣良等译：《存在与虚无》，三联书店 2007 年第 3 版，第 189 页。

③ [法]萨特著，陈宣良等译：《存在与虚无》，三联书店 2007 年第 3 版，第 169 页。

在逃去的存在，只能是一种与过去和现在都保持着距离的还未存在的不存在。这个还未存在的不存在，就是萨特所说的“虚无”。

其次，自为的将来意味着欠缺。“将来是欠缺，这欠缺既是欠缺，就把逃逸从在场的自在中解脱出来。如果在场一无所缺，那就会再度堕入存在之中并且将失去面对存在的在场以换取完全同一性的孤立状态。如此，欠缺使存在成为在场，这是因为在场脱离出自身趋向那超乎世界之外的某一欠缺者，而且鉴于此，在场才能脱离出自身，作为面对它所不是的某一自在来在场。①”就是说，自为与将来的距离是由欠缺造成的。而自为的欠缺又是由将来决定的：因为有一个作为所欠缺者的将来的存在，自为才成为欠缺者。并且，正是因为有一个作为所欠缺者的将来的存在，自为才可能成为脱离了自在，并面对自在在场的虚无的存在。

再次，自为的将来昭示着可能。“因为我要成为的这个将来仅仅是我超乎存在之外面对存在在场的可能性。”“将来出现在地平线上为的是向我宣布从我可能是的东西出发(成为)我所是的……一句话，在不是将来的经常可能性的前景下，我是我的将来。②”从某种意义上说，自为是可能的存在。而自为的可能则是源于自为与其将来的距离，源于“不是将来的经常可能性的前景”。

复次，自为的将来被揭示为自为对自在的谋划。“将来对于自为被揭示为自为还不是的东西，因为自为非正题地自为地自我构成为一种从揭示的角度来讲尚未存在的东西，还因为它使自己成为一个在现在之外趋向它还不是的东西的谋划。③”也就是说，自为与将来的距离并不是源于偶然性，而是源于自为对将来的谋划。自为之趋向其还不是的东西，既不是外在的规律使然，也不是被动的他力成就，而是内在的主动谋划。正是“谋划”这种自为的虚无化活动，才使得自为有了将来，也才使将来向着自为涌现。

最后，自为的将来还彰显出自为的自由。“如果我不是自由的，那将来就会是我所是的，并且只因为我是自由的，将来才能够成为我应该是的。④”因

---

① [法]萨特著，陈宣良等译：《存在与虚无》，三联书店 2007 年第 3 版，第 170 页。

② [法]萨特著，陈宣良等译：《存在与虚无》，三联书店 2007 年第 3 版，第 173 页。括号中的“成为”二字为笔者所加。因为从上下文来看，不应该缺少这两个字。当是排版漏字。

③ [法]萨特著，陈宣良等译：《存在与虚无》，三联书店 2007 年第 3 版，第 170 页。

④ [法]萨特著，陈宣良等译：《存在与虚无》，三联书店 2007 年第 3 版，第 173 页。

为,"自为永远只能够不定地成为它的将来,因为它是被它所是的一个虚无同其将来所分离:一句话,它是自由的,而它的自由本身就是它自己的界限是自由的,就是说命定是自由的。这样,将来即为将来,就没有存在。将来不是自在的,它同样也不是以自为之存在的方式存在,因为它是自为的意义。将来不存在,它自我可能化。将来是诸种'可能'的持续可能化,如同现在的自为之意义那样,因为这个意义是未定的,而且它完全要彻底地逃离自为[①]"。自为之所以是自由的是由将来所彰显出的三个"不定的"状况决定的:首先,自为因为有将来,因此它就是一个未定的虚无的存在——它是摆脱了过去,并趋向将来的"不定的"存在。由于这个"不定",自为有了自由地趋向将来之可能。其次,它所趋向的将来,也是一个不定的存在。因为将来不存在,它只是自我可能化。而且是诸种可能的持续的可能化。对自为而言,任何一种将来从理论上说都是可能的。这就赋予自为以选择的自由。最后,自为趋向将来的"趋向"本身也是不定的,因为,自为永远只能够不定地成为它的将来。而这个"不定"则赋予自为以谋划的自由。

从上面对萨特的将来概念之归纳中,我们其实已经接触到了萨特的自由的定义。萨特的自由之定义,完全可以用其揭示将来的短语"是其所不是"来概括的:自由就是"是其所不是"。因为这个"是其所不是"既包括了自为对自在的脱离和否定,也包括了自为对自在的超越和谋划,同时它还包括了自由的最显著的表现—选择。因此萨特才说:将来是自为的意义,而这个意义是未定的。因为这个意义就是自由,自为的存在意义就是自由。

3."是其所不是,又不是其所是的反射统一"——逃遁的现在。

不论是"过去"还是"将来",都是相对于"现在"而言的。必须首先有一个"现在",然后才有可能有"过去"和"将来"。如果"过去"对自为而言是"不是其所是",而将来又是"是其所不是",那么,现在就似乎只能是"是其所是"了。然而,一个"是其所是"的存在是不可能有"过去"和"将来"的。因此,对于有着"过去"和"将来"的存在——自为而言,现在就绝不能是"是其所是"。那么,既不能是"是其所是",又不是"是其所不是",也不是"不是其所是"的"现在"究竟能是什么呢?萨特将之归之于"是其所不是,又不是其所是的反射统一"。也就是说,"现在"其实是包括了过去和将来的自为的存在之显现。这个萨特称

---

① [法]萨特著,陈宣良等译:《存在与虚无》,三联书店2007年第3版,第174页。

为“是其所不是，又不是其所是的反射统一”之自为的显现，起码包含了如下三层意义：

首先，“现在”是自为的显现。这个显现既表现在空间性方面，也表现在时间性方面。在空间性方面，自为的显现使一个世界存在。因为，“正是自为的在场使得自在的存在作为整体存在”。因此，所谓“现在”，它在空间方面的意义就是“一个自为向诸存在显现时自为与诸存在的共同在场”①。

而在时间性方面，自为的显现则使得自为的过去和将来涌现。“因为披露了自身，自为才是它自己的过去，这如同它在虚无化的超越之中有着要自为地成为的东西一样，而且自为正是作为自我揭示才成为欠缺并且被它的将来所缠绕，就是说被遥远的彼处的自为所是的东西纠缠。②”因此，“现在”首先意味着自为的显现。这个显现既使得世界存在，也使得自为的过去和将来涌现。正是在自为的显现使世界存在，并使过去和将来涌现的意义上，萨特才将“现在”定义为“是其所不是，又不是其所是的反射统一”的。

其次，“对于存在而言，现在永远是一种逃遁”。因为，自为的显现并不是以存在的方式显现，而是以“逃遁”的方式显现的。“因为它并不对自己把自己揭示为存在。它以内在的分解和明确的否定加倍地逃脱存在。现在恰恰就是存在的这种否定，就是存在的这种逃遁，因为存在是作为人们由之逃脱出来的地方而在那里的。自为是以逃遁的方式对存在显现的；对于存在而言，现在永远是一种逃遁。③”这便是“现在”与自为之间的距离所在：自为是以面对存在的在场之方式显现的。这个“面对”，并不是指“相对而立”，而是以否定存在，以便逃离存在的方式而“面对”的。因此，“现在”就不是自为所面对的“是其所是”的存在，而是对这种存在的否定和逃遁。而由这种否定和逃遁所产生的距离，就是自为的“现在”在时间上的虚无。

那么，如何理解“对于存在而言，现在永远是一种逃遁”呢？萨特以时钟所指定的时间为例：当时针指到九点时，自为并不是九点钟一个存在，九点钟也不是自为的存在之“现在”。因为，自为没有存在。自为只是一个面对着指着

---

① ［法］萨特著，陈宣良等译：《存在与虚无》，三联书店2007年第3版，第164～165页。

② ［法］萨特著，陈宣良等译：《存在与虚无》，三联书店2007年第3版，第190～191页。

③ ［法］萨特著，陈宣良等译：《存在与虚无》，三联书店2007年第3版，第166页。

九点钟的时针在场的虚无。“自为没有存在，这是因为它的存在总是与它有距离的，如果您考虑显像的话，它就在那里的反映物中，仅仅对于反映物而言是显像或反映；而如果您考虑反映物不再是自在，而仅仅是一种把这一反映物反映出来的纯粹功能的话，它就在彼处的反映之中。但此外，自为在其自身中并不是存在，因为它自身潜在地成为自为，而又好像并非是存在。它是对……的意识，如同是对……的内在否定。[①]”作为意识的存在，自为首先是以对存在的反映而显现的。在上述的例子中，自为首先是作为对指着九点钟的时钟的反映而显现的。对指着九点钟的时钟而言，自为只是这个时钟的反映和显像。而对作为意识的反映功能而言，这种反映功能又只能表现在其所反映的反映物上，即指着九点钟的这个时钟上。意识只能在这种反映——反映物的来回反射中显现。除此之外，并没有一个实存的意识存在。因此，以对指着九点钟的时钟之反映的方式显现的自为，其实就是对指着九点钟的时钟的内在否定（我不是时钟，也不是时钟所指着的时间），而这种内在的否定，就是萨特所说的对存在的逃遁。

最后，现在不存在。由于“现在永远是一种逃遁”，它就不可能存在。“以瞬间的方式把握现在是不可能的，因为瞬间是现在在其中存在的时刻。然而现在不存在，它以逃遁的方式现时化。[②]”前面笔者提到过，萨特在论述过去和将来时，都毫无例外地断言：过去不存在，将来也不存在。对于过去和将来，理解其不存在并没有什么困难：过去之不存在，是因为已经过去，将来之不存在则是因为将来还未到来。然而，要理解“现在不存在”，似乎就没有那么容易：如果现在不存在，如何能有过去与将来？那自为又是在什么时间显现？无论如何，过去与将来都必须有一个现在来连接。而自为的面对……的在场无论如何也无法摆脱其在场的现时性。如此，怎么能说“现在不存在”呢？原来，萨特断言“现在不存在”是在两个意义上说的：其一，只有自为才拥有时间。而自为不存在。因此，现在也就不存在。“对存在的在场就是自为的在场，因自为不存在，这是由于否定并不是把自为与存在区分开来的一种存在方式的差异，

① ［法］萨特著，陈宣良等译：《存在与虚无》，三联书店 2007 年第 3 版，第 166 页。（1987 年版，第 175 页。）

② ［法］萨特著，陈宣良等译：《存在与虚无》，三联书店 2007 年第 3 版，第 167 页。

而是有关一种存在的差异，这就是当人们说‘现在**不存在**’的时候所要表达的。[①]”其二，“现在不存在”并不等于现时性不存在。因为，“不存在”的自为仍然会显现，而这个显现也必然会具有现时性。这个现时性就是自为以逃遁的方式所体现的现时化。于是，现在虽然不存在，但同时又是不可或缺的。因为，“以时间性的全部综合形式而言，它是不可缺少的非存在的空洞[②]”。这样，现在就以不可缺少的非存在的空洞之形式而将自为现时化。

通过上述对意识在空间上和时间上的存在方式之阐述，我们应该已经了解了萨特的“虚无”之含义。简而言之，虚无是意识的存在方式。这个存在方式在空间上表现为由“面对……的在场”而产生的意识与自在和自我的距离；而在时间上则表现为由“不是其所是和是其所不是，以及在一种永恒的反射的统一之中，是其所不是，又不是其所是”而产生的意识与过去、现在和将来的距离。意识的存在方式之所以会产生空间上和时间上的距离，是因为意识的存在方式并不是一种存在，它只是一种虚无化的活动——意识是以虚无化的活动之方式而存在的。或者说，意识的存在就是一系列的虚无化活动。除了虚无化活动，意识就什么也不是。因此，意识便被归结为由一系列虚无化活动而产生的虚无，或者说是由虚无产生的一系列虚无化活动。而在这一系列虚无化活动中，最主要的虚无化活动是两组，即上面已经详述的“否定与脱离”和“谋划与超越”。至于虚无与虚无化的关系，其实是没有主次和先后之分的。可以说是虚无成就了虚无化活动；也可以说是虚无化造就了虚无。因为“在存在中，自为作为自在之虚无化涌现出来，同时以虚无化的全部可能自我确立。从某一侧面来看，人们可以认为，自为仅仅是自身系于一发的存在，或者更准确地说，存在因其而存在，它是使得虚无化的一切可能范畴存在的存在[③]”。一方面，自为是因自在的虚无化而涌现，并以虚无化的全部可能自我确立；另一方面，自为又是使得虚无化的一切可能范畴存在的存在。就是说，没有虚无，就没有虚无化的可能，而没有虚无化，又不会有虚无。于是，虚无和虚无化就成为互为基础的“非存在”——虚无是一切虚无化活动的基础，而虚无化活

① [法]萨特著，陈宣良等译：《存在与虚无》，三联书店 2007 年第 3 版，第 165～166 页。

② [法]萨特著，陈宣良等译：《存在与虚无》，三联书店 2007 年第 3 版，第 191 页。

③ [法]萨特著，陈宣良等译：《存在与虚无》，三联书店 2007 年第 3 版，第 183 页。

动又是虚无存在的基础。因为虚无就是以虚无化活动的方式存在的。除了虚无化活动，虚无没有任何其他的存在方式和表现。

但是，不论是虚无还是虚无化，其前提必须先有一个意识存在。而"有一个意识"，在萨特看来，是一个无法解释的"偶然的绝对事件"。不仅"有一个意识"是一个偶然的绝对事件，而且这个意识还面对一个已经存在的世界。而"有一个世界"同样也是无法解释的"偶然的绝对事件"。萨特将自由定义为"成为自因的理想存在之谋划"。而所谓"自因的理想存在"即是自身和世界的存在基础之存在。然而，不论是虚无的自为，还是自为的虚无化，要成为自身和世界的基础，都不得不面对这两个偶然的绝对事件，都必须克服这两个偶然的绝对事件。下一节我们将探讨萨特是如何克服这两个偶然的绝对事件的。

第二节　谋划成为自因的理想存在——自由的定义

一、自由的障碍、定义与原因

1. 两种"人为性"——自由的障碍

"人为性"一词，法语为"facticité"。在陈宣良等人译的《存在与虚无》1987年8月第1版中，该词被译为**"散朴性"**。对此词的含义，译者曾将其注解为"在自为的外在化和自在的虚无化的过程中，抽象的自在和自为都不见了，它们的结合体就是'facticité'"①。但这种理解似乎并不准确。因为，它既未区分自为的人为性和自在的人为性，也不符合这两种人为性的任何一种人为性的本义。在该书2007年11月第3版中译者将其改译为**"人为性"**，并删除了上述解释。笔者并不满意这种译法，更不同意译者的上述解释。在笔者看来，萨特其实阐述了两种性质完全不同的"人为性"：一种是"自为的人为性"；另一种则是"自在的人为性"。所谓"自为的人为性"指的是**自为永远不能消除的自身存在的偶然性**。即："意识是它自己的基础，但是，有一种意识，而不是有一

① ［法］萨特著，陈宣良等译：《存在与虚无》，三联书店1987年版，第803页。

种单纯的、无限的自在，这一点还是偶然的。”[①]“这个自为作为自为成为它自己的基础；但是，它的自在的偶然性始终是不可捉摸的。这就是在自为中自在作为人为性保留下来的东西，这使得自为只有一种事实的必然性，也就是说，它是它的意识—存在或存在的基础，但在任何情况下它不能奠定它的在场。这样，意识在任何情况下都不能阻止自己的存在，然而，它对自己的存在却负有完全的责任。[②]”意识可以通过我思的反思而成为自身的基础，但有一种意识，或意识的存在本身却不是意识自身所能决定的。世界上存在着一种存在叫意识，这点永远是偶然的。而且这种偶然性，在意识每一次面对自我的在场时都要表现出来。因为，它的面对自我的在场既不是它自身奠定的，也不是它自身能够阻止的。“意识在任何情况下都不能阻止自己的存在”。这便是“自为的‘人为性’”。

如果说自为的人为性是自为永远不能消除的其**自身的偶然性**，那么，自在的人为性就是自为永远不能摆脱的**世界的偶然性**。自为的人为性是“面对自我的在场”中**面对者**的偶然性；而自在的人为性则是“面对世界的在场”中**所面对者**的偶然性。作为“面对……在场”的存在，意识不但既不能奠定，也不能阻止作为面对者的其自身的存在，而且也既不能奠定，也不能阻止其所面对者，即世界的存在。用一种更简单的方式来表述就是：有一个意识，这是自为的人为性；而有一个意识所面对的世界，便是自在的人为性。只不过这个意识所面对的世界由于被意识所面对，因而就不再是一般意义上的“世界”，而成为萨特所说的**“处境”**：“我们将称之为处境的就是自由在世界存在的充实中的偶然性，因为这个只是为了不约束自由才在此的给定物只对这个自由表现为已经被它选择的目的照亮了的”。[③] 据此，我们可以归纳出自在的人为性的三点要义：第一，自在的人为性也就是自为的处境。或者反过来说，自为的处境就是自在的人为性。因为，“处境就是自由在世界存在的充实中的偶然性”。第二，处境由给定物所构成。而“这个给定物只不过是被那个应成为它的自为虚无化了的自在，只不过是作为对世界的观点的处境，只不过是作为自为曾经是的本质的过去：这是同一个实在的三个名称”[④]。第三，处境只相对于自由而存

---

① [法]萨特著，陈宣良等译：《存在与虚无》，三联书店 2007 年第 3 版，第 118 页。
② [法]萨特著，陈宣良等译：《存在与虚无》，三联书店 2007 年第 3 版，第 121 页。
③ [法]萨特著，陈宣良等译：《存在与虚无》，三联书店 2007 年第 3 版，第 592 页。
④ [法]萨特著，陈宣良等译：《存在与虚无》，三联书店 2007 年第 3 版，第 591 页。

在(所谓"只对这个自由表现为"),只因为自由而存在(所谓"已经被它选择的目的照亮了"),并且只为了自由而存在(所谓"这个只是为了不约束自由才在此的")。这便是自在的人为性的全部含义。

2. 谋划成为自因的理想存在——自由的定义

萨特认为,在本体论上,除了"自在"的存在和"自为"的存在以外,还有一种理想的存在,即"自因的理想存在"。萨特对自为的定义之一,就是"成为自因的存在之谋划"。这同时也是萨特对自由的定义之一,即:**自由就是成为自因的理想存在之谋划**。这个定义可以成为萨特的其他一切有关"自由"的定义之注解:萨特说虚无即自由,是因为虚无是成为自因的存在之谋划;萨特说自为即自由,是因为自为就是成为自因的存在之谋划;萨特还说欠缺即自由,也正是因为欠缺恰恰是成为自因的存在之谋划。虽然萨特没有直接将这个"自因的理想存在"之境界表述为"自由的境界",但鉴于他将成为自因的存在之谋划界定为自为的本质,因此,完全有理由相信萨特心目中的自由境界就是这种自在和自为相统一的"自因的理想存在"。正因为萨特心目中的自由,仅仅是这种自因的理想存在,萨特才不遗余力地力图证明自为如何成为自身的基础,又如何成为世界的基础的。也许在萨特看来,只要证明了自为可以成为自身的基础和世界的基础,同时也就证明了自为可以是自由的。

那么,什么是"自因的理想存在"呢?所谓"自因的理想存在"是指这样一个综合形态,在其中,自为与自在是不可分的,即:"自在从使它获得对它的意识的虚无化那里获得它的存在。""它的存在是自在和意识的统一综合,这种理想的存在是被自为建立并同一于建立它的自为的自在,就是说自因的存在。"[①]简而言之,自因的理想存在就是由自为建立并等同于自为的自在,或者说是由意识创造,并与意识同一的实存。显而易见,这种自因的理想存在在现实中是根本不可能存在的。它只可能作为自为的存在之理想或目的,存在于自为的谋划中。因此它才被称之为"理想的存在"。

虽然,这种理想的存在在现实中并不存在,但却可以因为自为的涌现而显现。因为,自为的存在从一开始就是"成为自因的存在之谋划"。他之所以一开始就是"成为自因的存在之谋划",是因为"自在和自为都是在就一个理想的综合而言的一种解体的状态中表现出来"的。对此,萨特是这样说的:

---

① [法]萨特著,陈宣良等译:《存在与虚无》,三联书店 2007 年第 3 版,第 751 页。

“一切的发生就好像世界、人和在世的人，都只是去实现一个所欠缺的上帝。因此，一切都好像是自在和自为都在就一个理想的综合而言的一种解体的状态中表现出来。不是曾经有过整体化，而恰恰相反，这整体化总是被指出而又总是不可能的。正是这永恒的失败同时解释了自在与自为的不可分性和它们的相对独立性。[①]”

萨特的这段话不仅仅解释了自在与自为的不可分性和相对独立性，而且也告诉了我们谋划成为自因的理想存在的原因，即：“自在和自为就一个理想的综合而言的一种解体的状态”。让我们先来看看自在与自为的所谓“解体状态”是如何成为谋划成为自因的理想存在之原因的。

3. 自在与自为的“解体状态”——谋划成为自因的理想存在之原因

(1)被指出的“整体状态”——“解体状态”的前提

一般来说，存在的解体状态总是以存在的整体状态为前提的：没有整体状态，就无所谓解体不解体。然而，萨特所说的自在与自为的解体状态，却并没有任何实在的整体状态为前提。不但没有在前的整体状态作为前提，而且也没有在后的整体状态作为结果——这个整体状态仅仅是“被指出”。它既没有曾经存在过，又总是不可能的。因此，自在与自为所表现为的“解体状态”其实只是这两个完全不同的存在之间的关系。它之所以表现为“解体状态”，首先是因为有一个作为它们的综合之整体状态被指出了。它们是相对于这个仅仅被指出的整体状态而表现为解体状态的。其次还因为，自在与自为的关系并不是某种主体与对象的外在性关系，而是内在的存在的关系。他们是在这种内在的存在关系中表现为“解体状态”的。

关于这个仅仅被指出的整体状态，可能的问题是：这个被指出的整体状态是如何被指出，又是被谁指出的呢？

毋庸置疑，能够指出这个整体状态的存在，只能是自为的存在。因为自为，作为虚无的存在，从一开始就是成为自因存在的谋划。也就是成为自在—自为的综合之整体的谋划。既然是对自因存在的谋划，这个谋划的涌现本身就已经意味着这个自因的理想存在的被指出。也即自为的涌现本身就意味着自在—自为的综合整体之显现。问这个整体状态是如何被指出的，与问自为是如何涌现的其实是一个问题。因为自为在涌现的同时就已经指出了这个整

---

① [法]萨特著，陈宣良等译：《存在与虚无》，三联书店 2007 年第 3 版，第 751 页。

体状态。那么,萨特的自为是如何涌现的呢？纵观萨特关于自为的涌现之各种论点,我们可以将自为的涌现归纳为三个方面:第一,偶然的绝对事件,即“有一个意识”是偶然的绝对事件。这个偶然的绝对事件既无从解释,也无需解释。它是萨特称之为“自为的人为性”的东西。第二,对存在的虚无化。自为是以对存在的虚无化方式涌现的。这意味着,一方面,“自为作为虚无化,是凭借自在而被存在的[①]”。没有自在的存在,虚无化无从发生。另一方面,自为又是存在的虚无。他的存在方式就是对存在的虚无化。因此,自为是以对存在的虚无化之方式而涌现的。第三,相遇—选择,自为是以遭遇世界并且选择世界的方式涌现的。虚无化的存在方式决定了自为与自在的不可分性。一方面,这种不可分性决定了自为的存在必须,也必定要与自在的世界存在遭遇。或者说,自为命定是一种在世的存在,因此,“它在其原始的偶然性中都是一种个体的遭遇”。另一方面,自为的涌现并不仅仅是被动地遭遇世界(所谓“被抛入世界”),它更主要的是主动地对所遭遇的世界进行选择。因此,自为的涌现是一种“相遇—选择”,“就是说他被定义为奠定与他相遇的存在的选择”。也就是说,“他向着‘在具体存在着的存在之外的具体存在’超越它[②]”。自为是以选择世界的方式涌现的。

上述自为的涌现之三个方面,除了无从解释,也无需解释的第一个方面,即所谓的自为的人为性之外,其他两个方面的涌现本身都同时意味着自在—自为综合统一的整体存在——自因的存在之显现,也即,都同时“指出了”作为自在—自为综合统一的整体存在。因为,自为的虚无化存在方式决定了自为是以存在的欠缺,或欠缺的存在之面目存在的,而它的“所欠缺者”恰恰就是这个自在—自为综合统一的整体存在。因此,这个欠缺存在的虚无的存在,在它涌现的同时,就已经指出了他所欠缺的这个自在—自为综合统一的整体存在。而对世界的遭遇—选择,本身就包含着选择目的的存在:任何选择都是有目的的。或者说任何选择都是在目的的光辉照耀下进行的。而这个选择所指向的目的,无疑就是自在与自为统一为一个整体的自因的存在。也就是说,这个遭遇世界、选择世界的自为的存在,在他选择世界的同时,就已经指出了作为选择的目的的这个自在与自为统一为一个整体的自因的存在。正是从这个意义

① [法]萨特著,陈宣良等译:《存在与虚无》,三联书店2007年第3版,第746页。

② [法]萨特著,陈宣良等译:《存在与虚无》,三联书店2007年第3版,第724页。

上，萨特才断言：自为的涌现本身使自在—自为综合统一的整体——自因的存在显现。

(2)存在间的“内在关系”——“解体状态”之基础

自为的涌现，使得自在—自为综合统一的整体——自因的存在显现。而相对于这个显现的自在—自为综合统一的整体——自因的存在，自在与自为这两种根本不同的存在才表现为处于“解体的状态”。但是，两个存在要处于解体状态，除了要有相对于解体状态的整体存在为前提之外，还必须在两个存在之间存在着内在的存在关系。完全独立的两个山峰不可能构成所谓的解体状态。只有存在着内在联系，并且有可能构成一个整体的两个存在，才有可能构成“解体状态”。但是，在本体论的原始存在层面上，自在与自为这两个存在之间的关系倒更像是双峰对峙的关系。因为，萨特把“有一个世界”与“有一个意识”都归结为是一个“偶然的绝对事件”。因此，就本体论的“有”而言，它们之中的任何一个，都既不是其自身的存在之基础，也不是对方的存在之基础，更不是双方互为基础。它们各自存在的基础都被萨特归之于万能的“偶然性”。这种完全基于偶然性的两个偶然的存在，完全有理由被归之于互不相关的两种独立的存在。两个互不相关的独立存在之间的关系只可能是双峰对峙的关系，如何能够构成处于解体状态的存在关系呢？然而，萨特虽然将两种存在的原始存在都归之于偶然性，但却坚决否认自在与自为的存在关系是双峰对峙的关系。萨特认为，自在与自为之间的存在关系是一种有着不可分的内在联系的“存在的内在关系”。这种存在的内在关系源于两个事实：第一，自为与自在的不可分性。一方面，自为没有自在就不可能存在。作为对自在存在的虚无化的存在，自为只能从自在出发而涌现。另一方面，自在没有自为也不可能显现。自在是从使它获得对它的意识的虚无化那里获得它的存在的。也就是说，必须有意识才能意识到自在的存在。没有意识，自在也就无所谓存在或不存在。第二，自为对存在的欠缺。作为存在的虚无，自为欠缺一个存在。而他的所欠缺者，就是自在—自为的综合体——自因的存在。正是这个所欠缺者，决定了自为是存在的欲望，或欲望的存在。这个存在的欲望作为自为的原始欲望表现在两个方面：当自为面对自身时，存在的欲望就表现为直接将自身改造成为自因的存在之欲望；而当自为面对并不是其创造的，而是已经偶然存在的自在的存在时，存在的欲望就表现为通过把这个已经偶然存在的整个世界化归己有而成为自在—自为的统一体之欲望。于是，本来就不可分的两个独立的存在，因为自为谋划将已经偶然存在的自在通过化归己有而组成自在—自为的统一体之欲望而构成了“存在的内在关系”。基于这种存在的内在关系，并且相对于与自为的涌现同时显现的自在—自为综合统一的整体——自因的理想存在，自在和自为这两个存在才处于解体的状态。

二、意识决定本质——谋划成为自身的基础之努力

1. 存在先于本质——谋划成为自身的基础之前提

自为的存在可以因其虚无化的存在方式而成为自身的基础，但这必须有一个前提，即自为的存在本质是未被决定的。假如自为的人为性同时意味着在“有一个意识”这个偶然的绝对事件发生时，该意识就已经有了其本质，或该意识的本质就已经被决定了，则自为就不可能再成为其自身的基础。因为，其本质已经决定了的存在，根本不可能通过虚无化而再成为其自身的基础。因此，要使自为成为自身的基础，其前提是：在其存在时，即在“有一个意识”这个偶然的绝对事件发生时，它还没有本质，或者其本质还没有被决定！这既是成为自身的基础之前提，也是萨特的自由理论之基础。也就是说，为了维护其“人即自由”的自由理论，萨特不但要论证人的存在的特殊性，即人是虚无的存在，而且还必须论证人这种虚无的存在不论是偶然存在的，还是由上帝创造的，其存在都是先于本质的。无论是上帝，还是偶然，都不能赋予或决定人的本质。对于人而言，必须是，也只能是**存在先于本质**。

“存在先于本质”所面对的最主要的挑战是神创论。因为，将“有一个意识”归之于偶然的绝对事件，不但无法否定“神创论”，而且在某种意义上还容易引起对神创论的肯定：虽然主张“有一个意识”只是一个偶然的绝对事件，无疑可以逃避对意识的来源之论证困难，但是，正如“偶然性”是无可辩驳的一样，它同样也是无法论证的。一个无法论证的主张，同时也就是一个无法令人信服的主张。另外，如果继续追问这个偶然事件是如何发生的，无疑就给了神创论者一个机会——意识是上帝赋予人类的，或意识是神创的。只要意识是神创的，则意识的本质就必然是由神决定的。如此，则“存在先于本质”就绝无可能成立，而只能是“本质先于存在”。面对神创论的挑战，萨特聪明地避开了“意识究竟是神创的，还是偶然的”这个根本无法证实的问题，而将辩论的焦点聚于“神是否赋予人的意识以本质”之问题上。因为，即使是神创论也仍然有可能导致“存在先于本质”之结论(如果上帝并没有赋予人以本质的话)。因此，萨特在与莱布尼茨的论争中，并不去纠结亚当究竟是神创的，还是偶然存在的，而是紧紧抓住人的本质究竟是先于人的存在还是后于人的存在这个关

键问题。萨特的论证表明，即使人是上帝创造的，上帝也不能或没有预先决定人的本质。我们不妨将萨特关于此的整段论述引述如下：

“而按照莱布尼茨的观点，提供了自由的可能的偶然性也完全处于亚当的本质的内容之中。而这个本质不是由亚当本人选择的，而是由上帝选择的。于是，真正说来，由亚当做出的动作必然地是从亚当的本质中引出的，而据此它是取决于亚当本身，而不是取决于任何别人，这当然成为自由的一个条件。但是，亚当的本质对亚当本身来讲是被给定的：亚当没有选择它，他不能够选择成为亚当。因此，他对他的存在不承担任何责任。因此，当他一旦被给定，人们能否赋予他相对于这个动作的责任则是无关紧要的。我们认为正相反，亚当不是通过一种本质来定义自己的，因为对人的实在来说，本质是后于存在的。他是通过对其目的的选择来定义自己的，也就是说通过一种与逻辑秩序毫无共同点的出神的时间化的涌现来定义自己的。于是，亚当的偶然性表现了他从自身做出的最终的选择。但是，从那时起，向他显示他这个人的是将来而并非过去：他通过他为之谋划的目的——也就是说通过他的趣味、癖好、仇恨等等而选择使别人了解他是什么，因为有一个主题的构造和对这个整体的一个意义。当我们对莱布尼茨说：‘当然，亚当选择了吃苹果，但他没有选择成为亚当’的时候，我们并不会陷入我们对他提出的反对意见之中。事实上，我们认为，自由的问题正是处在亚当自己选择的水平上，也就是说在存在决定本质的水平上。而且，我们同莱布尼茨一样承认亚当的另一个动作意味着另一个亚当，意味着另一个世界，但是我们并不想说另一个可能的亚当在其中找到自己的位置的一种诸可能的共同组织是‘另一个世界’。世界的另一个面目的揭示仅仅是与亚当的另一个在世的存在相符。”①

在上面这段论述中，萨特从三个方面批判了“本质先于存在”之谬误：

第一，本质先于存在只能导致与自由的观念相对立的“必然论”。莱布尼茨的矛盾恰恰在于：他一方面认为亚当在面对是否吃禁果的选择时是自由的，因为亚当的选择有着多种可能性，而选定其中的一种可能性其实是偶然的。这种选择的偶然性其实就是亚当的自由。因此，亚当至少在其做选择的时候，是自由的。即亚当可以“自由地”选择是吃还是不吃禁果。或者说，亚当对吃

① ［法］萨特著，陈宣良等译：《存在与虚无》，三联书店 2007 年第 3 版，第 568～569 页。（1987 年版，第 600～601 页）

或不吃禁果的选择是自由的。但在另一方面，作为有神论者的莱布尼茨同时又坚持亚当的本质是上帝在创造亚当时赋予亚当的。也即亚当的本质肯定先于亚当的存在。这就从根本上推翻了他的建立在选择的偶然性之上的亚当的自由：既然本质先于存在，那亚当的任何选择就都只能是由先在的本质决定的。他的选择既不可能是偶然的，更不可能是自由的，而只能是“必然的”。要使亚当的选择成为自由的选择，其前提条件就是他的存在没有在先的本质，或者说他的存在先于本质。只有在存在先于本质的情况下，已经存在的亚当才有可能自由地做出决定其本质的选择。因此，亚当要么是存在先于本质的自由的存在，要么是本质先于存在的不自由的存在。但他绝不可能是本质先于存在的自由的存在。无论如何，当亚当面对禁果、面对蛇的诱惑、并面对上帝的禁令而在场时，如果他是自由的，他就必须还没有本质。如果他已经有了本质，他就不可能是自由的。因为，“本质先于存在”与“自由”是根本不相容的。

第二，“本质先于存在”将导致人对自己的行为不需承担任何责任之后果。因为，假如本质先于存在，那么亚当的一切行为就必然地是从亚当的本质中引出的。而亚当的本质对亚当本身来讲又是被给定的：亚当没有选择它，它是由上帝赋予的。于是，上帝决定亚当的本质，本质决定亚当的行为。如此，则亚当对他的由上帝赋予的本质所决定的一切行为，包括偷吃禁果的行为，就都不需要承担任何责任。这样一来，基督教的“原罪说”也就根本不能成立了：对于是由上帝赋予的本质所决定的偷吃禁果之行为，如何能够要亚当承担全部责任呢？要使亚当承担所谓“原罪”之责任，只有在一种情况下才有可能，那就是：上帝并没有赋予亚当以本质，或者说，亚当的存在先于其本质。只有在存在先于本质的情况下，亚当的选择才有可能是自由的。而只有对亚当自己自由选择之行为，亚当才可能承担责任，基督教的原罪说才有可能成立。“本质先于存在”不但与亚当的自由相矛盾，而且也与亚当的所谓“原罪”相矛盾。

第三，“本质先于存在”将使人的存在只有过去，没有将来。因为，假如人的本质是由上帝先于人的存在而决定的，那人的存在就只能是源于过去，定于过去并为着过去而存在的：他的存在源于上帝过去的决定；他存在的方式定于上帝过去的意图；而他存在的目的，充其量也只不过是去实现上帝在过去决定的本质。一切在人存在之前就已经决定；一切又都是为着实现在人存在之前就已经决定了的本质。这样一种源于过去、定于过去并为着过去的存在，不但不可能有存在的自由，他甚至没有任何存在的意义。正因为此，萨特才大声疾呼：“亚当不是通过一种本质来定义自己的，因为对人的实在来说，本质是后于存在的。他是通过对其目的的选择来定义自己的，也就是说通过一种与逻辑秩序毫无共同点的出神的时间化的涌现来定义自己的。”人绝不能是被过去所决定的存在。人必须是决定将来，并由将来来定义自己的存在！人通过对目的的选择来决定自己的将来。人又通过其所选择的目的来定义自己。正是在这个意义上萨特才宣称：“人的自由先于人的本质并且使人的本质成为可能，人的存在的本质悬置在人的自由之中。因此我们称为自由的东西是不可能区别于‘人的实在’之存在的。人并不是首先存在以便后来成为自由的，人的存在和他‘是自由的’这两者之间没有区别。[①]”所谓“人的存在和他‘是自由的’这两者之间没有区别”指的正是人是“存在先于本质”的存在。只有存在先于本质的存在才有可能是自由的存在。他的存在才有可能与他是自由的没有区别。亚当只有在他的存在先于他的本质的情况下，他的存在才有可能与他是自由的划等号，因为只有在这种情况下，他才可能通过对目的的选择来自己决定自己的本质。而所谓“人的存在的本质悬置在人的自由之中”，指的是人只有是自由的存在，才有可能自由地决定自己的本质。正因为亚当是通过对其目的的选择来定义自己的，而不是通过一种先在的本质而定义自己的，他才可能是自由的。反过来说，正是因为亚当是自由的，他才可能通过对目的的选择来自己决定自己的本质。因此，对于人的本质而言，具有决定意义的不是上帝，也不是其存在的偶然性，而是人的自由。是人这种存在所特有的自由地选择目的，并通过对目的的选择来决定自己的本质之自由。这便是“人的存在的本质悬置在人的自由之中”的意义之所在。

2. 意识决定本质——谋划成为自身的基础之关键

萨特通过与莱布尼茨的论战，否定了上帝赋予人的本质之可能性。但是，即使否定了上帝赋予人的本质之可能，仍然存在着自为无法成为自身的基础之可能。因为，上帝即使没有赋予亚当以本质，亚当仍有可能是被其所处的客观环境所决定，在这种情况下，即使存在先于本质，自为也仍然不能成为自身的基础，自为也就仍然不可能是自由的存在。因此，为了确保自为能够成为其自身的基础，萨特不但要否定上帝赋予人本质的可能，确立存在先于本质之原则，而且还必须否定客观环境决定人的选择之可能，也就是必须否定曾经盛极

---

① [法]萨特著，陈宣良等译：《存在与虚无》，三联书店 2007 年第 3 版，第 53～54 页。(1987 年版，第 56 页)

一时的“决定论”，确立“意识决定本质”之意识自由之原则。

客观环境决定人的选择之论断来自于唯物主义的决定论。对于唯物主义的决定论来说，意识的存在绝不可能是自由的存在，因为作为对客观世界的反映之意识，它只可能被客观世界所决定。于是便有了“存在决定意识，物质决定精神”之论断。根据这个论断，人的任何选择最终都只可能根据人所处的客观环境，并且由客观环境所决定。我们以对理想社会的选择为例，列下表比较一下意识决定论与意识自由论的区别。

意识决定论与意识自由论的比较表

路线\类别	意识决定论	意识自由论
1	存在决定意识	意识决定目的
2	意识决定欲望	目的“照亮”存在
3	欲望决定谋划	意识决定谋划
4	谋划决定目的	谋划决定存在

上表中，意识决定论对理想社会的选择，是沿着如下的轨迹产生的：先是苦难的现状导致了人对现状的苦难之意识（存在决定意识）；然后，对现状的苦难之意识又导致了改变现状的欲望之产生；随着改变现状的欲望之产生，才会有如何改变现状之谋划；而对理想社会的选择，则是这种策划之结果。于是我们看到，对目的的选择是谋划之产物，谋划是欲望之产物，欲望是意识之产物，而意识则是现状之反映。因此，对目的的选择最终是根据现状，并由现状所决定的。这便是唯物论的“存在决定意识”之论证逻辑。萨特完全不同意唯物论的这个论证逻辑。在萨特看来，这个论证逻辑应该完全反过来：

“这里应该把一般的看法颠倒过来并承认，并不是处境的冷酷或者它强加的苦难引起人去设想事物的另一种状态，在这种状态中，任何人都会过得更好一些；而事情正好相反，就从人们能够设想事物的另一状态的那天起，一束新的光线就照在了我们的艰难和痛苦之上，我们就决定这些艰难和痛苦是不堪忍受的。①”

就是说，并不是存在决定意识，恰恰相反，而是意识决定存在。不是艰难

① ［法］萨特著，陈宣良等译：《存在与虚无》，三联书店 2007 年第 3 版，第 529 页。

痛苦的现状激发了我们对艰难痛苦的意识，而是意识所设想的还未存在的理想状态，才使人们意识到现状是痛苦的，是不堪忍受的。按照萨特的看法，如果没有自由的意识自由地设想出理想状态，人们就不可能意识到现状是痛苦的。“他们的痛苦在他们看来不是‘习惯的’，毋宁是**自然的**：这些痛苦存在着，如此而已。”因为，“他忍受而不是考察他的苦难并且没有给它以价值：对他来说，受苦与存在是一回事；他的痛苦是他的非位置意识的纯粹情感的内容，但是他却不**凝思**痛苦。因此这种痛苦本身便不能是他的活动的动力。而是相反，正是在他要谋划改变痛苦的时候，痛苦才对他表现为不可忍受的。这意味着，他应该退后一步，相离痛苦一定的距离，并造成一个双重的虚无化：一方面，他事实上应该把理想事物状态确定为纯粹在场的虚无；另一方面，他又应该把现实的处境确定为对这种事物状态的虚无[①]”。这里的论证逻辑是：在没有谋划目的之时，现状只是现状。只有当人们谋划目的，并在目的的光辉照耀下，现状才会显现它的意义。因此，首先是对目的的谋划（设想到理想状态），然后，在理想状态的光明照耀下，人们才会意识到现状的苦难是“不可忍受的”，才会赋予现状之“不可忍受”的意义。由此便引出了萨特的两个结论：“（1）任何事实的状态，不管是什么样的（社会政治，经济结构，心理‘状态’，等等），本身都不可能引起任何一个活动，因为，一个活动就是自为向着不存在的东西的投射，而存在的东西完全不能自已规定不存在的东西。（2）任何事实的状态都不能规定意识把它当作否定性或欠缺。更确切地说，任何事实的状态都不能规定意识来给它下定义和给它划定范围。[②]”萨特的第一个结论是关于目的自由的：目的是一个尚不存在的东西。一个尚不存在的东西不可能被已经存在的东西所决定。它只可能被自由的存在——虚无的存在或存在的虚无——所谋划。因此，目的只能是自由的存在自由谋划的结果。萨特的第二个结论则是关于意识自由的：作为虚无的存在，意识的存在本身就是对自在的否定和对非存在的谋划，因此，它绝不可能被自在的存在所决定，它只能是自由的存在。显而易见，这两个结论最终将导致这样一个与唯物论完全相反的结论：不是存在决定意识，而是意识决定存在：意识不但决定了尚不存在的将来之存在（目的），而且，在将来之目的的光辉照耀下，同时也决定了现状和过

---

① [法]萨特著，陈宣良等译：《存在与虚无》，三联书店 2007 年第 3 版，第 529 页。

② [法]萨特著，陈宣良等译：《存在与虚无》，三联书店 2007 年第 3 版，第 530 页。

去的意义。

其实，无论是存在决定意识的主张，还是意识决定存在之论断，都有其合理的一面：如果从意识的存在方式或存在原因的角度来看，则存在决定意识的主张无疑是正确的。萨特自己也承认意识是对存在的反映。但如果从意识赋予存在以意义的角度来说，则意识决定存在之论断无疑又是完全可以成立的。举例来说，权力是人类社会最重要的构成因素之一。但人类对权力的态度究竟是由权力存在的现实决定的，还是由人类意识所策划出的无权力或限制权力的理想社会所决定的？至今仍然是公说公有理，婆说婆有理的难题。对这样一个问题，萨特当然会理直气壮地回答：当然是由人类所策划出的目的——理想社会——所决定的。在没有设想出否定权力或限制权力的理想社会之前，任何权力的酷虐就都只是"存在着"而已。只有当人类设想出没有权力的乌托邦，或限制权力的共和制度之后，在理想社会的光辉照耀下，权力的酷虐才成为不可忍受的，人们才会赋予权力以"不堪忍受"之意义。从那时开始，人们才会普遍地采取限制权力，乃至否定权力的态度。但是，唯物论者却可以反驳说：没有权力的酷虐，人们难道能够凭空去设想没有权力或限制权力的理想状态吗？正因为存在着权力的酷虐，才会产生对没有权力或限制权力的社会之渴望；正因为有否定权力或限制权力的渴望，人们才会去策划没有权力或限制权力的理想状态。一句话，作为对存在的反映之意识，它只有在存在的刺激下，才可能去策划非存在的目的。也就是说，策划目的的行为应该有一个原因。人们不可能无缘无故地去策划某个目的。或者更确切地说，策划目的的行为应该有某种动机和动力。而这个动机和动力在唯物决定论者看来，只能源于客观存在的事实状态。没有由客观存在的事实状态所刺激出来的动机和动力，就不可能有策划目的，策划理想状态的行为。无论如何，人类不可能在没有权力存在的事实状态下，无缘无故地去设想一个限制权力的"理想状态"。在这个意义上，说策划限制权力的理想状态是对权力肆虐的事实状态之反映就没有什么错。事实上，唯物决定论的上述论证似乎更容易被人们理解和接受。无论如何，人的行为都必然会有一个动机，都必须要有动力。没有动机和动力，人的行为就无从说起。于是，"动机和动力决定行为"就成为唯物决定论的"存在决定意识"之论断的当然延伸。

3."行动的首要条件便是自由"——成为自身的基础之表现

萨特与唯物决定论的根本分歧虽然表现在意识与存在的关系上，但却根源于对人的存在之不同定义上。即：究竟将人定义为虚无的存在，还是定义为充实的存在。如果把人界定为充实的存在，就像唯物论所做的那样，那人就不可能是自由的存在，而只能是受因果律所制约的被决定的存在。人的行为也就不可能是自由的行为，而只能是被作为行为的原因之动机和动力所决定的被决定的行为。只有把人定义为虚无的存在，人才能摆脱因果律的制约，人的行为才有可能在非存在的目的的光辉照耀下，成为自由选择和决定的行为。而被唯物决定论者看作是人的行为之原因的动机和动力，也就再也不可能是过去的存在，而只能是在非存在的将来的光辉照耀下之"被复活的"存在。萨特坚决认为人是虚无的存在，因此，他绝不承认动机和动力是行为的原因。在他看来，行为的首要条件是"自由"。而不是所谓的作为"原因"的动机和动力。那么行为的动机和动力与自由究竟是什么关系呢？先来看看萨特的这段论述：

"事实上，为了成为动机，动机就应该被体验为动机。……这至少意味着，自为应该把动力或动机的价值赋予它。我们刚才讲过，动机的这种构成不能再归结为另一实在的和肯定的存在物，就是说不会归结为在前的动机。否则，活动的意向性地介入非存在的本性就会消逝。动力只能通过目的来理解，就是说通过非存在物来理解；因此，动力本身就是一种否定性。……于是，动力就被认为是依赖'不存在'的存在，理想的存在及将来而存在的。……仅仅因为我在自己虚无化走向我的诸多可能性时脱离了自在，这自在才能取得动机和动力的价值。动机和动力只能在一个恰恰是非存在物的总体即被谋划的整体内部才是有意义的。而这个总体，最终就是作为超越性的我本身；就是应该在我以外成为我自身的那个我。……。正是在向着改变一种处境的可能性而逃离这个处境的过程中我们把这种处境组织为动机和动力的复合。我们赖以在处境面前后退的虚无化和我们借以谋划改变这种处境的出神合二而一了。由此就使得寻找一个没有动力的活动实际上是不可能的，但是不能由此就下结论说动力是活动的原因；动力完全是活动的一部分。因为，正如坚决地要谋划一种改变与活动有区别一样，动力、活动和目的都是在同一个涌现中形成的。这三者中的任何一个结构都要求另外两项作为它的意义。但是，由这三者组成的整体不再以任何单一的结构来解释，它的涌现作为自在的时间化的纯粹虚无化和自由是同一回事。正是活动决定它的目的和动力,活动是自由的表现。[①]"

又一次,萨特把"赋予存在以意义"摆在了存在与意识的关系之首位。萨特并不否认任何行为之动机都是源于已存在的客观事实,但是,这个客观事实之所以能够成为动机,却完全在于意识对它的把握。是意识赋予这个客观事实以某个行为的动机之意义。而意识之所以能够赋予某个客观事实以动机的意义,又完全在于对目的的谋划。"只有当人们向世界考问时世界才提出建议,而人们只能是为了一个已被规定的目的向世界进行考问。因此,远不是动机决定行动,动机只是在行动的谋划中并通过这个谋划显现出来的。[②]"世界的某个客观事实在没有被考问之前,并没有任何意义可言。而世界的某个客观事实之所以会被考问,是因为有了一个行为目的。考问只是因为目的并为着目的才考问的。在没有目的之前,不可能存在考问。在没有考问之前,任何客观事实都不具备任何意义。更不可能成为某个行为的动机。某个客观事实的意义只有相对于行为的目的才能显现。而使某个客观事实成为行为的动机的,还是行为的目的。行为的目的不但赋予客观事实以意义,并且也使某个客观事实成为行为的动机。

如果说动机是在某个目的的指引下对某个客观事实之意识(赋予该客观事实以意义),那么,动力就只是对这种动机的意识和体验。"在这个意义上讲意识是动力,就是说他在确立自己是把世界组织为动机的揭示性意识那一刻,非正题地体验到自己是向着一个目的的或多或少激烈的,或多或少激情的谋划。[③]"动力本来是主观的东西。它是主观的欲望、情感和激情的总体。心理学家往往倾向于将欲望、激情、情感等归之于处境所产生的某种本能,或过去的某个经历所造成的某种心理阴影(如弗洛伊德的精神分析法)。这样,组成动力的激情和欲望等,就注定是被决定的。萨特对这样的精神分析法持完全否定的态度。他认为,就像某个客观事实只有在目的的指引下才能成为动机

---

① [法]萨特著,陈宣良等译:《存在与虚无》,三联书店 2007 年第 3 版,第 531～532 页。

② [法]萨特著,陈宣良等译:《存在与虚无》,三联书店 2007 年第 3 版,第 545 页。(1987 年版,第 575 页)

③ [法]萨特著,陈宣良等译:《存在与虚无》,三联书店 2007 年第 3 版,第 546 页。(1987 年版,第 576 页)

一样，某种情感也只能在目的的指引下才能成为动力。因为，欲望、情感和激情等只有在被体验为是向着一个目的的谋划时才能成为一个行为之动力。于是，动机、动力、行为和目的就被组织为一个活动的整体。这个整体中的各项之间的关系，既不存在先后次序，更不存在因果关系。既不是动机和动力先于目的，也不是目的先于动机和动力；活动的原因既不是动机和动力，也不是目的。毋宁说活动根本就没有原因。动机、行为和目的只是同一涌现中的不同的三项。它们是同时涌现的，也是同时爆发的。因为，“正是我的最终目的的地位决定了我的存在的特点，并与我的自由的原始爆发同一化了。而这种爆发是一种存在，它没有任何与一种观念联姻而产生的存在的本质或者属性。于是，与我的存在同化了的自由是我或者通过意志或者通过情感的努力力图达到的目的之基础①”。也正是在这个意义上，萨特才宣称“行动的首要条件是自由”。因为，与人的存在同化了的自由是人“力图达到的目的的基础”。

现在可以对萨特的“谋划成为自身的基础”之“自由”作一个总结了：自为要成为自身的基础，首先要虚无化为在空间上是“面对……的在场”，在时间上是“是其所不是，不是其所是……”的虚无的存在；其次要确立“存在先于本质”的原则；再次，要实现“意识决定本质”；最后，要否定因果规律对人的制约，一个不受因果律制约，并且自己决定自己的本质的存在，当然就是一个成为自身的基础之存在。

三、将世界“化归己有”——谋划成为世界的基础之努力

1. 将世界化为自为的“处境”

如上所述，萨特对自由的定义是“成为自因的理想存在之谋划”。所谓“自因”的理想存在，不仅仅包括成为自身的基础，而且还包括成为世界的基础。对自为的存在而言，成为自身的基础之障碍是自为的人为性，即自为永远无法摆脱“有一个意识”这个偶然的绝对事件；而成为世界的基础之障碍则是自在的人为性，即：自为永远无法摆脱的“有一个世界”这个偶然的绝对事件。面对这样一个不是其创造的世界，自为如何能够成为它的基础呢？萨特的方法有

① ［法］萨特著，陈宣良等译：《存在与虚无》，三联书店 2007 年第 3 版，第 539～540 页。（1987 年版，第 569～570 页）

二;其一是将世界化为自为的“处境”,而处境则是由自为的谋划所决定的;其二,将世界“化归己有”,从而使自为成为世界的基础。如何将世界化为自为的处境呢?我们先看一段萨特的论述:

“因为对自为来说,存在和处于是一回事:另一方面,它与整个世界同一,因为世界是自为的整个处境,是自为的实存的衡量尺度。但是,一个处境不是纯粹偶然的给定物,恰恰相反,处境只就自为超越它而走向自为自身而言才显露出来。因此,自为的处境绝不是我能认识的给定物:它在此处被超越,它只有在我通过自我虚无化而逃避它时才存在;它就是自我虚无化的东西。它是被虚无化着的自为超越的自在,这自在在这超越本身中重新把握了自为。①”

这就是萨特给处境所下的定义:处境即自为的否定、选择和谋划所面对的“给定物”。作为被否定、选择和超越的给定物,处境只能相对于否定、选择和超越的自为而存在。于是“处境”与自为就不能不是一个整体。这其中,一方面,“对自为来说,存在和处于是一回事”;另一方面,“处境只就自为超越它而走向自为自身而言才显露出来。”于是,“处境”便成为将世界与自为连结为一体的关键点。正是在自为与世界是一个整体的意义上,世界才有可能既是自在又是自为。因为它既是“被虚无化着的自为超越的自在”,又是“在这超越本身中重新把握了自为”的自在。世界是被意识通过虚无化和超越而划归于自为的存在之中的存在。尽管意识既不是意识存在的基础,也不是世界存在的基础,但却是使世界存在的存在。因为,世界所具有的双重必然性全部都是源于意识、基于意识、并为着意识的。没有意识的虚无化活动,世界不可能存在。因为世界“只有在我通过自我虚无化而逃避它时才存在”。而没有意识所谋划的超越,世界就不可能显露,因为世界“只就自为超越它而走向自为自身而言才显露出来”。在意识没有涌现之前,即使“有一个世界”,世界也不“存在”,因为它无从显现。只有在意识涌现时,世界才“有秩序地向我显现”;世界才可能“必然存在”。

通过上述的路径,萨特似乎成功地论证了“意识使处境存在”,从而成功地将世界化解于意识之中了:是意识的涌现,才使世界成为意识涌现之条件;是意识的虚无化,才使世界成为虚无之基础,才赋予世界以意义,才使世界存在;是意识的谋划和超越性,才使得世界成为自为的处境。假如没有意识的涌现、

① [法]萨特著,陈宣良等译:《存在与虚无》,三联书店 2007 年第 3 版,第 384 页。

意识的虚无化和意识的超越性，世界就既没有存在，也没有意义。它就什么也不是。也就是说，意识既是世界存在的原因，又是世界存在的目的。世界是因为意识而存在，依赖意识而存在，并为着意识而存在的。如此一来，世界便似乎成功地被划归于意识之中，融合于意识之中了。作为已经成功地将世界融合于意识之中的意识的存在，人已然成为世界的基础了。

2. 将世界化归己有

(1)“化归己有”的原因——与世界统一为一个整体的欲望

将世界化归为自为的处境虽然似乎已经使自为成为世界存在的基础，然而，却并没有完全消除自在的人为性。因为，即使将世界化归为“处境”，自为的存在“有一个处境”也仍然不是自为所决定的。或者说，仍然是一个“偶然的绝对事件”。也就是说，如果要成为世界的基础，不但要将世界化为自为的处境，而且还要成为这个处境的基础。萨特的成为这个作为处境的世界的基础之方法是“化归己有”。

如上所述，谋划成为自因的理想存在，不仅仅包括成为自身的基础，而且也包括成为世界的基础。而谋划成为自因的理想存在之原因则是自在与自为的解体状态。也即：自在与自为的解体状态不仅仅是谋划成为自身的基础之原因，同时也是谋划成为世界的基础(包括将世界化归己有)之原因。这其实是不言而喻的：既然自在与自为的解体状态是相对于自在—自为综合统一的整体而言的，那么，指出这个整体的自为的存在就不可避免地注定要被这个整体所纠缠。而始终，并且永远被这个整体所纠缠的自为的存在，只能是无可挽回地成为实现这个整体的欲望：这个欲望不但包括成为自身的基础之欲望，而且也包括成为已经偶然存在的世界的基础之欲望。正是这后一个欲望，构成了化归己有之原因。因为，自为不但是一个欠缺存在的存在，而且是一个与已经偶然存在的世界相遇的存在。对于已经偶然存在的世界，要成为它的基础，除了与它化合为一个统一的“新的”整体，别无他途。而自为将自在化合为与自身统一的新的整体的方法，萨特认为除了将世界化为自为的处境之外，就是他所说的“化归己有”。而化归己有的欲望实际上就是与被化归己有的对象统一为一个整体的欲望：“对一个特殊对象的欲望不单纯是对这个对象的欲望，而是通过一种内在关系、以与它一起构成一个‘占有—被占有’统一的方式和对象统一起来的欲望。”于是，被自为的涌现所指出的自在—自为综合统一的整体，不但使得自在和自为表现为处于解体状态的两个存在，而且还时时纠缠着自为。这种纠缠，使得自为成为实现这个整体的欲望。当这个实现整体的欲望遭遇到已经偶然存在的世界时，它便变成“成为这个已经偶然存在的世界之基础的欲望”。要成为已经偶然存在的世界之基础，唯一可能的途径就是将已经偶然存在的自在与自为自身统一为一个新的“整体”。而化归己有恰恰是以“占有—被占有”的方式与对象统一。因此，当实现自在—自为综合统一的整体之欲望遭遇到已经偶然存在的世界时，它便直接转化为以“占有—被占有”统一的方式和对象统一起来的欲望。而这个欲望恰恰就是“化归己有”的原因。

(2)“化归己有”的目的——去实现一个自因的上帝

萨特说：“每个人的实在都同时是把他自己的自为改造为自在自为的直接谋划及在一个基本性质的几个类之下把作为自在存在的整个世界化归已有的谋划。所有人的实在都是一种激情，因为他谋划自失以便建立存在并同时确立在成为自己固有基础时逃避偶然性的自在，宗教称为上帝的自因的存在。[①]”于是，像上帝一样成为世界的基础就成为“化归己有”的真正目的。必须指出的是：萨特所说的“上帝”绝不是基督教所说的人格化的全知全能的“上帝”，也不是笔者在本书中所阐述的作为完全主体和绝对自由之[illegible]的“上帝”，而只是指既是自身的基础，又是世界的基础之“自因的存在”[illegible]经偶然存在的世界，自为要成为这个不是其创造的世界之基础[illegible]归己有”才有可能。反过来说，为了成为这个已经偶然存在的[illegible]必须，也不得不将世界化归己有。也就是说，人是为了成为世界的基[illegible]界“化归己有。或者说，人将世界化归己有也只是为了成为世界的基础。

以成为已经偶然存在的世界之基础为目的的“化归己有”与一般意义上的“化归己有”有着完全不同的含义。萨特所说的“化归己有”既不是指由法律确定的所有权关系，也不仅仅是指由行为构成的使用关系，而是一种“连续创造的关系”：“拥有首先就是**创造**。被建立的所有权关系于是成为一种连续的创造关系：被占有的对象被我插入到一种**我的**周围的总体形式中，它的存在是被我的处境和它在这种处境本身中的完整化所规定的。……我的单纯的**生命**在我看来是创造性的，这恰恰因为，通过它的连续性，它使**被占有**的品质永存于我占有的任何一个对象中：我把我周围的东西的集合与我一起带入存在。如果人们使它们从我之中分离出来，它们就会死去，就像如果人们把我的胳膊砍

---

① [法]萨特著，陈宣良等译：《存在与虚无》，三联书店 2007 年第 3 版，第 744 页。

下来，它就会死去一样。[①]”萨特所说的这种不同于所有关系和使用关系的“连续创造的关系”起码包含着三层含义：第一，这里的“创造”是一种特殊性质的创造。它既不是指“从无生有”的创造，也不是指从一种形态生成另一种形态的“从有生有”的创造；而是指将已经偶然存在的自在与也是已经偶然存在的自为化合为一个“整体”的存在之创造。简单地说，它是指创建一个象征性的“整体”之创造。“人们看到，化归已有和自为的理想的象征或价值是一回事。占有的自为和被占有的自在这一对对这样一个存在来说是有价值的：这存在存在着以便自己占有它自己并且它的占有就是它自己的创造，说却说是上帝。[②]”化归己有说到底是一种将自在和自为统一为一个整体的努力。在化归己有之前，对象只是客观、自在、外在地面对我而存在，而一旦我通过占有将对象化归己有，对象就被吸收到我之中，成为我的存在之一部分。因而它就是我。于是我就与异于我的自在组成了一个自己占有自己，自己是自己的基础的整体的存在。这个整体的存在虽然只有象征的意义，但它已经明白无误地反映出自为意欲成为异于他的世界的基础之努力。

第二，这里的创造之方法是“赋予”与“吸收”：自为通过赋予自在以自为的处境之意义，从而把自在吸收到自为之中。或者说，自为通过把自在插入到自为的存在之中，成为自为存在的处境的一部分，从而把周围的东西全都集合起来，并与自为本身构成一个整体而一同带入一个“整体”的存在中。

第三，这里的创造是连续性的。一方面，生命的创造性是连续性的。“通过它的连续性，它使**被占有**的品质永存于我占有的任何一个对象中”。另一方面，我对每一个具体对象的占有，都需要我用整个生命来实现。比如，“只需开一张银行支票就足以让自行车化归我有，但是它需要我的整个生命来实现这种占有[③]”。为什么？因为属于我的自行车，如果摆在那里不用，我就并没有占有它。“只有当我超越了我的诸对象而奔赴一个目的时，只有当我使用它们时，我才能享用对它们的占有。[④]”就是说，我只有在目的的光辉照耀下，将自行车化为我实现目的之处境时，我才能实现对它的占有。因此，我只有在我的

---

① [法]萨特著，陈宣良等译：《存在与虚无》，三联书店 2007 年第 3 版，第 714～715 页。

② [法]萨特著，陈宣良等译：《存在与虚无》，三联书店 2007 年第 3 版，第 717 页。

③ [法]萨特著，陈宣良等译：《存在与虚无》，三联书店 2007 年第 3 版，第 717 页。

④ [法]萨特著，陈宣良等译：《存在与虚无》，三联书店 2007 年第 3 版，第 716 页。

整个生命延续中不断地将自行车化为我的实现某个目的之处境，我才能延续对它的占有。也只有这种以整个生命延续的占有，才能保持化归己有的创造关系。于是，我的生命的创造性和连续性，保证了我去占有**任何一个**对象。而我对任何一个对象的占有，又都需要我用整个生命来实现。这便是萨特所说的“创造的连续性”之含义。

化归己有以成为整个世界的基础为目的。但是，任何化归己有的努力都既不可能将整体的世界化归己有，也不可能将抽象的自在存在化归己有。任何化归己有的努力都只能是对具体的特殊对象的化归己有：只有杯子、书、自行车等等诸如此类的特殊事物才有可能成为化归己有的对象。于是，问题便产生了：这种只能将具体的对象化归己有的努力，如何能够成为将整个世界化归己有的努力呢？萨特是这样解决这个难题的：首先，萨特将对对象的占有解释为不仅仅是对对象的现象的占有，而且还是对对象现象背后的现象的存在之占有。“从根本上说，我们决心在一个对象中化归己有的东西，就是它的存在，就是世界。化归己有的这两个目的实际上只是一回事。我力求在现象背后占有现象的存在。但是，我们看到，这个存在非常不同于存在的现象，它就是自在的存在，而不仅仅是这样的特殊事物的存在。这里完全不是因为有向宇宙的过渡，而毋宁说是上述存在在它的具体裸体中一下子变成了整体的存在。[①]”也就是说，人虽然不能将抽象的存在化归己有，但是却可以通过将具体事物化归己有，从而将具体事物背后的“存在”化归己有。而这个在具体事物背后的“存在”，其实与一切自在事物背后的“存在”是同一个“存在”。因此，将具体事物背后的“存在”化归己有，同时也就意味着将整个自在世界背后的存在化归己有。这样，在具体事物中裸露的存在，也就“一下子变成了整体的存在”了。而将具体的对象化归己有的努力，同时也就成为将整个世界化归己有的努力。这也许是萨特将化归己有所实现的“整体”称为“象征性的理想存在”之原因——通过将具体的对象化归己有，自为充其量只能象征性地将世界化归己有。因此，通过化归己有而成为世界的基础之努力，说到底也只有象征性的意义。

(3)“化归己有”的命运——永恒流于失败的努力

通过上面的论述，我们已经知道化归己有是自为谋划成为世界的基础之

① [法]萨特著，陈宣良等译：《存在与虚无》，三联书店2007年第3版，第723页。

努力。如果要问化归己有的性质是什么，那么，这就是化归己有的性质。因为，化归己有既然以成为世界的基础为目的，它的性质当然也就应该归之于“谋划成为世界的基础之努力”。但是，当问题问的不是化归己有的性质，而是化归己有的**努力**之性质时，答案就不同了：人的化归己有的努力究竟是一个什么样性质的努力虽然与化归己有的性质有关，但却是两个根本不同的问题：化归己有的努力之性质所关涉的是努力的意义与可能——这个努力是有意义的，还是无意义的？是有可能成功的，还是根本不可能成功的？等等。对于这个问题，萨特的回答是：化归己有的努力只能是一种永恒流于失败的努力！归纳起来，萨特的理由有三：

第一，化归己有的象征性质决定了化归己有的努力只能是一种永恒流于失败的努力。

什么是化归己有的象征性质呢？让我们先来看一段萨特的论述：“现在我们把握了它（占有）的意义：那就是通过化归己有来实现这种被象征化的关系是不可能的。自在的化归己有是没有任何具体的东西的。再者，不是实在的活动（如吃、喝、睡等）会用来象征一种特殊的欲望。相反，实在的活动只作为象征而存在，正是它的象征化给予它自身意义、严格结构及其存在。因此，人们不可能在它那里发现它的象征性价值之外的确实享用；它只是指示着一种最高的享用（指示着就是其自身基础的存在），这指示总是在注定实现它的化归己有的所有行为之外的。这正是承认不可能存在‘**占有**一个对象’，占有对象对自为来说连带着毁灭对象的强烈愿望。”关于化归己有的象征性，这段论述告诉了我们三个要点：其一，任何将某个具体对象化归己有的努力都只是作为象征而存在。他只是象征性地享用这个对象，而不可能确实地占有这个对象。其二，这个化归己有的努力所象征的是它所指示的“最高的享用”，即就是其自身的基础的存在。也就是说，将某个具体对象化归己有的努力，只是“指示出”成为存在的基础之存在，而他的任何化归己有的具体努力，都只能是在其所指示的存在之外的。其三，正因为此，永远都不可能存在真实的，而不是象征性的“占有一个对象”。概而言之，化归己有的象征性质意味着自为的行为与自为的涌现一样，永远只是指示出是其自身的基础之自因的存在，它永远不可能真正的实现成为自因的存在之目的。从这个意义上说，化归己有的努力只能是一种永远流于失败的努力。

第二，创造的连续性决定了化归己有的努力只能是永恒流于失败的努力。

化归己有是自为与自在之间的一种神奇的关系。一方面，对自在来说，自在并不依赖自为而存在。不论自为占不占有它,它都在那里。另一方面,对自为来说,自为必须占有它,才能与它统一为一个存在的整体。一旦停止占有,自为与自在就重归解体状态。这种就自在与自为统一为一个整体的占有,萨特称之为"创造"。这个将自在和自为统一为一个存在的整体之创造,如果要保持这个存在的统一,就必须保证创造是连续不断的。一旦创造中断,统一便重又解体。因此,"创造只能被设想和保持为从一端点到另一端点的连续过渡。在同一个涌现中,对象应该完全是我而又完全独立于我的。这正是我们认为在占有中实现的东西。被占有的对象既是被占有的,它就是连续的创造;然而,它仍然在那里,它自己存在,它是自在的;如果我离开它,它并不为此而停止存在……如果我超越我的所有权而使用它,我就享用了我的所有权,但是如果我想凝视它,占有的联系就被抹去了,我就不再理解占有意味着什么[①]"。也就是说,化归己有的创造是以合目的的使用为前提的。一旦使用停止,占有便立即消失。对象便又表现为独立于我的客观存在。自在与自为的解体状态便又再次呈现。因此,不但死亡是使占有不能完成的绝对事件,而且任何一次,任何一种的停止使用也同样是使占有不能完成的事件。而人对对象的使用绝对不可能,也永远不可能是连续的,不间断的。而那些未被使用和中断被使用的对象就仍然是与自为处于解体状态的自在的存在。从这个意义上说,化归己有的努力只能是永恒流于失败的努力。

第三,生命的有限性决定了化归己有的努力只能是永恒流于失败的努力。

如上所述,占有的关系有赖于创造的连续性。只有不断延续的创造,才能保持对对象的占有。然而,这种不断延续的创造即使是可能的,它也会因为生命的有限性而戛然而止。因此,"占有是一种死亡总使它不能最后完成的事业"。死亡意味着占有者的消失。而占有者的消失无疑意味着被占有物从此脱去了被占有的性质,从而也就意味着占有关系的完全毁灭。于是,占有者毕其一生而维持的化归己有之努力,最终却因为生命的终结而毁于一旦。因此,化归己有的努力只能是永恒流于失败的努力。

这里,我们似乎发现了萨特的自由理论之又一个无法自圆其说的矛盾:如果化归己有的努力只能是一种永恒流于失败的努力,那就意味着自为永远不

---

① [法]萨特著,陈宣良等译:《存在与虚无》,三联书店 2007 年第 3 版,第 715~716 页。

可能真正成为自在世界的基础。既然自为永远不可能真正成为自在世界的基础,那又凭什么宣称"自为的存在与自由是一回事"呢?面对着永恒流于失败的成为自在世界之基础的努力,自为怎么可能仍然是自由的存在?其实,萨特的自由理论之矛盾并不仅仅是这一个矛盾,甚至主要不是这个矛盾。它的最根本的矛盾存在于作为它的立论之基础的对自由的定义和对人的定义中。我们将在下一节展开对此的讨论。

第三节　存在即自由——萨特的主体和自由理论之评析

现在可以对萨特的自由理论做一个总结了:萨特的自由理论其实是一种意识自由的理论。在萨特的笔下,自由与意识是完全可以划等号的。意识是什么样子,自由也就是什么样子。意识有什么特性,自由也就有什么特性。意识是虚无的存在,自由也就是对存在的虚无化。意识是存在的欠缺,自由也就是对所欠缺的存在之欲望。意识是选择的存在,自由也就是对存在的选择。意识是对目的的谋划,自由也就是谋划成为上帝的努力。一句话,意识的存在即自由。自由也就是意识的存在。如果萨特的自由理论成立,那么这个理论所得出的结论就必然是:什么东西拥有了意识,什么东西就是自由的存在。或者说什么东西可以被定义为意识的存在,什么东西就可以被确定为自由的存在。由于在天地万物间,只有人才是唯一拥有意识的存在,也由于意识只有通过人才能涌现,才能存在,因此意识的存在也就无法与人的存在截然分开。正因为此,萨特才断言:人的实在应该是其固有的虚无(即意识)。也正因为此,萨特才宣称:"人的实在严格地就他应该是其固有的虚无而言是自由的"。于是,萨特的自由理论通过这样一种连环论证就从"意识即自由"发展成为"人即自由"之理论。也就是说,萨特的自由理论是建立在两个支点之上的:其一,将意识的存在定义为自由(所谓"自由和自为的存在是一回事");其二,将人定义为意识的存在(所谓"人应该是其固有的虚无")。萨特的自由理论大厦就是建立在这两个支点之上的。因此,这两个支点对萨特的自由理论之重要性是不言而喻的。无论这两个支点中哪一个支点发生问题,都有可能导致萨特的自由理论大厦轰然倒塌。然而不幸的是,笔者发现不是其中的一个支点,而是两个支点同时都有问题。这便使得萨特的自由理论大厦从一开始就处于危危乎之将倾的状态中。

一、存在与境界——自由的定义

笔者对萨特自由理论的第一个责难是关于自由的定义的。萨特将自由与自为的存在划等号，宣称“自由和自为的存在是一回事”，于是便有了萨特的“存在即自由”的著名论断。而所谓“自为的存在”又仅是“成为自因的理想存在之谋划”，于是，所谓“存在即自由”的“自由”也就仅仅是“成为自因的理想存在之谋划”。对这样一种自由的定义，对其的责难始于这样一个问题：自由究竟仅仅是自为的存在“成为自因的理想存在之**谋划**”，还是绝对主体所具有的“是其所欲是”的存在境界？笔者无疑主张后一个观点。在本书的第二章中，笔者已经反复阐明和论证了自由是一种存在境界的观点：自由是绝对主体所达致的“是其所欲是”，也即俗话所说的“心想事成”的存在境界。但萨特却完全不同意这样的主张。因为萨特认为这样一个“是其所欲是”的存在境界是根本不可能存在的。因为，“心想事成”的存在境界不仅根本无法想象，而且还会使自由消失：“如果为了实现只须设想就够了，那么，我们现在就沉入了一个与梦相似的世界，这个世界里，可能与实在就不再有任何区别了。……从仅仅被设想时起显现出来的对象将不再被选择或仅仅被希求。单纯的**愿望**、我可能选择的**表现**和被取消的**选择**之间的区别将和自由一起消失。”①

这便是萨特坚持自由是对某种存在境界之“谋划”，而不是某种存在境界的完全实现之理由。最令人吃惊的并不是萨特认为“心想事成”的境界是不可想象的（想象一个能随意创造、随意变化、随意毁灭世界的情景对人的意识来说其实并没有什么难度），而是萨特认为“心想事成”的境界将使自由消失。并且使自由消失的原因竟然是愿望与选择之间，或可能与实在之间的区别不再存在了。换句话说就是，只有当可能与实在有区别的时候，或者说只有在可能还没有成为实在是时候，自由才可能存在。这也正是萨特将“谋划”定义为自由的原因——因为，只有在可能还没有实现时，才有谋划存在的余地。而自为的存在就是还没有实现实在的可能，就是对实现可能的谋划。对此，有必要重述一段笔者在第二章论述“欠缺的主体”时对萨特的上述论点之评析：

① ［法］萨特著，陈宣良等译：《存在与虚无》，三联书店 2007 年第 3 版，第 586 页。

“为了将人界定为是自由的，萨特不惜将神界定为是没有自由的，或自由已经消失的。因为神的存在境界恰恰是‘为了实现只须设想就够了’的境界；神的对象也恰恰是‘从仅仅被设想时起’就实现了的。按萨特的观点，这种设想与实现统一的心想事成之境界，因为设想与实现没有分离，从而也就没有谋划存在的余地，因而也就没有自由。而自为的存在之所以是自由的，恰恰在于自为所设想的目的，因其尚未存在，尚未实现，因而是与自为相分离的。为了实现自为所设想的目的，自为就必须‘谋划’。而谋划就是自由，因而自为作为成为其理想的存在之谋划便拥有了自由：‘当我们赖以显示所是的最后一项是**目的**的时候，也就是说，不是实在的存在物的时候……而又只是一种尚未存在的对象的时候，我们是自由的。但是，从那时候起，这个**目的**就只有当它与我们是分离的同时又是可达到的时候才有可能是超越的。①’萨特关于自由的立论逻辑是这样的：因为心想与事成是分离的，因而才需要人的谋划；而人的谋划是由意向决定的；意向即超越给定物奔赴目的的意愿，因此，它其实是对目的的选择。因此，人的自由（即谋划）便表现在对目的的选择上。也因为此，萨特才说：自由就是对目的的选择。因为，对目的的选择既揭示了世界，又评价了给定物，同时还决定了人的行动，因而它既是自为成为世界的基础之努力，同时也是自为成为自身的基础之努力。于是，对目的的选择，或者说，对实现目的之谋划，便成为人的自由的全部定义。根据上述立论逻辑，我们不难看出，萨特的自由其实指的就是谋划。而且并不是指人的全部谋划，而仅仅是指人的一种谋划——成为自因的理想存在之谋划。这种自由，并不在乎其是否实现其所谋划的东西，而只重视他能自由地谋划；并不在乎其并不能谋划其自身的存在（‘有一个意识’是一个绝对的偶然事件），而只重视他有谋划其本质的自由；并不在乎它并不能谋划世界的存在，（‘有一个世界’同样是一个绝对的偶然事件）。而只强调世界是通过他的谋划而被揭示为世界，并被‘化归己有’的。一句话，它并不在乎他的谋划所面临的种种不自由的境况，但却仍然坚持宣称谋划就是自由。

“其实，萨特所论述的自由，恰恰是人欠缺自由的明证。因为，相对于人之所欠缺者上帝而言，人所欠缺的恰恰是心想与事成的统一，也就是谋划与实现没有分离的‘心想事成’的自由境界。萨特所说的‘谋划与实现的分离’（也即

① [法]萨特著，陈宣良等译：《存在与虚无》，三联书店 2007 年第 3 版，第 586 页。

'心想'与'事成'的分离)，不但不是人的自由之前提，恰恰相反，它正是人的不自由之写照；也正是人相对于神所欠缺的东西。与神相比，人其实并不欠缺'心想'，也不完全欠缺'事成'，人所欠缺的仅仅是在心想的同时即事成；是没有间隔的心想与事成；也即心想与事成的统一。神说：'要有日月星辰'；于是，便有了日月星辰。人说：'要有人造卫星'；但却要经过几代人的努力，最后才终于有了人造卫星。单从意欲和实现而言，人有着与神相似的意欲(要有日月星辰与要有人造卫星)，也有着与神相似的意欲之实现(于是就有了日月星辰和最后终于有了人造卫星)。但人的意欲之实现与神的意欲之实现却有着根本的不同：神的心想与事成是同时的，也是统一的。而在人的心想与事成之间，却隔着行为，从而也隔着时间。它们之间隔着行为，是说意识的'心想'不能凭借意识本身而实现，它必须通过意识指导行为，通过有时是长时间的行为，有时是多种多样的行为，有时又是许多人共同的行为，才使心想之事实现。而它们之间隔着时间，是说行为需要时间，尤其是能力有限的行为相对于几乎是无限的意欲，就更需要时间。几千年前的古人之'心想'，也许要在几千年之后的今天才'事成'；而今人之'心想'也总要在若干时间'以后'才'事成'。这种隔着时间和行为的'心想'与'事成'，无论如何都不可能是自由的写照。它确定无疑的只能是不自由的写照——意欲的实现如果必须通过行为，则必然要既受限于人的行为能力，又受限于人的行为之外部环境。通过行为所实现的意欲，只能被限制在能力和环境允许的范围内。被限制的'自由'当然不是真正的自由，而只能是真正的不自由。要想自由不被限制，意欲与实现之间，或者心想与事成之间就不能有间隔，不能有分离，不能中间再插上一个'行为'。这也是人与神的根本不同点之一：神是心想即事成；而人则是心想必须通过行为才可能事成。相对于人的所欠缺者——神的'是其所欲是'的存在境界，人所欠缺的仅仅是意欲与实现的统一。因此，不是'行动的首要条件便是自由[①]'；而是'自由的前提条件是不需行动'。只有不需行动的心想事成，只有不被行为分离的心想事成，才是真正的自由境界。或者说：自由就是不需行为的心想事成。自由就是不被行为分离的心想事成。恰恰是因为在人的心想与事成之间插入了一个'行为'，才使人成为不自由的存在；也才使人成为欠缺的主体。这个欠缺的主体之欠缺物，正是这个心想与事成统一的自由境界。

① 这句话是《存在与虚无》第四卷第一章中的一个小标题。

而使心想与事成分离的，又正是因为在心想与事成之间多出了一个'行为'。人正是因为多余了一个'行为'，人才欠缺了一个'神'。什么时候，人不需行为便可实现意欲，什么时候人就成为神了。"①

二、存在与主体——人的定义

我们知道，萨特的存在主义理论的最大特点是承认主体的存在，并且承认人是主体。但是，正像笔者在本书第二章所论述的那样，"作为存在主义的大师，萨特所论述的主体不能不是源于存在，为了存在，并作为存在的主体，而不是作为主体的存在。具体地说，他是从存在的角度，因为人的存在之特性而将人描述为存在的主体的：人是作为其面对世界和自我的在场之存在，因为其面对世界和自我的在场的存在特性而成为主体的；人是作为有所作为的存在，因为其有所作为的存在特性而成为主体的；人也是作为谋划将世界化归己有的存在，因为其谋划将世界化归己有的存在特性才成为主体的。一句话，人是因其存在特性而成为主体的，而不是因其是主体才具有诸如在场、作为和拥有的存在特性的。'因存在特性而成为主体'与'因是主体而具有某种存在特性'看似没有多大的不同，其实却有本质的区别：因存在特性而成为主体，其主体的特征是由存在所决定的。萨特的自为的存在之所以是主体，是由它的相对于世界和自我在场的存在地位、它的有所作为的存在方式、以及它的将世界化归己有的存在的基本谋划而决定的。也正因为此，因其存在特性而成为主体的自为，其主体的特性也就必然要由其存在的特性所决定——自为作为主体，对自身而言，它只不过是谋划成为自身的基础的存在；而对世界而言，它也只不过是谋划将世界化归己有的存在。这种'主体'其实是一种'伪主体'。它既不具有主体的本质——主宰(因为，'主宰'，对内不仅仅是自身的基础；对外也不仅仅是将世界化归己有；而是创造一切、决定一切和主宰一切。)也不具有主体的存在境界——自由。(因为，不但'成为并不是自身创造的自身之基础'无论如何都不可能是自由的境界，而只能是不自由的境界；而且'将不是其创造的世界化归己有'也无论如何都不属于自由的境界，而只能属于不自由的境界。)这样一种因存在特性而成为'伪主体'的存在，其欠缺当然也只能是一种'伪欠缺'——对内，它只欠缺成为已存在的自身之基础，对外，它只欠缺将已存在的

---

① 见本书，第94～96页。

世界化归已有。但人的欠缺岂止如此？人所真正欠缺的是主宰和自由，而不仅仅是自身之基础与化归已有。”①

萨特之所以坚持以存在来定义人，而不是以主体来定义人，是因为萨特根本不相信绝对主体的存在。这可以从他关于所谓“创造者的悲剧”的论述中看到端倪：“如果绝对创造者的悲剧存在的话，那就是不可能脱离自我，因为它的创造物只可能是它本身：创造物会从他之中抽取它的客观性和独立性。因为它的形式和质料都是来自我的，只有一类惰性能面对我封闭这创造物；但是为了使这种惰性能起作用，我应该用一种连续的创造支持它的存在。②”在萨特看来，绝对主体是不可能存在的。因为创造是一种流溢。创造的结果必然要赋予创造物以客观性和独立性。创造者要成为独立于他的创造物之主宰，就必须与创造物保持连续的创造关系。而这在萨特看来是完全不可能的。因此，绝对的创造者只有在其所创造的创造物是其本身的情况下才有可能存在。而“创造”的本义却又是创造出异于创造者的创造物。换句话说，创造物永远不可能是创造者本身。这就排除了绝对创造者存在的可能。不难看出，萨特即使在论述绝对创造者时，仍然摆脱不了存在主义之窠臼——萨特所说的“绝对创造者”仍然是作为“存在”的绝对创造者，而不是作为“主体”的“绝对创造者”。因为，只有作为一种存在，这个绝对创造者才会遭遇到这个所谓的“绝对创造者的悲剧”，即：作为存在的绝对创造者本来是自为和自在统一的绝对存在。但绝对创造者的创造却使这个统一的绝对存在解体。然而，假如这个绝对创造者不是存在，而是主体，他就绝对不会有这个所谓“绝对创造者”的悲剧。因为作为主体的绝对创造者，他与创造物的关系绝不是存在的关系，而是主宰与被主宰的关系。主宰的关系本身就要求有一个独立的客观存在被主宰。因此，作为主体的绝对创造者，他的创造物不但能够脱离他自身，而且必须脱离他自身。再者，主宰的关系并不要求所谓的“连续创造”来支持，而只被绝对创造者的主宰能力所支持。以萨特所引用的对自行车的占有为例：假如创造者是一种存在（萨特认为占有是一种创造，因而“占有者”也就是“创造者”），则创造者如要将自行车化归已有，就必须通过连续的使用它才能保持对自行车的占有。一旦该自行车被搁置不用，占有也就终止，自行车就会作为独

---

① 见本书，第85～86页。

② ［法］萨特著，陈宣良等译：《存在与虚无》，三联书店2007年第3版，第715页。

立于创造者的客观存在而在那里。但是，假如创造者不是一种存在，而是一个主体，则支持主体与客体之间主宰与被主宰关系的就不是所谓的“连续创造”，而是主体的主宰能力。不论主体是否在使用自行车，也不论自行车是处于被搁置，被改装，乃至被拆卸的状态，只要创造者对自行车具有决定能力和主宰能力，主宰关系就继续存在。换一个更加容易理解的例子：太空旅行器是人的创造物。当人类将这个创造物发射到太空后，这个创造物不但脱离了创造者本身而成为客观独立的存在，而且脱离了创造者生存的整体“处境”——地球——而在地球之外存在。如果将作为创造者的人定义为存在，则人与这个太空旅行器就再也不可能存在所谓化归己有的占有关系。因为根本不可能再有所谓连续的创造来支持这种占有。但是，如果将人定义为主体，则只要人还能控制这个太空旅行器，即使这个太空旅行器飞出了太阳系，人与这个旅行器的主宰关系也就仍然存在。什么时候这个旅行器脱离了人的控制，也即摆脱了人的主宰能力，人与这个太空旅行器的主宰关系才真正终结。

把人界定为主体，不但能够摆脱萨特的所谓“绝对创造者的悲剧”，而且还能够摆脱萨特自由理论中有关存在的欠缺之悖论。笔者在本书第二章论述“主体的欠缺”时曾经指出，萨特的欠缺理论包含着一个悖论，即：如果把欠缺界定为存在的欠缺，则一方面，存在的欠缺之所欠缺者就不能是绝对主体——神。因为神即使是一种存在，他也是一种与人完全不同类的绝对存在。而一种存在绝对不可能欠缺另一种不同类的存在，他最多只可能欠缺他自己的存在类别中的所谓“完整状态”。但另一方面，存在的欠缺之所欠缺者又不能不是完满的存在——神。因为只有神才是一切存在的最完满的存在状态。而人从根本上说就是想成为神的欲望。于是，作为某种存在的人不能以不同类的绝对主体——神——作为其所欠缺者，但同时又不能不以完满的存在——神——作为其所欠缺者。这便是笔者所说的“存在的欠缺之悖论”。要克服萨特的这个悖论，笔者以为唯一的途径就是将人定义为“主体”，而不是“存在”。其理由在本书第二章有关“主体欠缺”的论述中已经阐明。为此，笔者以重述一段有关于此的论述来结束本节：

“只有将欠缺界定为主体的欠缺，才有可能摆脱萨特的存在的欠缺所遭遇的上述两难困境。如上所述，萨特的困境在于：存在的欠缺之所欠缺者不能是绝对完满的存在——神（因为，一种存在之完整状态不能是另一种存在），但又不能不是完满的存在——神（因为人从根本是说就是想成为神的欲望）。与此不同，欠缺的主体之所欠缺者却可以是一个完满的主体或完全主体。作为存在，每个存在都应该有其各自的完满整体。但作为主体，却只有一个完满整体。这个完满整体就是‘上帝’，也就是人所想象出的观念存在——神。于是，在‘存在的欠缺’那里人所无法通达的‘神’，在‘主体的欠缺’这里却天经地义地成为人之所欠缺者。也就是说，通过将萨特的‘存在的欠缺’改变为我们的‘主体的欠缺’，我们不但摆脱了萨特的两难困境，而且打通了人向神超越的路径。因为神与人的唯一相通之点就是‘主体’：神是作为绝对主体而存在的。而人虽然无望成为绝对主体，但却是作为相对主体而存在的。人与其他一切存在的区别是主体与客体的区别，即：人是主体，而其他一切存在都是人所面对的客体。但人与神的区别却是主体与主体的区别，即：人是相对、有限的主体，而神则是绝对、无限的主体。人虽然只是相对、有限的主体，但毕竟是已上升为主体的存在。正是在‘同为主体’这一点上，才使人的欠缺得以成立；也正是在‘同为主体’这一点上，神和人才有可能相通。

“我们说‘同为主体’这一点使人的欠缺真正成立，是因为只有主体才有可能构成欠缺；只有主体的欠缺，才是真正的欠缺。更确切地说，欠缺的存在者必须是主体，其欠缺的所欠缺者才有可能是作为完全主体之神。正是因为与神同为主体，人才有可能相对于作为完全主体的神而成为欠缺的主体。也正是因为与神同为主体，神才有可能毫无悬念地成为人之‘所欠缺者’。而只有将完全主体——神——确定为所欠缺者，人的欠缺才有可能真正成立：只有相对于完全主体——神，人才显现为欠缺的主体；只有相对于完全主体——神，人的真正的欠缺物才可能显现。于是，将神确定为人的所欠缺者也就成就了人的欠缺的所有构成项。人的欠缺才得以真正成立。真正的欠缺也才得以真正涌现。

“不仅如此，将欠缺界定为主体的欠缺还有更重大的意义，那就是打通了人向神超越的路径。因为，欠缺如果是主体的欠缺，那么，欠缺的主体向之超越的神，就不再是与人不同的另一种存在，而是与人同为主体的完全主体或主体的整体。人向神超越，就不再是一种存在向另一种完全不同的存在之超越，而是同为主体的欠缺的主体向完全主体的超越。这样，‘一个超越的上帝’就与‘寓于人的实在深处，只是作为整体的它自身’便合二而一了：神实际上也就是‘寓于人的实在深处，只是作为整体的它自身’。”①

① 见本书，第88～89页。

通过上述的评析，我们终于发现了萨特自由理论的根本问题，这就是：错误地将人的存在与意识的存在划等号，同时又错误地将意识的存在与自由划等号。笔者认为，如果硬要将存在与自由划等号，那就只有一种存在能与自由划等号，即：其存在境界是"是其所欲是"的绝对主体——神。而意识这种存在在任何意义上都不可能与自由划等号。因为，意识这种存在的存在境界不但没有达致"是其所欲是"的自由境界，甚至连"能是其所欲是"的不自由境界也不完全属于它。它充其量只不过是使人达致"能是其所欲是"之不自由境界的主要原因和决定因素。说它是人达致不自由境界的主要原因和决定因素，是因为"能是其所欲是"中的"欲"是完全来源于意识并主要取决于意识的；而说人的不自由的境界并不完全属于意识，则是因为"能是其所欲是"中的"能"虽然也是主要取决于意识，但它并不完全取决于意识，在很大程度上它还有赖于人的生命与行为。不仅如此，它同时还有赖于与其他意识、其他生命和行为的合作，以及人类整体生生不息地绵延和发展。有鉴于此，我们的结论与萨特的"存在即自由"的结论完全相反，我们的结论是："存在即不自由"。人的存在即使是纯粹意识的存在，也仍然只能是不自由的存在。因为，意识的存在所透露出来的所有存在特征都向人们显示它是"不自由的存在"：

意识是虚无，而虚无即不自由！因为只有存在的主宰，而不是存在的虚无，才有可能是自由的存在。

意识是欠缺，而欠缺即不自由！因为只有补足了欠缺的圆满存在，而不是欠缺的存在，才有可能成为自由的存在。

意识是可能，而可能即不自由！因为只有实现了可能的存在，而不仅仅是可能的存在，才有可能成为自由的存在。

意识是选择，而选择即不自由！因为只有创造存在、决定存在、并且主宰存在的存在，而不仅仅是对存在做出选择的存在，才是自由的存在。

最后，意识是谋划，而谋划仍然是不自由！因为只有"心想事成"的"是其所欲是"之存在，而不是仅有谋划，不谈实现之存在，才是真正自由的存在。

我们赞美意识，因为意识使人一跃而成为主体，成为有别于一切自在存在的"能是其所欲是"的主体存在。但是，我们又不能过分地推崇意识，把人的神性与神相等同。我们必须清醒地牢记：意识只是使人有了成为神的可能，但绝不是已经使人成为了神。任何人在任何时候都应该牢牢铭记：人不是神。人只是一个欠缺自由的欠缺的主体。人是永远在走向自由之路上的不自由的存在！

第五章　理性与道德自由
——康德的主体和自由理论评析

从某种意义上说，康德的哲学可以被称为“理性主义哲学”。因为“理性”是康德哲学思想的基础和核心。不论是《纯粹理性批判》，还是《实践理性批判》，抑或是《判断力批判》，全都是依据理性、运用理性并论证理性的杰作：纯粹理性为自然立法，靠的是理性；实践理性为自身立法，靠的也是理性；而判断力将纯粹理性与实践理性相连接，靠的还是理性。因此，对理性的研究无疑是研究康德的任何哲学思想之必修课。本章主要论述康德的主体学说和自由理论，因此，本章对康德的理性之探讨将聚焦于理性与自由的关系上。虽然理性与自由的关系在康德的三大批判中均有涉及，但全面系统地阐述理性与自由之关系者，非《实践理性批判》莫属。概而言之，康德的自由，其实是在人与人之间的关系领域人为其自身立法的道德自由。而人之所以能获得这种道德自由全在于人的实践理性。是实践理性使人超越感性世界而成为智性世界的成员；是实践理性使人能自立和自守道德法则，从而成为自律的存在。一句话，是实践理性使人成为道德主体，从而使道德自由涌现。因此，本章的探讨必须也只能从康德的实践理性入手。

第一节　理性与道德主体

一、理性使道德主体诞生

如果按照康德的三大批判来划分，康德笔下的人就有三种不同的主体身份：认识主体、道德主体和鉴赏判断主体。认识主体虽然为自然立法，但却不能僭越思辨理性之界限，而只能在感性和知性世界范畴运作，因而不可能是自由的存在。而鉴赏判断主体仅起到连接认识领域和道德领域之作用，因而也不是自由的存在。唯有道德主体，基于实践理性所独有的突破思辨理性之界限的能力，而使本来处于感性和知性世界中的人一举冲入智性世界，从而成为自由的存在。

1. 实践理性使人成为"智性世界"①的成员

康德把人的存在分为三个层次，即感性层次、知性层次和理性层次。康德说："人们发现，在他们自身之内确实存在着一种把他们和其他物件区别开，以至把他们和被对象所作用的自我区别开的能力，这就是理性。作为一种纯粹自动性，理性甚至凌驾于知性之上，因为知性虽然也是自动的，而不像感觉那样仅包含因事物作用而引起的，从而是被动的表象。然而知性活动所产生的概念，只能用于使感觉表象隶属于规则，把感性表象结合于意识之中，如果离开这种感性的运用，知性就不能思维。与此相反，理性在理念的名义下表现了纯粹的能动性，它远超过所提供的东西，并证明自己的主要职责就是区分感性和知性世界，这也就给知性自身划定了界限。"②按此划分，在感性层次，人仅仅是通过感觉和意识，被动地获得事物的表象之存在。在这个层次上的人仅仅是相对于客体事物而立，并对客体事物有所感悟的"主体"。我们可以将其称为"感性主体"。"感性主体"只能反映客体，但不能反作用于客体，因而并不能构成主体。而在知性层次，人在知性世界所具有的概念、范畴等为表象归纳出其所遵循的规律。此即"为自然立法"的过程。我们可以将这种为自然立法者称为"认识主体"。认识主体虽然为自然立法，但其对自然的认识仍然仅仅限于自然的表象，而不可能认识自然的实质。因而他也不是真正意义上的"主体"。最后，在理性层次，人超越了感性世界，并凌驾于知性之上，而作为一种纯粹的自动性，"在理念的名义下表现了纯粹的能动性"。什么是超越了感性世界，并凌驾于知性之上的"纯粹的自动性"和"纯粹的能动性"呢？这实际上指的是不受感性因素所影响的理性的自发性。这种自发性只属于智性世界的成员之理性。于是，超越感性世界，成为智性世界的成员便成为康德所论述的"道德主体"成立的前提条件。何为"智性世界"？康德认为，"智性世界"只能

---

① 中文对"智性世界"有各种译法，如："意会世界""知性世界""理智世界""悟性世界"等等。不论被译成什么，它都是指完全脱离感性世界，绝对独立于感性世界的超感性世界。

② ［德］康德著，苗力田译：《道德形而上学原理》，世纪出版集团、上海人民出版社2005年版，第76页。

从否定的意义上来理解。因为，智性世界既然超脱于感性世界，就既不可能作为感觉的对象被感知，也不可能作为表象被知性所理知，因而也就无法被认识，更无法给出肯定的表述。它只能从否定的意义被表述，即：智性世界就是不受时空限制，不被因果律支配的世界。人作为生存于感性世界的存在，如何能进入这样的智性世界呢？康德认为，这完全凭借着理性："无论这是纯然感性的对象（适意的东西）还是纯然理性的对象（善的东西），理性都不服从那种经验性地被给予的根据，不遵从事物在显象中展现出来的那种秩序；而是以完全的自发性按照理念给自己造成一种独特的秩序，让经验性的条件适应这种秩序。"[①]此处，康德告诉我们进入智性世界的两个条件：其一，"不服从那种经验性地被给予的根据，不遵从事物在显象中展现出来的那种秩序"，也即完全摆脱感性世界的影响。笔者将此称为"独立性"；其二，"以完全的自发性按照理念给自己造成一种独特的秩序"，也即无制约地开始一个秩序。笔者将此称为"自发性"。但是，作为感性世界的成员又是如何满足这两个前提条件而成为智性世界的成员的呢？康德给出的答案如下：

就满足独立性的前提条件而言，首先，因为人有理性，而理性就其本身的性质而言就是独立于感性世界的。"这个行动主体按照其理知的性质不会从属于任何时间条件，因为时间只不过是显象的条件罢了，但却不是物自身的条件。在这个主体里面，不会有任何行动产生或者消逝，从而它也不会从属于一切时间规定、一切可变事物的规律，即凡是发生的东西，都在（在先状态的）显象中有其原因。一言以蔽之，它的因果性如果是理智的，就根本不处在使得感官世界中的事件成为必然的经验性条件的序列之中。"[②]也就是说，理性本身就是超越感性世界的存在，因为它本身就是没有任何显象，不存在于时空中，因而也不受时空限制，不受时空中的因果律支配的存在。人拥有理性，这本身就决定了人有超越感性世界，独立于感性世界之可能。

其次，理性作为智性世界的立法者，必然具有抵制一切感性的诱惑和影响之能力："这就是为什么人们要求有一种意志使他们不去重视仅仅属于欲望和爱好的东西，并且认为，在行动的时候排除一切欲望和感性的诱惑，对他们来

① [德]康德著，李秋零译：《纯粹理性批判》，中国人民大学出版社 2004 年版，第 440 页。

② [德]康德著，李秋零译：《纯粹理性批判》，中国人民大学出版社 2004 年版，第 435 页。

说不但是可能，而且是必须的。这些行动的原因就在作为理智的他们之中，就在按照意会世界的原则的行动和结果之中，在意会世界中只有理性，只有独立于感性的纯粹性才是立法者。”①作为意会世界的立法者，理性只会按照意会世界（即超感性世界的智性世界）的原则而行动，因此它必然会有排除一切感性诱惑的能力。

但是，理性又是如何成为智性世界的立法者？这个智性世界的立法者所立的又是什么样的法则？所立之法又是如何成为处于感性世界的人们之行为法则的呢？我们先来看两段康德的论述：

“由此可见，第一，全部道德概念都先天地坐落在理性之中，并且导源于理性，不但在高度的思辨是这样，最普通的理性也是这样。第二，它们决不是经验的，决不是从偶然的经验知识中抽象出来的。第三，它们作为我们的最高实践原则，于是，在来源上具有了纯粹性，并且赢得尊严。第四，若是有人往这里掺杂经验，那么，行为就在同等程度上失去其真纯的作用和不受限制的价值。第五，从纯粹理性中汲取道德概念和规律，并加以纯净的表述，以至规定整个实践的或者纯粹理性知识的范围，也就是规定整个纯粹实践理性能力的范围，不仅是单纯思辨上的需要，同时在实践上也是极其重要的。在这样做的时候，不能使这些原则从属于人类理性的某种特殊本性（虽然思辨哲学允许这样，但有时甚至必须这样），而是一般地从有理性东西的普遍概念中导引出道德规律来，因为道德规律一般地适用于每个有理性的东西。”②

“不论做什么，总应该做到使你的意志所遵循的准则同时能够成为一条永远普遍的立法原理。”③

从上述两段论述中，我们可以归纳出康德对上述问题的回答：

1. 理性之所以能成为智性世界的立法者，是因为普遍法则先天就存在于理性中，它是从理性中的普遍性概念导引出来的。由于普遍法则先天就存在于理性中，因此它完全并纯粹来源于理性，不掺杂半点经验；即：普遍法则既不

① ［德］康德著，苗力田译：《道德形而上学原理》，世纪出版集团、上海人民出版社2005年版，第83页。

② ［德］康德著，苗力田译：《道德形而上学原理》，世纪出版集团、上海人民出版社2005年版，第29页。

③ ［德］康德著，关文运译：《实践理性批判》，广西师范大学出版社2001年版，第17页。

源于对任何经验知识的抽象,也不源于人类的某种特殊本性,而是纯粹导源于理性。不仅其来源具有纯粹性,而且对其的表述也应是纯粹的;

2.理性所立之法是"普遍法则",即:"作为我们的最高实践原则"的"道德概念和规律",也称"道德法则"。

3.理性所立之法之所以能成为处于感性世界的人们之行为法则,是源于理性对"应当"的考虑,即:每个人的理性在决定其行为准则时,都必须考虑到"你的行为所依从的准则,需在自身中包含着固有的、对每个有理性的东西的普遍有效性"。也就是说,"不论做什么,总应该做到使你的意志所遵循的准则同时能够成为一条永远普遍的立法原理"。通过对这个"应当"的考虑,理性在为行为决定准则时,就必然会发现普遍法则。也就是说,理性只要考虑自己的行为准则能否普遍适用于一切的他人,就能甄别出普遍法则来。

简而言之,人是因为理性而意识到普遍法则的,人也是因为理性才可能将普遍法则自立为自己的法则。

就满足"自发性"的前提条件而言,独立于感性世界,只是自由的消极方面,然而,"人们不可以把它的这种自由仅仅消极地视为对经验性条件的独立性(因为这样一来,理性的能力就不再是显象的原因了),而是要也积极地通过一种自行开始事件序列的能力来描述它,以至于在它里面没有任何东西开始,而是它作为任何任性行动的无条件的条件,在自身之上不允许任何在时间上先行的条件,然而,它的结果毕竟是在显象的序列中开始的,但绝不能在其中构成一个绝对最初的开端"①。这段话表述出自发性的三层含义:

1.自发性是自行开始事件系列的能力;

2.自发性是任何行为的无条件的条件;

3.自发性是行为的原因。

这三个层次实际上说的是一回事,即:行为的无制约的决定因。换句话说,自发性就是自发地自行决定行为。人的行为是感性世界的一种显象,因此,可以在感性世界中找到各种各样的行为原因:生理的、心理的、自然的、社会的等等。然而,感性世界的原因永远只是因果链中的一环,其原因之上还有原因,直至无穷。因此,由感性世界的原因所引起的行为,永远是他律的和被

---

① [德]康德著,李秋零译:《纯粹理性批判》,中国人民大学出版社 2004 年版,第 443 页。

决定的，因而绝对是不自由的。人必须先有自发地自行开始行为的能力，也即自发地作为行为的无制约的决定因，无条件的条件，人才有可能成为自己的行为之主人。也就是说，人虽然不能成为其存在的原因，但却可以成为其行为的原因。但假如人的行为之原因是感性的，即是源于感性世界的各种原因，则人就是感性世界因果链上的一个存在，而不是其行为的主体。只有其行为的原因是无制约决定因，人才成为其行为的主体。而这个无制约的决定因只能来自于理性，来自理性所确立的道德法则："它，即理性，对人在一切时间状态中的一切行动都是在场的，都是一回事，但它自己并不在时间中，并不陷入一个它之前并不在其中的新状态；就这种新状态而言，它是**规定者**，但却**不是可被规定者**。"①这个无时不在，无处不在的不可被规定的规定者，就是行为的无制约的决定因。

至此，我们终于发现，康德的主体其实并不是在存在论意义上之主体，而仅仅是在行为论意义上的主体。因为康德并不强调人的存在的自因性，而只是强调人的行为的自发性，即摆脱了一切感性原因而以无制约的决定因——理性——自发地开始一个行动。因此，康德的道德主体，实际上只能被称为行为主体——他是一种追求行为的自发性，即以道德法则指导行为的主体。

2. 理性使人成为"自律"的"主体"

(1)"自由意志"是"自律"的基础

道德主体作为一种行为主体不仅仅表现在行为的自发性上面，而且还表现在行为的"自律性"上面。因为道德主体不是一般的行为主体，而是一种特殊的行为主体，他的特殊性不仅仅在于他的行为的所谓"自发性"，而且更重要的是还在于他的行为的自律性。所谓自律性，包括自立法则和自守法则两个方面。无论是行为的自发性还是行为的自律性，无疑均是由理性所决定的。但理性却并不能直接决定行为。因为人的行为是由人的意志，而不是理性所直接决定的。理性只能通过决定意志而决定行为。就自发性而言，理性是通过决定"排除了一切感性因素的行为的决定因"(即意志)而决定行为的；而就自律性而言，理性则是通过由意志自立法则，并由意志决定自觉遵守法则而决

① ［德］康德著，李秋零译：《纯粹理性批判》，中国人民大学出版社 2004 年版，第 444 页。

定行为的。因此，意志是康德的道德主体不可或缺的要素。那么，康德的“意志”究竟指的是什么东西呢？我们先来看康德的两段论述：

“意志是有生命东西的一种因果性，如若这些东西是有理性的，那么，**自由**就是这种因果性所固有的性质，它不受外来原因的限制，而独立地起作用；正如**自然必然性**是一切无理性东西的因果性所固有的性质，它们的活动在外来原因影响下被规定。”①

“意志的一切行动都是它自身规律这一命题，所表示的也就是这样的原则：行动所依从的准则必定是以自身成为普遍规律为目标的准则。这一原则也就是定言命令的公式，是道德的原则，从而自由意志和服从道德规律的意志，完全是一个东西。”②

一方面，意志是与“自然的必然性”相对的所谓“自由的因果性”；另一方面，意志又是“它自身的规律”。所谓“自由的因果性”，即：“那不受外来原因的限制，而独立地决定行为的意志”，但既然“不受外来原因的限制”，又为何是“因果性”呢？这种自由的因果性之原因又是什么呢？原来，这种自由的因果性之原因正在于它是“它自身的规律”。康德认为，意志在原因性上，虽然是“自由”的，但却不是无规律的。只不过这种规律绝对不是感性世界的自然律，即他律，而是另一种完全不同的规律，即自律。这是因为，“意志自身就必然地和规律相一致”，因而，意志的固有性质除了自由之外，还有“自身的规律”。

那么，“意志自身的规律”指的是什么呢？康德实际上指的是“道德法则”。这样，康德便把自由意志与服从道德规律联系起来了。按照康德的逻辑，意志虽然是行为的自由的决定因，但意志本身却是有规律的，这个规律就是道德律。于是，自由意志就成了根据道德律而自由地决定行为之决定因。

意志虽然自身与规律相一致，但人的意志与道德法则的关系却不是完满契合的。原因是作为感性世界的存在，人不可避免地要受感性因素的干扰和影响。这就决定了人只可能有“纯粹意志”，而绝不可能有“神圣意志”。所谓“神圣意志”，指的是“意志和道德法则的圆满契合”，即不论是在客观法则上，还是在主观准则上，意志都完全符合道德律。康德认为，这种意志是不属于人

---

① [德]康德著，苗力田译：《道德形而上学原理》，世纪出版集团、上海人民出版社2005年版，第69页。

② [德]康德著，苗力田译：《道德形而上学原理》，世纪出版集团、上海人民出版社2005年版，第70页。

类的。而所谓“纯粹意志”，指的是意志在客观上符合道德法则，在主观上**敬重**道德法则，“而以此作为法则决定意志的唯一方式”。因此纯粹意志与道德法则的关系，就不是完全契合的关系，而是“义务的一种依属关系”。对此，康德是这样论述的：“但是在人类方面，这个法则就采取了一个命令形式，因为我们虽然能够假设作为有理性的存在者的人类具有一个纯粹意志，可是我们并不能假设作为受着需要和感性动机所支配的存在者的人类具有一个神圣意志——所谓神圣意志原是不能顺从那抵触道德法则的任何准则的。因此，道德法则在人类方面就成为一个**命令**，这个命令是用定言方式指挥人的，因为这条法则是不受制约的。这样一个意志与这种法则的关系就是所谓**义务**（Verbindlichkeit）的一种**依属关系**（Abhǎngigkeit），这种依属关系就意味着凭借单纯理性和其客观法则而令人发生某种行为的一种强制**力量**，这种行为就称为**职责**（Pflicht）。”[①]这段引文告诉我们：首先，人的意志只能是纯粹意志，而不可能是神圣意志；其次，人的纯粹意志，使道德法则成为绝对命令，而使执行绝对命令成为义务；第三，执行绝对命令的行为就是人的职责；第四，意志凭借着理性和客观法则成为人类履行职责的强制力量。简而言之，意志不但是行为的自发的原因性，不但是根据道德律自由地决定行为的能力，而且是人类履行职责的一种强制力量。正因为此，意志才成为自律的基础和前提。

（2）“自立法则”是“自律”的首要条件

如上所述，自由意志是“不受外来原因的限制”并“根据道德律而自由地决定行为”之行为的决定因。自由意志的这两个要素与自立法则的两层含义实际上是相通的。因为，自立法则的第一层含义是“自己为自己立法”，而所谓“不受外来原因的限制”其实就是要求约束行为的法则不是外加的，而是自己为自己订立的。自立法则的第二层含义是：自己为自己订立的法则同时又是对所有人都是普遍适用的普遍法则。而所谓“根据道德律而自由地决定行为”所根据的“道德律”恰恰就是对所有人都普遍适用的普遍法则。正是由于这种相通性，才使得自由意志成为自立法则的基础。

自立法则的第一层含义可以说是不言自明，即：由自由意志所决定的道德主体绝不允许，也绝不可能受外来法则的约束。他只允许，也只可能被自己订

① [德]康德著，关文运译：《实践理性批判》，广西师范大学出版社 2001 年版，第 19～20 页。

立的法则自我约束。

对于自立法则的第二层含义，则需要费一些笔墨。按照康德的观点，所谓法则，是带有普遍性的规范。仅仅规范单个人的行为之规范，不是法则，而是“准则”。然而自立法则，只能是自己为自己订立法则，而绝不可能是为一切他人订立普遍法则（若是这样，他就会凌驾于他人之上，强把他人置于不自由的地位，而他人也会同样凌驾于他之上，把他置于不自由的地位，如此便无自由可言）。既然如此，个人为自己订立的法则怎么可能成为普遍法则呢？让我们看看康德是怎么论述的：“任何一个作为自在目的的有理性的东西，不论它所服从的是什么样的规律、法律，都必定同时也要被看作是普遍立法者。正由于它的准则如此便于普遍立法，有理性的东西才以其自在目的而与众不同，同时也使它自身具有超乎一切自然物的尊严与优越性。它的准则任何时候不但要从自身的角度出发，也要从任何作为立法者的、其他有理性的东西的角度出发，它们也正是为此而被称为人身。按照这样的方式，一个有理性的东西的世界，才有可能作为目的王国，并且通过自己的立法，把一切人身作为成员。因此，任何一个有理性的东西的行为，要以任何时候都好像自己是普遍目的王国中一个立法成员为准则。这些准则的形式原则是：你的行动，应该使自己的准则，同时对一切有理性的东西都是普遍规律。”①在目的王国中，每个人首先是作为立法者而存在的。然而，这个立法者绝对不是为他人立法，而只是为自己立法。只不过他在为自己立法时，“不但要从自身的角度出发，也要从任何作为立法者的、其他有理性的东西的角度出发”。正由于他在自立法则时，是从所有其他立法者的角度出发，也即是从普遍性出发，因此，他所自立的法则，不但是自己的准则，而且“同时对一切有理性的东西都是普遍规律”。换句话说，只有在他从普遍性出发立法时，并且所立之法是普遍适用时，才能被称为“自立法则”。

(3)“自守法则”是“自律”的根本保证

(a)道德法则是唯一的普遍法则

自守法则的首要问题是：人们为什么会自守道德法则？康德认为，人们之所以会自守法则，除了法则是人们自立的外，最重要的原因是道德法则是人类

① [德]康德著，苗力田译：《道德形而上学原理》，世纪出版集团、上海人民出版社2005年版，第59页。

的普遍法则。康德生活的时代，是功利主义大行其道的时代。功利主义把“幸福”奉为圭臬，认为“幸福”是人的一切行为的目的和准则。康德要张扬道德哲学，就必须首先彻底否定功利主义的幸福原则，以道德法则取代幸福原则。为此，康德从下述的几个方面对功利主义展开了有力的批判：

首先，就法则的普遍性而言，康德以道德法则的普遍性来彻底否定没有普遍性的“幸福”原则。康德说：“幸福原则诚然能够提供准则，但是永不能提供足以作为意志法则的准则，纵然我们把**一般人**的幸福作为对象。因为关于这个对象的知识既然依靠在单纯的经验材料上，而且对于这个对象的一切判断也完全依靠于本身原就千变万化的各人意见上，所以这种原则虽然能提供**概括**规则，但是永远不能提供普遍规则。那就是说，它能提供平常彼此互相契合的规则，但是并不能提供永远必然有效的规则，因而在它上面就不能建立任何实践的**法则**。在这里，既是必然以选择的对象为它的规则的基础，并因而这个对象必然是在这个规则之前，所以这个规则就不能涉及别的，只能涉及人们所感觉的东西，并因而只能涉及经验，并建立在经验上，结果，判断就花样层出不穷了。幸福原则并不给一切有理性的存在者都规定出彼此同一的实践规则，纵然这些规则都纳在一个共同的名称，即幸福一名之下。”①功利主义的幸福原则并不是指个人以个人的幸福为圭臬，而是指以大多数人的普遍幸福为宗旨。既然是大多数人的普遍幸福，怎么会没有普遍性呢？康德的上述论述提出了两点论据：

①幸福原则受各个人的主观感受所制约，永远摆脱不了偶然性和不确定性，因而不可能是普遍法则。幸福原则以大多数人的普遍幸福为宗旨，但什么是大多数人的普遍幸福，一千个人即使没有一千种答案，也起码会有几百种答案。一个建立在各个人千变万化的个人意见基础上的准则，是不可能成为普遍法则的。

②康德认为，普遍法则仅存在于智性世界，感性世界只有各个人的行为准则，而不可能有普遍法则。幸福原则“既是必然以选择的对象为它的规则的基础，并因而这个对象必然是在这个规则之前，所以这个规则就不能涉及别的，只能涉及人们所感觉的东西，并因而只能涉及经验，并建立在经验上”。一个

---

① ［德］康德著，关文运译：《实践理性批判》，广西师范大学出版社 2001 年版，第 24 页。

仅存在于感性世界，只涉及经验的规则，是不可能成为普遍法则的。

由于幸福原则是存在于感性世界，并建立在各个人千变万化的经验基础上的不确定的准则，因而是缺乏普遍性，并被偶然性所左右的准则。

与此相反，道德法则是超越了感性世界的智性世界之基本法则，因而必是普遍法则。康德说："一般有理性的存在者在感性界的存在乃是指他们在受经验制约着的法则之下的存在而言，这种存在在理性看来就是他律。反之，同样存在者在超感性界的存在乃是指他们合乎不依任何经验条件的那个法则的存在而言，因而属于纯粹理性的自律。而且那些单靠认识就可使事物存在的法则既然有实践力量，所以超感性的存在（就我们能设想它而言）就不外乎是受纯粹实践理性的自律所控制的一种存在。但是这个自律法则就是道德法则，因而道德法则就是一个超感性存在和一个纯粹悟性世界的基本法则"①；幸福原则是感性世界的他律原则。而智性世界的规律不是他律，而是理性的自律。理性自律所依据的法则只能是具有普遍性的道德法则。也即：在智性世界中，主体自律是以道德法则为根据，而能成为各个主体自律的依据的道德法则必定是，也只能是普遍法则。

其次，从法则的形式和实质方面来说，康德以只有形式，而无实质的道德法则来否定含有实质内容的幸福原则。

康德认为，一个法则如果含有实质内容，它就不可能成为普遍法则。因为，"实践法则的内容，即准则的一个对象，除了在经验上以外，是永远不能给予的"②。也即，如果要给法则赋予内容，则该内容必定是感性世界的对象，而感性世界的任何对象（包括各种幸福乃至普遍幸福），都决定了该法则不可能成为普遍法则。因此，普遍法则绝不能包含内容。也因此，"一个有理性的存在者必须把他的准则思想为不是依靠实质而只是依靠形式决定其意志的原理，才能思想那些准则是实践的普遍法则"③。那么，康德所谓的只有形式，没有内容的普遍法则指的是什么呢？那就是康德所说的："**不论做什么，总应该**

---

① ［德］康德著，关文运译：《实践理性批判》，广西师范大学出版社 2001 年版，第 31 页。

② ［德］康德著，关文运译：《实践理性批判》，广西师范大学出版社 2001 年版，第 15 页。

③ ［德］康德著，关文运译：《实践理性批判》广西师范大学出版社 2001 年版，第 13 页。

做到使你的意志所遵循的准则同时能够成为一条永远普遍的立法原理”。这条法则,没有任何诸如“己所不欲,勿施于人”的实质性规范,但却可以是任何行为准则的根据,即你的行为准则应该根据“一条永远普遍的立法原理”。这就是只有立法形式的普遍法则。

最后,就法则的可行性而言,康德以人人皆能做到的道德法则来否定没有可行性的“幸福”原则。

就可行性而言,道德法则并不像幸福法则那样,其实现有赖于人的能力。道德法则的实现与能力无关。道德法则是人的应为行为之根据。而人应当做什么仅仅与人的意志有关,而与人的能力无关。也就是说,就应当而言,人是完全“自由”的。“他觉得自己应行某事,就能够实行某事”。“因为在这一方面,他是想做什么就能做到什么的。”①因此,“要想完成定言的道德命令,那是每个人永远能够承受的,至于要践履那被经验所制约的幸福规矩,则很少有人可能,而且远不是人人都可能办到的,纵然单就一个目的而论。原因是:在前一个场合下,关键只在于那必然是真实而纯粹的准则,而在后一个场合下,关键还在于实现一个欲望对象时所需要的个人才能和身体能力。让每个人自求多福的一道命令是糊涂的,因为每个人都不拿自己本来必然愿行的事情来指教人。我们只当给他规定手段,甚或提供手段,因为他并不是想到什么就能做到什么的”②。用通俗的话来说就是:道德法则只需决策便可实现;而幸福原则却需要能力才可能实现。人的能力永远都是有限的,因而,人永远都有实现不了的幸福。而那终极的幸福则更是人类永远无法实现的。因此,把幸福作为普遍法则就是根本不可行的。

有了这三个方面的批判,康德完全有理由宣称道德法则是唯一的普遍法则。而人所自守的法则必然是,也只能是道德法则。

(b)道德法则以绝对命令的方式令人遵守

康德的所谓“绝对命令”,指的是无条件和无限制的命令。这个命令是无条件的,因为这个命令不以任何条件为前提,并且对任何人、任何时间的任何行为都有效;这个命令是无限制的,因为没有任何东西能够限制、改变或排斥

---

① [德]康德著,关文运译:《实践理性批判》,广西师范大学出版社 2001 年版,第 17、25 页。

② [德]康德著,关文运译:《实践理性批判》,广西师范大学出版社 2001 年版,第 25 页。

掉这个命令。这里的问题不在于绝对命令的定义，而在于为什么道德法则对人类会表现为绝对命令？对此，康德列举了两个原因：

其一，从实质上说，道德法则之所以会成为绝对命令，是由人是目的，是具有绝对价值的主体所决定的。正因为人人都是目的，人人都有绝对价值，人人又都将他人作为目的看待，人人才绝对地有必要遵守道德法则，道德法则才成为无条件的绝对命令。正如康德所说："如若有一种东西，**它的定在自在地**具有绝对价值，它作为**目的**能**自在**地成为一确定规律的根据。在这样东西身上，也只有在这样东西身上，才能找到定言命令的根据，即实践规律的根据。"①

其二，从形式上说，道德法则之所以采取命令的形式，是因为人这种存在不可能完全摆脱感性世界，不可能**仅以**理性作为其意志的动机。仅以理性作为其意志动机的存在，是具有神圣意志的存在。所谓神圣意志，即绝不可能顺从任何抵触道德法则的准则的意志，也即，道德法则自然就是其行为的准则的意志。然而，人类虽然是有理性的存在者，但同时又是受着需要和感性动机所支配的存在者。如上所述，作为有理性但同时又受着需要和感性动机所支配的存在者的人类，所具有的只能是"纯粹意志"，而绝不可能具有"神圣意志"。对有着众多感性的欲望和冲动的人类，道德法则只能以"应当"的形式呈现。而"应当"对人来说就是有着强制力量的命令："但是在不以理性为其意志的唯一动机的那类存在者方面，这个规则，乃是一个**命令**，乃是以那个'应当'（这个'应当'就表示出强制实行的一种客观力量）为其特征的一条规则，并且意味着：如果理性可以完全决定意志的话，那么那种行为势必依照这个规则发生。因此，命令乃是客观有效，而与作为主观原理的准则完全有区别的。"②绝对命令是以应当为其特征的规则，绝对命令之所以有强制实行的客观力量，是因为有理性的支持。也就是说，只要理性决定意志，这个"应当"的绝对命令就会得到履行。

对人的绝对价值的尊重，使得道德法则成为人的行为的绝对命令；而对人的感性冲动的抵制，使得道德法则必然要采取命令的形式。由于人的本质特征，自守法则才表现为人对绝对命令的遵守。

---

① ［德］康德著，苗力田译：《道德形而上学原理》，世纪出版集团、上海人民出版社2005年版，第47页。

② ［德］康德著，关文运译：《实践理性批判》，广西师范大学出版社2001年版，第4页。

(c)自守法则有赖于对法则的敬重

自守法则必须解决的另一个难题是：如何完成从智性世界向感性世界的跨越？我们知道，普遍法则仅存在于智性世界，而遵守法则却必然要发生于感性世界。按照康德的观点，感性世界无自由，自由不能夹杂任何感性因素。如何能够做到智性世界的普遍法则既为感性世界的行为所遵守，又不损及其自由呢？也就是说，如何在不损及自由的前提下，从智性世界跨越到感性世界呢？且看康德是如何完成这一跨越的：

“因此，道德法则正如它是借着实践的纯粹理性而成为行为的形式上的决定原理一样，正如它也是行为对象(所谓善恶)的实质的(但只是客观的)决定原理一样，[同时]也是这种行为的主观决定原理，即动机，因为它在主体的感性上施加了一种影响，并且产生了可以加强法则对意志所施加影响的一种感情。在这里，主体预先并没有倾向于道德的任何感情。这是不可能的，因为一切感情都是感性的；但是道德意向的动机是必须摆脱一切感性条件的。不但如此，而且那种作为我们的全部好恶的基础的感性感情，虽然是我们所谓‘敬重’的那种情操的一个条件，可是决定这种情操的原因仍然在于纯粹实践理性之中，因而这种情操就其来源而论，仍然可以称为实践方面的一种效果，而非感性方面的效果。这是因为‘道德法则’的表象就使‘自爱’不施加影响，使‘自负’失掉幻觉，因而就给纯粹实践理性减少了障碍，并且在理性判断中产生了客观法则比感性冲动较为优越的那种思想，因而又借着排除了[感性的]敬重(Gegengewicht)，而使法则的重力相对地(就其与受感性影响的意志的关系而言)增强了。由此可见，对于法则的敬重并不是道德的动机，而就是在主观上视作动机的道德自身，因为纯粹实践理性排斥了与己反对的自爱心的一切妄图，就给予那在现在唯一有影响的法则以一种威望。”①

在这段引文中，康德至少在表面上完成了两个跨越：

第一，从客观法则向主观行为准则的跨越。

道德法则是客观的普遍法则。客观法则若要被遵守，就必须使其变为主观的行为准则。但如若客观法则真的成为主观的行为准则，它就又有因偶然性和不确定性而丧失普遍性的危险。怎样才能使客观法则既成为主观的行为

① [德]康德著，关文运译：《实践理性批判》，广西师范大学出版社 2001 年版，第 67 页。

准则，而又不失其普遍性呢？康德是这样做到的：首先，作为客观法则的道德法则会在主体的感性上施加影响。这似乎是说，主体在感性上会直接意识到道德法则。其次，道德法则还会使主体产生一种感情，这种感情会加强道德法则对意志的影响。最后，由感情加强了道德法则的影响的意志，便成为行为的主观决定原理，即动机。康德在这里特别强调的是，道德法则使主体所产生的感情，并不是"感性感情"，而是理性在"实践方面的一种效果"。我们无法理解道德法则如何能产生感情，更无法理解，道德法则所产生的感情，如何就不是感性感情。而"实践方面的一种效果"究竟是什么东西，我们也无从得知。然而，康德确实就是这样完成其第一个跨越的。

第二，从智性世界的理性向感性世界的"敬重"的跨越。

道德法则是理性在智性世界所自立的普遍法则，它如要被感性世界的行为所遵守，就必须要有感性世界的原因。这个原因，康德以为是"敬重"。"敬重"在康德看来并不是一种感情，而是一种"情操"。这种情操与感情不同之处在于：首先，感情来源于感性因素，而敬重这种情操却来源于纯粹实践理性；其次，感情完全笼罩于感性影响之中，而敬重这种情操却是在道德法则排除了自爱及自负等感性因素后才产生的；最后，感情可以成为行为的主观动机，而敬重这种情操却"并不是道德动机，而就是在主观上视作动机的道德自身"。所有这一切之所以可能，是"因为纯粹实践理性排斥了与己反对的自爱心的一切妄图，就给予那在现在唯一有影响的法则以一种威望"。对道德法则的敬重是因为理性排斥了感性，树立了道德法则的威望。而理性之所以能排斥感性，又是因为有道德法则。康德就是这样完成这个跨越的：道德法则使理性排斥了感性，理性排斥了感性便树立了道德法则的威望，树立了道德法则的威望，便产生了对道德法则的敬重，最后，敬重使得道德法则得以遵守。就这样，自守法则的难题终于解决了。

上述康德的跨越自然不能完全令人信服，相信康德自己对此也不会满意。那么，康德为什么非要自寻烦恼来论证"敬重"这一模糊的概念呢？原因是，康德清楚地认识到，对于人类这种有理性的感性存在，道德法则是不可能自动自觉地被完全遵守的。"对于人类和一切被造的理性存在者说来，道德的必要性就是一种强制，一种义务，而以此为基础的一切行为都应被视作一种职责，而不应被视做自然使人中意或可能中人之意的行事方式。[我们所以这样注意，]正好像我们真有一天能够由于自己的意志与纯粹道德法则密合无间，习惯成性，坚定不移，自己不需要对法则敬重（这种敬重含有恐惧成分，至少也含有怕犯过失的心理)，就可以如完全不受任何牵挂的神明一样，具有了**圣洁**的意志，到了那时，道德法则对于我们就终于不再是一道命令，因为我们永远不能再受诱惑，背弃了它”①。正因为人类不是具有圣洁意志，不受任何牵挂的神明，正因为人类的意志与道德法则并不是密合无间的，因此，道德法则才会成为一种强制，一种义务，而这种强制和义务又不能是外来的外力，只能是内在的和自愿的(如此才有可能是自由的)。于是，“对法则的敬重”就必然成为自守法则所必不可少的要件。只有到了人类不再受感性因素的诱惑，不会背弃道德法则，道德法则自然也必然作为人的行为准则的时候，人才不需要“敬重”这种“情操”。反过来说，只要人类还会受感性因素诱惑，只要道德法则还未成为人类行为的唯一动机，人类就不得不依赖于“敬重”这种情操。

(d)自守法则是出于职责

“职责”一词的一般定义为：因占有某种社会职位(地位)而应履行的义务及承担的责任。按此定义，职责一词有三个要件：A. 主体必须占有某种职位或地位；B. 主体有被强制履行的义务；C. 主体如不履行该义务，将承担相应的责任。如此说来，“职责”这一概念就必然与“义务”和“强制”相联系。这就产生了一个问题：与义务和强制相联系的职责概念如何能与自由概念相容？所谓自由，顾名思义，既不可能被强制，也不可能附义务。一个承担职责的人，绝不可能是自由的人。面对如此明显的道理，康德怎么会把职责概念归于自由概念之中呢？原来，康德划分了两种不同的职责：“公正的职责”(法律的职责)和“德性的职责”(伦理的职责)。前者指：由公正的法律权威强制履行的义务和承担的责任；后者指：出于对道德法则的敬重而不得不采取的行为。就自由而言，公正的职责，因强制是外在的，因而绝对不可能与自由相容。然而，德性的职责却不同，他虽然因“不得不”采取行为而明显地带有强制的色彩，但这种强制却绝非来自外力。它是内在的，并且完全是出自自愿的。“自愿的强制”并不是“强制”，至少不是原来意义上的强制。至于该职责所包含的义务，那也不是外力强加的，而是完全出自对道德法则的敬重。于是，德性的职责既排除了外力的强制，又排除了外力的强加。康德认为，这种排除了外力的强制和强加的“职责”，是可以与自由相容的。

---

① [德]康德著，关文运译：《实践理性批判》，广西师范大学出版社 2001 年版，第 73～74 页。

职责概念包括客观和主观两个方面:在客观方面,职责要求行为必须符合道德法则;在主观方面,职责要求行为必须出自对道德法则的敬重。康德的自由,并不在乎职责的客观方面,即不重视行为刚好符合道德法则,而只强调职责的主观方面,即强调行为必须出自对道德法则的敬重。“因此,职责概念,在行为方面就要求其在客观上契合于法则,并且在行为的准则方面,又要求在主观上对法则敬重,而以此作为法则决定意志的唯一方式。我们所以意识到自己的行为有**合乎职责**(pflichtmăssig)和**本于职责**(aus Pflicht)(即本于对法则的敬重)之分,其根据即在于此。前者(**合法性**),即使是在单以好恶作为意志的动机时,也还是可能的;但是后者(**道德**),道德的价值,则只应置于下面一个事实中,就是,行为必须是本于职责,即单单为了法则才成立的。”①恰好契合于道德法则的行为,是合乎职责的行为。合乎职责的行为,只要不是出自对道德法则的敬重,而是出自感性世界的好恶,它就仍然不是道德的,同时也就不是自由的。只有出自对道德法则的敬重所采取的行为,才是本于职责的行为,也才能成为道德主体。

3. 理性使“彻底善良意志的主体”涌现

“人是目的”是康德的最著名的论断之一。而康德的“彻底善良意志主体”恰恰是通过宣称“人是目的”而涌现的:“在这里目的不是一个设想的目的,而是一个自在的目的,它只能从消极方面被思想,也就是永远不能有和它相违背的行动,永远不能只看作是工具,任何时候都必须当作任何意愿的目的而受到珍重。这一目的只不过是一切可能目的本身的主体,因为这一主体同时也是一个可能彻底善良意志的主体,若使这一意志适应于其他对象,就必定陷于矛盾。你的行动,对待每个有理性的东西,都同样遵循当作自在目的的准则,不论是自己还是别人。这一原则和另一基本命题在本质上是同样的,你的行为所依从的准则,需在自身中包含着固有的、对每个有理性的东西的普遍有效性。”②按此说法,“人是目的”包含两层含义:其一,将每个有理性的东西都当作目的;其二,行为所依从的准则都包含对每个有理性的东西的普遍有效性。而所谓“彻底善良意志主体”也恰恰是具有这两种素质的人:凡能够以人为目

---

① [德]康德著,关文运译:《实践理性批判》,广西师范大学出版社 2001 年版,第 73 页。

② [德]康德著,苗力田译:《道德形而上学的原理》,上海世纪出版集团、上海人民出版社 2005 年版,第 58～59 页。

的，并能依据对每个人都有效的普遍法则行事之人就是“彻底善良意志的主体”。果真如此，则“彻底善良意志的主体”就全凭理性而涌现。因为，人之所以能够以人为目的，完全是因为人的理性。而人之所以能够依据普遍法则行事就更是因为人的理性。

综上所述，康德的道德主体实际上是在人与人的关系领域的一种特殊的行为主体。这种特殊的行为主体之所以被称为道德主体，首先是因为理性使人超越感性世界成为智性世界的成员；其次是因为理性使人摆脱一切感性因素，成为自立和自守法则的存在；最后是因为理性使人将每个有理性的东西都当作目的，并能依据对每个人都有效的普遍法则行事。这是一种能确保其行为都符合道德法则的主体。但是，能确保其行为都符合道德法则的“主体”真的就是主体吗？笔者将在下面对此作出论述。

二、道德主体与不完全主体——康德的主体理论之评析

如上所述，康德的道德主体是建立在三个基础上的：其一是成为超越感性世界的智性世界的成员；其二是成为能够自发地开始其行为的所谓“自因”的行为者；其三，是成为摆脱一切感性因素的自律的存在。因此，要使康德的道德主体成立，就必须既要证明这三个基础是真正成立的，又要证明这三个基础不但是道德的基础，而且同时也是成为主体的基础。遗憾的是，康德对这两个方面的论证都是不无瑕疵的。我们先从行为的自因性论述起。

1. 现象与本体——道德主体的自因性悖论

康德将世界划分为现象与本体。这样的划分在康德的《纯粹理性批判》中发挥了两个作用：第一，界定了纯粹理性的思辨应用之界限。第二，解决了宇宙论的第三个二律背反。就第一点而言，康德认为纯粹理性只能应用于现象界，绝不能超出现象界而应用于本体界。假如理性试图超出现象界而窥探本体界之秘密，那就是“理性的僭越”，不但会一事无成，而且会造成无法解决的悖论与错误。而就第二点而言，康德提出的现象与本体之划分不无诡辩式地解决了这个“第三个二律背反”。所谓第三个二律背反，指的是如下一个悖论：假如没有最初的绝对原因，则因果规律就不完备（无从开始）；但假如有一个最

初的无原因的原因，则因果规律就不成立（超出了因果律）。[①] 康德通过将因果律解释为仅仅统治现象界的规律，而将那个使得因果律得以开始的最初的无原因之原因（绝对因）解释为只是存在于那个不可知的本体界，从而使这个二律背反不再成为问题。因为在因果律之规律和其最初的无原因之原因分处于现象界和本体界两个不同的世界的情况下，第三个二律背反中的正方和反方的主张就都能成立。正方的主张能够成立是因为有一个不可知的本体世界，第一原因的奥秘就在这个不可知的本体世界中。而反方的主张能够成立则在于因果律仅适用于现象世界，人们没有必要，也没有可能在现象世界中寻找第一原因。这样，因果链上的第一原因就可以放在不可知的本体界存而不论，而因果律在现象界又可以毫无障碍地大行其道了。

然而，当康德将道德法则和意志自由界定为人的行为动机之无因之因，即第一决定因时，现象与本体的划分却为康德的道德自因理论设置了一个巨大的难题。因为，康德将道德行为动机的无因之因，即道德法则，明白无误地归于本体世界："由道德法则所成立的自由的原因性和由自然法则所成立的作为自然机械作用的因果性，除非将前者视为是人的存在本体，存在于纯粹意识中，将后者视为是现象，存在于经验意识中，则二者绝不能共存于同一主体（即人）内。否则，理性必不免自相矛盾。"[②]但是，假如道德行为动机的"自由因"属于本体世界，它就应该是不可知的。如果我们知晓了这个自由因，那就要么是这个自由因并不存在于本体世界；要么是这个本体世界是可知的。这便是现象与本体的划分为康德的道德自由所设置的难题——一方面，康德主张只有感性直观，而不可能有理性直观的人类，只可能认识现象世界，不可能认知本体世界。另一方面，康德又坚持只能存在于本体界的，作为道德行为动机的无因之因之道德法则，又是人可以直接意识到的。如此，康德就必须解释清楚这个不可知的本体之法则是如何被人所知晓的？为解决这个难题，康德发明了他的"纯粹理性的实践应用"。所谓"纯粹理性的实践应用"指的是为了解答"我应当做什么？"之问题的纯粹理性之应用。也就是纯粹理性的道德应用。康德说："纯粹理性尽管不是在其思辨的应用中，但毕竟在某种实践的应用中，

---

① 参阅［德］康德著，李秋零译：《纯粹理性批判》，中国人民大学出版社 2004 年版，第 378～383 页。

② ［德］康德著，关文运译：《实践理性批判》，广西师范大学出版社 2001 年版，原序第 4 页注①。

也就是在道德的应用中包含着**经验可能性**的原则，即根据道德规范有**可能**在人的**历史上**发现的这样一些行动的原则。”①按此说法，纯粹理性的实践应用实际上就是纯粹理性的道德应用。即纯粹理性自发地发现道德法则，并根据道德法则决定行为的动机。后来康德在《实践理性批判》中将纯粹理性的实践应用直接称为“纯粹实践理性”，而将纯粹理性的思辨应用直接称为“纯粹思辨理性”。至于纯粹实践理性与纯粹思辨理性的区别，康德是这样论述的：

“因此，**意志所服从**的那个世界的法则和**服从于意志**的那个世界的法则(就意志对其自由行为的关系而言)，中间的差异就在于：在前一种情形下，对象必然就是决定意志的那些表象的原因，而在后一种情形下，意志才是对象的原因，因而决定意志的原因性的动机，就只置于纯粹理性官能之中，这个官能因此也就能够称为纯粹实践理性。

这里有两个问题：一方面，纯粹理性如何能够先天地认识对象；另一方面，它又如何能够直接成为意志的动机，即成为有理性的存在者实现对象的那种原因性的决定根据(它之所以能够实现这些对象，只是由于它思想自己的准则有可以作为法则的普遍有效性)。这两个问题是很有差别的。

前一个问题属于纯粹思辨理性批判范围，因而它就要求首先说明：那些使对象离开了自己就根本无法给予并因而也不能被综合认识的直观，是如何先天地就可能的呢？这个问题的解答因而就是：这些直观都只是感性直观，因而就使超出可能经验以外的任何思辨认识都成为不可能的，所以那个纯粹思辨理性的一切原理只足以使经验成为可能，不论所谓经验是指当前对象方面的经验而言，还是指那些只能无止境地呈现而却不能全部呈现出的对象方面的经验而言。

第二个问题属于实践理性批判范围，所以它就不要求说明欲望官能的对象如何可能成立，因为这是一个有关自然认识的理论问题，所以就留交给思辨理性的批判了。它只要求说明理性如何能够决定意志的准则：是这种决定只把经验的表象作为动机呢，还是纯粹理性就有实践力量，而可以成为一个完全不能在经验上被认识的可能的自然秩序的法则呢？这样一个超感性的世界概念既然同时就是使自然借人类的意志实现出来的一个根据，所以它的可能性

① [德]康德著，李秋零译：《纯粹理性批判》，中国人民大学出版社2004年版，第593页。

并不需要任何先天的直观(即对于一个理性世界的直观),因为这种直观,在这种场合下既然是超感性的,所以它对我们人类说来是不可能的。因为这里的问题,只有关于意欲准则的动机,只是问那个动机是从经验上来的,还是一个纯粹理性概念(即一般准则的合法则性概念),而且它是如何才能成为理性概念的。至于意志的原因性是否足以实现对象,则因为这是有关意欲对象的可能性的一种研究,所以就留交理论的理性原则来判断了。因而对于这些对象的直观,在实践问题中是完全不重要的。这里的问题并不在于结果,只在于问意志是怎样被决定的和什么才是它(作为一个自由意志)的准则的动机。因为**意志**只要合于纯粹理性法则,那么这部批判便不关心它的实行**能力**究竟如何,也不关心是否真有那样一个现实的世界依照这个可能世界的立法准则发生,这部批判只是研究纯粹理性是否以及如何能有实践力量,即它能够直接决定意志。"①

在这段引文中,康德对"纯粹实践理性"有四种不同的表述:第一,纯粹实践理性是**决定意志的原因性动机之"纯粹理性官能"**;第二,纯粹实践理性是**决定意欲的准则之动机的纯粹理性概念**;第三,纯粹实践理性是**决定意志的准则之纯粹理性的实践力量**;第四,纯粹实践理性是**直接决定意志**的**实践力量**。这四种表述虽然有"理性官能"、"理性概念"和"实践力量"之区别,但有一点却是完全相同的,即纯粹实践理性是决定者。不论是意志的原因性动机,还是意欲的准则动机,抑或是意志的准则或意志本身,都是被纯粹实践理性所决定的。我们知道,意志是行为的决定因。现在康德告诉我们,纯粹实践理性是意志的决定因,而且是绝对的无因之因。这实际上是说纯粹实践理性说到底是道德行为的第一决定因。假如纯粹实践理性是道德行为的第一决定因,那它实际上就是"自发地开始道德行为的能力"。上面我们曾谈到,康德对自由的定义是"自发地开始一个状态之能力"。据此,我们至少可以将"自发地开始一个行为之能力"理解为"行为自由"之定义——行为自由就是自发地开始一个行为之能力。这恰恰是纯粹实践理性与纯粹思辨理性的根本区别所在——前者的本质是自由,而后者的本质则是不自由。前者是自由地决定一个行为之开始的决定者,而后者则是"只足以使经验成为可能",不能越感性直观和经验之雷

---

① [德]康德著,关文运译:《实践理性批判》,广西师范大学出版社 2001 年版,第 33～34 页。

池半步的认知者。两种理性的这个根本的区别，使得康德解决本体不可知与本体已被知的矛盾成为可能：正因为纯粹实践理性是自发地开始一个行为的决定者，而不是对已存在的客体世界的认知者，它才属于主体的本体存在，而不是主体的所谓现象存在。也正因为纯粹实践理性是具有自发地开始其行为能力的行为主体本身，它才并不需要理智的直观而直接就作为主体的本体而存在——本体对本体自身的意识并不需要任何直观，它是完全可以“直接意识到”的。于是，借助于纯粹实践理性之发明，康德似乎解决了不可知的本体界如何被知晓之矛盾。

但是，假如纯粹实践理性是具有行为自由的行为主体本身，那它就应该既不是某种“官能”，也不是某种“概念”，而只能是某种能力，或某种力量本身。因为自由只能是主体的自由，而主体既不能是某种官能，也不能是某种概念，甚至也不能是某种实体（任何实体都必定是有限的存在，因而也就不可能是自由的主体），而只能是能力或力量。自由的主体就是自发地开始一个状态，并且主宰这个状态的能力。而行为自由的主体就是自发地开始一个行为并且决定这个行为的能力。我们实在无法理解某种“概念”如何能够成为道德行为的第一决定因；更不能同意某种“官能”能够成为道德行为的第一决定因。然而，康德确实是这样表述的。之所以会有这样的表述，是因为康德其实并没有将纯粹实践理性视为自发地开始道德行为的行为主体本身，而是将其视为与“纯粹理性的**思辨应用**”相对的所谓“纯粹理性的**实践应用**”。这就必然要导致上述矛盾的表述。因为，纯粹思辨理性可以是纯粹理性的思辨应用；但纯粹实践理性却绝不能是纯粹理性的实践应用。“纯粹思辨理性”虽然也是主体的一种理性能力。但这种能力只是认识和思考那个并不是其创造，也不是其主宰的客体世界的认知能力。它与“自发地开始一个状态”或“自发地开始一个行为”的能力是本质完全不同的两种能力：前者是不完全主体所具有的对不是其创造和主宰的世界之认识能力，而后者则是创造和主宰事物（行为）的主体本身。因此，在纯粹思辨理性的背后，一定站着一个主体。是主体在应用纯粹思辨理性，也是主体使得纯粹思辨理性发挥出其认识和思索世界之功能。但在所谓的“纯粹理性的实践应用”中，纯粹实践理性实际上已经不是主体对其先验的理性能力之应用，而是自发地开始行为的主体本身了。在纯粹实践理性背后不能再站着一个主体。因为，它就是开始行为、决定行为的主体本身。假如实践理性背后还站着一个主体，则纯粹实践理性就不可能成为道德行为的第一决定因——意志的原因性动机之决定者了。所谓“第一决定因”，它本身就意味着不能再有前因，更不能有一个应用它或决定它的主体。因此，**将行为的第一决定因之主体本身(或称主体本体)表述为主体对纯粹理性的实践应用，这是康德的道德主体之自因性的第一个矛盾所在。**

纯粹实践理性除了是道德行为的第一决定因外，它还作为所谓"自由的立法者"而存在。康德的纯粹理性无论是在思辨领域还是在实践领域，都是作为"立法者"而存在的。在思辨领域，纯粹理性是为自然"立法"，而在实践领域，纯粹理性则是为"自身"立法。但细究起来，两者作为立法者之地位都是有问题的。作为自然的立法者，其问题在"立法"上。因为此处所说的"立法"并不可能是创立自然规律的创造者，它充其量只不过是为认识已经存在的自然规律"先验地"提供了一套行之有效而又不可或缺的思维方式。它仅仅使主体认识客体成为可能，或者使认识者成为认识主体，但他绝对不能创立令自然遵守的规范或规律，因此也就绝不可能使认识主体成为自然的主宰者。有鉴于此，所谓"为自然立法"，充其量也就是"为认识立法"，或"为知识立法"。

而为"自身"立法者，问题既在"立法"上，也在"所立之法"上。"为自身立法"中所立之"法"，无疑指的是道德法则。而这个道德法则之"立"，并不是创立或制订法则之"立"。在康德那里，道德法则之"立"有两个环节：其一，行动前所立下的行为准则；其二，在立行为准则时直接就意识到道德法则。也就是说，道德法则是先天就存在于人的本体世界中，只待人在订立准则时去"直接意识到"。因此，所谓"为自身立法"，其实并无任何"立"的实质。因为所谓"立法"乃是指制订或创立法则，而不是"直接意识到法则"。既然道德法则是先天就存在于人的理性之中，只是被人直接意识到的，又怎么能称为是"为自身立法"呢？于是，所谓为自由立法的纯粹实践理性在这里就不免要遭遇到一个矛盾：假如道德法则是人自立的法则，它就只能存在于人的经验世界，而不可能存在于人的本体界。因为人只有在经验界才可能订立行为规则或法则。而假如道德法则是先天就存在于人的本体界的，则道德法则就不是人"自立"的，即自己制订的，而是先天就存在的，然后才被人"直接意识到"的。康德解决这个矛盾的方法是诉诸"自由"：他以自由作为道德法则的存在理由，又以道德法则作为自由的认识理由。也即：道德法则是因为自由而存在的。没有自由，道德法则就不能存在；而自由则是因为道德法则而被认识的。没有道德法则，则自由就无法被认识。[①] 至于自由是怎样使道德法则存在，道德法则又是怎样使自由被认识，康德则并没有说清楚。按照康德的说法，“只有我们（在为自己立下准则时所立刻）直接意识到的道德法则是首先出现于我们之前的，而且因为理性既然把它呈现为不受任何感性条件压制甚至完全独立于它们之外的一个动机，所以它就一直导到自由概念上了。但是那个道德法则的意识又是如何发生的呢？我们之所以能够自觉领会到纯粹实践法则，正如我们自觉领会到纯粹理论原理一样，是因为我们注意到理性以一种必然性给我们规定了那个纯粹实践法则，而且这种必然性又指示我们把一切经验条件都排除了出去”。[②] 康德的意思大概是这样的：当人“不受任何感性条件压制甚至完全独立于它们之外”而确立一个行为动机时，人就是自由的。而当人达到“把一切经验条件都排除出去”的自由时，人就会直接意识到道德法则。反过来，道德法则又是完全独立于感性条件的“智性法则”，因此，当人直接意识到道德法则时，人也就同时意识到自己排除了一切感性条件的自由。然而，康德的这个论断如要成立，起码要满足两个前提条件：其一，“自由”可以被定义为“把一切经验条件都排除出去”。假如“把一切经验条件都排除出去”并不能被定义为“自由”，则所谓的“自由是道德法则的存在理由”就根本不能成立。其二，只要“把一切经验条件都排除出去”就必然会导致直接意识到道德法则。如果“把一切经验条件都排除出去”后并不一定导致直接意识到道德法则，则所谓“纯粹实践理性为自由立法”也就无从说起。

显而易见的是，这两个前提条件没有一个是完全满足，或完全成立的。首先，“自由”从任何意义上都不能与“把一切经验条件都排除出去”完全画等号。笔者将在下一节论述理性与自由的关系时展开对此的论述。这里只需指出，“把一切经验条件都排除出去”的自由既与“自发地开始一个状态的能力”之

---

① 关于自由与道德法则的关系，康德是这样论述的：“我在这里称自由为道德法则的条件，随后又在论文本身声言道德法则是使我们初次能够意识到自由的条件，所以为了防止人们妄想在这里找到一种矛盾起见，我只能说自由是道德法则的存在理由（ratio essendi），道德法则是自由的认识理由（ratio cogoscendi）。因为假使道德法则不是预先在自己的理性中明确地思考到的，那我们便不应认为自己有理由来假设‘自由’这种东西（虽然这也并不矛盾）。但是如果没有自由，那我们就不可能在自身发现道德法则。”见[德]康德著，关文运译：《实践理性批判》，广西师范大学出版社 2001 年版，第 2 页注①。

② [德]康德著，关文运译：《实践理性批判》，广西师范大学出版社 2001 年版，第 16 页。

“自由”风马牛不相及，也与“自发地开始一个行为的能力”之自由大相径庭。

其次，“把一切经验条件都排除出去”并不一定必然会导致直接意识到道德法则。康德所谓的纯粹实践理性为自由立法的关键之处其实就在于这两点，即“把一切经验条件都排除出去”和这里的“直接意识到道德法则”。前者是纯粹实践理性确立自由的功能；而后者则是纯粹实践理性的所谓“立法”的功能。但是，如果“把一切经验条件都排除出去”真的是自由，则决定人的行为动机之自由就不会仅仅是“直接意识到道德法则”这唯一的选择，而应该是千千万万、各式各样的任意选择。没有经验条件约束的主体应该像上帝一样自由。上帝什么都可以想，什么都可以做，但就是没有必要去“直接意识到道德法则”。如果“把一切经验条件都排除出去”所导致的唯一的结果却是“直接意识到道德法则”，则“把一切经验条件都排除出去”就不是“自由”，而是“必然”。如果纯粹实践理性在排除一切经验条件后，仍然要按照一种必然性而导致直接意识到道德法则，则“把一切经验条件都排除出去”的纯粹实践理性就不是在确立自由，而是仍然在不自由的因果律中打转转。因为“自由”与“必然”是两个绝对对立的概念。有“自由”就绝没有“必然”！有“必然”就绝没有“自由”！

“自由”不但与“必然”相对立，而且也与“法则”相对立。导致纯粹实践理性直接意识到道德法则的“必然性”即使像康德所说的那样，不是经验界因果律的必然性，而是智性世界所谓的“自由的必然性”，这种“自由的必然性”也仍然不可能成立。因为真正自由者，既无法则存在的必要，也无法则存在的可能。例如，人所想象的真正、绝对的自由者——上帝——就绝对没有任何“法则”存在之可能。上帝在创世之时既不需要确立什么行动准则，也不可能“直接意识到”什么“道德法则”！上帝的创世既是随心所欲的，也是无法无天的。假如上帝创世还要遵守哪怕是自立自守的法则，那上帝就不再是上帝，创世也就不再是创世了。既然连上帝的自由都不能导致“直接意识到道德法则”，那么，人的任何自由，即使是智性世界的“自由”也就都不可能导致“直接意识到道德法则”。导致人有可能“直接意识到道德法则的”，不是人的自由，而恰恰是人的不自由！是人的矛盾、人的欠缺，尤其是人的冲突！只有矛盾的主体，才有需要排除一切经验条件之烦恼；只有欠缺的主体，才有相互依赖之必要；而只有冲突的主体，才有调整主体间关系之难题。假如人像上帝一样是完全、绝对，尤其是唯一的主体，则人就既不需要道德，更不需要法则，从而也就根本不可能直接意识到什么道德法则了。因为，完全、唯一的绝对主体既没有调整主体间关系的烦恼,也没有欠缺需要弥补,更没有任何矛盾需要克服,因而也就绝对没有任何道德法则或行为规范存在的必要。人之所以要有行为规范,之所以会“直接意识到”道德法则,是因为人既是矛盾的主体,又是欠缺的主体,同时还是多元主体共存的主体。更重要的是,作为矛盾、欠缺和冲突的主体之人,并不安于这种不自由的状况,而是时时刻刻并且世世代代都在努力克服矛盾,弥补欠缺,消弭冲突,都在尽力摆脱其不自由的状况。人的这种存在“现象”决定了人必须“共存”、必须“互助”、进而必须努力结为一个主体整体。只有最终结成一个和谐共存、合作共进的主体整体,人类才有可能最有效地克服自身的矛盾、欠缺和冲突,才有可能最大限度地摆脱不自由的状况。不论是“和谐共存”,还是“合作共进”,抑或是最终结为一个主体整体,都需要一个人人都信服,人人都自愿自觉遵守的道德法则。这便是道德法则产生的根源!这同时也是道德法则存在的理由:道德法则是将多元欠缺主体凝聚成一个主体整体所必需的。而将多元欠缺主体凝聚成一个主体整体又是不自由的人类主体摆脱其不自由状况的最有效的途径之一。没有各个主体都愿遵守并且都能遵守的道德法则,就无法规范主体的行为,就不能有效调整主体间的关系,从而也就无法组成和谐共存、合作共进的主体整体。因此,道德法则绝不像康德所说的那样,是源于纯粹实践理性所确立的“自由”,也不像康德所说的那样,是纯粹实践理性在订立行动准则时所“直接意识到的”,而是完完全全源于人的矛盾、人的欠缺和人的多元主体共存之事实。也就是说源于人的不自由。是人的不自由,使得道德法则成为人的必须!是人摆脱不自由的欲望,才使得遵守道德法则成为必要和可能。

将既无自由的本质,又无立法实质的纯粹实践理性表述为是为自身立法的立法者,这是康德的道德主体之自因性的第二个矛盾所在。

不但纯粹实践理性不是在排除了一切经验条件后就直接意识到道德法则的,而且道德法则本身也不可能是完全独立于感性世界的所谓智性世界的“自由的法则”。康德将道德法则称为“自由的法则”是基于两个理由:其一是所谓的“通过自由而发动的原因性”。其二是所谓自立和自守法则的“自律性”。关于自律性我们将在下一节讨论自律与自主的关系时再详细讨论。此处我们将重点论述所谓“自由的原因性”。所谓自由的原因性,即“通过自由而发动的原因性”。“因为通过自由而发动的原因性一定要在感性世界之外、理性世界之中,才能被发现出来。不过除了感性事物以外,再没有别的东西呈现于知觉和观察之前。因此,就没有别的方法,只有设法发现一条排除一切感性条件的决定而系无可抗辩的客观的原理，那就是说，理性在这个原理方面就不再需求别的东西，以为其原因性的决定根据，而是只凭借那个原理就已在自身包含了那个根据，因而它在这里作为纯粹理性自己就有实践力量。不过这个原理既无须远求，也无须捏造；它久已存在于每一个人的理性之中，和其本质融为一体，并且是道德的原理。"①在这段论述中，康德对"通过自由而发动的原因性"给了我们三条线索：一是"通过自由而发动的原因性"一定是在感性世界之外，是排除一切感性条件的无可抗辩的客观原理；二是"通过自由而发动的原因性"是理性只凭这个原理就已在自身包含了原因性的决定根据；三是"通过自由而发动的原因性"是"久已存在于每一个人的理性之中，和其本质融为一体"的道德原理。这三条线索其实同时提出了三个问题：第一，如何证明道德法则就是排除一切感性条件的客观原理？第二，如何证明道德法则就是自身包含了原因性的决定根据？第三，如何证明道德法则是"久已存在于每一个人的理性之中，和其本质融为一体"的？遗憾的是，对这三个问题康德均未给出令人满意的答案。笔者以为，在对上述三个问题给出充分合理的答案之前，一味地宣称道德法则是排除了一切感性条件的，是自身包含了原因性的决定根据的，是与人的本质融为一体的等等，其实都是不能成立的，至少是令人怀疑的。笔者在上面已经对第一点做出了完全相反的论证，即道德法则并不是排除了一切感性条件的所谓"自由的法则"，而是源于感性世界，并为了改变感性世界的主体间关系而完全存在于感性世界的并非自由的法则。对第二和第三点，笔者在这里将要得出的仍然是完全相反的证明，即道德法则既不是"自身包含了原因性的决定根据"，也不是"久已存在于每一个人的理性之中，和其本质融为一体"的道德原理。因此，笔者以为将道德法则定义为"自由的法则"其实是大有商榷的余地的。

所谓"道德法则自身就包含了原因性的决定根据"指的是在道德法则之上再也找不到道德法则的原因。作为行为动机的第一决定因，道德法则是无因之因。是一切行为动机的最原初的决定根据。为了测试道德法则是否真的就是行为动机的无因之因，我们不妨以康德提出的所谓纯粹实践理性的基本法则为例。康德的这个基本法则是："不论做什么，总应该做到使你的意志所遵

---

① [德]康德著，关文运译：《实践理性批判》，广西师范大学出版社 2001 年版，第 98～99 页。

循的准则同时能够成为一条永远普遍的立法原理"①。康德断言,这个基本法则是只有立法形式,而无实质内容的普遍法则。因而自身就包含了原因性的决定根据。也即是一切行为动机的无因之因。事情果真如此吗?这条法则中的"应该"两个字已经透露出了否定的信息。事实上,一切道德法则都是以"应该"这两个字为前提的。没有"应为"这个前提,一切道德法则就都没有存在的必要。只因为存在着"应为"的领域,才会有仅适用于"应为"领域的"永远普遍的立法原理"。因此,即使从这条法则的本身,我们已经找到了道德法则的原因——因为有"应为"领域的存在。康德当然不同意"应为"是道德法则的前提或原因。他的理由是,真正纯粹的"道德应为"其实是与自由画等号的。道德的应为不同于以功利为目的,或以合理性为圭臬的"应为"——前者是摆脱了感性经验的所谓自由的应为,而后者则是受感性制约或为经验目的所左右的所谓不自由的"应为"。既然道德的应为是自由的应为,则作为自由的原因性之道德法则与自由的应为也就可以合二为一了——道德法则本身已经包含了自由的应为。或者说自由的应为本身已经包含着道德法则。看来问题在于自由的应为是否真的成立。也即是否真的有摆脱了一切感性条件和经验目的的"应为"。康德以说谎为例来证明自由的应为之存在:即使不说谎没有任何经验的利益,也达不到任何感性的目的,甚至面对死亡的威胁,人仍然有可能"自由地"选择不说谎。因此,不说谎的应为就是没有任何被决定的因素的自由的应为。但是,人"自由地"选择不说谎,和不说谎是自由的选择其实是两个根本不同的概念。就像一个人可以自由地选择一个伴侣并不能证明这个伴侣是一个自由的选择一样,一个人可以自由地选择不说谎,并不能证明不说谎是自由的法则。要证明不说谎是自由的法则,就必须证明这条法则本身是自由的,而不是人们对它的选择是自由的。就这里的问题而言,要证明不说谎的应为是自由的应为,需要论证的是不说谎的应为是行为动机的第一决定因,而且是无因之因,而不是人们有选择其为行为动机的决定因之自由。那么,这个不说谎的"应为"真的是行为动机的无因之因吗?答案当然是否定的——道德应为的存在不可能没有原因。因为"道德应为"是相对于其他主体而言的。没有其他主体的存在,就绝没有道德应为存在的可能。不但独一无二的主体不存在"道德应为"之问题;而且即使存在着多元主体,只要这些主体散居独处,不发生任

① [德]康德著,关文运译:《实践理性批判》,广西师范大学出版社 2001 年版,第 17 页。

何关系，这些“主体”也不会有“道德应为”或“不应为”之烦恼。至于那些不是主体的存在，就更不会有“道德应为”与“不应为”之区分。只有在因欠缺而必须共存，且又追求主宰世界的多元主体间，才会有“应为”与“不应为”之划分：有利于主体间和谐共存、合作共进的行为就是“应为”的行为，而不利于主体间和谐共存、合作共进的行为就是“不应为”之行为。因此，多元主体共存的事实是“应为”得以产生的原因。没有主体不会有“应为”，唯一主体也不会有“应为”，多元而不需要共存的“主体”仍然不会有“应为”。只有在多元而又必须共存的主体间，才会有应为。而道德法则无论如何都是在“应为”产生之后，因为“应为”的存在才产生的。由此说来，道德法则就绝不是“自身包含了原因性的决定根据”之所谓的自由的原因性，它仍然是人的经验世界的因果链上的一个被决定的环节——道德法则存在的原因是人的行为被分为“应为”与“不应为”两种；而划分应为与不应为的行为之原因又是因为群居共存，且又追求主宰世界的多元主体调整主体间关系之需要。再往上溯，调整主体间关系之需要的原因又是因为人是矛盾、欠缺、冲突的不完全主体，等等。总而言之，不论是道德法则，还是应为的行为本身，抑或是两者的结合，都不可能是所谓决定人的行为动机的自由因。从抽象的意义上说，人的行为动机只可能是被决定的，而绝不可能是自由的——它要么被满足人的生存需要所决定，要么被实现人的主宰欲望所决定。超出人的生存需要和主宰欲望的行为动机是根本不存在的（疯子和傻子的行为不在此列）。

将源于不自由，并且是为了克服不自由而存在的不自由的道德法则，说成是源于自由，并且本身就是自由的法则，这是康德的道德主体之自因性的第三个矛盾之所在。

至于道德法则是“久已存在于每一个人的理性之中，和其本质融为一体”之说就更难成立。按笔者的理解，康德指的理性应该是一种能力，不论是认识能力、思辨能力，还是自发地开始一个行为的能力，总之都是能力。但道德法则在任何意义上却都不是“能力”。道德法则就其本身而言并无任何能力。它既无能力自己制订自己，也无能力自己实施自己。无论是制订、认识、还是实行，道德法则都只能是能力的对象或结果，而不可能是能力本身——道德法则的存在是立法能力的对象和结果；对道德法则的意识是认识和理解能力的对象和结果；而道德法则的实行或对道德法则的遵守，则又是实践能力的对象和结果。即使按照康德的说法，道德法则是理性直接意识到的，道德法则也仍然是理性的意识能力所意识的对象。因此理性与道德法则的关系应该是主体与对象的关系。这个主体与对象的关系不但表现在对道德法则的认识或“直接意识到”方面，而且表现在对道德法则的创立和遵守方面。康德的“自立和自守法则”所表述的恰恰是这种主体与对象的关系——自立法则的立法主体是实践理性，而自立法则的立法对象则是道德法则。同样，自守法则的守法主体是实践理性，而自守法则所遵守的对象则是道德法则。康德虽然用了很大的篇幅来论证理性只有与道德法则融为一体，才能成为行为动机的无因之因，但却从未清楚地告诉我们，只能作为理性主体的认识和实践对象的道德法则是如何“久已存在于每一个人的理性之中”，并和理性的本质“融为一体”的。毕竟，我有意识到道德法则的能力，与我和我所意识到的道德法则融为一体而成为发动行为的能力是完全不同的两回事。后者的能力其实与道德法则并无任何关系。它其实是理性的三种能力之综合表述，即意识到道德法则的能力和遵守道德法则的能力以及发动行为的能力。而这三种能力没有一种依赖于道德法则。不但发动行为的能力与道德法则无关，就是认识和遵守道德法则的能力也与道德法则无关——就像分析和综合能力与分析和综合的对象无关一样。反倒是道德法则的存在和作用完全依赖于这三种能力：没有认识或立法能力，道德法则无已存在；没有遵守道德法则的自律能力，道德法则无已发挥作用；而没有发动行为的能力则道德法则也就无从发挥作用。

将只能作为理性能力的对象之道德法则表述为混同于理性能力的行为决定因，这是康德道德主体之自因性的第四个矛盾所在。

总而言之，康德关于道德主体的自因性之论述无论从何种角度上说，都是处在问题中：关于道德主体之“自发地开始一个行为的能力”，康德没有告诉我们这个自发地开始行为者究竟是人还是人所拥有的纯粹实践理性？是实践理性本身“自发地开始一个行为”？还是另有一个应用实践理性的主体“自发地开始一个行为”？关于行为规范的自因性之“自立法则”，康德无法说清楚排除了感性因素和经验条件后，为什么就“必然会直接意识到道德法则”？而“直接意识到道德法则”又为什么可以被定义为“为自身立法”？关于“为自身立法”与“自由的法则”之关系，康德除了宣称道德法则是所谓“自由的法则”外，对道德法则何以能成为“自由的法则”则并没有做出令人信服的论证。最后，关于道德法则如何能够成为道德行为的决定因，康德仅以道德法则是“久已存在于每一个人的理性之中，和其本质融为一体”之说来搪塞。至于道德法则是如何久已存在于人的理性之中的？又是如何与理性的本质融为一体的？对此，康德却一概保持沉默。由于有了上述种种理论的瑕疵，我们有理由断言康德的道德主体的道德行为之自因性是难以成立的。

2. 自律与自主:道德主体的自主性悖论

"自律"是康德论述其道德主体的最主要的概念。康德的自律概念是一个既包含了道德法则,也包含了意志自由的复杂概念。自律包含了道德法则是指自律的原则就是选择和遵循道德法则。康德说:"意志自律性,是意志由之成为自身规律的属性,而不管意志对象的属性是什么。所以自律原则就是:在同一意愿中,除非所选择的准则同时也被理解为普遍规律,就不要做出选择。"[①]显而易见,"除非所选择的准则同时也被理解为普遍规律,就不要做出选择"这个自律原则与道德法则的普遍法则"不论做什么,总应该做到使你的意志所遵循的准则同时能够成为一条永远普遍的立法原理"[②],其实是同一个法则的不同表述而已。也就是说自律的原则其实就是道德法则;道德法则其实也就是自律的原则。而所谓自律包含了意志自由,则指的是所谓意志自由其实就是自律的自由或自由的自律。按康德的说法,"自然必然性,是一种由作用因所构成的他律性;因为在这种因果性中,任何结果,只有按照作用是其他东西的规律,才有可能;那么,意志自由就只可能是自律性了,这就是说,意志所固有的性质就是它自身的规律了。意志的一切行动都是它自身规律这一命题,所表示的也就是这样的原则:行动所依从的准则必定是以自身成为普遍规律为目标的准则。这一原则也就是定言命令的公式,是道德的原则,从而自由意志和服从道德规律的意志,完全是一个东西。"[③]也就是说意志自由就是意志自律;意志自律也就是意志自由。说意志自由就是意志自律是源于康德的三个推理:第一,既然自然必然性是他律性的,则意志自由就只能是自律性的;第二,因为意志所固有的性质就是它自身的规律,这个规律就是"行动所依从的准则必定是以自身成为普遍规律为目标的准则",而这恰好就是自律的原则;第三,自由意志和服从道德规律的意志完全是一个东西。无论这三个推理是否成立,反正康德是据此把意志自由与意志自律完全画上等号的。

---

① [德]康德著,苗力田译:《道德形而上学的原理》,上海世纪出版集团、上海人民出版社 2005 年版,第 61 页。

② [德]康德著,关文运译:《实践理性批判》,广西师范大学出版社 2001 年版,第 19 页。

③ [德]康德著,苗力田译:《道德形而上学的原理》,上海世纪出版集团、上海人民出版社 2005 年版,第 70 页。

然而,这样一个既包含了道德法则,又与意志自由直接画等号的自律概念,甚至在逻辑上也是矛盾的。因为,从逻辑上说,“自由”与“自律”是两个根本不相容的概念。所谓“自由”者,乃不被规定,不受限制之谓也。而所谓“自律”者,则是规范、限制之谓也。即使这种规范和限制是自己自觉自愿的,也仍然改变不了其规范和限制的不自由之本质。撇开这个不谈,即使我们承认自立和自守法则的自律属于一种自由,也仍然解答不了我们的如下疑问:第一,有理性的存在为什么一定要自立和自守法则?即自律的原因是什么?第二,作为自律的原则之道德法则究竟是普遍法则还是绝对命令?即道德法则的性质是什么?对于上述问题,康德不是语焉不详,就是置而不论。我们不妨沿着康德的论证路径来探讨上述问题的可能答案。

(1)目的与主体——自立法则的原因

我们这里提出的所谓自立法则的原因问题,康德肯定是拒绝回答的。因为,正像康德主张道德法则是确定行为准则的无因之因一样,康德当然也主张自律是决定行为准则的无因之因。作为无因之因的自律,当然不可能有所谓自立法则的原因——自立和自守法则都是无因的。正因为它是无因的,它才是自由的。或者反过来,正因为它是自由的,它就肯定是无因的。然而,康德论证其道德自由的论证路径,却在无意中透露出有理性的存在自立和自守法则的原因。

康德论证其道德自由的路径可以被归纳为如下两条路径:第一条路径可以称之为“秩序路径”,即:以秩序既是自然的前提,也是自由的前提为论据,从论证若无秩序,则既无自然,也无自由出发,确证无规律无自然,无法则无自由。如果规律(法则)是外在强加的,就是自然。如果规律(法则)是自立和自守的,即为自由。因此,自立和自守法则的自律就是自由。

第二条路径可以称之为“目的路径”,即:以自由王国是所谓的“目的王国”为论据,从论证人不能是手段,而必须是目的出发,确证只要人人均以自己和他人为目的,就能达致自由的目的王国。而以人为目的,就必须遵守适用于一切人的普遍法则。这个普遍法则对于作为自在目的的人而言不能是外在强加的法则,而必定是其自身自立的法则。因为,作为自在目的的人所自立的行为准则必然是适合于成为普遍规律的普遍法则。于是,自立和自守普遍法则的自律就使得自由的目的王国诞生。在自由的目的王国中,每个人将成为既是立法者,又是自觉守法的守法者的自由的存在。

第二条路径看似与第一条路径完全不同,但其实已经包含了第一条路径,或者说是以第一条路径为前提的——既然“自由”可以是一个“王国”，而任何“王国”的存在都必须以“秩序”为前提，则所谓的目的王国也就必然隐含了秩序的前提。因此，“秩序路径”其实是“目的路径”的前提，而“目的路径”其实是已经包含了“秩序路径”的康德的完整论证路径。因此，我们可以将康德的两条论证路径归纳为这样一条路径：

无论是自然还是自由都是有序的“王国”。所不同的是，自然王国的秩序是由外在强加的规律所维系的；而自由王国的秩序则是由有理性的存在自立和自守的普遍法则所维系。有理性的存在之所以会自立和自守普遍法则，是因为有理性的存在自在地就是目的，而不是手段。作为自在目的的有理性存在所自立的行为准则必然是适合于成为普遍规律的普遍法则。

假如这条论证路径成立，则自立和自守法则的原因其实就已经包含在其中了，即：自立和自守法则的根本原因是人自在地就是目的。正因为人将自己和他人都看作是目的，而不是手段，人所确立的行为准则才会是适合于成为普遍规律的普遍法则。反过来说就是：假如人不是自在的目的，人所确立的行为准则就绝不可能是普遍法则。因此，“人是目的”便成为人自立和自守法则的最直接的原因。

然而，将自己和他人都作为目的也应该有一个原因或理由，即：为什么一定要把自己和他人都作为日的呢？对此，康德虽然没有给出明确的答案，但在康德有关“善良意志的道德主体”之论述中，多多少少透露出将人作为目的的原因。在康德的笔下，“人”既不是自然的存在，也不是意识的存在，而是，并且仅仅是道德的存在。用康德的话来说，就是“善良意志的道德主体”。只有把人界定为善良意志的道德主体，才有必要主张人是目的。因为，道德主体其实是一种以抑制主体的主宰本质为前提的另类“主体”。笔者在本书第二章中已经论证过，主体的本质是“主宰”。但道德主体的本质却绝不能是“主宰”。道德主体的本质是“善”。而“善”的最基本要求就是放弃主宰他人；就是对待他人像对待自己一样。这正是“人是目的”的由来：只有当每一个人都以自己和一切人为目的，而每个人的行为都遵循把人当作目的的准则时，人才可能“与人为善”，才有可能成为“彻底善良意志的主体”。

但是，人为什么一定要成为善良意志的道德主体？这仍然是一个问题。笔者在上一节曾经谈到：上帝绝不需要道德法则。这里同样可以断言：上帝绝对没有必要成为善良意志的道德主体。理由与上帝不需要道德法则的理由完全一样，即：上帝是独一无二的绝对主体。独一无二的绝对主体根本不存在调整主体间关系的烦恼。而人为什么要成为善良意志的道德主体，恰恰是因为人既不是独一无二的主体，也不是完全绝对的主体，而是多元共存的欠缺主体。只有多元共存的欠缺主体才有调整主体间关系的烦恼；也才有成为善良意志的道德主体之必要。如此说来，“人是目的”只是人类主体在调整主体间关系领域中的一个根本原则。这个原则仅适用于“善良意志的道德主体”。但它既不适用于绝对主体，也不完全适用于不完全的欠缺主体。因为，不论是完全主体还是不完全主体，作为**主体**，其“根本原则”只能是“**主宰**”，而绝不可能是“目的”。“主宰”与“目的”是两个意义根本不同，甚至完全相反的概念。假如“人是主宰”，人就不允许将其他一切东西，包括其他人同时也看作主宰。否则他就不再是“主宰”。因为“主宰”是绝对排他的。而假如“人是目的”则不但允许，而且绝对要求将其他人也看作是目的，也即放弃主宰他人。否则，人是目的就将失去任何意义。因此，肯定人是目的，就必然要否定人是主宰。只有在否定了人是主宰的前提下，人才有可能成为目的。这里所涉及的，其实是人类整体自由与个体自由的关系——强调整体自由，就必然要限制乃至否定个体自由；而强调个体自由，就必然要损害乃至摧毁整体自由。康德的聪明之处在于创设了一个人人自立和自守道德法则的目的王国，从而以个体自觉规范其行为来调和个体自由和整体自由的矛盾：通过人人自立和自守道德法则而使得无冲突的整体自由境界得以实现；而通过强调道德法则是每个人自己订立和自觉遵守的，而不是外在强加的，而使得个体自由不因为遵守法则而被否定。

但是，即使“人是目的”的原则是调整主体间关系所必须的，它在任何情况下也都不能成为一个绝对的原则。原因在于，人是目的的原则与人是主体的本质是相冲突的。将人作为目的的前提是在人与人之间的关系领域否定人成为他人的主宰之主宰本质。只有彻底否定了主宰他人的主体本质，才有可能将自己和他人都作为目的。但假如完全否定了人的主宰本质，人就将失去其主体地位，而重新沦为手段或工具——尽管似乎不是他人的手段和工具，但却是所谓“整体”的手段和工具。因为，所谓“以人为目的”，其实就是以调整人与人之间的关系为目的，而以调整人与人之间的关系为目的，其实就是以形成一个和谐的主体整体为目的。因此从以人为目的出发，最后达到的结果并不是人人成为自由的主体，而是一个和谐的主体整体，即康德所说的“目的王国”。在这个目的王国中，每个个体除了自觉地以道德法则约束自己的行为外，就再也没有，也不能有其他的追求。换句话说，他的存在，除了使目的王国存在以外，就再也没有其他意义。这样一种以人为目的，以道德法则自觉约束自己的存在，其实是一种丧失了主宰欲望，或其主宰欲望被完全克服了的存在。而一个没有主宰欲望和主宰本质的存在，无论如何都不可能再是主体的存在。他只不过是作为目的王国的一个成员，为了实现目的王国的存在。但人作为主体，不仅仅要面对主体间的关系，而且要面对主体与客体世界的关系。甚至，调整主体间关系的目的本身就是为了主宰客体世界。以人为目的，虽然有利于调整主体间的关系，但却无助于主宰客体世界之努力。只因为此笔者才断言："人是目的"虽然可以作为调整主体间关系的一个原则，但绝不能作为人的存在的绝对原则。

康德辩称以人为目的是一个绝对原则的理由无非是：这个原则（包括道德法则）是自在地存在的，是人自由地选择的，并且是人自立和自守的。康德的逻辑似乎是：只要原则和法则是人自立和自守的，原则和法则就不是对自由的约束，而就是自由本身了；并且，只要人自立和自守法则，人就成为"善良意志的道德主体"，因而其主体地位不但没有丧失，反而完善了。但是，在"主体"之前加上一串限定词究竟是对主体概念的完善，还是对主体概念的某种否定，是大有商榷的余地的。笔者以为，任何限定词和修饰语无论褒贬，对"主体"一词都是某种否定。因为"主体"一词从本质上说是不需要任何限定词和修饰语的。主体就是主宰。将"善良意志的"作为主体一词的限定词或修饰语，与将"欠缺的"或"矛盾的"作为主体一词的限定词或修饰语一样，其实都是对主体一词的一种否定。"欠缺的"或"矛盾的"是在否定主体是完全主体。而"善良意志的"则是在主体间关系领域对主体的主宰本质之否定。我们知道，作为主体的本质之主宰是绝无善恶之分的。因为"主宰"的绝对排他性决定了主体不应有所谓"调整主体间关系"之需要。而所谓的"善"、"恶"则是在有其他主体存在的情况下，在任何主体都不是真正意义上的绝对主宰的情况下，一句话，是在因多元主体共存而有必要调整主体间关系的情况下才产生和存在的概念。在实践的意义上，用通俗的话来说，所谓"善"，就是有利于欠缺的主体间和谐共存、合作共进的行为和事项。而所谓的"恶"，也就是不利于欠缺的主体间共存和共进的行为和事项。因此，所谓"善良意志的主体"，其实仅仅是在人类不得不调整主体间关系的情况下不得不成为的一种伪"主体"。这样的"主体"，虽然有利于主体整体的形成和存在，但对主体的主宰本质之实现并没有直接的积极意义。

在什么情况下"善良意志的道德主体"对主体的主宰本质之实现才具有积

极意义呢？笔者以为只有在所谓的"目的王国"不再是绝对的目的，而只是相对的"手段"时，"善良意志的道德主体"才会对主体的主宰本质之实现产生积极的意义。具体说来，必须在两个方面彻底改变康德的"人是目的"之含义，"善良意志的道德主体"才会对主体的主宰本质之实现产生积极的意义。第一个方面，必须将"人是目的"的"人人以自己及他人为目的"之定义修改为"人人以自己及他人都成为主宰为目的"。就是说，人是目的所表达的不是以人为目的，而是人人都是有目的的主体存在。作为主体存在，人的目的是成为主宰，而绝不能是放弃主宰。当然，为了人人都成为主宰，人人都必须放弃主宰他人。但放弃主宰他人是为了人人都能够成为主宰，而不是人人都是目的，更不能是人人都不再是主宰。因此，"人人以自己及他人都成为主宰为目的"意味着人人不仅仅要放弃主宰他人，而且还必须同时坚持自己和他人都成为主宰。没有这后一个坚持，则"人是目的"的结果就只能是个体沦为整体的工具或手段。

第二个方面，必须将"通过以人为目的而组成'**目的王国**'"修改为"通过以人为目的而组成以人人都成为主体为目的的**主体整体**"。也就是说，所谓的"目的王国"不能再是目的，而只不过是使人人都有可能成为主宰一切的完全主体之手段。组成主体整体是为了使人人都有可能成为完全主体。没有使人人都成为完全主体之目的，则作为整体主体的目的王国就失去了任何存在的意义。

现在我们可以来回答什么是自立法则的原因之问题了。原来，所谓"自立法则"，既不是源于康德宣称为无因之因的道德法则，也不是源于康德同样宣称为无因之因的意志自由，而是源于作为欠缺主体之人欲成为完全主体的根本欲望。欠缺主体正因为他是主体，他才有主宰之欲望；正因为他欠缺，他才有组成主体整体之必要。只有真正意识到组成主体整体之必要的欠缺主体，才有可能真正做到自立和自守有利于主体整体形成和存在的所谓普遍法则。而自立和自守有利于主体整体形成和存在的普遍法则，并不仅仅是为了主体整体的形成和存在，更重要的是为了使人人都有可能成为主宰一切的完全主体。因此，自立和自守法则的自律从任何角度说都不可能与自由画等号。因为它是不自由的欠缺主体，为了争取自由而不得不约束个体自由的本质为不自由的手段。自律不是自由，而是为了自由而不得不为之的不自由。

(2)善良与主宰：主体的本质

公平地说，康德从未将"善良"明确界定为主体的本质。他甚至对主体的本质根本就没有做出过任何论述。笔者之所以认定康德论述的道德主体之本质是善良，是因为康德直接将道德主体界定为“善良意志主体”。当然，将主体界定为善良意志主体并不一定意味着该主体的本质就是善良意志。善良意志主体，既可以被解释为有着善良意志但其本质仍是主宰的主体，也可以被解释为主体就是善良意志本身。但康德的善良意志主体是一个排除了一切感性欲望和爱好的纯粹“理智世界”的主体，因此，他绝不可能是有着善良意志，但其本质仍是主宰的主体。而善良意志本身在康德那里只不过是纯粹实践理性的一种属性，它不可能是主体本身。因此，对于康德来说，善良意志主体只能被解释为“其本质是善良意志的主体”。这个主体正是排除了一切感性因素的“纯粹实践理性”。反过来说就是：纯粹实践理性是有着善良本质的道德主体。

然而，从本体论上说，既不可能有“善良意志主体”，也不可能有主体的“善良”本质。以无条件存在的绝对主体为例，作为随心所欲无所不能的唯一主体，绝对主体的本质绝不可能是“善良”。不但其本质不可能是“善良”，就连作为一种特征的“善良”都不可能有。因为绝对主体是世界一切的唯一主宰。在绝对主体面前，世间一切都是客体。因此，绝对主体与世间一切只有一种关系，即主体与客体的关系。主体与客体的本质关系是主宰与被主宰之关系，而绝无善恶的关系。在主体和客体之间并不存在什么善、恶之分。因此，绝对主体的本质只能是“主宰”，而绝无可能是“善良”。作为人所想象出的绝对主体，上帝造物是源于其主宰欲望，而不是源于其善良仁爱。上帝当然有可能对某个其所创造之物特别宠爱，但这种宠爱绝不是善良，而仍然是其主宰意欲之表现——其宠爱是源于他的“意欲”，而不是源于道德的“应该”。就像你特别珍爱你的爱车，但这种珍爱并不是你的善良，而仍然是你的意欲一样。什么时候你突然厌恶它了，你即使将它弃之如敝屣，或砸烂成废铁，也绝无“善”“恶”之嫌。因为主客体之间无善恶。在什么情况下才会有善、恶之分呢？当然是在两个以上的主体不得不共存的情况下，才会产生善、恶之分。一个世界中不可能同时存在两个上帝，因此对于上帝而言，就绝无与其他上帝调整主体间关系的烦恼，因而也就绝对没有所谓的善、恶之分。只有在一个世界中同时存在着两个以上平等主体时，善、恶之分才随之产生。因为两个以上的主体间存在着调整主体间关系的必要。而善、恶只不过是在调整主体间关系领域对行为或事物的衡量标准或评价原则。即：有利于主体间和谐共存的行为和事物即为善；而不利于主体间和谐共存的行为或事物即为恶。这种只是作为调整主体间关系的原则或标准的“善良”在任何情况下都绝不可能是主体的本质。因为,“善良”是多元主体共存的世界中的特有原则,而不是一切主体普遍具有的本质。任何主体,不论是唯一的绝对主体,还是多元共存的欠缺主体,其本质都只能是主宰。而善良不但不是主体普遍具有的本质,即使作为行为原则和评价标准,也只能存在于多元主体共存的世界。没有多元主体共存的事实,就没有善良原则存在之必要。主体没有善良的“本质”仍然可以是主体,甚至有可能是更纯粹、更绝对的主体。但“善良”如果没有多元主体共存的事实,就绝对没有了存在的余地。因此,康德的所谓“善良意志主体”其实是根本不存在的。“善良意志”在任何情况下都只不过是欠缺的主体为实现其主宰的本质而用以组成主体整体的手段或工具。而所谓的善良意志即使有一天真的能完全实现,实现善良意志的“是其所应是”之“境界”,充其量也只不过是欠缺的多元主体终于组成了和谐共存的主体整体。而组成主体整体,不但不属于自由的存在境界,它甚至连存在境界都不是。它只不过是人类主体走向自由境界的一条必由的路径——必须先组成主体整体,然后才有可能走向自由。作为“能是其所欲是”的不完全主体,人类要想达致“是其所欲是”的自由境界,其中一个充要条件就是必须结成无冲突的主体整体。而“是其所应是”中的前两个层次恰恰是人类结成无冲突的主体整体的最主要的途径之一。只有每个人和全体人都做到了“为所应为”,并且人人都以人为目的,人类才能结成和谐共存的主体整体。而只有人类结成为和谐共存的主体整体,人类才有可能走向“是其所欲是”的自由境界。但无论如何,走向“是其所欲是”的自由境界,即实现主体的主宰本质才是人类主体,以及一切主体的根本目的。

(3)意志与意欲:主体的矛盾

如上所述,善良只是在多元主体共存的世界中,在调整主体间关系领域内调整主体间关系的一个原则。而主宰才是一切主体在一切情况下的本质特征。一切主体,不论是绝对主体还是欠缺主体,不论是唯一主体,还是多元共存主体,其主体的本质都是“主宰”。但是,对于多元欠缺的主体而言,其主宰本质的实现却建立在抑制其主宰欲的基础之上。因为,在多元主体间如果不抑制各个主体的主宰欲,就不可避免地要爆发主体间的冲突。在多元主体间的激烈冲突中,各个主体的主宰本质不但不可能实现,而且由于多元主体间的冲突,多元主体还有可能走向灭亡。因此我们说代表主宰欲的“意欲”之本质是“冲突”。要避免这种因意欲而产生的主体间的冲突,进而组成和谐共存的主体整体,唯一的途径只能是在主体间抑制各个主体的主宰欲(意欲)。康德的所谓“善良意志”其实正是为着在主体间抑制个体主体的意欲而设置的。善良意志与主宰意欲的本质不同在于后者的本质是冲突，而前者的本质却是统一。善良意志就是将意欲不同的各个主体统一到道德法则之上的意志。而意志的最大善良莫过于以道德法则将意欲冲突的各个主体统一为一个主体整体。要将意欲冲突的各个主体统一为主体整体，最有效的方法当然就是将各相冲突的意欲排除在行为的决定因之外。这正是康德强调要将一切感性的欲望、爱好排除在意志之外的真正原因——不排除各相冲突的意欲，就无法实现意志的最大善。在调整主体间关系领域，排除一切欲望和爱好，就是排除主体间的冲突。而排除主体间的冲突是组成和谐主体整体的先决条件。从这一点出发，我们才能真正理解康德的完全排除意欲的自由意志。

但是，正像笔者在前面已经指出的那样，假如自由意志以完全排除意欲为前提，则自由意志就有可能使主体变为非主体。因为完全排除了主宰意欲的存在，即使是纯粹理性存在，也不可能再是主体存在。哪怕是仅仅在调整主体间关系领域内完全排除主宰之意欲，也仍然使主体不复存在。本体论上的主体是相对于客体，并且主宰客体的存在。无主宰即无主体。而主宰的前提条件和直接表现就是主宰意欲的存在。无主宰之意欲，就绝不可能有主宰之事实，因而也就绝对不可能有主体之存在。因此，一个完全排除了主宰意欲的存在，即使是一个有理性的存在，他也不再是一个主体存在。而在不再是主体的多元存在间，其关系也就不再属于“主体间关系”，而仅仅是“存在间的关系”。只有这种非主体的存在间关系，才可能完全由所谓的“善良意志”来取代“主宰意欲”；才可能完全由所谓的“普遍法则”来规范其行为，就像自在的存在完全由自然规律来制约其存在和发展一样。所不同的仅仅是前者有理性，有意志，而后者则是完全自在的客体存在。当然，是否有理性，有意志，即使在存在的本体论上也是存在的一个本质的区别：不仅有理性，有意志的存在与自在的存在是本质完全不同的两种存在，而且规范有理性、有意志的存在的道德法则与制约自在存在的自然规律也是本质完全不同的两种规范。简而言之，有理性、有意志的存在可以是自律的存在，而自在的存在却只能是他律的存在。而规范有理性、有意志的存在之道德法则按康德的说法可以是有理性、有意志的存在自立和自守的法则，而制约自在存在的自然规律却只能是外在强加的规律。但是，这种完全排除了意欲，除了善良本身再也没有其他目的的理性和意志，究竟是一种什么东西？而具有这种理性和意志的存在究竟是一种什么样的存在？想必任何有理性的存在也都只能是百思不得其解的。笔者以为，即使是为了调整主体间的关系，为了组成和谐共存的主体整体，也即为了达致善良意志的最大的善，也绝不能完全排除主体的主宰本质及其表现——主宰意欲。组成和谐共存的主体整体之目的是为了更有效地实现主体的主宰本质，即实现主体的主宰意欲。而绝不能是反过来，为了组成和谐共存的主体整体，不惜完全排除主体的主宰意欲。人类必须时刻牢记，组成和谐共存的主体整体只是手段，而实现主体的主宰本质才是目的。因此，组成主体整体之方法必须首先保证不损及个体主体的主宰本质，并且最终有利于个体主体的主宰本质之实现。康德的道德哲学之所以不可取，恰恰是由于其颠倒了目的与手段的关系，把作为实现目的之手段的"善"错误地界定为有理性存在的最终目的，从而使有理性存在的所谓"善良意志"与主体的"主宰意欲"根本对立，成为否定主体存在的一个怪诞的东西。

第二节　理性与自由

一、理性使自由涌现

康德的自由理念应该是其道德哲学中歧义最多的理念之一。在不同的场合，为了不同的目的，从不同的角度，康德对自由给出了种种不同的，甚至是相互矛盾的解说。[①] 但如果从道德主体的角度出发，着眼于道德主体所拥有的道德自由，我们还是可以勾勒出康德的自由理念之主线的：首先，康德的道德自由不同于他所谓的"先验的自由"，而属于实践领域的"实践的自由"。所谓先验的自由，指的是在宇宙论意义上的自由。即："自行开始一个状态的能力""在这种意义上，自由就是一个纯粹的先验理念，首先它不包含任何借自经验的东西，其次它的对象也不能以在经验中被规定的方式被给予。"[②]这其实指的是神的自由。这种自由，从消极的方面说，它"不包含任何借自经验的东西"，而是完全独立于世界之外的超验的东西；从积极的方面说，它具有"自行

① 有关康德对自由的各种定义可参阅亨利·E.阿利森著，陈虎平译：《康德的自由理论》，辽宁教育出版社2001年版，第70～116页。

② 参阅[德]康德著，李秋零译：《纯粹理性批判》，中国人民大学出版社2004年版，第431页。

开始一个状态的能力”，这个状态可以是客体，也可以是空间和时间。也即它可以是时间和空间以及一切事物的始因和决定者。不难想象，这种自由只能属于人所想象出的神。只有神，才能独立于世界之外，并拥有自行开始一个状态的能力。而人是存在于感性世界中的感性存在，他不可能完全独立于感性世界，也绝没有自行开始一个状态的能力。因而，先验的自由绝不可能属于人。然而，人虽然不是神，但却是带有神性的存在。正是人的神性，使人具有了“一种独立于感性冲动的强迫而自行决定自己的能力。”这种能力就是康德所谓的“实践的自由”。“实践意义上的自由是意志对感性冲动的强迫的独立性。”①独立于感性冲动与超然于感性世界之外不同，自行决定自己也与自行开始一个状态迥异。独立于感性冲动而自行决定自己，实际上仅仅做到了自己是自己的行为的主宰。因此，人的道德自由，在康德看来，仅仅可能是主宰自己的行为的所谓的“实践的自由”。

其次，道德自由是调整主体间关系的“自由”。而调整主体间关系的目的无疑是要达到和谐共处的主体整体之境界。要达致和谐共处之境界，不但需要每个人都成为所谓“至德”之人，而且需要每个人都达致至善的境界。而由至德和至善之人所组成的主体整体，便是康德所追求的以人为目的之“目的王国”。有鉴于此，康德的道德自由可以分为两个层次和三种境界：两个层次是个体自由层次和整体自由层次；三种境界则是：在个体层次上的“为所应为”之境界和“是其所应是”之境界，以及在整体层次上的“目的王国”之境界。本节将依次对这三种境界作出论述。

1.“为所应为”——个体的至德之境界

如上所述，康德的道德自由是实践的自由。实践的自由对个人而言包括消极和积极两个方面。消极的实践自由指的是“独立于感性世界”，即完全摆脱感性世界的欲望、感情和爱好的影响，从而完全摆脱时空的限制和因果律的支配，以使自由成为可能。我们知道，感性世界是受因果律所制约的，因而是不自由的。自由仅存在于不受因果律制约，无时空限制的超感性世界。作为同时存在于感性世界和超感性世界的有理性存在，人的自由的第一要务，就是摆脱感性因素的影响，独立于感性世界。否则，自由就绝无希望。

---

① 见[德]康德著，李秋零译：《纯粹理性批判》，中国人民大学出版社 2004 年版，第 432 页。其中“意志”一词该书译为“任性”。笔者以为译为“意志”更为妥帖。

实践自由的积极意义是自律。如上所述,自律包括两个方面:自立法则和自守法则。自立法则需满足两个要件:其一,法则必须是自立的。人的行为根据是准则。如果行为的准则是由感性世界的目的、欲望等所决定,或是由外力决定的,则人就必然是他律的,因而也就不可能是自由的。人要自由,首先其行为准则必须是自立的。只有自己决定自己的行为,人才有可能是自由的。其二,自立的法则必须是普遍法则,即:放之四海而皆准的法则。假如自立之法则不是普遍的,而是特殊的,则法则本身便是有限的,依据该法则所采取的行为也必定是有限的,而不是自由的。

所谓自守法则,顾名思义,即:自发地自觉遵守自立的普遍法则。也就是说,在没有任何外力的强制下,也没有其他任何因素的驱使和影响下,自己自觉地遵守自立的普遍法则。在这里,康德似乎认为,只要没有外因和外力,人就是自由的。

不论是独立于感性世界之外,还是自律,其实所表述的只是一个意思——为所应为。用康德的话来说就是:"你的行动,应该使自己的准则,同时对一切有理性的东西都是普遍规律。"[①]换句话说就是:任何个体的行为都应该符合道德法则。当个体的所有行为都符合道德法则时,这个个体无疑就是自由的。然而,在现实中,任何人都不可能做到所有行为都符合道德法则。于是,行为完全契合道德法则的境界就只能是一个人们虽然锲而不舍地追求,却永远也达不到的境界。康德说:"在世界中实现至善,乃是一个被道德法则所决定的意志的必然对象。不过在这样一个意志中,意向与道德法则的完全契合又是至善的无上条件。因此,这样契合必然也如其对象一样是可能的,因为教人促进这种善的那个命令之中就已包含这种契合在内。但是意志和道德法则的圆满契合就是所谓的神圣性,而这乃是感性世界中任何有理性的存在者在其生存期间的任何刹那中所不能达到的一种圆满境界。但是它虽然作为实践上的必要条件而被要求着,可是它只能在趋向那个圆满契合的无止境的进步中才能被发现,而且依照纯粹实践理性原理来讲,还必须假设那样一种实践上的进步,作为我们意志的真正对象。"[②]一方面人作为有理性的感性存在者,不可能

---

① [德]康德著,苗力田译:《道德形而上学原理》,世纪出版集团、上海人民出版社2005年版,第59页。

② [德]康德著,关文运译:《实践理性批判》,广西师范大学出版社2001年版,第117~118页。

完全摆脱感性因素而完全按照道德法则行动。按照康德的观点，这甚至在人生存期间的任何刹那都是不可能的。也许正是因为这个不可能，它才是神圣的。也就是：只有神圣的存在，才有可能做到其主观的行为准则与道德法则完全契合，因而也才是自由的。另一方面，人虽然不是神圣的存在，但却是追求这种神圣性的存在。而神圣性正是在人类无止境地向其迈进中，才显现出来。人即使永远不可能做到意志与道德法则圆满契合，但仍然会锲而不舍地努力争取使其行为准则的根据与道德法则相契合。因为，人的意志的真正对象，恰恰就是这个“为所应为”的“至德”之境界。而人的目的就是一步步地走向，一步步地接近这种与道德法则圆满契合的境界。

2.“是其所应是”——个体的至善之境界

“为所应为”的“至德”境界仅仅要求完全按照普遍法则而自因自主地决定自己的行为，但“是其所应是”的“至善”境界却不仅意味着主体是为所应为的至德的主体，而且还包括为所应为的至德的主体能够获得与其道德相适应的幸福。它是圣域的道德和尘世的幸福圆满结合的境界，是包含了“至上性”和“圆满性”的无上境界。

(1) 至善的至上性

至善的至上性，指的是：在幸福与道德的关系上，善（道德）是一切幸福的无上的条件。我们知道，道德存在于智性世界，而幸福则存在于感性世界。要使道德成为幸福的条件，首先必须弥合感性世界和智性世界间的鸿沟。康德弥合这个鸿沟的方法如下：

首先，通过对“敬重”和“职责”等概念的论述，将仅存于智性世界的道德法则活生生地体现于感性世界中。“敬重”和“职责”的意义在于：通过它们，在感性世界中产生了一种既出于道德法则，又契合道德法则的行为，即“德行”。

其次，将德行与幸福相联系。因为，幸福不可能与道德法则直接发生关系，它只能与存在于感性世界的**行为**直接发生关系——幸福是通过行为争取和获得的。而德行恰恰是出于道德法则并契合道德法则的**行为**。这便为幸福与道德的契合打通了道路——通过契合于道德法则的行为而取得的幸福便是至善。也就是说，德行是幸福的无上的条件。康德说：“德行（作为使人配享受幸福的一种价值）是凡在我们面前稍为显得可欲的一切利乐的至上条件，因而也是我们每逢追逐幸福时所应实现的至上条件，结果也就是至上的善。”[①]也就是说，只有由出于道德法则并契合道德法则的行为所争取到的幸福才是善。一切不是由德行，而是由与道德法则不符的其他行为所争取和获得的幸福，都绝对不是善。只要我们追求至善，我们就必须以德行作为追逐幸福所应实现的至上的条件。于是，德行便成为至善的充要条件。

通过这两个步骤的论证，康德终于弥合了道德与幸福之间的鸿沟，使得道德与幸福的精确和谐成为可能[②]；也使得道德法则在感性世界赢得了其至上的地位。

(2) 至善的圆满性

德行是幸福的至上条件仅仅是德行与幸福的关系的一个方面，德行与幸福的关系的另一个方面就是我们这里所要探讨的至善的圆满性。所谓至善的圆满性，指的是：德行虽然是幸福的无上条件，但单单德行，并不能构成至善。道德必须与幸福完满结合，才构成至善。“因为人如果需要幸福，也配享受幸福，而却无福可享，那么，这种情形是完全不符合于一位既有理性而同时又具全能的存在者的圆满意欲的，纵然我们只是为了试验的缘故来设想那样一个存在者。一个人既然在把德行和幸福结合起来以后，才算达到至善，而幸福也必须精确地比配道德(道德就是人的价值和其配享幸福的属性)，才构成一个可能世界的至善，所以在这个范围内而论，这个至善就意味着一个全体，意味着圆满的善，而在这个善里面，作为一个条件来看的德行总是无上的善，因为在它以上再没有别的制约者；而且幸福对于享福之人说来虽然总是愉快的，可是单就它本身而论并非面面都是绝对善的，而总要以道德的、合法的行为，作为先决条件，才成为善的。”[③]康德在这里不得不承认，感性世界的幸福对人来说是不可或缺的。人如果只有德行，而无幸福可享，那既不是至善，也不是自由。只有在德行与幸福结合起来以后，才算达到至善。如何将“德行”与“幸

① [德]康德著，关文运译：《实践理性批判》，广西师范大学出版社 2001 年版，第 105 页。

② 康德自己并不认为其已经弥合了这个鸿沟，因此他坚持将幸福与道德的精确结合只是作为一个悬设而提出。参见[德]康德著，关文运译：《实践理性批判》，广西师范大学出版社 2001 年版，第 120 页。

③ [德]康德著，关文运译：《实践理性批判》，广西师范大学出版社 2001 年版，第 105～106 页。

福”结合起来呢？康德发明了“配享幸福”这样一个概念。所谓“配享幸福”，除了上述的“幸福以德行为至上的条件”外，还包括“幸福也必须精确地比配道德”。前者仅涉及对幸福的评价，即：就幸福是否以德行为至上的条件为标准来评判该幸福是否是善。因而不会产生多少困难。而后者却涉及按道德分配幸福，即：根据各人的德行程度分配给其相应的幸福。这就产生了一连串的问题：德行的程度如何确定？由谁来分配幸福？幸福从哪里来？等等。这样的问题康德当然无法解决。他所能诉诸的，只有一途，那就是诉诸上帝：“一个完全契合于道德法则的意向的价值原是没有界限的，因为全知全能者在把幸福分配于人时，原认为有理性的存在者可以享受一切可能的幸福，只有背弃自己的义务一事，可以加以限制。但是道德法则本身并不预许人以任何幸福，因为照我们所设想的一般自然秩序来说，幸福和遵守法则一事并不是必然地结合在一处的。但是，基督教的道德学却弥补了这个缺陷(即缺少至善的第二个不可或缺的要素)，而其弥补之道就在于把世界表象为有理性的存在者在其中全心全意尊奉道德法则的一个天国，而且在这个天国中，自然与道德就经由神圣的造物主而处于和两者原本相互和谐之中，因而这位造物主就把派生的至善实现出来了。”[①]有了上帝和天国，至善的实现当然就不成问题了：幸福是上帝预许予人的；人的德行全知全能的上帝是完全知晓的；而根据德行分配幸福那当然也是上帝之事了。就这样，借助于上帝，我们终于达致至善的圆满性。

至善境界是保证人类整体能达致无冲突的自由境界的每个人所达致的个体自由境界。在至善境界中，每个人因其德行而配享幸福，每个人又据其德行而获致幸福。而每个人的德行又保证了整体的无冲突的自由境界的实现。这其实是基督教的天国境界，这也是康德的自由王国的境界。

3. 目的王国——康德的整体自由之境界

关于整体自由境界，康德在《道德形而上学原理》一书中，有一段有关“目的王国”的论述，这段论述给我们描绘了一个令人感动的整体自由境界：

“据我理解，王国就是一个由普遍规律约束起来的、不同的有理性东西的体系。由于目的的普遍有效性是由规律来规定的，所以如果抽象掉理性东西的个体差别，又抽象掉个体所私有的目的，人们将有可能设想一个在联系中有

① [德]康德著，关文运译：《实践理性批判》，广西师范大学出版社 2001 年版，第 124 页。

系统的、有理性东西的目的，也包括每个人所设定的个人目的。将有可能设想一个，按上述原则可能存在的目的王国。

“每个有理性的东西都须服从这样的规律，不论是谁在**任何时候都不应把自己和他人仅仅当作工具，而应该永远看作自身就是目的**。这样就产生了一个由普遍客观规律约束起来的有理性东西的体系，产生了一个王国。无疑这仅仅是一个理想的目的王国，因为这些规律同样着眼于这些东西相互之间的目的和工具的关系。

“每个有理性的东西都是目的王国的**成员**，虽然在这里他是普遍立法者，同时自身也服从这些法律、规律。他是这一王国的**首脑**，在他立法时是不服从异己意志的。

“每个有理性的东西，在任何时候，都要把自己看作一个由于意志自由而可能的目的王国中的立法者。他既作为成员而存在，又作为首脑而存在。只有摆脱一切需要，完全独立，并且在他的意志能力不受限制的条件下，他才能保持其首脑地位。

“所以，道德和全部立法活动是不能分开的，而只有通过这种活动目的王国才成为可能。每一个有理性的东西，都赋有立法能力，规律或法律只能出于他的意志。他的原则就是：任何时候都要按照与普遍规律相一致的准则行动，所以只能是**他的意志同时通过准则而普遍立法**。假如，这些准则不能因其本性就和作为普遍立法的有理性的东西的客观原则相一致，那么遵从以上原则而行动的必然性，就叫做实践必然性，即**责任**。对目的王国的首脑并不课以责任，其中每一成员都须担负同等的责任。

“依从这项原则而行动的实践必然性，责任，决不能以情感、冲动和爱好为基础，而只能以有理性的东西的相互关系为基础，在这样的关系中，每个有理性的东西的意志，在任何时候都必须被看作是立法的意志，因为如若不然它就不是**自在目的**了。从而，理性把意志的每个准则都当作普遍规律和其他意志联系起来，同时也和对自身的每一行为联系起来。这种联系并不是由于其他什么实践动机或预期的受益，而是由于一个有理性东西的尊严观念，这种有理性的东西除了自己的立法之外，不服从任何其他东西。”①。”

---

① [德]康德著，苗力田译：《道德形而上学原理》，世纪出版集团、上海人民出版社2005年版，第53～55页。

根据上述论述，我们可以对康德的目的王国归纳出如下几个特征：

1. 这个王国是各个不同的主体被普遍规则所联系起来的体系；

2. 这个王国的普遍规则是每个人自己订立并自觉遵守的；

3. 这个王国的目的是抽象掉个体目的，又包括个体目的的整体目的；

4. 在这个王国中，每个人都是目的，任何人都不能被作为手段；

5. 在这个王国中，每个人既是首脑，又是成员，既是立法者，又是守法者；

6. 在这个王国中，每个人都不以情感、冲动和爱好为基础而行动，而以人的相互关系为基础而行动；

7. 在这个王国中，每个人除了服从自己的立法之外，不服从任何东西。

不难看出，康德的目的王国完全不涉及人与客体世界的关系，而仅仅涉及人与人之间的关系。其所针对的问题，并不是人在空间和时间中的自由，而是人在面对同类时，在处理人与人之间的关系时，在解决人类主体间的冲突时，所应该和能够达致的自由。通过这种自由，人类所达致的是一种消弭了主体间的冲突，在每个人都保有个体自由的同时，整个人类融合成为一个自由的整体的境界。这其中，所谓的“普遍规则”，是以“应当”为圭臬的每个人的**行为**准则。所谓“每个人都是目的”，是指：每个人把自己和他人都当作主体来对待，或者说，尊重他人就像尊重自己一样。所谓“自己立法”和“自觉守法”，乃是主体自由的本来含义和要求。而所谓“以人的相互关系为基础而行动”，则是指：不因个人的情感、冲动和爱好而损害人与人之间的关系，一切以维护主体间的关系为重。于是，在这样的目的王国中，我们看到的是这样的一幅画面：每个人像尊重自己一样尊重他人；每个人的自由，既不受他人限制，又不限制他人的自由；每个人的行为都以“应当”为准则并且都符合这个准则。在这个王国中，虽然是多元主体共存，却不存在主体间的冲突；虽然个体均以整体为重，却并未损及个体自由；虽然每个个体都保有自由，却不影响整体和睦共存。这便是康德心目中人类整体自由的境界。

二、主体自由与主体间的自由——康德的自由理论之评析

1.“应为”与“欲为”——“至德”的境界之悖论

“应为”与“欲为”在康德那里本是两个相互对立的概念：“应为”是属于所谓“智性世界”的道德法则，而“欲为”则是属于所谓“感性世界”的目的行为。然而，康德的“自律”概念却正是一个把“应为”与“欲为”这两个相互对立的概念硬性扭合在一起的不无矛盾之概念。如上所述，“自律”既包含了道德法则，

又包含了意志自由。道德法则的命题无疑是“为所应为”。非为所应为不谓道德。而意志自由的命题却必然是“为所欲为”。非为所欲为不谓自由。将属于智性世界的道德法则与属于感性世界的意志自由扭合为一个概念,无异于将智性世界与感性世界扭合为一个世界。这是康德的自律概念的第一个矛盾之处——跨越两个世界的自律何以可能?

第二,从逻辑上说,将“应为”与“欲为”这两个互相矛盾的概念扭合在一起,所得出的将是两个完全相反的命题,第一个命题是:“应为所欲为”;第二个命题是:“欲为所应为”。第一个命题正是所谓生命(生存)自由主义者们所主张的原则。(尼采是鼓吹这一原则的代表。)而第二个命题才是康德的自律概念。尽管第一个命题作为学说并不容易成立,但在实践上它却没有任何难以克服的障碍,毋宁说这是最符合动物本性的实践原则——想怎么做,就应该怎么做,或者说,应该做你想做之事。反倒是第二个命题不但在理论上大有商榷的余地,而且在实践上也有着难以克服的障碍。

从理论上说,所谓“欲为所应为”也即“想做应做之事”。当应做之事成为想做之事时,“想做”与“应做”也就没有了区分,从而“欲为所应为”也就成了同义反复。因此,必须去掉第一个“欲”字,改为“为所应为”,此命题才可能成立。没有“欲”字的“为所应为”表达的是“做应做之事”。而“做应做之事”从来都不是一个欲望,而只是一个道德法则。因此,道德法则的“为所应为”虽然与意志自由的“为所欲为”作为各自独立的命题完全可以成立,但如果将两者结合为一个“自律”的概念,得出一个多了一个“欲”字的“欲为所应为”之“自律”概念,就只能是一个即使在逻辑上都自相矛盾的概念。这是康德的自律概念的第二个矛盾之所在——应为不能有“欲”。

从实践上说,要做到所谓“欲为所应为”,首先必须把“应为”之道德法则变成“欲为”之“意志”。但是,按照康德的说法,道德法则既无目的,也无原因。而意志的定义却是指向目的的行为决定因。无目的指向的道德法则如何能够变成必然要指向目的的“意志”呢?这是康德的自律概念的第三个矛盾之所在——无目的指向的“自由意志”是否还是意志。

康德解决这三个矛盾的方法是他著名的“绝对命令”(或译为“定言命令”):道德法则对于意志来说是无条件的绝对命令。而意志自由与服从道德法则完全是一回事。显而易见,此说如果成立,则上述的三个矛盾便全都自行消解:假如道德法则就是绝对命令,而意志自由就是绝对服从道德法则的绝对命令,则“应为”就变成“必为”;而“欲为”则变成“服从”,如此,如何还会有“应为"与"欲为"之矛盾呢？然而，如果将"应为"变成"必为"，将"欲为"变为"服从"，那还是自立和自守法则的"自律"吗？康德论证说，当然还是。因为，这个"必为"是因其"必为"而成为"应为"的。而这个"服从"则是因其自由而服从的。所谓"因其'必为'而成为'应为'的"是指道德法则并不是因其外在的绝对权威，而是因其内在的普遍性和必然性而成为"必为"的。而这种"必为"在受到感性世界诸因素的影响时，"必为"就以"应为"的形式表现出来。具体说来就是：道德法则普遍适用于一切有理性的存在。一切有理性的存在，不论其秉性、爱好和目的有多么不同，道德法则均普遍适用于他，并且必然适用于他。这种普遍性和必然性决定了道德法则的"必为"之性质。但是，作为同时存在于感性世界和理智世界的存在，人的意志必然会受感性世界影响，因而在意志决定行为准则时，就不得不努力排除感性世界的影响，在这种情况下，作为必为的道德法则就只能表现为应为来与来自感性世界的影响相对抗。"必为"也就变成了"应为"了。

所谓"意志服从道德法则是因其自由而服从的"是指：意志自由的首要意义是摆脱对象的影响而转而由自身决定自身。而意志的自身就是法则的普遍性。因此，"由自身决定自身"，就是使意志所决定的准则符合普遍法则。而**符合**普遍法则与**服从**普遍法则其实是一个意思。

不难看出，上述看似自圆其说的论证其实有两个盲点。**第一个盲点是：所谓的"普遍性"和"必然性"是如何使得道德法则成为绝对命令的？**具有普遍性和必然性与成为绝对命令并没有必然的联系。要使道德法则因其普遍性和必然性而转换成绝对命令，必须有一个介质，通过这个介质，道德法则才有可能因其普遍性和必然性而转换成绝对命令。康德找到的介质是"应当"："但是在不以理性为其意志的唯一动机的那类存在者方面，这个规则，乃是一个命令(Imperativ)，乃是以那个'应当'(Sollen)(这个'应当'就表示出强制实行的一种客观力量)为其特征的一条规则，并且意味着：如果理性可以完全决定意志的话，那么那种行为势必依照这个规则发生。"[①]于是，使道德法则成为人类的绝对命令的就是"应当"这两个字。换句话说，假如人们在决定自己的行为准则时没有想到"应当"这两个字，或者像上帝那样根本就不存在"应当"这个问

① [德]康德著，关文运译：《实践理性批判》，广西师范大学出版社 2001 年版，第 4 页。

题,则道德法则不但不可能成为绝对命令,甚至连存在的必要都没有了。由此说来,即使道德法则真的是绝对命令,使其成为绝对命令的根本原因并不是"应当",而是"应当"的原因,即:使人在决定行为准则时必须考虑"应当"这个问题的原因。这便又回到我们的论据上:多元主体共存的事实以及多元主体和谐共存、合作共进的必要才是人们在决定自己的行为准则时必须考虑"应当"这个问题的原因。这个原因同时也是使道德法则成为必要,乃至成为"绝对命令"的根本原因。如果再追问下去,"多元主体和谐共存、合作共进"的必要之原因是什么,我们将最终到达人类主体一切行为的最终原因——主宰一切之欲望。正因为有由主体的本质所决定的主宰一切之欲望,才有了为实现主宰一切之欲望而组成和谐共存、合作共进的主体整体之必要,从而才有了行为之前要考虑"应当"的问题之可能。只是在这之后,道德法则才有了存在的必要,同时才有了成为"绝对命令"的可能。因此,假如真有康德所说的将应为与欲为扭合在一起的"自律",那也绝不可能像康德所说的那样是由"应为"取代"欲为"之"欲为所应为"的"自律",而只能是由主体的本质欲望——主宰欲望——所导致的"以应为达致欲为"的"自律"。概而言之,意志的自律必须以目的为导向。这个目的就是成为能实现一切主宰之意欲的完全主体。只有源于这个目的,并为着这个目的,以"应为"为原则的意志自律才有其存在的意义。

第二个盲点是"符合"道德法则与"服从"道德法则的关系,以及"符合"或"服从"道德法则与自由的关系。在康德那里,自律首先表现为符合道德法则。"意志的自律(Autonomie)是一切道德法则所依据的唯一原理,是与这些法则相符合的义务所依据的唯一原理。反之,任意选择一切的他律(Heteronomie)不但不是任何义务的基础,反而与义务原理,与意志的道德性互相反对。唯一道德原理的本质,就在于它可以离开法则的一切实质(即欲望的对象)而独立自主,同时并借着一个准则所必然含有的单纯普遍立法形式来决定任意选择。但前一种独立性就是消极意义下的自由,至于纯粹的(因而是实践的)理性的自立法度,则是积极意义下的自由。因此,道德法则就不表示别的,只表示纯粹实践理性的自律,亦即表示自由的自律,这种自律本身就是一切准则的形式方面的条件，一切准则唯有在这个条件下才能符合最高实践法则。”[①]从这段引文中我们可以归纳出如下五点：

第一，意志自律既是道德法则所依据的原理，也是符合道德法则的义务所依据的原理。

第二，意志自律的本质在于可以独立于欲望的对象而独立自主，同时又按单纯的普遍立法形式来决定任意选择。

第三，独立于欲望对象是消极自由；而自立法度则是积极自由。

第四，道德法则就是纯粹理性的自律，也即自由的自律。

第五，自律是一切准则符合道德法则的形式条件。

从上述五点中，我们可以理出自律和符合道德法则的关系，即：自律既是道德法则所依据的原理，同时又是符合道德法则所依据的原理；既是道德法则本身，又是一切准则符合道德法则的形式条件。这样一个将道德法则自身与符合道德法则的行为准则合并为一的自律之所以可能，仅仅是因为道德法则是纯粹实践理性自立的法则。正因为道德法则是理性自立的，它才成为一切准则的形式条件；正因为道德法则是理性自立的，由理性所决定的准则才必然会符合道德法则。也就是说，作为自律的主体之实践理性同时担负着两个功能：既自立法则，又决定行为准则。因而当它决定行为准则时，它自然会使其所决定的行为准则符合其所自立的道德法则。如此，自律便使符合道德法则成为必然之事。

表面看来，康德的这个论证似乎是无懈可击的——既然立法和决定准则是一个主体，则这个主体自然会让准则符合法则。但要使这个论证能够成立，关键之点并不在于主体的同一性，而在于符合道德法则的必然性。即使立法者和决定准则者是同一个主体，也并不必然就意味着该主体在决定准则时必然要选择符合自立之法则的准则。尤其是对于按康德的说法同时存在于感性世界和理智世界的人类来说，这种必然性就更不存在。康德当然也认识到这一点，因而才有了他的有关“义务”、“责任”和“敬重”等的长篇大论。但是，假如符合道德法则不是理性在决定行为准则时自发地决定的，而是通过敬重，作为义务和责任而使行为准则与道德法则相符合的，则这种“符合”就已经不再

---

① ［德］康德著，关文运译：《实践理性批判》，广西师范大学出版社 2001 年版，第 20～21 页。

是真正意义上的“符合”,而是完全意义上的“服从”了。康德并不否认人之**符合**道德法则其实是**服从**道德法则,但却坚持这种**服从**仍然是**自由**的。他说:

“对于意志自由屈从法则一事的这种意识,仍然是与加于一切好恶上的一种不可避免的‘强制’结合着的(虽然这种强制只是由自己的理性所加的),这种自觉就是对于法则的敬重。那条要求这种敬重并以之灌注于人心中的法则,如我们所见,只是道德法则(因为没有别的法则可以杜绝一切好恶对意志发生直接影响)。一种单依照这个法则而排除了一切好恶动机并在客观上应当实践的行为就称为职责,这种职责因为有这种排除作用,所以在其概念中就包括着一种实践的义务,包含着强人去做某些事情的决定力量,不论这些事情是如何拂意的。从这种义务意识中所发生的感情并不是感性的,就如感官对象所产生的那种感情那样,乃是唯一有实践力的,那就是说,它是由先前的(客观的)意志决定和理性的原因性而成为可能的。因此,这种感情,作为对于法则的一种屈从,亦即作为一道命令(这道命令给那受感性影响的主体宣告了一种强制),并不包含任何快乐,反而在这个范围内包括着行为中的一种痛苦。但是在另一方面,又因为这种强制只是被我们自己理性的立法所加的,所以它也包含着一种提高作用,因而感情上这种主观作用就其单以纯粹实践理性为其唯一原因说,在这一方面也可以称为自褒(Selbstbilligung),因为我们承认自己只是被法则所决定,并不曾被任何利害计算所决定,并且现在我们也意识到完全另外一种在主观上所产生的关切心,这种关切是纯粹实践方面的,并且是自由的。”①

康德坚持服从道德法则仍然是自由的理由不外乎如下三点:一是道德法则是自立的;二是服从道德法则的强制是自立法则的理性自身所加的;三是服从道德法则是摆脱了对任何利害之计算,而只被自由的法则——道德法则——所决定的。对于第一和第三个理由,即道德法则是否是自立的,以及道德法则是否是摆脱了任何感性因素的所谓“自由的法则”,笔者在前面已经详加论述。此处需要评析的是第二个理由,即服从道德法则的强制是理性自身强加的,因而是自由的。我们的问题是:自身强加给自身的强制是否成立?即使成立,这种强制是否还能归之于“自由”?

① [德]康德著,关文运译:《实践理性批判》,广西师范大学出版社 2001 年版,第 72～73 页。

首先，笔者以为并不存在自身强加给自身的强制。所谓强制，一定是外在的。一旦“强制”不是来自外在，而是出自自身，则强制就不再是强制，而是“自愿”了。所谓“自愿的强制”其实是不符合逻辑的矛盾表述——自愿者无强制；强制者无自愿。康德之所以会有这种矛盾的表述，是因为他把人的理性界定为同时存在于两个世界的一个存在。当这个存在游荡于智性世界时，他会自觉服从智性世界的法则——道德法则。而当这个存在流连于感性世界时，又会被迫服从感性世界的法则——自然规律。问题在于智性世界的道德法则并不安于智性世界，它还要跑到感性世界，并力图要取而代之自然规律而成为同时统治感性世界的法则。当智性世界的法则越界跑到感性世界，并且要决定感性世界的行为准则时，就必然要遭到代表感性世界的自然规律之欲望、爱好的反抗。要克服感性世界的欲望爱好之反抗，就需要一种强制力量去强制实行理智世界的法则。但这种强制力量不能源于外界，只能源于自身。否则它就是不自由的。为了自由之故，于是，自相矛盾的“自愿的强制”便发生了——代表理智世界的法则之理性同时也是反抗理智世界的法则之理性；而压制对理智世界法则的反抗之理性同时也是反抗理智世界的法则之理性。这种压制反抗的理性对理性之反抗的压制也许就是康德所说的“自愿的强制”。

其次，即使我们不去争论理性是否真的是同时存在于感性世界和智性世界的存在，康德也仍然没有说清楚这种压制反抗的理性对理性的反抗的压制是如何发生的。康德只是告诉我们：“因此，定言命令之所以可能，就在于自由的观念使我成为意会世界(Intelligble Welt)的一个成员。倘若我仅仅是这一世界的成员，那么我的全部行动就会永远和意志的自律性相符合。然而，我同时既然是感觉世界的一个成员，那么，我就**应该**和这一规律相符合了。这**一定言的**(无条件的)**应该**表现为先天命题，因为我除了被感性欲望作用的意志，另外还加上完全同一个意志的观念，其自身是纯粹的、实践的。这种意志系属于，在理性上包含着被感性所作用的意志最高条件的知性世界。这种方式，完全像自身不过是一般规律形式的知性概念加于感觉世界的直观一样，由于这种相加，全部关于自然的知识才有成为先天综合命题的可能。”①读者本来期待着康德向我们解答“定言命令如何可能”，也即我们这里所问的“自愿的强制

① [德]康德著，苗力田译：《道德形而上学的原理》，上海世纪出版集团、上海人民出版社2005年版，第78～79页。

如何可能"之问题,但到头来我们所得到的答案却是因为我们应该和这一规律相符合,就像感觉直观应该与知性概念相符合一样。但是,感觉直观与知性概念相符合,既没有否定自然规律的外在性,也没有否定自然规律的强制性。拿它来类比解释"自愿的强制"不啻是风马牛不相及。也就是说,转了一大圈,康德仍然没有说清楚"自愿的强制"是如何可能的?笔者以为,任何强制都只能是外在的。道德法则的强制性与自然规律的强制性在本质上并无不同——自然规律的强制性并不在于通过感觉直观与知性概念相符合而获得对规律的认识(知识),而是在于如果不服从自然规律,不但达不到主体所欲望的结果,甚至还会带来巨大的灾难。道德法则也一样,道德法则的强制性并不在于虚无缥缈的"应该"之命令,而是在于如果不遵守道德法则,不但达不到主体实现其主宰本质之最终目的,反而有可能使人类主体因主体间的冲突而消亡。"应该"和"必须"一样,在任何情况下都不可能是一个无条件的绝对命令。人是因为有目的才有"必须"。人之所以必须遵守自然规律是因为人有改造世界的目的。没有改造世界的目的,也就绝不会有遵守自然规律之必要。同样,人是因为有目的才有"应该"。人之所以应该遵守道德法则是因为人有组成主体整体从而主宰世界之目的。没有组成主体整体从而主宰世界之目的,就绝不会有遵守道德法则之"应该"。这便是道德法则的强制性乃至一切规律的强制性的真正来源——任何规律和法则的强制性都源于其与人的目的之关联性。人是为了达到某种目的才**不得不**去遵守规律和法则的。在任何情况下,人遵守规律和法则都是为了实现某个目的而"**不得不**"去遵守,而绝不可能是无原因、无目的、无条件地"**自愿**"遵守。因此,根本不存在所谓无条件的"定言命令",也根本没有所谓的"自愿的强制"。道德法则虽然必须通过人的理性去认识它、采纳它、并自觉遵守它,但它的强制性仍然源于它与人的最终目的之关联性。就像自然规律虽然必须通过人的理性认识它、掌握它,并尽量符合于它,但它的强制性仍然源于它与人的目的的关联性一样。

假如道德法则的强制只能是外在的,并且是与目的相关联的,而不可能是无条件的"自愿的强制",则这种强制就必然与康德的所谓自由意志相矛盾。康德以意志的合法则性来证明意志的自由和自由的自律,其前提是道德法则的绝对性(无原因、无目的、无条件)。一旦道德法则的绝对性被推翻,一旦我们证明道德法则的合目的性,则康德的意志自由之论断便失去了根基。如果道德法则只不过是为了实现组成整体主体之目的而应该遵守的法则,则不但自立和自守道德法则的自律的意志,就是完全符合道德法则的神圣的意志,也就因为其是为实现某种目的的工具而统统成为不自由的意志。更何况，与神圣意志相比，自立和自守道德法则的自律的意志是一种更不自由的意志呢。按康德的说法，这种意志充其量只能保证人类“朝着这个法则日进无疆，奋勉不息”，并且是“永远不能圆满完成的”[①]。这样一种意志如何还能称为是自由的意志呢？

2.“是其所应是”与“是其所欲是”——“至善”的境界之悖论

“应当”不但是“为所应为”的至德境界之关键词，而且也是“是其所应是”的至善境界的关键词。只不过在至德境界中的“应当”是用来约束人的，而在至善境界中的“应当”却是为上帝规定的义务：上帝**应当**按德行来配给幸福。毫无疑问，至善的境界是一个以“善”为宗旨并实现了“善”的美好境界。在这个存在境界中，个体是善的，因为人人都达到了为所应为之境界；人类整体也是善的，因为整体达到了人人既是立法者，又是自觉守法者的目的王国之境界；而上帝当然也是善的，因为上帝绝对保证以福配德，从而达致人人德福相配的所谓“至善”境界。然而，这种以善为宗旨，并实现了善的境界真的属于“自由的存在境界”吗？这个问题包括两个方面：其一，实现善的境界属于“存在境界”吗？其二，实现了善的境界是自由的境界吗？

关于“存在境界”，笔者在本书的第二章曾指出：所谓“存在境界”特指主体的本质之实现状况。非主体无存在境界；与主体的本质之实现无关者也非存在境界。因此，对存在境界之界定除了取决于对主体的界定以外，还取决于对主体的本质之界定。对主体的本质界定不同，则对是否是存在境界的界定也就必然不同。如果按笔者的界定，主体的本质是“主宰”，则有关主体的主宰欲之实现的状况即为存在境界——完全实现了主体的主宰欲之境况就是自由的存在境界；而虽然未能立即实现其主宰欲，但仍有可能实现其主宰欲之境况就是不自由的存在境界。但如果按照康德的界定，“善”作为道德主体的本质，则有关“善”的实现状况便成为“存在境界”——完全实现了“善良”本质的存在境况无疑就是所谓的“自由的存在境界”。而未能完全实现“善良”本质的存在境况当然就是不自由的存在境界。但是，主体为何一定要是“善良意志”的道德主体？“善”如何能够成为主体的本质？这是康德首先应该论证的问题。撇开

① 参阅[德]康德著，关文运译：《实践理性批判》，广西师范大学出版社2001年版，第19～20页。

这些问题不谈，就存在境界的另一个特征——须与意欲有关——而言，至善的境界也很难被称为“存在境界”。笔者在第二章论述存在境界时曾经指出：存在境界仅属于有意欲的主体存在。一切无意欲的自在存在都只有存在状况，而没有存在境界。因此，任何存在境界都与意欲相关：自由的存在境界是“是其所欲是”；不自由的存在境界是“能是其所欲是”。但康德却为其所谓的“善良意志主体”界定了第三种存在状态。这种存在状态既不是无意欲的“是其所能是”之无自由的存在状况，也不是上述有意欲的自由或不自由的存在境界，而是无意欲但却有意志的“是其所应是”之存在状态。这就产生了一个问题：这种存在的存在状态究竟是与自由无关的无自由之存在状况呢？还是与自由有关的自由或不自由的存在境界呢？假如将其归之于与自由相关的存在境界，则它因为完全排除了意欲而不能成立。因为意欲是主体的本质特征，即使是绝对主体，一旦将其意欲完全排除掉，她也就从此再也不是绝对主体。不但不是绝对主体，甚至连相对主体都不是，而只能是沦落为无自由的自在存在了。有鉴于此，排除了意欲的“是其所应是”之存在“境界”在任何情况下都不可能是与自由相关的存在境界。但假如将其归之于与自由无关的存在状况，则又因为其有意志而不仅仅是“是其所能是”。一方面，“是其所应是”与自在之物的“是其所能是”似乎并没有什么本质的不同。“能是”的本质是被决定，即被规律所决定之“能”。而“应是”的本质同样是被决定，即被道德法则所决定之“应”。但另一方面，“是其所应是”之“应”却不是外在强制之“应”，而是其意志自律之“应”。包含着意志因素的“应是”无论如何与自在之物的“能是”不可能是一回事。这样一个既不属于与自由无关的存在状况，又不属于与自由相关的存在境界的存在状态，在笔者看来是难以成立的。除非将“是其所应是”纳入到“能是其所欲是”的存在境界中，否则，“是其所应是”就绝无立足之地。而要将“是其所应是”纳入“能是其所欲是”之存在境界中，就必须将康德的排除了一切感性意欲的“善良意志”改变为以实现主体的主宰意欲为目的的善良意志。即：“是其所应是”是为了“能是其所欲是”。为了“能是其所欲是”才不得不“是其所应是”。只有这样，“是其所应是”才有存在的意义和存在的可能。

关于“至善”的境界是否是自由的境界，需要考察的问题有二：其一，“善”的实现方式；其二，“善”的实现状况。就善的实现方式而言，“善”的实现依赖于意志约束行为。这与主宰欲的实现完全不同。主宰欲的实现完全依赖于主宰能力，即：必须要有主宰能力，否则便无从实现其主宰意欲。而“善”的实现不但与主宰能力无关，而且与主宰意欲无关。岂止无关，它甚至要求排除一切意欲。因为善的实现所依赖的自由意志恰恰是为了排除一切感性因素，从而使行为的决定因符合于道德法则。要之，善的实现方式是通过意志排除意欲，以使行为的决定因符合道德法则。也就是说，善的实现是意欲的排除，而不是意欲的实现。假如自由是意欲的实现之状况，则排除意欲的善的实现就绝不是自由的。除非排除意欲同时也是为了意欲的实现，善才与自由相关。何谓"排除意欲是为了实现意欲"呢？简而言之，即仅仅排除主宰他人之主宰意欲，以使组成和谐共存的主体整体成为可能，以利于主宰世界的意欲之实现。如此说来，"至善"并不是自由的境界。充其量它只是人类实现自由的一种方法。

就善的实现状况而言，如上所述，康德的"至善"境界包含着两个要素：德行与幸福。善的完满实现状况实际上就是这两个要素的完满结合。但是，这两个要素在康德的道德哲学中原本却是两个完全对立、互相排斥的因素：德行以完全排除感性世界的一切影响为要旨；而幸福却完全是感性世界的感性目的。要将完全排除感性世界的一切之德行与完全是感性世界的目的之幸福完满结合，构成所谓的"至善"境界，康德要克服的无疑是一个难以克服的障碍。唯其难以克服，才使得康德用以克服这个障碍的方法难免牵强附会、破绽百出。归纳起来，康德将这两个要素结合起来的方法可以用八个字来表述，即："配享幸福"和"按德配福"。所谓"配享幸福"，用通俗的话来说就是：必先有德行，才配享幸福。假如一个人的幸福指数颇高，然而却没有德行，或其幸福与其德行不相匹配，则这个人就不配享有这些幸福，因而也就不属于至善的境界。此可称为"有福无德不为善"。而所谓"按德配福"则指的是：即使一个人德行颇高，假如其没有幸福可享，那也仍不属于至善的境界。此乃所谓"有德无福不为善"。只有德福相配的境界，即：既配享幸福，又按德配福，才属于康德的"至善"境界。

但是，如何才能达致既配享幸福，又按德配福之至善境界呢？我们知道，无论是"配享"还是"配比"，都有一个评估的问题——谁来评判是否配享？谁来评估配比之量？这个评估的问题还可以进一步细化：除了由谁来评估和配比的问题外，还包括怎样评估和配比，以及如何保证评估和配比的结果是公正等等问题。康德并没有细化对这些问题的讨论。对这些问题的解决，康德简单地诉诸"上帝"。即：每个有理性的存在都只需专注于德行，而上帝自会按德配福。康德也许没有想到，他这样引入上帝，其实隐含着两个前提，一是所谓完全排除了感性因素的德行之人其实根本离不开感性的满足。德行之所以必须与幸福相配，全在于幸福是一切有理性的存在，包括有德行的存在之不可或缺之物。假如幸福可缺，或德行可以自足，就没有德福相配之必要。二是上帝有义务按德配福。如果按德配福并不是上帝的义务，而只是上帝随意而行的一种可能，则德福相配就没有了确定性和可信性，而成为一种只是或然的可能性。如此，德福相配就丧失了实现的保证。这两个前提的任何一个对康德的道德哲学之破坏都是颠覆性的。

第一个前提意味着完全排除了感性因素的德行是没有任何存在意义的。将感性世界的一切欲望、爱好和追求彻底排除在外的德行，既与人的主体本质无关，又与人的现实生活无关。它甚至与人的本体存在都无关。这样一个完全独立于人的主体本质和存在现实之外，不与人的存在现实和主体本质发生任何关系的德行，绝没有存在的必要、存在的意义和存在的可能。果真如此，则康德的整体道德哲学体系就失去了根基。因此，德福相配的至善境界本身就是对康德的道德自由的一种否定。

第二个前提的破坏性更大。它最终把康德的道德哲学从哲学沦为宗教。康德以意志自由论证道德法则的先验性，又以自律论证道德法则的自由性，无非是要证明道德法则不是上帝的教诲和旨意，而是纯粹实践理性自立和自守的法则。而道德哲学也绝不是宗教，而是有关人的纯粹实践理性的形而上学。但是，依赖于上帝帮助的"德福相配"之境界却使道德重新沦为宗教——必须仰仗上帝，德福相配的至善境界才有可能达致。必须信仰上帝必会以福配德，积德之人才会幸福美满。这与信仰上帝最终会带其进入天国的宗教又有什么区别？当道德的至善境界必须依赖宗教的上帝才能达致时，我们不明白，康德先前的那些对道德法则、意志自由、绝对命令以及自律等等的可谓雄辩的论证和论述还有什么意义？假如最终还要诉诸上帝，倒不如一开始就引入宗教，像基督教的教义所说的那样，道德法则是来自上帝的绝对命令，只要遵守它，上帝最终会引领你进入至善的境界——天国。这样岂不省却了上述全部理论上的麻烦？

依赖上帝才能实现的至善境界，不仅仅否定了人的自由，而且还否定了上帝的自由。笔者在本书第一章中曾经指出：上帝是人所想象出的绝对自由的完全主体。作为绝对自由的完全主体，上帝绝不可能有任何义务，包括道德义务。因为，任何有义务，包括道德义务的主体绝不可能是绝对自由的主体。绝对自由的上帝之所以是绝对自由的，是因为他可以实现他的任何意欲。有道德义务的上帝之所以是不自由的，是因为他必须履行道德义务。康德不但因为将道德法则界定为绝对命令，从而使有理性的存在永远不可能成为绝对自由的完全主体，而且还因为将道德义务强加于上帝的头上，使得作为绝对主体的上帝从此也不得自由——他必须履行以福配德之义务。否则"德福相配"的至善境界就绝无实现的可能。

无论如何，靠上帝才能达致的至善境界绝不是自由的境界。康德本来想借上帝来解决其难以解决的哲学难题，但最终的结果却是他不但没有解决其哲学难题，反而使自己的道德哲学沦为一种泛宗教的理论。

以上是笔者对康德的自由理论所提出的不无牵强的责难。说它牵强，是因为康德从未将"自由"作为一个理论体系来论述，而只是作为其道德理论的三个悬设之一[①]而提出的。康德的原意是：如果不假设人的意志自由，其道德理论就难以推演出来。因此，康德的自由理论充其量只是为其道德理论所悬设的依据之一。而笔者却把它作为一个相对完整的理论体系来评析。这就难免牵强，甚至有时可能是强加于人。然而，将康德的自由悬设和对自由的论述与康德的道德理论和目的王国结合起来，在这样一个更大的语境中来全面理解和评析康德的自由学说，笔者认为并未违反康德的本意。康德的伟大之处在于：面对着争斗连绵不断，冲突无时不在的人类主体间的冲突史，康德竟能毫不悲观，毫不气馁，锲而不舍地探寻消弭人类主体间冲突的可能，并通过精深的研讨，严密的论证向人们揭示出消弭了主体间冲突的个体的自由境界——"至善"、和整体的自由境界——"目的王国"。无论康德的自由学说存在多少欠缺和不足，它仍然并且永远是黑暗中的一盏明灯，照亮着人类继续探寻消弭主体间冲突之路。

---

① 康德的三个悬设是：永生、积极意义上的自由和神的存在。参阅[德]康德著，关文运译：《实践理性批判》，广西师范大学出版社 2001 年版，第 128 页。

第六章　人的命运是“永远走向自由”

在此前的三章中，我们探讨了尼采的激扬权力意志的生命之自由；分析了萨特的飘荡在虚无中的意识之自由；评论了康德的立基于理性之上的道德之自由。之所以选取这三位大哲学家的自由理论来评述，是因为这三位大哲学家的自由理论基本上囊括了人所面临的自由问题之三个最主要的方面：生命、意识和主体间关系。尼采所弘扬的生命自由，着重表达的是人克服生命对自由的限制之欲望（通过释放生命的全部冲动与潜能，并寄希望于“超人”的出现而达致所谓的“生命自由”之境界）；萨特所主张的意识自由着重表达的则是人摆脱对客观世界的依赖，并试图主宰身体与世界的所谓“意识自由”之境界（将身体化归于意识中，并将世界化归己有）；而康德所论证的道德自由则着重表达了人类化解多元主体间的冲突，并组成和谐共存之主体整体的希望（自由王国与至善境界）。然而，不论是尼采的生命之自由，还是萨特的意识之自由，抑或是康德的道德之自由，其实都只不过是人争取自由、走向自由的一个方面。生命、意识和道德其实并无各自的所谓“自由境界”。生命永远是有限的。无论是“超人”还是“完人”，都仍然要受制于生命的有限性；意识永远是虚无的。无论是把身体化归意识，还是把世界化归己有，对人类主宰自身和主宰世界的实践而言，都无异于隔靴搔痒；而规范行为的道德就更是与自由相悖。如果不是为了走向真正的自由，则约束行为的道德就没有任何存在的理由。因此，所谓的“生命自由”，“意识自由”，和“道德自由”其实都不是真正的自由。即使将三个自由相加，也仍然达不到笔者所说的“随心所欲、为所欲为、心想事成”的绝对自由之境界：超人虽然超越了人类，但仍然是有限的生命存在；“自在——自为统一”的存在，虽然可以是自因的存在，但仍然不是创造和主宰世界的绝对主体；而由这样的自因存在之超人所组成的主体整体虽然可能比现今的人类强大百倍，但仍然不是为所欲为、随心所欲和心想事成的绝对主体。因此，即使人真的都超越成为超人，即使人最终真的成为了“自在——自为统一”的存在，也即使这种自在——自为统一的超人人类最终真的组成了和谐共存的主体整体，这种作为主体整体的超人人类仍然没有，也不可能达到“随心所欲、为所欲为、心想事成"的绝对自由之境界，因而也就仍然是不自由的存在。相对于绝对自由，人永远是不自由的存在。而所谓的"生命自由"，"意识自由"和"道德自由"，都只不过是人在绝对自由的引领下，向着绝对自由迈进的过程：一步步地突破生命和身体的限制是在一步步地走向绝对自由；一步步地克服意识与行为之间的分离也是在一步步地走向绝对自由；而一步步地化解主体间的冲突，逐步组成主体整体仍然是为了一步步地走向绝对自由。相对于绝对自由，一切被称为"自由"者，包括生存自由、道德自由乃至政治自由、文化艺术自由等等，其实充其量都只不过是达到绝对自由之手段。只有绝对自由，才是真正意义上的"自由"！因此，人所追求的自由，归根结底是"随心所欲、为所欲为、心想事成"的绝对自由！人所走向的自由，归根结底是"随心所欲、为所欲为、心想事成"的绝对自由。只有绝对自由才是人所追求的真正自由。也只有绝对自由才是人追求的终极目的。这便是本章所论述的第一个主题：绝对自由与终极目的。其焦点是：绝对自由何以能够成为人类的终极目的。

假如人的终极目的果真是绝对自由，则实现这个终极目的之关键无疑便是成为其所面对的客体世界之主宰。然而，一个将矛盾、欠缺和冲突集于一身的不完全主体却要主宰一个不是其所创造的，并且其自身也存在于其中的宏大无比的客体世界，其命运又将如何呢？这便是本章所论述的第二个主题。

第一节　走向自由与终极目的

一、命运与信仰——人的终极目的

笔者在本书第一章中曾经说过：作为完全主体和绝对主宰的神产生于人的想象，完成于人的信仰。当人把神想象成无所不能的绝对主宰时，想象就极易于变成信仰。反过来，一旦人信仰神，人也就必然会将神想象成无所不能的完全主体。因此，想象与信仰的关系其实是相辅相成的，至少也是不矛盾的。但是，人类因信仰神而完成了对完全主体的想象与将完全主体作为人的终极目的却绝不可能是"相辅相成"的，而是根本不可能的。因为，对完全主体的信仰与将完全主体作为终极目的不但是完全矛盾的，而且是根本不相容的。对完全主体的信仰意味着确信存在着一个外在于人，并且主宰一切，包括主宰人的绝对主宰。而要将完全主体设为人的终极目的,则必须确信并不存在一个外在于人的绝对主宰,而是人自身将成为主宰一切的完全主体。由于完全主体必须是唯一的,因此,假如在人之外已经存在着一个主宰一切,包括主宰人的完全主体,则人就永无可能再成为完全主体,从而也就绝不可能再将完全主体和绝对自由设定为人的终极目的。而如果要将完全主体和绝对自由设定为人的终极目的,就必须排除已经有一个完全主体存在。必须没有一个外在于人的完全主体存在,人才有可能成为唯一的完全主体,从而也才有可能达致绝对自由之境界。这似乎意味着,对上帝的信仰虽然完成了人对完全主体的认识,但却绝不可能使通过信仰上帝而认识到完全主体者将所认识的完全主体转变成为人的终极目的。果真如此,则通过信仰上帝而认识的完全主体的绝对主宰之本质和绝对自由之境界的人类如何能够将完全主体和绝对自由设定为人的终极目的呢?即使有一些大彻大悟之人将完全主体和绝对自由设定为人的终极目的,那也仍然不是人类的终极目的。而只是人类的部分人之终极目的。如此,就终极目的而言,人类将至少分为两个部分:信仰上帝从而将进天国作为其终极目的者与将完全主体和绝对自由作为终极目的者。(笔者下面还会谈到,由于对人的定义之不同,人所设定的终极目的岂止是两个,甚至可以说是五花八门的。)在这种情况下,“完全主体和绝对自由”充其量也就只能是一部分人的终极目的,而不可能是全人类的终极目的。

对此,我们的回答是:人的终极目的并不是由人有意识地设定的,而是人的命运——人的命运就是永远走向绝对自由。这是不以人的意志为转移的!不论人是否信仰上帝,也不论人是否意识到这个终极目的,是否承认这个终极目的,人的命运决定了人必定要把完全主体和绝对自由作为其终极目的,也必然会锲而不舍地永远向着这个终极目的迈进。这里所使用的“命运”一词必须特别加以说明。因为,“命运”一词按通常的理解,一般是指在冥冥之中的一种不被人知却又决定着人的一切的外在力量。这种外在的力量对人的决定意义甚至比科学上的“时间之矢”对世界的决定意义还要大。“时间之矢”所决定的只是时间和世界的发展方向。它除了在方向上是不可逆的外,在向着一个方向行进时,世界的发展仍然可以有多重选择,仍然可以有张弛有涨落有突变等等。而“命运”却不但决定着人的发展方向,而且决定着人的一切。人既无法逃脱,也无法改变其命运。因此,在这里使用“命运”一词就极易于被误解为笔者似乎是在主张人之走向自由是被冥冥之中的外在力量所决定的,而不是人的自由选择和主观决定。其实不然。这里所说的“人的命运就是永远走向绝对自由"之"命运",并不是指一种外在的,不可知的,神秘的决定力量,而是指人自身内在的主观选择。之所以将人自身内在的主观选择称为"命运",是因为这种选择的必然性和唯一性——人出于其内在的本质必然会做出的这种选择,也只会做出这种选择。或者说,人的内在本质决定了这种选择的必然性和唯一性。一种主观选择如果是必然的和唯一的,则这种选择就与"命运"无异。这就是笔者在这里使用"命运"一词的原因和含义。

那么,决定了这种选择的必然性和唯一性的人的内在本质是什么呢?本书的第二章曾经阐述过:人是矛盾、欠缺和冲突的存在。这种矛盾、欠缺和冲突的存在之内在本质就是:**人是不完全的主体**。人虽然是主体,但却不完全;人虽然不完全,但却是主体。正是这种"不完全主体"的内在本质,决定了人必然要选择追求成为完全主体,从而走向绝对自由;也只会选择追求成为完全主体,从而走向绝对自由。而追求成为完全主体以走向绝对自由也就是将完全主体和绝对自由作为其终极目的。这就是说,主体的不完全性决定了人将完全主体和绝对自由作为终极目的的必然性。假如人的本质不是主体,而只是诸如海德格尔的"此在"之类的特殊的存在,人也就绝没有主宰世界之主宰欲,也就无所谓"完全""不完全"和"自由""不自由",更不可能追求完全主体,走向绝对自由了。另一方面,假如人已经是像神一样的完全主体,而不是不完全的主体,则人也就绝无必要再追求完全主体,走向绝对自由。因为她已经是完全主体,已经拥有了绝对自由。只有人这种既是主体,又不完全,虽不完全,但仍是主体的不完全主体,才必然会选择追求完全主体,走向绝对自由。这便是出于人的主观选择的人的命运。这个命运既是全人类的命运,也是每个人的命运。任何人,不论是否信仰上帝,不论是否承认完全主体和绝对自由是其终极目的,都命定要以此为终极目的,都命定要永远追求完全主体,永远走向绝对自由。这是不以人的意志为转移的人的必然选择,也是人既无法摆脱,也无法改变的人的命运!

二、异化与终极目的——人的完全肯定

1. 人的定义与人的终极目的

不难看出,笔者断言"人命定要以完全主体和绝对自由为终极目的"是基于笔者将人定义为"不完全主体"。事实上,人的终极目的完全根源于对人的定义。对人的定义不同,人的终极目的就迥异:海德格尔将人定义为一种特殊的存在——"此在",于是,人的终极目的也就只能是可怜的"去存在"。萨特虽

然断言:“人就是想成为上帝的存在”,但由于他把人定义为“自为的存在”,因此,萨特的作为人的目的之上帝就绝不可能是完全主体,而只是作为自在与自为统一的自因的存在。至于康德,他把人定义为“理性的存在”,因此,除了理性地去追求“目的王国”和“至善境界”外,任何其他的东西都不可能成为人的终极目的。此外,还有将人定义为被上帝赶出伊甸园的上帝之罪人的基督教,既然是罪人,就不得不赎罪。赎罪的目的是什么呢?当然是重回昔日被逐出的天国。于是,对基督徒而言,人的终极目的就只能是通过赎罪和信仰上帝而重回天国。

上述如此多的对人的定义以及如此多的所谓人的终极目的,难道全都是不真切或不正确的?何以证明唯有“人是不完全主体”之定义和“完全主体与绝对自由”之终极目的才是真切的和正确的呢?笔者以为,检验人的定义真切与否和人的终极目的正确与否的标准只有一个,而路径则有两条。检验人的定义真切与否和人的终极目的正确与否的标准是:看其定义和终极目的是否是完全肯定人的。所谓“完全肯定人”,指的是:所肯定的是一切人,而这个肯定又是完全、彻底的肯定。它不能暗含着以否定一部分人来肯定另一部分人;也不能允许对人的肯定是部分的,不完全的肯定;更不能同意以牺牲现在的人来成就将来的人。假如对人的定义和人的终极目的不是完全肯定人,而是完全否定人,或者仅肯定一部分人,而否定另一部分人,抑或是以将来之人否定现在之人等等,则这个定义和终极目的就是不真切、不正确的。只有完全肯定人的定义和终极目的,才有可能是真切的和正确的定义和终极目的。

而检验人的定义真切与否和人的终极目的正确与否的两条路径则是:第一,检验对人的定义是否是完全肯定人的。如果对人的定义不是完全肯定人的,则不但定义肯定是不真切的,而且相应的终极目的也肯定是不正确的。本书在第二、四、五章对海德格尔、萨特和康德等人对人的定义已经做了详细的评析和批判,此处毋庸赘述。此处只需指出:海德格尔虽然承认人是有别于一切存在的特殊的存在,但却根本否认人是主体,因而其对人的“肯定”甚至不能称为是肯定——将“主体”贬低为“存在”无论如何都应该是否定,而不是肯定。而萨特虽然承认人的主体地位,但他的“自为”仍然是一种“存在”,而不是“主体”,甚至萨特笔下的上帝都不是作为绝对主体而存在,而只是作为自在和自为统一的绝对存在而存在。因此,萨特对人的定义仍然未跳出“存在”的窠臼,仍然是一种极不完全的肯定。至于康德,他对纯粹理性之论述虽然开启了认识论上的哥白尼式的革命,但却将人的认识局限于所谓的“感性世界”,并人为地设置了一个人根本不可知的所谓“智性世界”。而其所谓本质是自由的实践理性,没有上帝的悬设也仍然达不到自由的“至善”境界。所有这些都意味着康德的理性之人之定义仍然包含着对人的部分否定,因而仍然不是人的真切定义。

与上述所有的定义不同,将人定义为“不完全主体”,表面上看是对人的一种否定——否定了人是完全主体,确认了人作为主体的不完全之性质,但实际上却是对人的完全肯定。因为这个定义第一次将人与完全主体联系在一起:主体的不完全性是相对于完全主体而存在的。只有相对于完全主体,才能显现出其不完全性,才能成为“不完全”主体。因此,“不完全主体”的定义使得完全肯定的主体——完全主体——显现。或者说,完全肯定的主体之存在才使得人成为不完全主体。另一方面,完全主体作为不完全主体的所欠缺者,必然成为不完全主体的追求目标和发展方向。指出了主体的不完全性,实际上也就指出了主体的追求目标和发展方向。这个不完全主体虽然现在是不完全的,但既然他已是主体,并且已经发现其所欠缺者,他就必然要向着完全主体迈进,必然要追求成为完全主体。因此,不完全主体之定义,一方面昭示了主体的所欠缺者——完全主体,另一方面也彰显出主体的可能——成为完全主体的可能。而“成为完全主体的可能”是对人的最完全的肯定。对人而言,没有什么肯定能比“有可能成为完全主体”的肯定更完全了。有鉴于此,笔者以为“人是不完全主体”之定义既然包含着对人的最完全的肯定,因而它应该是人的最真切之定义。

2. 目的之异化与人的终极目的

除了以完全肯定人之标准来衡量对人的定义外,我们还有第二条检验路径:以完全肯定人之标准来检验所设定的终极目的。即所设定的人的终极目的是否需要通过否定人或牺牲人来达致?笔者将需要通过否定人或牺牲人而达致目的的现象称为“目的之异化”。所谓“目的之异化”,简而言之是指:本来由人所决定的,并应该是肯定人、成就人的人的目的,却反过来成为决定人、否定人乃至牺牲人的东西。如果所设定的终极目的不是通过肯定人、提高人、成就人的方法而最终达致人的完全实现,而是通过否定人、牺牲人,哪怕是对人的一小部分之否定,或仅仅否定一小部分人,而达致仅仅是一部分人的完全肯定,这种“终极目的”即属于目的之异化。概而言之,人的真正的终极目的绝不能是有可能被异化的目的。凡有可能被异化的所谓“终极目的”,都不可能是人的真正的终极目的。

在以“目的之异化”检验有关的终极目的之前,有必要对“异化”的概念做一说明。“异化”概念在不同的哲学家那里有着极为不同的含义。在黑格尔那里,“异化”是指绝对精神的**外化**和**对象化**,即绝对精神从纯思维、纯观念**外化**为自然,成为纯思维的对象。而在费尔巴哈那里,“异化”虽然仍有“外化”的意思,但这种外化却不是“对象化”,而是“**异己化**”和“**对自我的否定**”,即在基督教中,人将人的所谓“类本质”外化为“神”,并以“神”来否定人、奴役人。与上述黑格尔和费尔巴哈的异化概念不同,在马克思那里,“异化”一词虽然兼有“外化”、“异己化”和“对自我的否定”之含义,但“异化”之本体却既不是绝对精神,也不是基督教,而是“剩余劳动”,即劳动者与其劳动产品、劳动行为的分离与对立,以及后者对前者的否定、摧残和奴役。虽然有上述种种的不同,我们还是可以从上述种种中归纳出“异化”一词的基本含义:首先,异化是异己化,即本来属于自己或由自己所决定的东西外化为与自己相对立的东西。其次,这个外化为与自己相对立的东西反过来又成为否定自己的东西。以此处所论述的人的目的为例,人的目的本来是由人所设定,并由人所决定之东西。但是,假如这个人所决定之东西,却反过来成为控制人、决定人乃至否定人、牺牲人的东西,则目的的异化就出现了。

人们也许会问:由人所决定的目的如何能够异化为决定人的东西呢?这里的原因有二:第一是因为目的本身的特征。任何目的,包括人的终极目的,都有着一个双重的特征,一方面,它源于自由。任何目的都源于主体的自由意志,都是主体的自由选择或自由决定。(即使是“命定的选择”也仍然是主体的自由选择。因为并不存在任何外在的强制或影响,其选择完全是出自其内在的本质,是由自身的本质所决定的。)另一方面,目的一旦被确定,却又会反过来约束人。即约束人的行为,使人的行为既源于目的,又为着目的。人只能采取有利于目的之实现的行为,不应、不能、也不会采取任何不利于目的实现之行为。正是这后一个特征,成为目的异化的根源——既然为了目的之实现,可以牺牲人的行为自由。将此扩大化,就有可能成为“为了目的之实现,可以牺牲一切”。一旦人为了目的而不惜牺牲一切,包括其主体权利,乃至其生命时,目的的异化就产生了。举个最极端的例子,在战争中,任何作战目的都是为了战胜敌人,保存自己。但任何为了战胜敌人,保存自己的作战目的,却都不仅要牺牲士兵们的主体权利,包括思想自由、行动自由等等,而且还要牺牲部分士兵的生命。“为了胜利你必须牺牲”便是目的异化的典型表述——人所制定的目的异化为控制人、奴役人直至否定人的生命之对立物。

由于人是矛盾、欠缺、冲突的主体，因此，一切由人所设定的目的，在其实现的过程中都有可能或多或少地要牺牲部分人的部分主体权利乃至生命，因而也就都有可能产生目的的异化。唯有人的终极目的，不能，也绝不可能被异化。因为，人的终极目的无论是什么，都必定包含着对人的绝对肯定和人的彻底解放。这种包含着对人的绝对肯定和人的彻底解放之终极目的，无论从逻辑上，还是在实践中都绝无可能被转化为人的对立面，反过来成为控制人、奴役人乃至否定人的对立物。从逻辑上说，对人的绝对肯定不允许一丝一毫的对人的否定。而人的彻底解放与对人的控制和奴役不但南辕北辙，而且根本就水火不容，势不两立。从实践上说，人们既绝对不可能通过控制人、奴役人来达到彻底解放人之目的，也绝对不可能通过否定人来达到绝对肯定人之目的。因此，人的终极目的一定是绝对不可能被异化的目的。而一切已经被异化，或有可能被异化的目的，都绝对不可能是人的终极目的。只有绝无可能被异化的目的，才有可能成为人的终极目的。

鉴于人的终极目的是绝不可能被异化的目的，而是否可能被异化又是检验终极目的是否正确的试金石，因此，在以完全肯定人之标准检验对人的定义是否真切的同时，我们还可以以是否存在着目的之异化来检验终极目的是否正确。笔者以为，目的之异化的最典型例子当属基督教的进天国之目的。

按照基督教的教义，耶稣牺牲自己救赎人类的目的是为了使人类进天国；而人类信仰耶稣，自我赎罪的目的也是为了进天国。虽然天国是美好的，但进天国之路却并不是那样美好。按照基督教的说法，人要达致进天国的终极目的，必须满足下列条件：第一，他必须信上帝；第二，他必须赎罪；第三，他必须牺牲(死去)。“必须信上帝”意味着什么呢？意味着人的主体地位之丧失！所谓信上帝，就是把上帝奉为主人，奉为决定自己的一切、主宰自己的一切之主宰。而人自己则沦为上帝的奴仆，沦为由上帝差遣，由上帝决定，由上帝摆布，所做的一切都是为了实现上帝的意旨之奴仆。于是，由人想象出的上帝便异化为人的主宰，而人却沦为了人的想象物之奴仆。这是“进天国”之目的所导致的第一个异化。

“进天国”之目的所导致的第二个异化是：人不仅仅被异化为人的想象物之奴仆，而且被异化为“罪人”。人之所以世世代代被界定为“罪人”，仅仅是因为《圣经》所说的人类的鼻祖亚当和夏娃偷吃了上帝禁止吃的禁果。现代的法律人也许根本无法理解仅仅是一个偷吃禁果之行为何以能被认定为天大的并且是永恒的罪行？更无法理解凭什么要让人类世世代代无辜的子孙去为几千年前人类的老祖宗的个人行为承担“罪责”？然而，基督教的《圣经》就是这样说的。全球超过20亿的基督徒也就是这样相信的。于是，为了进天国，人对人自身的否定达到了极致：人不但将人的想象物——上帝——异化为人的主人，而且还把自己异化为人的想象物——上帝的罪人。从此，进天国之途径就不仅是信神，而且还要“赎罪”。而赎罪的方式无一不是对人自己的否定。

“进天国”之目的所导致的第三个异化是：否定生命。为了进天国，人不但由主体异化为奴仆，由常人异化为罪人，而且还要完全否定生命——必须死去，才能达致“进天国”之终极目的。基督教的天国，是人死后才有可能去的地方。而“死”是生命的终结，是对生命的彻底否定。常人无法想象在生命终结之后如何还会有“永生”？“死后的永生”又究竟是什么样的存在？假如人之进天国必须以人的生命为代价，那天国对人的否定就是完全彻底的——人必须连生命都彻底地否定掉，才能进天国去享受那否定了生命之后的“永生”。这样一个连人的生命都彻底否定的所谓“天国”，如何能够成为人的终极目的呢？

也许基督徒们会反驳说：天国就是对现世的否定。只有否定了现世的一切，才能进入肯定一切的天国。因为，在天国中的人是永生不死、幸福极乐的。这种永生不死、幸福极乐的存在境界不就是对人的完全肯定吗？然而，这个人人永生不死、幸福极乐的天国难道就不是上帝的国度了吗？它当然仍然是上帝的国度。既然仍然是上帝的国度，就仍然是只有上帝才是唯一的主宰，而绝不可能人人都是主宰。既然上帝仍然是唯一的主宰，则天国中的人们无论怎样永生不死、幸福极乐，都仍然是上帝的臣仆，仍然是没有自己的意志，仅以上帝的意志为意志的上帝的附庸。假如天国中的任何一个人像亚当一样违背了上帝的意志，他必定会像亚当被逐出伊甸园一样被逐出天国，成为上帝的新的“罪人”。试问，这样一种以上帝的意志为意志，由上帝主宰一切的存在境界，能属于肯定人的存在境界吗？当然不属于。只要上帝仍然存在，并仍然被异化为人的主人，人无论在天国还是在地上，都只能是被否定的存在，而不可能成为肯定的存在。这样一个否定人的天国当然不是，也绝对不可能是人的终极目的。

3. 绝对自由与终极目的

前面我们曾说过：目的本身所固有的特性决定了目的被异化的可能性。因为人类任何目的之实现，都既需要约束其行为，又需要或多或少地付出代价。所谓“为达到某个目的而努力”，“为实现某个目的而奋斗”中的“努力”和“奋斗”等等，不仅是对人的行为之约束，而且也是为达到目的所必须付出的代价。当为达到目的而对行为的约束和所付出的代价超出了人的行为(努力、奋斗等),而要求牺牲人的主体权利乃至人的生命时,“目的的异化”就产生了。那么,有没有一种根本不会要求牺牲人的主体权利,更不会要求牺牲人的生命,从而也就绝对没有异化的可能性之目的呢?答案当然是肯定的。笔者以为本书所宣称的“成为完全主体、达致绝对自由”的人的终极目的就是一个绝对不可能被异化的目的。它之所以绝对不可能被异化,原因有三:

第一,它不是被外在力量设定的终极目的,而是人基于其内在的本质而命定走向的终极目的。目的之异化必须具备一个前提条件,那就是必须有一种外在于人的外在力量的存在。也就是说,有可能被异化的目的往往并不是人自己确定的目的,而是由外在于自身的外在力量所设定的目的。这个外在的力量,既是异化的前提,又是异化的主体:基督教之进天国的目的,并不是人自身出于人的本质和人的自由意志所设定的目的,而是外在于人的上帝为人设定的目的。这个为人设定终极目的的上帝,同时也就是这个目的异化的主体——为了进天国而否定自身的人是以上帝作为被肯定的主体而自我否定的。而马克思主义为共产主义而奉献一切的目的之异化,同样也必须以一个外在于人的,要求人奉献一切的组织——共产党——的存在为前提。这个党,既是设定所谓人类的终极目的之主体,又是这个目的异化的主体——是这个党强迫要求人人为共产主义目的而奉献一切。没有这个党的存在,目的的异化不可能产生。与此完全不同的是,完全主体和绝对自由的终极目的并不是任何外在力量为人设定的,而是出于人的不完全主体之本质,人必然要选择的,或者说命定要走向的终极目的。这样一种终极目的,由于没有任何外在力量的存在,因而也就不存在任何被异化的前提条件和异化的主体,从而也就没有任何被异化的可能。

第二,以完全主体和绝对自由为终极目的,是对人的绝对肯定和完全实现。它只有在消除了一切对人的否定,克服了一切人的欠缺之后,才可能达致。也就是说,它是对人的一切否定之否定,对人的一切欠缺之克服。从逻辑上说,对人的一切否定之否定绝不可能允许再对人做出哪怕是一丝一毫之否定;而对人的欠缺之克服,更不可能允许通过奴役人、牺牲人而达到。作为矛盾、欠缺和冲突的特殊主体之人类,从矛盾、欠缺和冲突的特殊主体走向完全、绝对的真正主体之过程只能是一点点地克服矛盾,一步步地弥补欠缺,一个个地解决冲突之过程。这个过程在任何方面都不可能允许哪怕是一丁点的对人的否定。任何对人的否定,都是从完全主体这个终极目的向后倒退,都是离完全主体这个终极目的越来越远。既然走向完全主体是克服矛盾、弥补欠缺和解决冲突的过程，它就只能是肯定人、充实人、成就人的过程，而绝不能是相反。无法想象人类可以通过否定人而成为完全主体。也无法想象，人类可以通过牺牲人而走向自由。因此，以完全主体为终极目的，从逻辑上说是绝对排斥对人的否定和牺牲的，因而，也是绝对不可能被异化的。

第三，以完全主体和绝对自由为终极目的，不但绝对排斥对个体主体之人的任何否定和牺牲，而且也绝对排斥对作为主体整体之整体人类的任何否定与牺牲。就像对个体主体的任何否定与牺牲绝对会阻碍人类走向完全主体一样，对主体整体的任何否定与破坏也同样绝对会阻碍人类走向完全主体。这种对个体主体和主体整体两个方面的否定之绝对排斥，似乎隐藏着一个潜在的目的之异化的风险：暂且不谈个体主体的终极目的与主体整体的终极目的有可能不同，即使个体主体和主体整体都将成为完全主体、达致绝对自由作为其终极目的，假如主体整体以实现这个终极目的为由而要求否定部分个体主体，或否定个体主体的部分主体权利时，或者反过来，假如部分个体主体以实现这个终极目的为由而要求否定主体整体的部分，乃至全部时，则目的之异化就产生了。所谓个体主体与主体整体的矛盾就产生了。而如果这个矛盾真的存在，则“成为完全主体”之终极目的当然就仍有目的之异化的可能：不论是为了肯定主体整体而否定或牺牲部分个体主体，抑或是为了肯定个体主体而否定或破坏主体整体，都无疑属于目的之异化。

这里的关键在于“主体整体”与“整体主体”之区别。关于这两者的区别，在本书第二章论述主体间的冲突时曾经有过这样一段论述：“‘整体主体’与‘主体的整体性’是两个完全不同的概念。‘整体主体’是指：人类整体作为独立的存在而成为一个统一的主体。在这个独立存在的统一整体中，任何个体都只是这个整体的组成部分。作为整体的组成部分的任何个体，都不能单独成为主体。他们只有在组成一个统一的整体之后，由这个整体构成主体。与此不同，‘主体的整体性’则是指：每个人类个体都是主体。但个体主体因为其本身的欠缺，需要与其他个体主体相互合作、相互作用，并需要生生不息地繁衍、继承，以致永远，才有成为真正主体之可能。因此，主体的整体性并不是指一个独立存在的整体组织，而是指由千千万万个独立的主体相互合作、相互作用，并且千秋万代地繁衍下去的人类个体主体的总称。如果硬要把这个由千千万万和千秋万代的个体主体所构成的人类主体的整体性称为‘整体’，那比较贴切的词汇应该是‘主体整体’。‘主体整体’完全不同于‘整体主体’，它是由独立的个体主体所构成，而且是由不同时代、不同地域、不同种族的千千万万和千秋万代的人类个体主体所构成。它之所以可以称为‘整体’，完全在于独立个体主体间所形成的特殊关系体系：千千万万和千秋万代的独立个体主体之间消除了一切主体间的冲突，建立起和谐共存、合作共进的关系体系。这种特殊的关系体系就是我们这里所说的‘主体整体’。或者说，‘主体整体’其实就是主体间和谐共存、合作共进的关系体系。因此，人类的‘主体整体’绝不承认人类的‘整体主体’之存在。它只承认人类个体主体的存在。只不过它在只承认个体主体的存在之前提下，同时认识到个体主体的欠缺性，认识到个体主体对由千千万万和千秋万代的个体主体所构成的和谐共存、合作共进的人类主体整体的依赖性。没有这个由千千万万和千秋万代的个体主体所构成的和谐共存、合作共进的人类主体整体，任何个体主体都只能像白驹过隙样的一闪即逝，毫无存在的意义可言。”[①]这段论述其实已经回答了上面的疑问：既然主体整体并不是凌驾于个体主体之上的统一整体主体，而是由千千万万和千秋万代的个体主体所构成的特殊的主体间关系体系，则这样的关系体系就绝对没有可能异化为与个体主体相对立的，奴役个体主体，乃至完全否定个体主体的存在。当然，对这样一种主体整体的完全肯定，不可避免地要对个体主体的主宰本质有所否定。但它否定的是个体主体主宰其他个体主体的欲望和行为——只有完全否定了主宰其他个体主体的欲望和行为，才有可能形成和谐共存、合作共进的主体间关系体系。然而，对个体主体间相互主宰的欲望和行为之否定，不但不是对个体主体的主体地位之否定，反而是对个体主体的主体地位之肯定——每个个体主体都不去主宰其他个体主体，意味着每个个体主体都免除了被其他个体主体主宰之威胁和可能。这样一个免除了被其他主体主宰之威胁和可能的个体主体，其主体地位当然是大大地加强了，而绝对不可能是被削弱了。另一方面，就人类整体而言，对个体主体间相互主宰的行为和欲望之否定，更不会丝毫阻碍和影响人类整体走向完全主体，走向绝对自由的境界之进程。非但不会阻碍和影响，反而会大大加快人类走向绝对主体的步伐，大大促进人类走向自由的进程。（关于否定个体主体间相互主宰的欲望和行为如何能够加快人类走向绝对主体的步伐，如何能够促进人类走向自由的进程，读者可以重温本书的第二章第三节“以合作根除冲突——人成就人的理

---

①　见本书106～107页。

想”中有关“最佳合作方式”的论述）。有鉴于此，“成为完全主体和达致绝对自由”之人类终极目的无疑是绝对不可能被异化之人类目的。

总之，“成为完全主体和达致绝对自由”既是对人的完全肯定和绝对实现，又是绝对不可能被异化之目的，因此笔者以为它应该是，也必定是人的终极目的。

第二节　终极目的与走向自由

一、终极目的与目的之实现

如上所述，以完全主体和绝对自由作为人的终极目的是由人的不完全主体之内在本质所决定的。即：人命定要以绝对自由为目的。然而，命定要以绝对自由为目的的人类却并非命定就是走向自由之存在。将人定义为命定是走向自由之存在，不仅是因为人的本质决定了人必定要以完全主体和绝对自由为终极目的，而且还基于如下两个事实：其一，以绝对自由为终极目的的人类，必将通过世世代代锲而不舍的努力而越来越走近这一终极目的，越来越接近绝对自由；其二，人的不完全主体之本质不但决定了人必将以完全主体和绝对自由为终极目的，而且还决定了人永远也不可能最终实现这一终极目的。一个永远也不可能实现其终极目的之存在，从另一种意义上说，也就是一个命定永远在路上之存在。而所谓“人的命运是走向自由”恰恰指的是这种永远锲而不舍地向着绝对自由迈进，而又永远实现不了其终极目的之“永远在路上”的存在状况。人之所以会有这种命运，是因为使其成为不完全主体的神性，同时也决定了其不可能成为完全主体。笔者在本书的第二章曾经指出，是人的神性使人成为不完全主体。而所谓“不完全主体”，不但意味着他是矛盾的存在，而且意味着他要面对一个不是其创造的世界。因此，不完全主体能否成为完全主体，能否实现其绝对自由的终极目的，至少取决于如下三个因素：

第一，取决于人的根本矛盾能否真正克服。笔者在前面已经指出：人的根本矛盾主要有两个，一是主体与存在的矛盾，即本质为无限的主体却要依赖于有限的载体而存在；二是主宰欲与主宰能力的矛盾，即本质为无限的主宰欲其实现却要仰赖于人的有限的主宰能力。假如人能够最终克服这两个根本的矛盾，使得本质为无限的主体不再依赖有限的载体而存在，同时其无限的主宰欲也不再仰赖有限的主宰能力来实现，则人就有可能最终实现其终极目的，成为完全、绝对的主体。但假如人根本就不可能最终克服这两个根本矛盾，则人就只能是永远在路上的存在。

第二，人所面对的这个不是其所创造的世界必须同时也不是其他主体所创造的。假如这个不是其所创造的世界不是自发产生的，而是由某个外在于人的绝对主体所创造的，则这个世界就已经有了主宰。如此，人也就绝无可能再成为主宰。除非这个创造世界的绝对主体愿意把这个世界交给人类来主管。但在这种情况下，人类就已经不是主宰世界的"主体"，而只是帮助绝对主体打理世界的"管事"了。在这种情况下，人甚至连永远在路上的命运都没有，而只有俯首帖耳、尽职尽责之命了。无论如何，必须没有其他主宰存在，尤其是必须没有主宰人类的绝对主体存在，人才有可能去主宰这个世界。这个世界才有可能被人所主宰。

第三，人所面对的这个不是其所创造的世界还必须是可以被主宰的，或者说是有可能被主宰的世界。当然，世界能否被主宰的问题是与主体的主宰能力紧密相关的。一般说来，主体有多么大的主宰能力，客体就在多么大的程度上是可以被主宰的。假如主体是具有无限的主宰能力之完全主体，则客体世界就一定是完全可被主宰或可被完全主宰的世界。但假如主体是只有有限的主宰能力之不完全主体，则世界就只能是部分可被主宰的或可被部分主宰的。虽然如此，但不完全主体的主宰能力之问题与其所面对的不是其所创造的客体世界是否有可能被主宰的问题，毕竟是两个完全不同的问题：不完全主体的主宰能力之提高既取决于人所固有的"神性"，也取决于人的实践和发展。而客体世界能否被主宰则不但取决于主体的意欲和能力，而且还取决于客体世界的性质、存在状况和变化速度与方向。所谓"客体世界的性质"指的是上述第二个因素，即：这个客体世界是一个自发存在、自行发展的世界，还是一个被创造、被决定的世界？假如人所面对的世界是一个被绝对主体所创造和主宰的世界，则人就绝无可能再成为这个世界的主宰。只有在这个世界是一个自发存在和自行发展的世界之情况下，人才有成为这个世界的主宰之前提。然而，即使这个前提存在，人有无成为世界的主宰之可能还要取决于这个客体世界的存在状况。所谓"客体世界的存在状况"则是指：就其存在而言，这个世界是全部向人显现的，还是只有部分显现，而另有一部分却绝不向人显现的？只有完全向人显现的世界，才有可能是可被主宰的世界。假如这个世界是像某些科学家所猜测的那样只有极小的部分是向人显现的，而绝大部分则是不向人显现的，则人主宰世界之意欲就将成为绝不可能完全实现的泡影。所谓“客体世界的变化速度和方向”指的是：这个世界的发展变化是有规律可循的，还是混沌无序的？是可逆、可改变的，还是不可逆、不可改变的？等等。假如世界的发展不是有规律可循的，而是混沌无序，无规律可循的，则这个混沌无序，无规律可循的世界对人而言就只能是一个无从驾驭，无法主宰的世界。因为混沌无序的世界是人既无法认识，也无法驾驭的。另外，即使这个世界既是向人显现的，也是有序合规律的，但如果世界的发展规律是根本不可逆的，或根本不可改变的，则这个世界对人而言就仍然是不可能被主宰的世界。

以上这三个因素(人的根本矛盾能否克服、绝对主体是否存在以及客体世界的性质和状况)是有关人的命运是否永远在路上的最主要的决定因素。在这三个因素中，只要其中有一个因素不成立，人的命运便只能是永远在路上：假如人的两个根本矛盾不是可以最终克服的，而是根本无法克服的，则即使在人之外不存在一个绝对主体，并且客体世界的性质和状况是可主宰的，则人仍然绝无可能成为无限的客体世界之主宰(无论宇宙是一个无限的宇宙，还是无限的多重宇宙，作为客体世界而言，它都是近似于无限的)，人也就只能是永远在路上，永远也达不到其终极目的之存在。同样，即使人能够最终克服其根本矛盾，而客体世界也是可主宰的世界，但只要已经存在着一个创造这个世界的绝对主体，则人仍然也永远达不到其终极目的，人的命运甚至连永远在路上都不是。最后，即使人最终克服了其根本矛盾，同时也不存在一个创造这个世界的绝对主体，但只要客体世界不是一个完全可被主宰的，或者可被完全主宰的世界，则人也就仍然永远也达不到成为完全主体之终极目的，人的命运也就仍然是永远在路上。这三个条件必须同时具备，即：人必须在“人的两个根本矛盾是可以最终克服的”、“不存在一个创造这个世界的绝对主体”以及“客体世界是可主宰的”这三个条件同时成就的情况下，人才有可能最终实现其终极目的。然而，不论是从实际上还是从理论上说，这三个条件同时成就的可能性都是零。甚至其中任何一个条件成就的可能性都几乎是零。这就决定了人也只能是永远在路上的存在，人的命运只能是“走向自由”！

鉴于在人以外是否有一个创造世界的绝对主体之问题主要是神学和宗教学研究的问题，不在本书研究的范围，因此，本书谨将论述的主题聚焦于第一个问题，即人的根本矛盾能否克服的问题，和第三个问题，即这个不是人所创造的世界是否是可以主宰的世界之问题上。

二、神性与神——人成为神的可能

笔者在本书第一章中曾经论述过：使人从“存在”一跃而成为“主体”的是“神性”——神性使得存在于世界之中的人能够跃出世界之外，相对于世界而存在；神性赋予人以主宰世界之意欲；并且神性还赋予人以不断提高其主宰能力之可能。正是神性所赋予人的这三个要素——独立于世界而存在、有主宰欲和主宰能力——才使得人从一般存在一跃而成为主体。但是，神性使人成为的这种“主体”并不是真正的完全主体，而是十分有限、十分欠缺的不完全主体。所谓完全主体，其本质是绝对主宰；其存在境界是绝对自由；而其存在形态则是无形。为什么完全主体的存在形态必然是“无形”呢？因为，唯无形方能无限。唯无限方能主宰一切。特别是当所主宰的世界是近似于无限的广袤世界时。而有形即为有限，有限的存在即使能成为主宰，其所主宰之物也一定是有限的。因此，有形者绝不可能主宰一个近似无限的广袤世界。要成为近似无限的广袤世界之绝对主宰，就必须首先成为无形的（无限）存在。这种无形的无限存在包括两个方面：第一，其存在形式必须是无形的。也即其存在不需要任何种类的载体。无载体方能无形；唯无形方能无所不在；唯无所不在才有可能成为主宰一切的无限存在。第二，其意欲的实现必须也是无形的。即其意欲之实现不需要任何行为，而是“心想”即“事成”。只有拥有这种心想即事成的无形的绝对主宰能力，才有可能成为主宰一切的完全主体。而神性使人成为的主体，虽然拥有无形的精神世界（包括“灵魂”、“意识”、“意欲”等等），但一方面，人的无形的精神世界必须寓于有形的载体之中而存在。离开了有形的载体，无形的精神世界就无以显现；另一方面，人的主宰意欲之实现也必须依赖于有形的身体所采取的有形的行为。离开了有形的行为努力，任何无形的意欲都不可能实现。人就是纠结于这个双重矛盾之中的存在——他既纠结于无形的精神世界与有形的载体之间的矛盾，又纠结于无形的意欲与有形的行为之间的矛盾。而这个双重矛盾的实质是有限与无限的矛盾：无形的精神世界其本质是无限，而其所依赖的载体其本质却是有限。因此，所谓无形的精神世界与有形的载体之间的矛盾，其本质是有限与无限的矛盾，即：本质是无限的精神世界，其存在却要受有限的载体之限制。由于精神世界必须依赖于载体而存在，因而载体的存在状况和生存期限就都会影响和限制着精神世界的存在状况和存在期限。在这种情况下，本质是无限的精神世界便只能成为自相矛盾的“有限存在的无限世界”。

同样，主体的主宰意欲在本质上无疑也是无限的——主体之为主体，首先在于其有主宰一切之意欲。而主宰一切之意欲不可能有任何限制，因而其本质只能是无限。而身体和行为(包括操纵和使用仪器和工具的行为)从任何角度来说都只能是有限的——无论其范围，其能力，或其存在的时间，身体和行为都只可能是有限的。因此，无形的意欲与有形的身体和行为之间的矛盾，其实质同样也是无限与有限的矛盾，即：本质为无限的主宰意欲不得不通过本质为有限的身体行为来实现。由于身体和行为的有限性，使得无限的主宰意欲受制于有限的主宰能力，从而使本质无限的主宰意欲只能得到有限的实现，成为自相矛盾的“有限实现的无限意欲”。

这两个有限与无限的矛盾既是人的存在境界之决定因素，也是人的命运之决定因素——如果人最终能够克服这两个矛盾，人的存在境界就能够从不自由最终转变为自由；人的命运就能够从走向完全主体转变为最终成为主宰一切的完全主体！但是，假如人根本不可能完全克服这两个矛盾，则人的存在境界就只能永远是不自由；人的命运也就只能是永远在路上——永远行进在走向自由之路上。

那么，人究竟能否最终克服这两个矛盾呢？笔者以为，这完全取决于降临于人的“神性”。因为，人是由于神性的降临而成为不完全主体的；人也是由于神性而跋涉在走向完全主体之路上的。假如人最终能够实现成为完全主体之终极目的，那一定也是由于神性。但假如人最终无法实现其成为完全主体之终极目的，则其根本原因也就只能在于神性，在于神性本身存在着其不可逾越之障碍！因此，人能否最终克服上述两个根本的矛盾完全取决于神性有无其不可逾越的障碍。假如神性自身有其不可逾越的障碍，则人就必定有其发展的极限——神性所不可逾越之障碍同时就是人的发展极限。如此则人也就绝无可能最终克服上述两个根本的矛盾。只有在神性自身并没有其不可逾越的障碍的情况下，人的发展才有可能没有极限。对上述问题的答案也才有可能是肯定的。

当我们问“神性是否有不可逾越的障碍”时，我们实际上已经假定神性是有障碍的。因为，必须先有障碍，然后才有可能有“可逾越”和“不可逾越”的障碍之分。但神性怎么会有障碍呢？作为使人相对于世界而立，并赋予人以主宰世界的意欲和可能的神性，她自身会有什么障碍呢？我们知道，所谓“障碍”，一定是相对于目的而言的。说神性有障碍，即意味着说神性有目的。说神性有目的，即意味着神性对人所做的一切都是为了实现其自身的目的。那么,神性的目的又是什么呢?笔者以为,神性的目的只能是“成为神”。神性之所以要降临于人,仅仅是因为神性自身要成为神。神性之所以要使人走向神,是因为神性想通过人而回归于神。此说如果成立,则所谓“神性的障碍”无疑就是神性成为神或回归于神的障碍。假如神性可以直接成为神,则神性便不会有任何障碍。正是因为神性不能直接成为神,而不得不通过降临于人而走向神,神性的障碍才产生了。也就是说,是神性本身所遭遇的障碍,才使得神性降临于人成为必要和可能。

然而,神性降临于人虽然使神性获得了通向神、走向神之途径,但却并没有从根本上真正克服神性成为神的障碍,而仅仅是使这个障碍以新的方式呈现。这个方式就是我们在前面所指出的因神性之降临而产生的人的两个根本矛盾,即:无限的神性与有限的躯体之矛盾和无限的主宰欲与有限的主宰能力之矛盾。简单地说,无限的神性本不应寓于有限的躯体之中;而无限的主宰欲也不可能通过有限的行为能力而实现。一旦神性选择了以降临于人的方法来走向神,她就万劫不复地陷入了有限与无限的根本矛盾之中。这可能是两个永不得解的怪结:其一为存在与主体之结,即本质为无限,并且以无限的绝对主体为目的的神性却必须降临于有限的存在——人的躯体才能存在。而当她通过降临于人而存在时,她却又失去了其无限的本质而成为有限的存在。于是,为了存在,她必须首先放弃无限,而成为有限的存在;但为了实现其成为神的目的,她又必须克服其存在的有限性而回归主体的无限性!其二为意欲与能力之结。正因为神性必须通过降临于人而存在,于是才有了“无限的精神世界与有限的载体之间的矛盾”。正因为神性不能直接成为无所不能的神,她才不得不通过赋予人以不断提高其主宰能力之可能而逐渐走向神,不断接近神。而正因为神性不得不假借不断提高人的主宰能力而走向神,于是才有了“无限的主宰意欲与有限的主宰能力之间的矛盾”。因此,所谓“人的两个根本矛盾”其实是因神性降临于人而使神性要成为神的根本障碍以另一种方式在人身上的表现。

确定了神性的根本障碍后,剩下的问题便是:这两个根本的障碍是否是神性不可逾越的障碍。这其实涉及神性能否通过间接的渠道而成为神的问题。神性虽然不能直接成为神,但如果神性能够通过降临于人,并赋予人以不断提高其主宰能力之无限的可能而间接地最终成为神,则意味着神性的障碍不是不可逾越的。或者说神性成为神的根本障碍是可以通过降临于人,并赋予人以不断提高其主宰能力之无限的可能而最终克服的。但假如神性通过降临于人，并赋予人以不断提高其主宰能力之无限的可能最终却仍然无法成为神，则意味着神性的障碍是绝对不可能逾越的。如此，则由神性的障碍所造成的上述人的两个根本的矛盾也就注定是根本不可能克服的。为了说明这个问题，我们必须首先厘清何谓“最终成为神”。从存在的角度说，通过降临于人而存在的神性如果要最终成为神就必须最终克服人而成为像神一样的无形的独立存在。而从主宰的角度说，通过不断提高人的主宰能力而日益实现其主宰意欲的神性如果要最终成为主宰一切的神，就必须摆脱对人的有形的主宰能力(身体、行为)的依赖，而获得像神一样的心想事成的无形的主宰能力。问题是：必须通过降临于人而存在的神性如何能够脱离人而独立存在呢？同样，不得不依赖人的有限的主宰能力而实现其主宰意欲的神性，又如何能够通过提高人的有限的主宰能力而最终获得神的无限的主宰能力呢？这首先在逻辑上就说不通，而在实践上就更难有成功的可能。

从逻辑上说，有形与无形的逻辑关系应该是互不相容的关系。所谓“互不相容”是指：既不可能有无形的有形者，也不可能有有形的无形者。因此，一旦无形者不得不依赖于有形者而存在，它就不可能再是无形者，而只能是有形者了。也就是说：神性如果要成为无形的存在，她就必须从一开始就能不依赖于有形的存在而独立存在。一旦她必须通过降临于某种有形的存在才能存在时，她就不属于无形的存在，而只能是与其所降临者共存的有形的存在。

除了互不相容的逻辑关系外，有形和无形还有另一个逻辑关系，即：只可能从无形生出有形，而绝不可能从有形生出无形。所谓“从无形生出有形”指的是无形的完全主体可以创造出有形的世界和世界中的一切有形的存在。而所谓“绝不可能从有形生出无形”则是指有形的存在绝不可能反过来变为无形的存在。这既是说由无形的神所创造的任何有形的存在都绝无可能变成无形的神；也是说，即使不是由神创造的，而是自因的有形的存在也绝无可能成为无形的无限主体。有形的存在可以灭亡或消失，但却绝不可能变为无形的无限主体。在有形的有限存在与无形的无限主体之间有一条根本无法逾越的鸿沟。因此，一旦神性因降临于人而成为有形的存在，从逻辑上说，她就万劫不复地永远只能作为有形的存在而存在，而绝不可能发展为或质变为无形的无限主体。

这样的逻辑关系同样适用于有形、有限的主宰能力与无形、无限的主宰意欲之关系。首先，这两者的关系同样也是互不相容的，即：不可能有有形的无限的主宰能力，也不可能有有限的无形的主宰能力。无形的主宰能力只能是心想事成的无限主宰能力。而有形的主宰能力也只能是受其形所限制的有限的主宰能力。因此，一旦无限的主宰意欲不得不通过有形的主宰能力实现时，则原本无限的主宰意欲就只能成为只有有限的实现可能的主宰意欲。

其次，从有形、有限的主宰能力中同样不可能生出无形、无限的主宰能力。虽然同为主宰能力，但两者却有本质的不同。无限的绝对主宰能力是主宰欲与主宰能力的统一，即心想事成。而有限的相对主宰能力则是主宰欲与主宰能力的脱节。人们既无法想象需要通过有形、有限的主宰能力而实现的主宰欲能够自生出实现自身的主宰能力，也无法想象从有形、有限的主宰能力中能够产生出或发展出无形、无限的主宰能力。因此，一旦主宰意欲不得不依赖有形的主宰能力来实现，她就万劫不复地永远只能实现有限的意欲，而再也不可能成为能实现无限意欲的完全主体。

从实践上说，人类克服有形、有限与无形、无限之间的矛盾之努力虽然取得了惊人的进展，并且有着眼花缭乱的诱人的前景，但任何进展、任何前景距离真正克服有形与无形的矛盾仍然是遥遥无期的。我们可以以目前人类最前沿最大胆的两大设想为例，来探讨人类完全克服有形与无形的矛盾之可能性。这两大设想是：《奇点迫近》一书的作者库茨维尔提出的“智慧宇宙”之设想和俄罗斯媒体大亨德米特里·伊茨科夫所组织的所谓“全息躯体”研究计划。我们可以把库氏的设想理解为克服有形、有限的主宰能力与无限的主宰欲之间的矛盾之路径。按照库氏的设想，当知识爆炸所引起的技术奇点届临时，由人脑与电脑结合的人工智能将具有超越现代人类智能几百亿倍的智能。而当晶体管的微缩达到物理限制后，人工智能电脑就只能用更大的体积去获取更大的能力。这时，电脑的扩展方式就只能是将宇宙中所有的物质都转变为具有计算能力的电脑。人工智能将会以地球为中心向整个宇宙发散，将所有行星、卫星和小行星都转换成大型的电脑，进而将宇宙中所有物质都转换成能够支持智能的基质，从而最终使整个宇宙成为所谓的“智慧宇宙”。为了论证的方便，笔者把这种设想简称为“智慧宇宙设想”。智慧宇宙设想所采取的是以智能载体的无限化和载体与智能同一化的路径来消弭有形与无形的矛盾——如能将整个宇宙和宇宙中的一切物质都转变成为智能的载体，并且与智能相统一为智能的存在，则智能存在与非智能存在的差别也就不复存在，如此，则世界上就再也没有欲主宰世界之主体与将被主体主宰的客体世界之分。或者说整个世界都是一个统一的主体整体，再也没有可被主宰的客体世界，因而也就再也没有主宰欲的存在余地。如此则无形无限与有形、有限的矛盾也就完全被克服了。

如果说“智慧宇宙的设想”是为了克服无限的主宰欲与有限的主宰能力之矛盾的路径，则“全息躯体设想”便是为了克服无限的神性必须依赖有限的载体而存在之矛盾。按照俄罗斯媒体大亨德米特里·伊茨科夫所组织的所谓“全息躯体”研究计划，人类将通过三步将智能载体从实体转变为影像：第一步是大脑的载体的升级，也即载体的载体之升级。目前的人认为，智能的载体是大脑；而大脑的载体则是人的躯体。所谓大脑的载体之升级，即创造出更适合大脑的新躯体。以这种新躯体取代人体。这种新躯体拥有更完美的大脑的支持系统，并且拥有大脑与躯体的完美接口，从而使大脑可以摆脱对人的肉体之依赖而在更完美的新躯体中存在。

第二步是智能的载体之升级，即大脑本身的升级——创造出一个人工大脑，这种人工大脑不仅能力比人类大脑要高出几万倍，而且还可以将精神世界的一切内容“上传”“存储”“复制”“传送”等等，从而使本质无限的智能能够最大限度地克服有限载体对其的限制。

第三步十分接近对载体本身之克服，即将精神世界的载体虚拟化，使之不再是实体，而是利用全息技术而制造出来的所谓“全息躯体”。这种全息躯体由于没有实体，只是全息影像，因而可以不受任何物体之限制（所谓“穿墙躯体”），并且可以以光速移动（超越空间之限制），而且不可能死亡（超越时间的限制）。如此，则无限神性与有限载体的矛盾便完全克服了。笔者将这种设想称为“全息躯体设想”。

不难看出，全息躯体设想所采取的是载体的虚无化之路径，即将智能的载体从实体虚无化为影像。按照笔者的理解，神性之所以不得不降临于实体的存在，是因为神性无法以无形的方式而独立存在。而虚无化的影像与无形几乎没有本质的区别。假如影像能够承载神性，则神性就根本没有降临于人的必要。但德米特里·伊茨科夫不信这个邪，硬要尝试以非实体的影像来取代实体载体。伊氏也许认为，如果能以影像取代实体，则人的有形、有限与神性的无形、无限之间的根本矛盾便可以彻底克服，人也就成了无限的绝对主体。

这两大设想作为设想无疑是令人振奋的。但要论证其实现的可能性则又是令人沮丧的。因为，我们发现我们又陷入了另一个两难的境地——不成为神，人绝不可能实现上述设想；而要成为神，人又必须首先实现上述设想。于是，人如果不能实现上述设想，人就不能成为神；而如果人不能成为神，人就根本不可能实现上述设想。就智慧宇宙设想而言，毫无疑问的是，只有心想事成的绝对主体——神——才能随心所欲地将整个宇宙转变为智能宇宙。因为，宇宙中的物质不但是千奇百怪、各种各样的，而且是层出不穷、不断更新的。要将千奇百怪、层出不穷的近似于无限的物质全部转变为智能的载体或智能的存在，除了无所不能的绝对主体——神，任何存在都不可能做到。目前人类所具有的能力仅仅限于将极少数几种物质，如硅、铝、铜等少量金属材料和一些特殊的化学材料等合成制造出初步智能的载体——电脑芯片。人既没有用砂石泥土制造芯片的能力，更没有将山川湖海变为超级电脑的可能。即使将来有朝一日人具有了将山川湖海都变为智能物质的能力，也仍然有根本不可能变为智能物质的物质，例如炽热的太阳类恒星，引力巨大的黑洞，无从把握的暗物质以及其他将要产生和还未产生的物质等等。除非人首先成为绝对的完全主体，否则，人就绝没有可能将整个宇宙变为智能宇宙。因此，对人而言，通过将整个宇宙转变为智能宇宙而消弭无限的主宰欲与有限的主宰能力之矛盾的路径是绝对行不通的。因为这条路径本身就是这个矛盾的另一种表述——将宇宙变为智能宇宙之近似无限的主宰欲与人的有限的主宰能力之矛盾决定了此路不通！

就全息躯体设想而言，“全息躯体”实际上是一个矛盾的表述：既然是“全息”的，就不应该再是“躯体”；如果还是“躯体”，它就不属于“全息”。事实上，影像是介于有形和无形之间的一种存在——它虽有形象却无实体；虽不是实体，却有形象。这种影像的存在实际上是源于基督教对上帝的想象和描述——上帝虽然是无形的，但她又必须显现。于是便有了“神的灵飘荡在水面上”之说。既然是“灵”，当然就是无形的；既然能“飘荡在水面上”，那一定是有影的。因此，上帝应该是以无形的影像存在的。果真如此，则设想神性（智能）可以以影像作为载体而存在，实际上是在设想神性可以像神一样存在。而要创造一个能够承载神性（智能）的影像，无异于要创造一个神一样的存在——一个无形有影的绝对智能存在！但除了神能够自己创造自己外，绝没有任何东西可以创造神！因此，除非人已经成为绝对的完全主体——神，否则人是绝不可能做到以影像作为神性（智能）的载体的。于是，人如果要创造出以影像为载体的绝对智能的存在，人就必须首先成为神。但如果人要成为神，又必须首先成为无形、无限的存在。

以上两个两难的境地是两个绝对无解的两难境地。这种绝对无解的两难境地决定了人永远也无法克服神性的障碍，永远也不可能成为神。人的命运只能是永远走在走向完全主体和绝对自由之路上！

三、人与世界——人主宰世界的可能

除了上述两个绝对无法克服的神性障碍外，要实现人的终极目的，人还面对着一个不是其创造的，近似于无限的客体世界。人必须成为这个不是其创造的世界之完全主宰，才算最终实现了其终极目的。但要成为这个不是其创造的世界之完全主宰，不但有赖于克服神性的两个根本障碍，而且还取决于这个不是其创造的世界是否是可被主宰的。我们已经知道人是绝对无法克服神性的两个根本障碍的。现在我们再来探讨一下这个不是人创造的世界是否是一个可被主宰的世界。一般而言，一个可被主宰的世界必须具备三个主要特征：第一，它必须是一个可认识的世界，即这个世界必须是全部向人显现的世界，而不是一个全部或部分藏而不露的隐秘世界；第二，它必须是一个可驾驭的世界，即这个世界必须是有规律可循的世界，而不是一个混沌无序的世界；第三，它必须是一个可改造、可重塑的世界，即这个世界的发展变化必须是可逆的或可改变的，而不是不可逆、不可改变的。在这三个方面中，第一个方面是主宰世界的前提，没有这个前提，主宰世界就失去了基础；第二个方面是主宰世界的条件，不具备这个条件，主宰世界就无从下手；而第三个方面则是主宰世界的可能，没有这个可能主宰世界的意欲就绝不可能实现。鉴于第二和第三个方面主要是科学家们探讨和解答的课题，不容门外汉置喙，本节的论述将仅限于与哲学上的认识论有关的第一个方面——即世界的显现问题。

在本书的第一章笔者曾论述到：使存在得以存在的是主体的诞生。也就是说：一切存在都是相对于主体才存在的。这其中其实包含着两层意思：其一，没有主体就无所谓存在或不存在。主体的诞生是使一切存在得以存在的关键。其二，存在之所以存在，除了决定于是否有主体存在外，还取决于客体是否向主体显现。只有向主体显现的存在它才相对于主体而存在。换句话说，一切存在都是向主体显现的事物。反过来说就是：一切不向主体显现的事物对主体而言就都不存在。但在第一章中笔者只强调了上述的第一层含义。并未论及上述的第二层含义。现在，当我们论及对世界的主宰，而不是仅仅谈论世界的存在时，我们就必须回过头来论述这第二层含义——世界对主体的显现问题。因为虽然对存在而言，宣称不向主体显现的事物就没有存在并没有错，但对意欲走向绝对主宰的不完全主体而言，宣称不显现就不存在，因而也就无须去主宰则是不能成立的。所谓“绝对主宰”指的是一切之主宰。这个“一切”既包括向人显现之世界，也包括不向人显现之世界（假如有这样的世界）。因此，就成为绝对主宰而言，即使不向人显现的世界也并非不存在，而是仍然存在。于是，作为面对一个不是其创造的世界之不完全主体，他只能使向其显现的世界存在。也只能试图主宰向其显现的世界。但如果要成为主宰一切的完全主体，则一切就都必然要存在，不论是显现的世界还是不显现的世界。人是只能使显现的世界存在，并且只能试图主宰向其显现之世界的不完全主体，因此，人如果要成为主宰世界的完全主体，只有一种可能，那就是：这个不是其创造的世界是一个完全向其显现的世界。唯其完全向人显现，人才有可能认识它、驾驭它、并成为完全主宰它的绝对主体。假如这个世界有部分不向人显现，哪怕是极微小的部分，人也不可能成为主宰一切的完全主体。只有在人所面对的这个不是其所创造的世界是一个完全向人显现的世界的前提下，人才有可能实现人的终极目的。但假如这个世界是一个并没有全部向人显现之世界，则人走向完全主体，走向自由就丧失了前提条件。人的命运就将确定无疑地永远在路上。

必须指出的是：主体理论所讨论的“显现”问题与现象学所讨论的“显现”问题有所不同。现象学所讨论的“显现”其焦点是：现象与本质、显现与本体的关系问题。即：事物之显现指的是所显现的究竟是事物的本质或本体，还是有别于本质或本体的纯粹现象或表象（如康德所言）？抑或这两者都不是，而只是所谓“意志”的客观化表现（如叔本华所言）？而主体理论所讨论的“显现”却与现象与本质（本体）的关系问题毫无关涉，其焦点是：是否存在着不向人这种主体显现的客体世界？如果是，则这个不向主体显现的世界对主体而言意味着什么？也许有人会质疑：主体理论所讨论的所谓不向主体显现之世界与现象学中的不可知之本体世界并不是毫无关涉的。因为，现象学中的本体世界如果被宣称为是不可知的世界时（如康德所言），则这个所谓不可知的世界实际上也就是主体理论所讨论的不向人显现之世界。然而，现象学上所争论的可知或不可知的本体世界与主体理论所论证的显现与不显现之世界其实根本就风马牛不相及。因为陷于可知与不可知之争的“本体世界”所涉及的是“真”的问题，即：如果世界所显现的现象是与本体（本质）一致的，则这个现象就是“真象”，而本体也就是可知的了。但如果这个现象与本体（本质）不一致，则这个现象就是“假象”，如此，则本体就是不可知的。也就是说，本体是否可知，并不取决于是否有显现，而是取决于其显现的现象是否与本体（本质）一致。无论本体是否可知，这个世界都是已经显现的世界，只不过主体对这个世界所显现的现象究竟是其本质或本体，还是只是表象还有争论而已。而主体理论所讨论的显现与不显现之世界所涉及的却是“有”的问题，即：有没有一个根本就没有任何现象，也即根本就没有任何显现之完全隐秘的世界或世界之部分。是否存在着一个这样的隐秘世界或世界之部分，是关系到人这样的不完全主体之命运的大问题。假如存在着这样一个隐秘的世界或世界之部分，则人就绝无可能成为完全主体。命定走向自由的人类之命运就只能是“永远在路上”。因为人虽然能够向着完全主体和绝对自由日进无疆，但却永远不可能成为一个不向其显现的隐秘世界之主宰。从而也就永远不可能成为能主宰一切的完全主体。

此外，主体理论所讨论的显现问题虽然与主体的感知能力密切相关，但却并不以主体的感知能力为限。因为，主体的感知能力是永远处于发展变化中的。如果客体世界的显现以主体的感知能力为限，则对于茅塞未开的古人，世界的显现就会仅以其视力、听力等感官能力所及为限。凡超出了古人的视力、听力等感官能力之外的世界就都不属于向人显现的世界。但对于拥有了射电望远镜等尖端仪器的今人而言，世界的显现就将以尖端仪器之所及为限。如此，则即使远离地球达132亿光年之星系，也属于向人显现之世界。而不向人显现的世界则从超出了视力和听力等感官能力以外的世界一下子外推到132亿光年以外的世界。并且随着人类科技的不断发展，客体向人所显现的世界还将不断扩大。如此，则所谓不向人显现的世界将永远处于不断的变化中。这样一种处于不断变化之中的所谓“不向人显现之世界”绝不是主体理论所讨论的“不向人显现的世界”。主体理论所要讨论的“不向人显现的世界”是绝对不向人显现的世界。如果非要从主体的感知能力之角度来表述，那就是：任凭人类如何发展都绝对不可能感知的世界。或者说是绝对超出了人类的感知能力发展的一切可能之世界。这种绝对不向人显现的世界才是主体理论所讨论的“不向人显现”之世界。

最后，主体理论所讨论的“显现”与物理学上的“显现”之意义也有所不同。物理学上之“显现”，其意义在于自身能发光或波，或能够反射、折射光、波；或者虽然自身不发光、波，但能与光、波发生相互作用，从而使人能够看到、感知到或通过人造的仪器测量到者。反过来说，即：凡不发光、波，不折射光、波，也不与光、波发生相互作用，从而使人无法看到、感知到或通过人造仪器测量到者，即为“不显现”。按此定义，目前宇宙学家所猜测的暗物质、暗能量就都是不显现的世界。[①] 但主体理论的“显现”却并不仅仅限于能被直接感知或观测到的世界，那些虽然不能直接被感知或观测到的世界，但却可以通过其他现象推测出或想象到的世界，仍然属于显现的世界。如此，则“暗物质”和“暗能量”就都属于显现的世界。因为，宇宙膨胀的速度不但没有减缓，反而在加速的现象，间接地“显现”了暗能量的存在；而“宇宙常数”的存在也使暗物质的“显现”成为可能。只有那些完全与人类隔绝的，没有任何可被感知或观测到的可能，也没有任何被推测和想象的线索之完全隐秘的世界，才是主体理论所说的非显现的世界。概而言之，主体理论所说的“显现的世界”指的是极尽人的发展可能和科技的发展可能而能认识到的世界，包括了人在过去、现在以至无限的将来人类有可能发现、观测和认识到的一切。

既然主体理论所说的“显现”包含了如此广的范围，甚至包含了人类无限发展的可能，人们似乎有理由相信人所面对的这个世界最终将是一个完全显现的世界。因为随着人类的发展和科技的进步，似乎没有什么东西是人不可能发现和认识的。但实际情况却并非如此。由于人是存在于世界之中的矛盾的存在，因此，世界的规律不可避免地也会制约于人。在科学界，根据自然界存在着速度之极限——光速——之事实，产生了一个“视界”的假说，即：由于光速的限制，必然存在着一个人可以观测到的极限距离。只有在这个极限距离以内的事物才有可能被观测到；超出了这个极限距离之外的世界便是人绝对观测不到的世界。这个极限距离即“视界”。“视界”如果存在于过去的方向，即为“过去视界”；如果发生在未来的方向，即为“未来视界”。未来视界的存在是由于宇宙空间在不断膨胀，并且越遥远的物体退行速度越快，从而导致存在着从我们这里发出的光有可能到达的极限距离。假如“视界”的假说成立，则作为人的观测极限之“视界”，同时也就是世界向人显现的极限。即：视界之外的世界就是一个不向人显现的世界。因为既然超出了观测的极限，也就再也无法获得任何现象信息；既然没有任何现象信息，也就没有任何凭以猜

---

① 暗物质根本不与光发生作用，更不会发光。所以不管是通过电磁波、无线电还是红外射线、伽马射线、X射线等等都无法观测到。由于它既不被人的感官所感知，也不被任何仪器所观测，故被称为“暗物质”。而“暗能量”比“暗物质”更奇特。因为它只有物质的作用效应而不具备物质的基本特征，所以更不可能被感知或观测到。“暗物质”和“暗能量”虽然不被人们所感知，也不被现时各种仪器所观测，但人们凭借现有的观测结果，通过理性推理和思维，可以预测并相信它们的确存在。

测和想象的根基和依据；如此，则这个视界外的世界就只能是一个既无法观测，也无从猜测和想象的，不向人显现之世界。

“视界”如果真的存在，则在两个意义上决定了人永远不可能完全主宰客体世界：其一，“视界”意味着这个世界并不是一个完全向人显现的世界。它起码有一部分是不向人显现的。这个不向人显现的世界之部分，人既不可能认识它，更无从主宰它，从而彻底阻断了人成为世界的绝对主宰之路。其二，“视界”还意味着这个世界不但不向人显现的部分是不可能被人所认识和主宰的，而且就是向人显现的部分也是不可能被人所真正认识和完全主宰的。因为世界是一个相互联系的整体。对这个整体的任何部分的无知，都会导致对整个世界认识的错误，从而造成对世界的整个认识的错误。因此，这个世界只要还存在着不可能被知晓的部分，就意味着这个世界的任何部分都不可能被真正正确的认识。而没有对世界的真正正确的认识，就不可能驾驭和主宰这个世界。从这个意义上说，人即使要成为向其显现的世界之真正的主宰都绝对没有可能。因此，人的命运只能是永远在路上。人只能是永远在走向自由的路上之存在。

四、向着自由，日进无疆——走向自由之真谛

现在我们可以给“走向自由”下定义了：走向自由就是向着自由，日进无疆，永无止境。这个定义包含三层含义：第一，向着自由，即永远以绝对自由为终极目的；第二，日进无疆，即永不停步地向前迈进；第三，永无止境，即永远也达不到终极目的，永远在路上。这三个含义是一个整体，舍去了哪一个，都不构成“走向自由”，都不是人的命运。如果人没有命定要以成为完全主体和实现绝对自由为其终极目的，则无论人怎样“日进无疆”，也可能与走向自由毫无关系，甚至还可能与自由背道而驰。即使以绝对自由为其终极目的，但如果人不是锲而不舍地永远向之迈进，则终极目的与人就仍然关系不大。人也就仍然没有走向自由之“命运”——所谓“走向自由”乃向着自由永不停步地迈进之意也。最后，假如人的终极目的不是永远也达不到的，而是最终可以实现的，则人的命运就不是“走向自由”，而是最终实现自由了。但人的命运却不是这样，人对人的终极目的并不是**因为可至，奋力趋之**；而是，虽**不可至，仍奋力趋之**！因此，人的命运不可能是“最终实现自由”，而只能是永远在路上——人是永远走在走向自由之路上的存在。

1."向着自由"——人命定要以成为完全主体和实现绝对自由为终极目的

走向自由的第一层含义是人命定要以成为完全主体和实现绝对自由为其终极目的。"命定要以'成为完全主体和实现绝对自由'为其终极目的",首先意味着该终极目的是"命定的",而不是人的理性选择。所谓"命定",即是由人的不完全主体之本质所决定的。因此,"命定"一词并不意味着在冥冥之中有一种客观力量决定了人在主观上一定会有意识地选择以成为完全主体和实现绝对自由为其终极目的;而只是意味着无论人的主观选择是否正确,也无论人因为选择错误而会走多少弯路,人的不完全主体之本质最终都会驱使人向着实现绝对自由之终极目的迈进。也就是说,无论人在主观上是否认识到这一点,也无论人的主观选择是什么,只要人是不完全主体,出于人的不完全主体之本质,人必然,也只能以"成为完全主体和实现绝对自由"为其终极目的。人或者是在对其终极目的尚无认识,或尚未有意识地作出选择时,**盲目地**向着此终极目的迈进;或者是在人因错误地选择了以其他各种目的为其"终极目的"而走了漫长的弯路之后幡然醒悟,意识到其选择的错误,而最终**有意识地**向着此终极目的迈进;无论如何,从宏观的人类发展方向上说,人必定是,也只能是向着此终极目的迈进。

其次,"命定以'成为完全主体和实现绝对自由'为终极目的"还意味着人的任何其他目的都不再可能成为人的终极目的。因为终极目的具有唯一性——人只能有一个终极目的,不可能有超过一个以上的终极目的。因此,假如人命定是以完全主体和绝对自由为其终极目的,则其他一切目的就都不能成为人的终极目的——不论是宗教的天国,还是意识形态的人间天堂;不论是超越人的"超人",还是以人为目的的"目的王国",都不是,也绝不可能是人的终极目的。它们或者是与人的终极目的背道而驰的可异化之目的,或者是人类在走向其终极目的的途中之次级目的或阶段性目标,而绝不可能再是人的终极目的。人只有一个终极目的——成为完全主体和实现绝对自由。人是命定以成为完全主体和实现绝对自由为其终极目的的存在!

最后,"命定以'成为完全主体和实现绝对自由'为终极目的"还意味着人的一切思想和行为都应该以是否有利于实现该终极目的为衡量标准。凡有利于人成为完全主体和实现绝对自由的思想和行为,即为应提倡,应鼓励的思想和行为;凡不利于人成为完全主体和实现绝对自由的思想和行为,即为应被放弃和终止的思想和行为。换句话说,一旦人认识到其终极目的,并且主动选择将"成为完全主体和实现绝对自由"设为终极目的,人的终极目的就可以反过来成为衡量人的思想和行为正确与否的标准。有了这条衡量标准,人就可以轻而易举地发现和排除人类社会中的各种“异化”现象,并防止和杜绝今后再发生任何异化现象——不但目的之异化将被防止和杜绝,而且一切人所创造的道德、文化、法律、制度、规范、准则、主义、思想等等事物之异化也都将被防止和杜绝。届时,人就再也不需要为某种主义而献身,为某种思想而奉献;也再也不会被任何不利于人的完善和实现的道德、法律以及制度、组织等等所束缚,所限制。一切道德、文化、法律、制度、规范、标准、主义、思想等等,只有在有利于弥补人的欠缺,有利于实现人的自由之情况下才有存在的理由。而人却绝无理由因为它们的存在而被束缚,或为了它们的实现而牺牲!人作为不完全主体,除了永无止境地弥补欠缺,永无停息地追求自由外,绝无其他的追求!也绝不需要为其他任何东西做出牺牲。

2. 日进无疆——人命定会永不停息地向着自由迈进

走向自由的第二层含义是“日进无疆”,即人命定会永不停息地向着自由迈进。人即使命定要以实现绝对自由为其终极目的,但如果人不是命定会锲而不舍地永远向之迈进,则人的命运就仍然不是“走向自由”。因为,所谓“走向自由”乃向着自由永不停步地迈进之意也。假如“走向自由”是人的命运,则人就不但命定要以实现绝对自由为其终极目的,而且命定会永不停步地向之迈进。是什么决定了人命定会永不停步地向着绝对自由迈进呢?仍然是人的“不完全主体”之本质。人作为主体之所以是“不完全”的,是因为人欠缺主宰能力。“欠缺主宰能力”不但决定了人的本质是“不完全主体”,而且决定了人必定会永无止境地不断提高其主宰能力。因为,就像不完全主体必定要以成为完全主体为其终极目的一样,欠缺主宰能力者也必定会以不断提高其主宰能力为己任。如此,则人便命定会锲而不舍、永不停息地不断提高人的主宰能力。而命定永不停息地不断提高其主宰能力,也就是命定永不停步地走向自由。

提高人的主宰能力,首先包括提高人主宰自身的能力。人既是生命的存在,又是意欲的存在。因此,所谓提高主宰自身的能力便包括提高主宰自身的生命之能力和提高主宰自身的意欲之能力两个方面。而提高主宰自身的生命之能力,又分为尽可能地扩大对生命的自主权和不断扩大生命之能力两个方面。所谓“对生命的自主权”其实表述的是人的自主范围,或称人对人自身的决定能力。在多元主体共存的条件下,人对人自身的决定能力取决于人类社会为达到多元主体和谐共存之目的所采取的方法。封建专制社会以专制的方法求“和谐”共存，人对人自身的决定能力就会被限制在极小的范围，甚至有可能被完全压制。而民主自由的社会以自由民主的方法求和谐共存，则人对人自身的决定能力就会提高百倍。如果将来人能够以合作型社会取代组织型社会，则不但人对人自身的主宰能力将大大增强，而且人对客观世界的主宰能力也会大大增强。

另一方面，假如人能探明生命的奥秘，从而能够增强、改变乃至创造生命体，使人的生命变得更强，生命周期变得更长、生命能量变得更大，则人主宰自身的能力无疑也就越大。

至于人对自身的意欲之主宰能力的提高，则涉及以意欲取代欲望和以可实现的意欲取代不可实现的意欲两个方面。所谓“以意欲取代欲望”，指的是：由人的生存本能所产生的生存欲望将日益被由人的主体本质所产生的主宰意欲所取代。人首先是生命的存在，因此，人的欲望首先是由人的生存本能所产生的生存欲望。生存欲望既然是由人的生存本能所产生，它就只与人的生存有关，而与人的自由无关。只有那由人的主体本质所产生的主宰意欲，才与实现了主宰意欲的存在境界——自由——相关。而要实现人的主宰意欲，首先必须是：要实现的欲望是主宰意欲，而不是生存欲望。因为，当所要实现的欲望只是生存欲望时，人所需要提高的能力也只能是生存能力。只有在所要实现的欲望是主宰意欲时，人所需要提高的能力才是主宰能力。有鉴于此，以人的主宰意欲取代人的生存欲望便成为提高人的主宰能力之前提。但是，人的主宰意欲取代生存欲望的过程并不是在精神领域内实现，而是在人的实践领域内实现的——主宰意欲是在人的生存欲望基本实现后而产生，是随着人的生存欲望的实现日益轻而易举，而日益发展的。当人的生存欲望之实现几近于达到“要风得风、要雨得雨”之境界时，我们便可以说人的主宰意欲已经取代了人的生存欲望了。

同时，作为欠缺的主体，任何个体的主宰意欲之实现都或多或少地有赖于其他个体的协助与合作。没有他人的协助与合作，任何主宰意欲之实现基本上都是不可能的。于是，意欲的可实现性便与能获得的他人的协助与合作之程度成正比——越是能获得他人的协助与合作的意欲，实现的可能性就越大。而那些难以获得，或者根本不可能获得他人的协助与合作的主宰意欲，便是难以实现，或者根本不可能实现的意欲。什么样的意欲易于获得他人的协助与合作呢？当然是易于获得他人认可的意欲。而要获得他人的认可，最起码的条件是该意欲的实现不会损害他人。单有不损害他人之条件并不能保证能获得他人的认可，要获得他人的认可，该意欲之实现还必须能同时有利于他人。于是，主宰意欲的可实现性在某种意义上说，就与该意欲之实现能同时有利于他人的范围相关——有利于他人的范围越大、越深刻，该意欲获得他人的协助和合作的可能性也就越大，因而该意欲实现的可能性也就越大。这或许是人的利他情结的另一个原因——利他是为了自己的主宰意欲更易于实现。但严格说来，这并不是一个“情结”，而是基本依赖于人的理性的人的选择：人应该理性地甄别其主宰意欲，将那些损害他人的，或者仅仅利己，而不利于他人的主宰意欲（例如主宰他人或以他人为工具的意欲）排除在其追求实现的意欲清单之外，仅仅追求那些既有利于自己，也有利于他人的，带有共性的主宰欲。所谓“提高主宰其意欲的能力”主要指的就是增强这种用于甄别其主宰意欲的理性。什么时候人的理性能够将损害他人，或不利于他人的意欲完全排除在其追求实现的意欲之外，什么时候人的主宰其意欲之能力便臻于完善。

其次，提高人的主宰能力更重要的是指提高人主宰客观世界的能力。人虽然永远达不到成为完全主体，也即成为世界的绝对主宰之终极目的，但人向着完全主体和绝对主宰永不停息的迈进之步伐却使人日益接近完全主体，越来越像绝对主宰。笔者在本书的第二章曾经指出：人与神的主要区别之一是在神的意欲与意欲的实现之间没有间隔，即“心想事成”，而在人的意欲和意欲的实现之间却有着“行为”的间隔，即人的意欲必须通过人的行为才能实现。而所谓人的行为，指的就是人的主宰能力——人的意欲之实现有赖于人的主宰能力之提高。人所想象的上帝是心想事成的绝对主宰，因此，上帝说：“要有光，于是便有了光！”但人却是在“心想”与“事成”之间隔着“行为”的存在，因此，人的意欲之实现必然有赖于人的主宰能力之提高。曾几何时，人就产生了在黑暗中“要有光”的意欲，但要实现这个意欲，人类却必须经历漫长的不断提高其主宰能力之历程：先是发现火，继以火把照亮黑暗；然后是发现电，继以电灯、探照灯乃至射电望远镜等等，不但照亮了住宅，照亮了广场，而且照亮了星空，甚至照亮了132亿光年以外的宇宙。人虽然永远也达不到神的“心想事成”之境界，但人命定要向着“心想事成”之境界迈进！因此人命定会越来越像神，越来越接近神——

神是无所不至的绝对存在，而人从走出洞穴，走出山林，到走出国门，走出地球，登月亮，探火星，已俨然成为“似神的存在”；

神是无所不知的绝对存在，而人从结绳记事，刻竹著书，到珠算电算，微博微信，如今任何人都可以在互联网上查询到几乎是任何其想知道的知识，已俨然成为“似神的存在”；

神是无所不能的绝对存在，而人从肩扛手提，牛拉马驮，到卫星上天，地铁穿地，已俨然成为“似神的存在”。

人虽然命定永远成不了神，但人同时也命定会越来越像神，因为人命定是向着自由日进无疆的存在，人的命运就是永不停息地向着自由迈进！

3. 永无止境——人命定要永远在路上

关于人永远在路上之归宿，除了笔者在上一节所作出的详细论述之外，还需要补充两点：第一，永远在路上之人类不可能有神；第二，永远在路上之人类同在路上。所谓“永远在路上之人类不可能有神”指的是：人虽然是日益接近绝对自由，越来越像神的存在，但人类中的任何人，包括任何由人所组成的团体、组织等，都不可能是神。因为人是永远在路上的存在，是永远都不可能真正成为神的存在。精英也好，圣贤也罢，先进阶级的先锋队也好，几千年出一个的天才也罢，全都仍然是永远在路上的不完全主体。全都不可能是全知全能的上帝。即使是全部由精英、圣贤、先锋、天才所组成的团体、组织，也仍然是永远在路上的不完全主体之组织。他们既不可能是真理的化身，也不可能是上帝的代表，更不可能是上帝自身。他们和其他人一样，都仍然是不完全主体。他们的命运也和其他人的命运一样，都是永远在走向自由之路上。因此，任何以真理自居，以上帝自诩的个人和组织，不是疯子，就是骗子。

而所谓“永远在路上之人类同在路上”指的则是：凡是人，都是永远走在走向自由之路上的存在。既然同是永远在路上之存在，任何人就都不能以任何理由来否定他人。因为，同是永远在路上之存在决定了任何人都不可能是超然于其他人之上的裁判者或决定者。而在没有人能成为他人的决定者或裁判者的情况下，任何否定人的理由就都不可能成立：既然没有人能成为他人的决定者或裁判者，就没有人有权力或有能力判定哪些人走的是正道，哪些人走的是歪路；哪些人走的是近道，哪些人走的是弯路；哪些人走在前面，哪些人落在后面，哪些人方向正确，哪些人方向反动……如此，则那些所谓“走错路”、“走弯路”或“落后”、“反动”等等否定人的理由就都不能成立，否定人就根本不能被允许。这既是因为人同样都是在路上之存在，同样都不可能是他人的决定者或裁判者，也是因为谁都不能保证自己的路就是捷径，谁都有可能走错路和走弯路。因此，作为同在路上之存在，人可以互相讨论、争论乃至辩论走向自由之方法和路线，但却绝不可以否定他人选择走向自由的方法和路线的权利！在走向自由之路上，人可以八仙过海各显神通，也可以同舟共济，合力前行；但却绝不可以否定他人之路;也不可以将他人打翻在地,阻其前行;更不可以以所谓的“歪路”、“弯路”或“落后”“反动”等理由来否定他人。人唯一能否定的,就是一切以真理的化身或上帝的代表自居而否定他人的理论和行为——是人,就都有选择自己走向自由之道路的权利。是人,就都有决定自己走向自由之方法的自由。前提是:不妨碍他人选择其道路之权利,不损害他人决定其方法之自由。

人因为神性而成为不完全主体;也因为神性而命定永无止境地走向自由。走向自由既是人实现自身的进程,同时也是神性彰显自身的路径——人是通过永不停息地走向自由而越来越近似完全主体,越来越接近绝对自由;而神性则是通过命定人走向自由而使自己一步步地显现。人是走向自由的存在!同时也是彰显神性的存在!正是在人类永无止境地走向自由的过程中,人类的神性才日益辉煌地彰显出来!

后　记

本书最后写成这个样子，是笔者自己也始料不及的。就像“前言”中写到的那样，本书写作的初衷是为主体哲学之补建基础工作“贡献一份绵薄的力量”。然而到全书脱稿时，笔者才发现本书似乎已经建构了一个能够自圆其说的理论体系。既然认为它已自成一体，也许就有必要对这个理论体系的论据、论点和论证方法等再补充点什么。

读者不难发现，本书所阐述的主体理论之基本论据是“人是有神性的存在”。正因为人有神性，人才能成为“三个面对”的存在：首先他不得不面对一个不是其创造的世界而存在；其次他不得不面对自身不是其自身的基础的自我而存在；最后，他还必须面对其所欠缺者——完全主体，或神——而存在。也正因为人有神性，人才能在生存的本能之外横生出主宰之欲并不断地提高实现其主宰之欲之能力。还是因为人有神性，人才会锲而不舍地永远走向自由！一句话，人的神性，既成就了人的相对主体之存在地位，也决定了人的不自由之存在境界，更将人万劫不复地抛入了永远在路上的命运之中。然而，这个作为本书所阐述的主体理论之立论之基的“人有神性”，本身却缺少扎实的理论根基：人类既缺乏有关人的起源之可信的理论，也没有有关神性的来源之有说服力的学说。对此，笔者以为，与其不着边际地猜测和设想，倒不如像萨特那样把人的存在和神性的存在都看作是“绝对的偶然事件”。但这样一来，就难免有把本书的立论之基建立在“绝对的偶然事件”的基础上之嫌。而一个作为“绝对的偶然事件”之事实，如何能够支撑起一个自圆其说的新的主体理论体系呢？对于此种可能的质疑，笔者的回答是：虽然本书立论所依据的事实只能被归于“绝对的偶然事件”，但这并不意味着本书立论之基础是建立在偶然性之上的。所谓“绝对的偶然事件”，并不仅仅意味着该事件只能被归之为是偶然存在的，而且更重要的是表明该事件是绝对存在的。它之所以被归之于“偶然”，只是因为它的由来还无从得知；而它之所以被称为“绝对”，则是因为它的存在是个不争的事实。而能作为任何一种哲学理论体系之根基的，应该是绝对的存在，而不是该存在的根源。因此，即使笔者无法阐明神性的来源以及她是如何降临于人的，也丝毫不影响“人有神性”这一绝对事实的存在。只要能够证明神性是什么，或神性的表现是什么，并证明人确确实实地拥有她，则“人有神性”就是确定无疑的绝对事实。而以这样的绝对事实为立论的基础所建立起来的主体理论体系就应该是可以成立的。令人欣慰的是，笔者自信本书已经基本成功地阐明了人所拥有的神性究竟是什么，因而，也就基本确立了“人有神性”这个绝对的事实。（参见本书第一、二、六章）。

作为主体哲学的理论体系，本书的主要论点离不开对主体的主宰本质之弘扬。但在当今人类对其生存环境的破坏已经危及人类本身的生存之背景下，仍然坚持弘扬人类主体的主宰本质，这似乎不仅是不合时宜的，而且有可能是千夫所指的。原因很简单：人们总是倾向于将人类对生存环境的破坏行为与人类实现其主宰欲的主宰行为画等号。似乎是假如没有主宰世界的意欲和行为，就绝不会有破坏生存环境的行为发生。这显然是一个误解。与其说源于生存与生活欲望的行为也有可能破坏人类的生存环境，毋宁说破坏生存环境的绝大多数行为都源于人类的生存和生活欲望。而那些纯粹为了满足人类的主宰欲之主宰行为却很难与破坏环境联系起来。比如：太空探索是人类最典型的纯粹为了满足其主宰欲之主宰行为。有谁能将人类环境的破坏与登月探险和着陆火星联系起来呢？其实，破坏环境的行为非但绝大多数不属于主宰行为，而且还恰恰是人类的主宰能力欠缺之表现。什么时候人类具备了主宰其生存环境之能力，人类对环境的改造和利用才会再也不发生破坏环境之结果。因此，笔者认为在环境破坏达到触目惊心地步的当今时代，弘扬主体的主宰本质不但不是不合时宜的，而且反而是更加必要、更加必须的！

对任何一种创新的理论体系之阐述，都离不开对现有的理论体系或理论思想之批判。只有通过对旧有的理论思想之批判，才能凸显新理论之“新”，才能确证新理论之合理性。因此，本书采用通过批判生命自由理论、意识自由理论和道德自由理论而阐明本书所论述的主体哲学理论之方法本是无可厚非的。但问题在于，笔者所选取的三个批判对象全都不是易于理解的思想体系：尼采的生命自由理论以其散乱无章之特色而令人无从把握；萨特的意识自由理论以其用词晦涩，论述艰深之特点而使人难以理解；而康德的道德自由理论则以其体系宏大，思维深邃之特质而不易寻踪觅迹。这就难免会产生因理解偏差而使批判无的放矢之情况。笔者在热切地期望来自读者中的专家学者们的责难和质疑的同时，也想在此做一个小小的澄清：任何对前贤的批判都只不过是试图站在巨人们的肩膀上之举。本书对上述自由理论之批判丝毫没有减损笔者对这些哲学巨擘的尊崇和景仰。正是在对上述自由理论的不无苛刻的批判中，笔者才更深刻、更全面地发掘出本书所阐述的主体理论体系。

至于本书的结论——人是命定永远走在走向自由之路上的存在，笔者不希望读者对此做悲观的解释。诚然，永远在路上，永远也没有达致目的的希望，无论如何也无法使人乐观起来。但如果沿途的风光越来越美，所达致的境界亦越来越自由，人类又有什么理由不乐观向上呢？对于生生不息之人类主体整体而言，也许这就足够啦——人只要越来越自由，即使永远也达不到完全自由之境界那又何妨？

但是，人的越来越自由之前景并不是确定无疑的。作为多元主体共存的不完全主体，如果不能有效地化解主体间的冲突，则主体间的冲突不但有可能将人类已经取得的自由毁于一旦，甚至有可能将整个人类毁灭。于是，化解主体间的冲突便成为人类越来越自由的前提和保证。那么，如何才能最有效地化解主体间的冲突呢？笔者将在下一部著作中进一步探讨。

对于本书的写作与出版，要感谢的人实在太多了。首先要感谢的当然是我的家人。没有他们的理解和支持，很难想象我能完成此书的写作。而本书的最后校对，也全部是妻子代我完成的。其次，要感谢我的师姐傅宁。如果不是她为笔者创造了赴美国进修的机会，本书中有关自由主义的评析就会因缺少对共和制度的实地观察而失之空洞。

还要感谢学友林秀芹教授以及厦门大学出版社的领导，是他们帮助笔者实现了在母校出版社出版我的第一部哲学著作之心愿。此外还要感谢好友李琦教授，他的精心安排使我有机会与厦门大学的教授和学子们就本书的有关主题进行交流，并获益匪浅。

对为本书付出了热心、细心、耐心和责任心的责编和校对，在此也一并致以诚挚谢意！

潘志恒

2015 年 8 月写于本书付印前

图书在版编目(CIP)数据

主体与存在/潘志恒著．—厦门：厦门大学出版社，2015.11
ISBN 978-7-5615-5733-4

Ⅰ．①主…　Ⅱ．①潘…　Ⅲ．①哲学理论-研究　Ⅳ．①B0

中国版本图书馆CIP数据核字(2015)第203535号

厦门大学出版社出版发行
(地址:厦门市软件园二期望海路39号　邮编:361008)
总编办电话:0592-2182177　传真:0592-2181406
营销中心电话:0592-2184458　传真:0592-2181365
网址:http://www.xmupress.com
邮箱:xmup@xmupress.com
厦门集大印刷厂印刷
2015年11月第1版　2015年11月第1次印刷
开本:720×1000　1/16　印张:22.75　插页:2
字数:386千字
定价:58.00元
本书如有印装质量问题请直接寄承印厂调换